# 経済学の宇宙

岩井克人＝著
前田裕之＝聞き手

nbb
日経ビジネス人文庫

# 文庫版の刊行にあたって

『経済学の宇宙』の刊行（二〇一五年）から六年あまり。世界は激しく揺れ動いてきた。〇八年に世界を揺るがしたリーマン・ショックが「百年に一度の危機」だとするなら、ここ数年の動きをどう表現すればよいのだろうか。

二〇二一年一月、文庫版の準備のため、岩井克人氏を訪問した。英国の欧州連合（EU）からの離脱、米トランプ政権の誕生と終焉、米中対立の激化、仮想通貨（暗号資産）ブーム、気候変動による環境破壊の加速、新型コロナウイルスの感染拡大……。激動する世界を岩井氏はどのようにとらえているのか。質問を重ねた。

「我田引水になるかもしれませんが、不均衡動学や法人論で理論的に解明してきたことが、後追いのように現実になったといえます」。岩井氏の解説は明快だった。自由放任主義の経済政策を批判する「不均衡動学」は一九八〇年代、米国流の株主資本主義に異議を唱える「法人論」は九〇年代に完成させた岩井氏の独自理論である。

ごく一握りの経営者が勝者となる米国では所得格差に拍車がかかり、その反動でグローバル化に対する反乱が起こった。トランプ政権の誕生はその結果にすぎない。岩井理論は、目の前の出来事に振り回されがちな私たちにとって、経済社会の本質を見極めるための確かな座標軸となる。文庫版で初めて岩井理論に接する読者はもちろん、改めて接する読者も、岩井理論のしぶとさ、息の長さに驚くのではないだろうか。

本書の記述にもあるように、岩井氏が、私たちには想像もつかないほど多大な労力と知力を振り絞り、一つひとつ練り上げてきた理論だからであろう。いったん理論が完成した後も慢心せず、理論に磨きをかける努力を怠らない。

岩井氏は二〇一七年から三年あまりの時間をかけて「不均衡動学の現代版」を完成させたという。その経緯を語ってもらい、文庫版の巻末に収録した。

一九八一年に出版された『不均衡動学』は、経済学の宇宙には何の波紋も引き起こしませんでした。第八章で述べたように、私は学問の世界における予定調和をかならずしも信じていません。今回、同じ思いに導かれてその現代版を作っても、何の波紋も引き起こすことなく終わってしまう確率は一に近いと思っています。それでも、何もしなければ波紋が起きる確率はゼロです。ゼロの近似とゼロとの距離は無限です。そう腹を決めて、『不均衡動学』の現代版の作成作業に取りかかりました。（本書六一四ページから引用）

七十歳を過ぎてからの挑戦は、理論家としての執念のなせるわざだろう。

岩井氏は、言語論や市民社会論などの理論研究にも着手しているが、その内容の紹介は別の機会に譲りたい。

二〇二一年春　前田裕之

＊本編中の敬称は略しました。なお、肩書き・組織名は単行本刊行当時のものです。

# まえがき

聞き手　前田裕之

「私は学者として成功したとは思っていません。研究活動は道半ばにあり、今、人生を振り返る気にはなれないのです」。二〇一三年夏、日本経済新聞夕刊に連載していた「人間発見」というコラムへの登場を依頼したとき、岩井克人氏（東京大学名誉教授、国際基督教大学客員教授）は遠慮がちにこう語った。岩井氏はこれまでにも何人かの記者に同コラムへの登場を申し込まれたものの、同じ理由で断り続けてきたという。いったん、諦めかけたが、岩井氏に登場してもらう意味を改めて考えてみた。

会社の創業者、経営者、作家、芸術家、弁護士、元政治家……。日経新聞には「人間」に焦点を当てるコラムがいくつかあり、様々なジャンルの人物が登場して自分の人生を振り返る。順風満帆な人生よりも、波瀾万丈の人生の方が読者の関心を引き付けやすく、「面白い」内容になる傾向がある。そんな中で「学者の人生」は総じて起伏が乏しく、「物語」としては迫力に欠ける場合が多い。岩井氏の場合はどうだろうか。確かに、学者としての生活そのものにはあまり起伏がないかもしれないが、次々と斬新な経済理論を生み出してきた岩井氏の研究対象や思想は大きく変動してきたはずだ。その変遷をたどり、これからの研究テーマを展望できれば、「大きな物語」を書けるのではないか。そう考え直して再び提案すると、今度は快く引き受けてくれた（二〇一三年十月に五回連載）。

連載の反響が大きかったこともあり、その際のインタビューや、追加インタビューの内容を再構成し、大幅に拡充したのが本書である。岩井氏へのインタビューは追加分も含めて十時間を超え、新聞連載では紹介できなかった内容や、新たな題材を多く盛り込んだ。インタビューを踏まえて作成した本文に岩井氏が全面的に手を加えて完成させた「岩井克人の思想史」の決定版といえる。

本書の読み方、楽しみ方を幾通りか提案したい。一つ目は経済学の全体像をつかむ入門書として、である。岩井氏は、市場経済は万能と説く「新古典派経済学」と呼ばれる主流派経済学への批判を強め、ケインズ経済学の再構築に取り組んできた。岩井氏は自説を確立するにあたって、アダム・スミス、マルクス、シュンペーター、ケインズ、ヴィクセルら経済学の巨人と呼ばれる先人たちの理論や思想を消化し、「相対化」してきた。

本書は第一章から最終章までおおむね時系列で岩井氏の思想の変遷を追うが、通読すると、岩井理論に加え、様々な経済学説のエッセンスを吸収できる構成にしている。さらに、経済学に脳科学の成果を取り込もうとする最近の経済学界の動きや、『21世紀の資本』が世界中でベストセラーとなっている仏パリ経済学校教授のトマ・ピケティ氏の研究などへの言及もあり、最先端とされる研究分野を評価する座標軸を手にできる。

アベノミクス（安倍晋三政権の経済政策）、デフレーション、円安、消費増税などメディアでもよく取り上げられる経済問題は、私たちの日常生活に大きな影響を与えている。経済学は、経済問題を理解する有効な道具になるはずだが、長い歴史を経るうちに様々な分野に枝分かれし、「自分の専門分野以外はよく分からない」と口にする経済学者も珍しくない。ましてや一般の人には近づきがたい存在になっているのが実情だ。岩井氏は広大な経済学の「宇宙」を見渡せる数少ない学者の一人であり、彼のガイドに従って宇宙を観測すれば、経済学の奥深さ、面白さを味わえるのではないだろうか。

岩井氏が接してきた知識人たちの群像も楽しめる。本書に登場する人物名の一部を列挙しよう。まずは、米国で多くの接点を持った経済学者（いずれもノーベル経済学賞を受賞）ポール・サムエルソン、ロバート・ソロー、ジェームズ・トービン、チャリング・クープマンス、フランコ・モディリアーニ、ジョージ・アカロフ、ジョセフ・スティグリッツ、ロバート・マートン、ピーター・ダイアモンド……。また東京大学などで交流を深めた日本の経済学者に、宇沢弘文、小宮隆太郎、根岸隆、浜田宏一、青木昌彦、猪木武徳、石川経夫、奥野正寛、吉川洋……。エール大学や、「ニューアカデミズム」ブームの母体となった「ゼロの会」などで親しくなった文化人に、加藤周一、武満徹、柄谷行人、三浦雅士、中沢新一、浅田彰、山口昌男……。そして岩井氏の妻である、作家の水村美苗氏も時折、顔を出す。彼ら・彼女らは岩井氏にどんな影響を与えてきたのか、興味深いエピソードが随所にちりばめられている。

岩井氏は、文学作品を評価する基準、学者の使命、団塊世代に属する自身を取り巻く時代背景などについても語っている。岩井氏の物の見方・考え方や、人となりに触れながら、戦後日本の軌跡を探索できる。

「不均衡動学」「資本主義論」「貨幣論」「法人論」「言語・法・貨幣論」……。岩井氏の経済・社会理論は日本で高く評価され、数々の賞を受賞している。米国の学界では必ずしも理解されていないが、リーマン・ショックや欧州債務危機を契機に資本主義の抱える問題が浮き彫りになる中で、岩井理論を再評価する声は海外でも少なくない。岩井理論をどう受け止めるのか、私たちは改めて問われているといえよう。

本編に入る前に、「倫理」の問題に触れておきたい。近年の岩井氏の研究テーマの一つである「信任論」の中核をなす概念であり、仕事を依頼された専門家が、依頼人を裏切らずに忠実に仕事に打ち込む精神、姿勢を指す。「職業倫理」「使命感」と言い換えてもよいだろう。岩井氏は「倫理が資本主義を支えている」と指摘するが、人間はときに倫理を見失い、資本主義の暴走を許してしまう。「二十四時間、学者をやっているのかもしれない」と語り、使命感に突き動かされながら独自の理論を生み出していく岩井氏は、職業倫理の尊さ、大切さを、身をもって示しているように見える。

経済学の宇宙　目次

## 第三章　エール大学——『不均衡動学』を書く

## 第五章　日本語で考える――『ヴェニスの商人の資本論』から『貨幣論』へ……251



## 第六章　再び米国へ――「日本経済論」から「法人論」へ……323

## 補遺

# 第一章

# 生い立ち

――「図鑑」から経済学へ

## 同潤会アパートに生まれて

――岩井が本に興味を持つようになったのは、小学生のときに偶然、手にした図鑑がきっかけだ。多様な昆虫や植物を分類し、整理して全体像を見せる図鑑。世の中で起きている出来事の全体像をつかみながら物事の本質に迫ろうとする岩井の思考法の原点は、図鑑にあるといっても過言ではない。「岩井克人の思想史」の幕を開けるため、時計の針を幼少期まで戻してもらった。

こういうふうに自分について語るのは、ためらいがあります。実は、学問をする人間としては幸せでしたが、学者としては成功したと思っていないからです。ですから、このような人生もありうるという意味で、自分の過去を振り返ってみようと思います。

私が生まれたのは、東京都渋谷区の代官山にあった同潤会アパートです。幼稚園は代官山保育園、小学校は四年生まで渋谷区立猿楽小学校に通いました。代官山のアパートは、今は取り壊されて、若者たちが寄り集う高級な町並みになっていて、当時のおもかげはほとんど残っていません。だが、私が生まれたのは一九四七年二月、終戦の一年半後、まだ戦争の傷跡が生々しく残っていました。

幸い代官山アパートは東京大空襲をまぬかれましたが、私の母親は、目の前の八幡通りや少し離れた恵比寿駅や渋谷駅の周辺に焼夷弾が次々と落ち、あたり一面赤々と燃えさかっているのを、目の当たりにしています。結婚してすぐに私の父親が軍隊に召集されていたので、ひとりで心細かったと言っていました。実際、私の記憶でも、近所には、いたるところに焼け野原が広がっていました。

同潤会アパートは、日本における集合住宅のはしりです。同潤会というのは、一九二三年の関東大震災の後に、東京や横浜といった都市に、鉄筋コンクリート製の不燃の集合住宅を供給するために設立された財団で、震災の義援金を基金にしています。その意味でこのアパートは、木造住宅が基本だった戦前においては、都市中間層のモダンな生活の象徴であったと思います。田舎出身の父親は、都会生活にあこがれていたのでしょう、独身のときに住み始めています。当時は、銀幕女優や外国人、高級官僚や大学教授など、多種多彩な人びとが住んでいたと自慢していました。そういえば、玄関に続く短い廊下の壁には、アールデコ風の小さな窓がはめ込まれていたりしました。

だが、狭かった。我が家は五号館と呼ばれる棟の二階でしたが、四畳半と六畳、それにベランダを改造した四畳半の洋間があるだけでした。お風呂もついていなかったので、アパート群の中心にあった公衆浴場に通っていました。そして、私が子供時代の一九五〇年代になると、だいぶ古ぼけてきて、近所に建ち始めたいわゆる高層アパートの方が、はるかにまぶしい存在でした。

父親は、あるとき、偉い人とタクシーに同乗しなければならなくなり、見栄を張って、同潤会アパートの前を通り過ぎて、そばにあった東急の新しい高級マンションの前に乗り付けて、そこからうちまでとぼとぼと歩いたよ、と言っていました。余裕のある人は、すでにアパートから出始めていたのです。

なにしろ戦争直後です。代官山アパートには、子供があふれていました。私は一番年下だったので、何とか遊び仲間に入れてもらおうと、年長の子供たちのお尻を必死で追いかけていました。メンコやけん玉、釘打ちやコマ遊び、水雷艦長や忍者ごっこ。そして焼け野原での昆虫採集にもよく行きました。アパートの屋上にお米をまき、レンガを組み立てたスズメ捕りのワナを作ったこともあります。

そういえば、軍人将棋というのもやりました。元帥や大将といった各階級の軍人、スパイや戦車や地雷などがコマでしたが、なぜか私たちが遊んだ将棋では、MPというコマがあって、それだけ特別の動きが可能でした。アパートの近くの八幡通りを時折、進駐軍のジープが走っているのを見ながら遊んでいたわけですが、のちに、MPとはミリタリーポリスのことであると知りました。

代官山アパートには、様々な職種や階層の人たちが住んでいましたが、住民たちは一種の共同体的な意識を持っていたと思います。その中で一階に住んでいたある程度裕福な家は、いち早くテレビを買うと、それを外から見えるように置いてくれたので、私たち子供はみんなその家の窓枠にあごを乗せて、プロレスや大相撲を見ていました。プロレスは力道山やルー・テーズの時代、相撲は千代の山と鏡里の時代で、私は力道山や千代の山のファンでした。要するに、懐古調のテレビドラマに出てくるような、戦後のあの時期の典型的な子供時代であったのです。

## 出雲人意識

私は東京生まれの東京育ちですが、両親はどちらも島根県の出雲地方出身です。

父親は、出雲大社の門前町である大社町で育ち、母親は、須佐村という山奥の農村で育っています。二人は第二次大戦のさなかに結婚しました。もちろん、お見合い結婚ですが、お見合いといっても、実際に顔を合わせたのは結婚式の当日です。今の人には信じられないと思いますが、結婚前は、仲人を通して、一度写真をやり取りしただけなのです。でも、当時の田舎ではそれほど不思議なことではなかったのでしょう。そして、夫婦仲は良かった。私が長男で、私の下に二人妹が生まれました。三歳下がみな子、六歳下が康子です。子供たちに優しい両親でもありました。その性格を受け継いだのでしょう、妹たちも優しく育ちました。

父親は三男だったのですが、上の二人が死んでしまい、三十歳になってから、やむをえず家長になっています。父親の父親、つまり私の父方の祖父は、大社町で江戸初期から油問屋などをしていた家の長男として生まれたのですが、十歳のとき両親を亡くし、親戚の家をたらい回しにされてしまいます。生きるために手に職をつけなければならないと、ツテを頼って大阪に出て洋裁を習い、その後大社町で洋服屋を営むようになりました。小さいころひどく苦労したことや古くから続いてきた家の本家であるという自負心から、子供たちがある程度自立すると店を閉じ、楽隠居と称して考古学の遺跡発掘などに没頭します。

そのため、私の父親は、両親の生活の面倒を見たり、家長として冠婚葬祭をとりしきったりするため、しょっちゅう田舎に帰っていました。私も子供の頃は、二年に一回、両親に連れられて、妹たちと一緒に夏休み中ずっと大社町や須佐村で過ごしています。行きも帰りも「出雲号」という夜行列車に乗り、丸一日かかりました。あまり長い間、列車に揺られるので、だんだん気分が悪くなる。我慢するのですが、到着寸前になると逆に気が緩み、食べたものを必ずもどしてしまいました。大社では父方の祖父母の家の近所の子供と、須佐では母方の従兄弟と遊びました。

父親には多くの親戚がいましたが、その親戚が上京するたび、そして田舎の人間関係は濃密ですから、出雲の知人が上京するたびに訪ねてきます。父親は、家の中や勤め先では東京弁で話すのですが、出雲の人たちが来ると、もちろん、出雲弁を使います。出雲弁は東北弁と似たところがあるズーズー弁です。松本清張に『砂の器』という推理小説がありますが、それは被害者がズーズー弁を話していたので犯人が東北人であると考えていた刑事が、出雲弁もズーズー弁であることに気がつくことが、事件解決の転機になる話です。その出雲弁にしょっちゅう触れていたので、私は、東京出身でありながら、半分とは言いませんが、三分の一くらい出雲人という意識を持って育っています。

父親は高校を出てからやはりツテを頼って上京し、千石興太郎という農業組合運動の指導者の書生をしながら、苦労して日本大学の専門部を出ています。戦前は農業組合関係の仕事に携わり、戦後は油の配給を管理する油糧公団というところに勤めていました。日本経済が統制経済から抜け出すと、油糧公団もその役割を終えて解散しましたが、組合運動をしていたことや戦後すぐ日本社会党と日本共産党の推薦で区議会議員に立候補して落選したことなどがたたり、一年間にわたって失職してしまいます。ちょうど私が六歳で小学校に入る頃でした。

どん底の貧乏というわけではありませんが、生活は突然苦しくなりました。その苦しい中、親戚が上京するたびに父親が大盤振る舞いをするので、子供たちにどうやって食べさせたらいいのかと、母親が台所で涙を流しているのを何回か見ています。そういえば、母親は、洗濯の後、自分の下着だけは目立たないところにそっと干していたのですが、それがあまりにもぼろぼろになっていたのが、子供心にも恥ずかしく、そして悲しかったのを覚えています。

先日、このインタビューのために古い写真を見ていたら、父親は油糧公団に勤めていた時期は羽振りがよかったのでしょう。私の場合、六歳までは誕生日ごとに写真館で撮った記念写真が残っているのですが、それ以降は一切ありません。気の毒に、三歳下のみな子は三歳以降の、六歳下の康子の場合は全く、幼い頃の記念写真は残っていません。

一年後に、父親はなんとか農林漁業関係の特殊法人に再就職先を見つけますが、東大閥が強い職場だったので、それ以降は出世を諦めた安月給のサラリーマンとなりました。家では寝転がってテレビの民謡のど自慢を聴き、神田にある出雲蕎麦の店に行くのが最大の楽しみで、最晩年は神主の資格まで取っていたあの父親が、若いころ組合運動をやっていたことを知るのは、だいぶ年月がたってからのことです。再就職先を見つけた数年後、代官山のアパートを売り払い、杉並区にある新しい勤め先の社宅に引っ越さざるをえなくなりました。田舎の祖父が抱えていた借金を返済したり、親戚の生活の面倒を見たりするお金が足りなくなったのです。代官山の同潤会アパートは、四十年後には代官山が大規模に再開発され、最初に述べたように高級な町になったわけで、あの時売らなければ、今頃は地権者として左うちわだったと、二人の妹と話しています。

## 戦後民主主義の落とし子として

――「教養」や「知識人」という言葉が重みを持ち、「学問」への道は限られた人だけに開かれていた時代。岩井が育った環境は学者を志す上では決して恵まれてはいなかったが、思い切って手を伸ばせば「教養」をつかみとるチャンスはあった。

なぜこのような回想に浸っているのかというと、私自身、自分がどうして学者になったのかを考えてみても、ギリギリの生活だけれども、ひどい貧乏でもなく、都会っ子であるけれども、田舎にまだ根っこを残しているという、これといった特徴のない、まさに典型的な子供時代なので、その客観的条件を見いだせないからです。

　確かに、私の母親は山奥の農村に生まれたといっても、その父親、つまり私の母方の祖父は、戦前から戦後にかけて長らく村長や町長をしていました。私の母親を浜田市にある女子師範学校、その兄を高等農林学校、妹を女学校に行かせましたし、本人も最晩年までいろいろ勉強していました。私の母親も、本当に勉強好きで、女子師範学校では最優等生で、結婚前は、短い間ですが、小学校の教師をしていました。また、短歌作りにも熱中し、島根県代表として天皇、皇后に一作献上したことがあると、あるとき多少はにかみながら教えてくれました。

けれども、結婚するとき、教養は夫婦生活の邪魔になると親族に言われて、持っている本をすべて捨てさせられています。繰り返し読んでいた岩波文庫の斎藤茂吉歌集だけは、行李の底にこっそりと潜ませて嫁入りしたそうですが、それもどこかにしまわれたままでした。というわけで、私が育った代官山のアパートには、これといった本がなかったのです。

実際、後に学者となってから、自分の同期や上の世代で学者になった人たちを見回すと、学者や医者や弁護士や高級官僚や会社役員などを父や祖父に持つ、「文化資本」の蓄積の大きな家の出身者がほとんどです。私の場合は、あえて言えば、戦後の民主主義的な教育体制の最初の落とし子であったということです。

## 思考法の原点は図鑑

まだ同潤会アパートに住んでいた小学校一年生のとき、学期の途中で編入してきた友達の家に遊びに行きました。おそらく高学歴のサラリーマンの息子だったのでしょう。近所にできた高層アパートに引っ越してきたのです。その友達が自分の部屋を持っていることをうらやましく思いましたが、その本棚に『学習理科図鑑』が置いてあることを、さらにうらやましく思いました。確か保育社という出版社が出版した子供用の原色図鑑です。

それを見せてもらって、衝撃を受けました。こんなに面白いものがあるかと、長い間、眺め続けていました。家に戻ると、母親に懇願して、なんとかお小遣いをもらい、早速同じ図鑑を買いました。それから毎月、月初めにお小遣いをもらうと、東横線に乗って渋谷に行き、東横百貨店の書籍売り場で、昆虫図鑑、動物図鑑、植物図鑑、天文図鑑など、いろいろな図鑑を順番に買うのが、決まりになりました。最後は、鉱物図鑑にまで行きつきました。

今思えば、この子供向けの「図鑑」が、私にとっての最初の文化資本となったのです。民主化した戦後の日本において、このように子供向け書籍の市場が、自分の家の中に文化資本の蓄積がないサラリーマン階層の子供にまで、文化資本の提供者の役割を果たし始めていたのです。

そして、図鑑は「読む」ものではなく、まずは「眺める」ものです。『学習理科図鑑』の最初のページを開くと、例えば自然界全体の構造が、一目で見渡せる。それから、全体構造を組み立てている動物世界や植物世界といった部分部分を見ていくわけです。ページをめくると、今度は動物の世界を一つの世界として見渡すことができ、さらにページをめくると、植物の世界を一つの世界として見渡すことができます。動物図鑑や植物図鑑を買うと、動物の世界や植物の世界をより詳しい形で眺めることができ、さらに天文図鑑を買うと、今度は、宇宙というはるかに大きな世界が、目の前に立ち現れてくる。

私は、図鑑を通して、大げさな言い回しになりますが、世界をいわば鳥瞰図的に知ることになったというわけです。それからは、それまで焼け野原で無邪気にやっていた昆虫採集は、図鑑の中ですでにヒョウモンモドキやエダナナフシという名前として存在している昆虫を、現実の存在としてこの手で捕まえる作業になりました。夜空を見上げることも、図鑑によってオリオン座やカシオペヤ座と命名されている星座を、天空に散らばる無数の星の中からこの目で見つけ出す作業になったのです。といっても、アパートの屋上でスズメ捕りを仕掛けたのは、友達と一緒に焼き鳥として食べるためでしたが。

いずれにせよ、私は科学少年になりました。

そして、図鑑も、さすがに鉱物図鑑までいくと、もう買いたいものがなくなります。そこで、子供向けの科学読み物をあさり始めました。ポプラ社の「少年博物館」というシリーズや偕成社の「図説文庫」というシリーズにある本は、たくさん読みました。特に楽しんだのは、中西悟堂の『日本の鳥』や『昆虫界のふしぎ』といった生物ものと、野尻抱影の『天体の話』や『天体と宇宙』といった天文ものでした。今から振り返ると、中西悟堂は、日本における野鳥研究の創始者であっただけでなく、歌人としても知られており、その語り口が巧みであったからだと思います。また、野尻抱影が大佛(おさらぎ)次郎の兄であることを知ったのも、はるか後のことです。

代官山アパートから杉並区にあった社宅に引っ越したのは、小学四年の秋学期でした。友達と別れるのは悲しかったのですが、同時に解放感もありました。実は、猿楽小学校時代、私は授業中注意が散漫で無駄口をたたくので、他の生徒の勉強の邪魔になると言われて、よく「島流し」の刑に処されていました。教室の中で、私の机だけ、みなから引き離された一番後ろの位置に置かれるのです。

父母の授業参観日のとき、そのことを母親に気がつかれるのが嫌で、少しずつ少しずつ机を前に移動させていったのですが、先生に見つかってしまいます。机は元の位置に戻され、島流しのぶざまな姿を母親の前にさらしてしまいました。その日は何も言われませんでしたが、何日かたって、あんなに恥ずかしかったことはなかったと、母親がぽつりと言いました。島流しのことを誰も知らない新しい学校に移れると思うと、ホッとしたのです。

## 『1、2、3…無限大』から

転入したのは、杉並区立の桃井第五小学校。まだ麦畑がいくつも残っていた郊外の新興住宅街の中にある小学校でした。六年生のときだったと思います。家からバスで行ける中央線の荻窪駅の付近に、小さいのにやたらと本を詰め込んでいる本屋があります。

あるとき、その本屋の前を通り、科学書の棚を見ると、『不思議の国のトムキンス』という題名が目に入りました。[*1] 題名にひかれて手に取り、読み始めると面白い。銀行員のトムキンス氏が、夢の中で、速度の上限である光速度が実際よりもうんと遅く、エネルギーの下限であるプランク定数が実際よりもうんと大きい不思議な国に迷い込み、相対性理論や量子力学を日常的に体験する話です。

著者は、ジョージ・ガモフ。ビッグ・バン理論の提唱者でしたが、その論文に才気がありすぎたので反感を買い、ノーベル賞をもらえなかったと言われています。私は、五十年以上たった今でも、相対性理論的な時間空間概念や量子力学的な不確定性原理の本質を、これほど分かりやすく解説してくれた本に出合ったことはありません。

ガモフの本をいくつか読んでいくうちに、『1、2、3…無限大』という比較的分厚い本に行き当たりました。[*2] その第一章に、無限の部屋を持つホテルの話がありました。有限の部屋しか持たないホテルの場合は、満員になれば、新しいお客は泊められません。しかし、無限の部屋を持つホテルの場合は、すでに満員になっていても、一号室の客を二号室へ、二号室の客を三号室へと、順序立てて無限に移動させていけば、新しいお客をいくらでも受け入れることができるという話です。不思議ですが、どこにも矛盾がなく、真理として受け入れざるをえません。無限の世界が有限の世界とは根本的に違う性質を持っていることを、初めて知ったのです。

実は、ずっと後に経済学者になって、「貨幣論」を研究し始めたのは、この無限のホテルの話が一つのきっかけになっています。貨幣とは、モノとしては、ほとんど何の使い道も持たない金属のかけらや紙切れや電子信号にすぎません。私がその金属片や紙切れや電子信号を百円や千円や一万円として受け取るのは、それ自体をモノとして使うためでなく、他の人が百円や千円や一万円として受け取ってくれるからです。そして、その他の人も、私からその金属片や紙切れや電子信号を喜んで受け取るのは、それ自体を使うためでなく、さらに他の人がそれを百円や千円や一万円として受け取ってくれるからです。

すなわち、貨幣とは、一つの部屋からもう一つの部屋へと次々に移動させられていく無限ホテルのお客と同じように、一人の人間からもう一人の人間へと次々に受け渡されていく無限世界のお客なのです。

伝統的な経済学は、資本主義経済を、有限なモノやサービスを市場での交換を通して人びとの間に配分していく仕組みとしてとらえてきました。だが、その市場交換を媒介する貨幣それ自体は、有限世界の論理ではなく無限世界の論理に従う存在として、伝統

＊1　ジョージ・ガモフ『不思議の国のトムキンス』（伏見康治・山崎純平訳、白揚社、一九五九）。
＊2　ジョージ・ガモフ『1，2，3…無限大』（崎川範行訳、白揚社、一九五一）。

的経済学の理論的枠組みを超越しているのです。私は、まさにガモフによって、経済学批判の扉を開けてもらったのです。

『1、2、3…無限大』は、このように最初の章で読者を無限数学の世界に導いた後、相対性理論を基本原理とするマクロの世界を展望し、今度は不確定性原理が支配するミクロの世界に降りていく。さらに、無秩序は何もしなければ自然に増大していくことを主張するエントロピーの法則と、それに抗って自律的な秩序を維持し伝達していく生命現象に寄り道をし、最後にみずからが提唱したビッグ・バンによる宇宙の生成について語っていく。壮大な本でした。

ガモフのこの本は、私が後々までその内容を一番記憶している本となりました。私は、「図鑑」によって、世界をいわば鳥瞰図的に見ることになったわけですが、今度は、『1、2、3…無限大』によって、その世界の奥底には、大変美しく、しかも逆説に満ちた数学的法則が隠されている可能性を知ることになったのです。

私の憧れの的は、アインシュタイン、ハイゼンベルク、シュレディンガー、ボーア、ディラック、ガモフ、そして日本人では湯川秀樹や朝永振一郎のような物理学者となったのです。

だが、同時に私は、学校で古典力学を学ぶ前に、時空のゆがみや不確定性原理といった日常体験を超絶した現代物理学に触れてしまいました。学校で二次方程式や微積分を学ぶ前に、部分と全体とが等しくなってしまう無限世界の不可思議さを扱う現代数学に触れてしまいました。

もちろん、現代物理学も現代数学もちゃんと理解したわけではありません。だが、この経験は、中学や高校で受けた理科や数学の授業を、かなり味気ないものにしてしまうことになりました。長い間、科学少年でありながら、結局、物理学や数学の分野に進まなかったのは、この味気なさが一つの理由であったと思います。

## 劣等感に悩む

――一九五九年、東京教育大学（現・筑波大学）附属中学校・高等学校に入学すると、次第に自分の境遇に対する劣等感に悩まされるようになる。そんな岩井を救ってくれたのが小説の世界だった。

私が小学校に行っていた頃は、まだ学習塾などは普及しておらず、地方から出てきた私の両親などには中学進学に関する情報は皆無でした。ところが、四年生の秋学期に転校した杉並区の小学校には、教育熱心な親を持つ生徒が何人もいました。五年生も終わりの頃、仲良くなった同級生に誘われて、模擬試験というものを受けました。その成績が思いがけずよかったので、六年生になって、自分で進学教室に申し込み、毎週末、電車に乗って四谷にあるその教室に通うようになりました。その進学教室で、試しに受けてみたらと中学受験を勧められましたが、私立中学は我が家の財政事情ではとうてい無理です。そこで、国立なので月謝が安い東京教育大学附属中学校を受験してみたのです。

この中学に入学して、初めて劣等感というものを知りました。会社役員や高級官僚や医者や学者の子供が多く、私は地方出の安月給サラリーマンの息子でしかないことに気がつきました。同級生の多くは、文化資産だけでなく、実際の資産も持った家庭の出身でした。

一年生になってすぐの家庭科の授業で、さあ皆さん、自分の家の平面図を描いてみてください、という課題を出されました。私は、代官山アパートにいたときから、自分の家があまりに狭いので、せめてもう少し広いところに住みたいと、家の設計図をしょっちゅう描いていました。といっても、理想の家の設計図ではありません。われながらいじましいと思いますが、そんな夢を描くような心の余裕はありません。現実主義的に、中流サラリーマン家庭が暮らす家の標準的な建坪であると考えた八十平米という制約のもとで、我が家五人ができるだけ便利に暮らせる家の設計図を考えていたのです。ですから、自分が住んでいる狭い狭い社宅の平面図など瞬時に描けます。ところが、隣の机の同級生は、頭を抱えている。自分の家が広くて、どう描いていいか分からないと言って、先生に助けを求めているのです。私は、結局、自宅の平面図は提出しませんでした。まだ背がそれほど高くなっていなかったこともあって、中学時代に打ち込んだのは卓球です。二年のとき、東京都の新人戦で団体二位、個人でも八位以内に入り、すっかりのぼせてしまいました。部活動以外にも、週末も卓球所に行って練習。寝ても覚めても卓球で、鏡の前で繰り返し素振りをし、ラケットのラバーを何度も貼りかえ、グリップの部分を握りやすく削ったりして、命を賭けるみたいな感じでした。自分の家が豊かでないという劣等感の裏返しでもあったのでしょう。

教育大附属中学の運動部にとって一番重要な試合は、毎年行われる学習院中等科との対抗戦です。中学三年になって、この対抗戦で、副主将でもあり、絶対に勝つとみんなから期待されていたのに、ひどくあがってしまい、シングルスの試合もダブルスの試合も負けてしまいました。実は、中学二年の時も負けています。このときの敗戦のショックで、卓球熱が一気に冷めました。一番大切な場面で実力を出せない――自分の将来の人生を予告しているのかと、すっかり落ち込みました。

以来、大学の教師となって、ゼミ旅行で訪れた旅館の遊技場で学生と試合をするまで、卓球のラケットにはほとんど触りませんでした。今では、このときのトラウマから解放され、日本選手が登場する卓球の国際試合をテレビでたまに観戦したりしています。

## ＳＦから文学へ

先ほど、ガモフを読んで、相対性理論や量子力学、さらには無限の数学の不思議さを知ってしまったことで、学校での理科や数学の授業が味気なく感じたと述べました。それが、心のどこかで「文学」を求めることにつながったのかもしれません。

その頃、ちょうど早川書房から『Ｓ－Ｆマガジン』が創刊されました。それをきっかけにして、科学的テーマを扱っているということで、まずは空想科学（ＳＦ）小説を手に取るようになりました。早川書房のＳＦシリーズのアーサー・Ｃ・クラーク、フレドリック・ブラウン、ロバート・Ａ・ハインライン、クリフォード・シマック、アイザック・アシモフなどの作品です。特に、シマックの『都市』は、大好きでした。遠い未来、地球の支配者となっている犬が、神話として伝承してきた人類なるものに関するいくつかの物語をつなぎあわせたという筋立てです。その叙事詩的な文体にひかれました。

サイエンスフィクション（ＳＦ）が、文字通り、サイエンス（科学）からフィクション（虚構）への橋渡しになったと思います。中学を終える頃から、卓球と別れた空白を埋めるように、ＳＦではないフィクション（文学）を熱心に読み始めたのです。

例えば、マルセル・プルーストの『失われた時を求めて』は、高校二年生のとき、新潮文庫の全十三巻をすべて読みました。ある本屋で、二巻目の『花咲く乙女たちのかげに』を買ったとき、書名を見て、店員の若い女性が思わず笑ったのを思い出します。異性に対する恥ずかしさと同時に、文学を読むもののスノビズムも味わいました。ここでいう、スノビズムとは、他の多くの人間が知らない世界を知る少数者の一員であるという自意識のことです。文学におけるこのスノビズムの持ち主――それが、文学青年と呼ばれる人種の定義です。私は、いつのまにか、文学青年になっていたのです。そして、このスノビズムによって、家庭環境に対する劣等感がいくぶんか払拭されていきました。

それに、文学は面白いものです。ニーチェの言葉をもじっていえば、「文学がなければ、人間の生は誤謬である」ことを知ったからです。面白い小説に出合うと、他のことはすべて忘れて読み続けたくなってしまいます。

高校に入ってすぐは、ヘルマン・ヘッセの『車輪の下』やアンドレ・ジイドの『狭き門』など、当時の高校生の必読書といわれた小説を読んでみたのですが、十分に楽しめません。やはり科学の方が面白いかなと思い始めたのですが、あるときトルストイの名前にひかれて、彼の最晩年の長編小説『復活』を本屋の棚から取り出してみました。そして、そのときから、ずっと文学を読み続けてきています。その後『復活』は一度も読み返したことがないので、この小説からどうしてそれほどまでの文学的感動を受けたのか、今では記憶がだいぶ曖昧です。単に、長大な小説を読み終えたという達成感に由来しただけかもしれませんが、少し理由を考えてみます。

事実、若い貴族ネフリュードフと下女カチューシャとの身分違いの恋愛、陵辱、そして彼の子供をはらんだカチューシャの娼婦への転落という物語は、月並みです。ネフリュードフが、何年もたってから、殺人罪に問われたカチューシャを陪審員席で偶然に見いだし、彼女がシベリアに流刑になるにいたって、みずからの罪の意識に目覚めるところも、やはり月並みです。だが、その罪の意識から、ネフリュードフがカチューシャに結婚を申し込むと、きっぱりと拒絶されます。「かつてこの私から地上での快楽を得たのに、今度はこの私を通して天上での救済まで得たいのですか」と言われるのです。この言葉に、私は大きな衝撃を受けました。当時は、その意味を十分には理解していなかったと思いますが、今になって振り返ってみると、この言葉こそ、カチューシャの「人間」宣言であったのです。この言葉を投げられて、ネフリュードフは、初めてカチューシャを人間としての尊厳を持つ真に自立した個人として見ることになります。ネフリュードフは、初めてカチューシャを愛する資格を得るのです。そして、彼女を追ってシベリアに行く決心をします。

私は『復活』を読んで、「文学青年」になりました。ただ、そのときの私にとって衝撃的でしたが、もう一度読んだら、そのあまりにも露骨な宗教性や社会批判に辟易してしまうかもしれません。その後、『アンナ・カレーニナ』や『戦争と平和』を読みますが、前者は、女主人公カレーニナにもその恋人ヴロンスキーにも全く感情移入できませんし、後者は、そのあまりの長さに打ちのめされてしまいました。だが、初期に書かれた自伝風三部作、『幼年時代』『少年時代』『青年時代』を読むにいたって、トルストイはやはり偉大な作家であることを再確認します。

同じロシアのドストエフスキーの作品も、『罪と罰』『白痴』『悪霊』、そして『カラマーゾフの兄弟』のように途方もなく長いものまで、どれもむさぼるように読みました。罪とは何か、罰とは何か、善とは何か、悪とは何か、自由とは何か、さらに神とは何かといった大きな問いが投げかけられ、その問いをめぐって、やたら個性的な登場人物たちが、奇っ怪な事件を矢継ぎ早に引き起こしていく。次に何が起こるかという期待、いや恐れに突き動かされて、読み出したらやめられなくなります。実際、私は長い間、ドストエフスキーを最大の作家と見なしていました。

だが、この今という時点において、トルストイの自伝風三部作などは読み返したいと思いますが、ドストエフスキーの多くの作品に関しては、そうは思わなくなっています。私自身、ドストエフスキーがこれらの作品を書いていた年齢をはるかに超えた年齢になって、彼の作品に表現されている人間像や人生観に、どこか若さを感じるようになってしまったのです。まだ学者になりたての頃ですが、アメリカで出会った友人が、これと同じことを言っていました。そのときは反論しましたが、今になってみると、若くして老成していたその友人の言っていたことが分かる気がしています。

実は、ごく最近、先に述べたプルーストの『失われた時を求めて』の第一巻『スワン家のほうへ』を読み直してみました。そして、畏れ多いことに、なんとプルーストに関しても、本当にかすかですが、それと似たような気持ちを味わいました。今、第二巻であるあの『花咲く乙女たちのかげに』を読み直すべきかどうか、悩んでいる最中です。

私が高校生であったのは、一九六二年から六五年にかけてです。日本は高度成長期のさなか。長期雇用と年功賃金と会社別組合を三本の柱とする「日本的経営」が普及し、その日本的経営のもとで働くサラリーマン階層が急激に拡大していたときでもあります。そのサラリーマン階層の子弟に向けてでしょう、河出書房、筑摩書房、新潮社、中央公論社、集英社などの出版社が、競って世界文学全集や日本文学全集を出し始めていたのです。

それまでは、岩波や新潮や角川の文庫目録に記載されている膨大な書名の中から、自分で読む本を探さなければならなかったのが、世界文学全集さえ注文すれば、世界各国の文学の代表作を網羅することができ、日本文学全集さえ注文すれば、日本近代文学の代表作を網羅することができるようになったのです。しかも、一つの巻の中にいくつもの作品が入っているので、文庫本を一冊ずつ買うよりも割安でした。

私の場合は、いくつかの全集の収録作品のリストを手に入れ、それを参考にして読む本を選んでいきました。ここで、高校時代、そしてそれに続く大学時代に私が読んだ作家や作品の名前をいちいち挙げても、意味がないでしょう。それに、当時は主としてロシア文学やフランス文学を中心に読んでいたのですが、近年では、原文で読んだり聴いたりできることもあって、イギリス小説、特に十九世紀のイギリス文学に好みが移っています。

## 漱石と潤一郎

日本文学においては、夏目漱石と谷崎潤一郎が、私にとっては特別の作家です。漱石は、高校時代、親友の可児浩一郎君の影響で読み始めました。代表作のようにいわれる『こゝろ』はそれほど良い作品だと思いませんが、『坊っちゃん』『三四郎』『道草』『明暗』、そしていくつかの小品は、何度読んでも飽きない。例えば、『坊っちゃん』の読者の多くは、作者自身が主人公の「坊っちゃん」のモデルだと思って読みますが、実際には、無鉄砲な物理学校出の数学教師である「坊っちゃん」は、神経衰弱気味の帝大卒の文学士である漱石とは、まさに対極の人物です。あえて漱石自身と客観的条件が一致する登場人物を探せば、それは「赤シャツ」。「坊っちゃん」とその友人「山嵐」の仇敵です。最後に、その「赤シャツ」に「山嵐」が鉄拳制裁を加えるわけですから、漱石は面白い。

このように、自分自身を徹底的に戯画化できるところに、もう少し一般化すれば、自分自身の意識のあり方や自分自身の社会的な立場を客観的に描き出せるところに、漱石の作品が、自意識過剰の文学青年だけでなく、現実に社会で生活している市民の間でも広く読まれてきた理由があるのだと思います。[*3]

谷崎は、『少年』や『母を恋ふる記』などの初期の作品も好きですが、やはり『吉野葛』『蘆刈』『春琴抄』『猫と庄造と二人のをんな』『細雪』といった後期の作品が圧倒的によい。『細雪』は、大阪の船場に生まれた四人姉妹の三女雪子のお見合いについての話から始まり、何度か破談になった後、ようやくまとまった婚礼のため上京する車中で雪子の下痢が止まらなくなるところで終わります。お花見、踊りの会、観劇、会食、さらに蛍狩りといった四季折々の行事。途中で、台風による大水害や四女妙子の恋愛や死産などの事件が差し挟まれますが、それ以外は、関西の上流中流階級の生活が、こと細かに描かれていくだけです。登場人物の間で交わされる会話も平凡。西欧の近代小説のようなドラマは何一つ起こらないのですが、年々繰り返される行事や平凡な日常会話の連なりが、どのような波瀾万丈の物語よりも面白い物語を編みだしていく。『細雪』は、『春琴抄』とともに、日本近代文学の最高傑作の一つだと思っています。

## 良い作品の条件とは

——ある作品が面白いか、面白くないかを判断する基準は何だろうか。小説を手始めに青少年期から多種多様なジャンルの読書を積み重ねてきた岩井。読書の達人といえる岩井に質問してみた。

私の読書の原体験は、先に述べたように、図鑑です。鳥瞰図的な読み方です。文学作品の場合でも、作家や作品が書かれた時代背景を何となく頭に入れながら、読んでしまいます。だから、よく本の最後にある解説を先に読んでしまったりする。

実は、私の長年の伴侶は小説家の水村美苗ですが、彼女の読み方は全く違う。読んだ小説の文章の細部を驚くべきほどよく覚えているのに、作品の名前や作家の名前すら記憶していないことが多い。不思議なのは、このように二人は対照的な読み方をしているのに、小説の良し悪しについての意見はほぼ一致するということです。

もちろん、ずれはあります。私は、うっすらと退屈な、いや、全面的に退屈な前衛小

＊3　私は漱石の作品には大きな「世界性」があると思っています。ただ、ここでそのことを論ずる余裕がありませんので、以下を参照してください。「夏目漱石と〈開発と文化〉」、川田順造他編『開発と文化』7巻の序（岩波書店、一九九八）。

説も多く読みました。個々の文学作品を文学全体の鳥瞰図の中に位置づけて読む癖がついてしまっているので、前衛文学の前衛性それ自体に価値を与えて、退屈でも我慢してしまうからだと思います。だが、水村には、それが全くありません。個別の作品を個別の作品として、それだけを没頭して読んでいく。面白い本を読んでいるときには、身体は椅子にちょこんと座っているのに、魂はどこか全く別の世界を浮遊しているような雰囲気になります。だから、小説家なのだと思います。私も高校から大学にかけて、短編のようなものを書いたこともあります。でも、小説家にならなくて、本当によかった。

いずれにせよ、これだけ小説の読み方も文章の記憶の仕方も違うのに、作品の評価はほとんど一致する。それは本当に不思議です。

でも、ある小説が良いか悪いかを、説明するのは難しい。良い作品は良いとしか言いようがありません。ただ、あえて言うならば、作者が自分の作品に対して「倫理的」とでもいうべき関係を持って書いた作品が、良い作品として残ると思っています。若い頃に文学をたくさん読んでおいてよかったのは、世間を驚かすために書かれた作品や主義主張のために書かれた作品は、一時的には大きな読者を獲得することがあっても、結局は残らないということが分かったことです。もちろん、読者がいなければ、文学作品は文学作品ではありません。だが、文学作品の作者が本当に向き合わなければならないのは、究極的には読者ではなく、作品それ自体なのです。

良い作品には、作者自身の意図を超えた、作品としての必然性がある。その必然性を具体的な形にすることに、作者が全身全霊をかけて書くということです。同義反復に聞こえるかもしれませんが。

## 倫理と信任の関係

歌舞伎や能や文楽といった、日本の伝統芸能を例にして話すと、多少わかりやすくなるかもしれません。ただし、私自身は、歌舞伎も能も文楽も全くの門外漢ですので、あくまでも例にすぎませんが。

歌舞伎では、真っ白に塗った顔に隈取りをした人物が登場します。太い紅色の隈取りは若き英雄、下まぶたに半月形の紅を入れると水もしたたるいい男、真っ黒や濃い青の隈取りは極悪人といったように、役柄によって色やパターンが全く異なります。能においては、能役者は女面や男面、翁（おきな）の面や嫗（おうな）の面、般若の面や鬼の面をつけて舞台に立ちます。役者とは、役を演じる者であることが、誰の目にも明らかです。

そして、文楽になると、役と役者の関係は最も純粋な形を取ります。なにしろ、浄瑠璃人形と人形遣いとにはっきり分かれているからです。役を演じるのは人形であり、その人形に役を演じさせるのが人形遣いです（さらに、科白（せりふ）は、浄瑠璃語りが語ります）。すなわち、人形遣いの使命とは、人形に与えられた役柄を、ある意味で人間以上に人間らしく演じさせることに全身全霊を打ち込むことにあるわけです。

この人形遣いと人形との関係こそ、日本の伝統芸能だけでなく、古今東西すべての舞台芸術における演技者と役柄の関係の真髄であるはずです。事実、古代ギリシャの演劇においても、中世イタリアを発祥の地とするコンメディア・デッラルテにおいても、日本の能と同じように、演技者は仮面をつけて演技していました。Personとは、現代の英語では人間を意味しますが、そのラテン語の語源であるペルソナ（Persona）とは、まさに仮面を意味しています。

そして、先に述べたように、文学作品における作者と作品との関係も、まさに同じです。それは、究極的には倫理的な関係であるのです。

私の現在の研究テーマの一つは、「信任関係論」です。「信任関係」とは、英米法におけるFiduciary relationshipという概念の日本語訳で、通常は同じ発音の「信認関係」という字をあてることが多いのですが、私は、その内容により近い「信任関係」と訳しています。一方の人間が信頼によって他の人間にみずからの生命や財産を任せる関係を指すからです。そして、一方の人間から信頼によって仕事を任される側の人間は、その信頼を裏切らずに、その人の利益に忠実に仕事を行うという一種の「倫理性」を要求されることになるのです。

私は、この信任関係を、契約関係とともに、いや場合によっては、契約関係よりも根ていくのです。

源的な意味で資本主義社会を支える人間関係として、提示したいと思っているのです。その内容については、もっと後の第七章で詳しく話したいと思いますが、信任関係論に関するセミナーや講演をするとき、実は、この人形遣いと人形との関係をよく例に出しているのです。

――芸術家と作品の倫理的関係について岩井の話を聞くうちに、実は、岩井自身の学問に対する姿勢こそ、倫理性にもとづくものではないか、と感じ始めた。岩井はこの後の章で語るように、自ら主流派経済学とたもとを分かち、独自の「不均衡動学」構築へと突き進む。これこそ、岩井の倫理性の表れではないだろうか。学者の使命とは、学者と学問の関係とは。岩井に尋ねた。

学者になりたてのときは、私にも大いなる野心があって、自分の研究で学界をひっくり返そうと思っていました。でも、今はそのような気持ちは消えています。少なくともはるかに希薄になっている。それよりは、社会にとって、そして学問にとって、何が大事な問題であるかを見極めて、いろいろ調べ、その問題がまだ十分には解かれていないことが分かると、それをなんとか学問的に正しく解く道を見つけ出すことしかないと思っています。そして、自分なりに解いた問題は、専門論文では専門家の批評に耐えるように厳密に、エッセイや本では誰にでも理解可能なように平易に説明しなければなりません。解かなければならない問題は、個々の学者を超えたところに存在し、それを見いだすことが最も大切なことです。学者とは、解かなければならない学問的な問題に従属している存在なのです。

## 残された時間を大事にしたい

——学者には研究、教育あるいは実務が求められるが、岩井はどう時間を配分しているのだろうか。

私が東京大学を停年で退任するときのパーティーで、水村美苗が、岩井は自分勝手に研究ばかりしてきたので、ずいぶん学生にも同僚にも先輩にも迷惑をかけたはずですと、私の代わりに謝ってくれました。確かにそうです。ゼミ生には申し訳なかったけれど、例えば、卒業後の結婚式には私を招かないことを、ゼミ参加の条件の一つにしたりしました。また、ゼミでの話は、ぶっつけ本番だったことが多かった。通常の講義の場合はちゃんと準備しました。教えるのは、嫌いではありません。いや、好きだといってもよい。自分が考えてきたことを学生に伝えたいという意欲は強いのですが、学生との距離の取り方がどうも苦手で、話し出すと自動運動的に話し続けてしまう傾向があり、それがひどいときは自分に落胆します。

　そして、時間配分は、どうしても研究が中心になってしまいます。ただ、研究といっても、通常の意味での学会の中での研究ではありません。実は、日本でも海外でも、学会には入っていません（正確に言うと、十年前から、ある事情で、「法と経済学会」に入りました）。

　一つは、時間が惜しいということです。それと同時に、やはり学会に入ると、その中で責任ある行動を取らなくてはいけなくなる。そうすると、どうしても学会の動向、さらには学界の流行を無視できなくなります。私は、自分で言うのも変ですが、あまり我の強い人間ではないので、学会の内部にいながら、そういう流れに抵抗するのはしんどい。それよりは、学会の外に身を置いておけば、抵抗の苦しみは少ないだろうと考えたのです。もちろん、学会の外にいれば、自分の仕事が認められる機会はうんと減ってしまいますが、それはそれで仕方がありません。

　それから、経済学部の教授会も、絶対に出席する必要があるとき以外は、確信犯的に失敬していました。でも、因果応報で、五十代も半ばを過ぎたとき、欠席していた教授会で評議員にされてしまい、その任期が終わってホッとしていたら、やはり欠席していた教授会で学部長にさせられてしまいました。この四年間、特に学部長をしていた二年間は、観念して、学内業務に専念しました。そうすると、出席率が悪くて教授会が流会になってしまわないか、常に心配しなければなりません。初めて、自分が若いころ、経済学部の先輩教員にずいぶん迷惑をかけていたことが分かりました。そのときの反省から、多少罪滅ぼしの気持ちで、経済学部を拠点とする21世紀COEプログラムの実質的な責任者となったり、日本学術会議などで経済学会全体の雑務を引き受けたりすることになりました。

もちろん、今でもたくさん小説や科学書を読んだり（最近は目が悪くて、オーディオブックをもっぱら利用しているので、聴いたり、といった方が正確ですが）、映画を見たり、音楽を聴いたり、旅行をしたりしていますが、これだけ長く学者をやっていると、何が研究で何が研究ではないかという区別はほとんどなくなっています。よくも悪くも、二十四時間、学者をやっていると言っていいのかもしれません。

いずれにせよ、不均衡動学、シュンペーター経済動学、資本主義論、貨幣論、法人論、会社統治論（コーポレートガバナンス）、そして近年では信任論や言語・法・貨幣論、さらに直近では会社の倫理的責任や刑事責任など、一つの問題を解くと、そこから次に解かなければならない問題が新たに生まれてしまいます。このように、解くべき問題、あるいは解き切れていない問題がいくつもいくつも残っていて、当分、学者をやめることはできそうにもありません。

二〇一〇年に東京大学から国際基督教大学に移ったとき、常任ではなく客員の教授にしてもらいました。先ほど教えるのは好きだと言いましたが、その教えたいという欲求と、研究にできるだけ時間を使いたいという願いとの間の、ちょうど良いバランスを与えられたと思って感謝しています。

今は、「言語・法・貨幣論」を書く準備として、生物学、特に脳科学の文献を片端から読んでいます。一九九〇年代後半に、イタリア・パルマ大学の研究グループによって、ミラー・ニューロンと呼ばれる脳神経細胞が発見されました。例えば、他者が手でピーナッツをつまむのを見たり聞いたりするとき、自分はその動作をしていなくても、自分が手でピーナッツをつまむときに発火する神経細胞の一部が発火するという発見です。他者の行動に対して、自分の行動を鏡で見ているかのように反応するという意味で、これらの神経細胞はミラー・ニューロンと名づけられました。最初、ニホンザルの親戚のブタオザルで見つかり、その後、人間にも存在することが確実視されています。

それは、例えば英語でならI Feel Your Pain（あなたの痛みは私の痛みです）と表現される他者に対する「共感」が、単なる文学的な比喩ではなく、生物学的に分析できる神経細胞の客観的な動きとして理解できることを意味しています。この発見を、世界的なベストセラー『脳の中の幽霊』を著した脳科学者のV・S・ラマチャンドランなどは、DNAの発見に匹敵する大発見であると宣言していますが、それは、このミラー・ニューロンが、社会的存在としての人間の「社会性」に、「生物学的」な基礎を与える可能性があるからです[*4]。

大多数の社会科学者や人文科学者は、まだノンビリとしていますが、実は、これは、経済学を含む社会科学や人文科学にとって、その存在理由を奪いかねない大きな脅威であるのです。私は、この脅威を真剣に受け取っており、このような生物学の最近の発展が、これまで社会科学や人文科学の固有の領域と考えられていた人間の社会的な行動をどれだけ説明することができるのかを、できるだけ偏見なく見届けておきたいと思っているのです。

もちろん、私の目的は、ミラー・ニューロンの存在にもかかわらず、人間の社会的行動は最終的には生物学の原理には還元できないということを示すことにあります。そして、私の社会科学・人文科学擁護が究極的なよりどころとしているのは、後の第八章で説明したいと思っていますが、言語と法と貨幣の存在です。ただ、近年の生物学、とりわけ脳科学の発展は、それこそ日進月歩で、最先端の論文を読んでも読んでも、その最先端がさらに先を進んでいく。おかげで、脳科学には大変詳しくなりましたが、肝心の言語・法・貨幣論が全然進まない。私はもう六十代の後半の後半になってしまいました。残された時間との競争です。

## なぜ経済学を選んだのか

――小説にのめり込んだ岩井は、自分も作家になりたいと思った時期があったが、高校時代に経済学に出合い、東大経済学部に進学することになった。

科学少年であり、文学青年であったので、理科系に行くか、文科系に行くか悩みました。「なぜ」生きるかを知ることができれば、「どういう」生き方にもほぼ耐えることができる、というニーチェの有名な言葉があります。やはり理科系に進むと、その「なぜ」について考えることができなくなるのではないかと悩みました。

中学校の担任であった中川浩一先生の授業は、新聞記事の切り抜きを材料にして様々

＊4　ラマチャンドランの宣言は以下でなされました。V.S. Ramachandran, "Mirror Neurons and imitation learning as the driving force behind "the great leap forward" in human evolution," 2000, http://www.edge.org/3rd_culture/。ミラー・ニューロンに関しては、例えばマルコ・イアコボーニ『ミラーニューロンの発見――「物まね細胞」が明かす驚きの脳科学』（塩原通緒訳、早川書房、二〇〇九）やジャコモ・リゾラッティ、コラド・シニガリア『ミラーニューロン』（茂木健一郎監修、柴田裕之訳、紀伊國屋書店、二〇〇九）など多数の書物が日本語でも出版されています。ただし、最近、ミラー・ニューロンが果たす役割についていくつかの疑問点が提出されています。それらに関しては、以下を参照してください。Hickok, G. *The Myth of Mirror Neurons : the real neuroscience of communication and cognition.* (WW Norton & Company, 2014)。

な社会問題に生徒の目を開かせる良い授業でした。そして、高校二年生のときに社会科を担当された金原左門先生の授業で課題を与えられ、私は「チャーチズム運動」という十九世紀イギリスの労働運動に関して発表しなければなりませんでした。いやいや図書館に行ったのですが、調べているうちに興味がわき、経済学の文献を参照する必要が出てきました。

そこで、古本屋を訪ね、角川全書に入っていた宇野弘蔵編著の『経済学』（一九五六）という薄い上下二冊の入門書を見つけました。宇野弘蔵とそのお弟子さんが書いたものです。宇野弘蔵の名前は偉そうな名前だなと思っただけで、宇野学派を主導した日本におけるマルクス経済学の最大の権威の一人であったことなど、全く知りませんでした。その第一部では、資本主義が発生し、確立し、没落していくという歴史過程の中で経済学の基本原理がどのように明らかになっているかが示されています。第二部で、このような資本主義の発展に応じて、経済学という学問がどのように発生し、展開され、最終的にマルクスによって科学として確立したかが論じられています（第三部は、日本資本主義の現状分析でした）。

理論的な部分では難しい概念がたくさん出てきて、とうてい分かったとは言えませんでしたが、歴史によって理論を浮かび上がらせ、その理論によって歴史を説明していくその方法は新鮮で、これは結構面白い学問だと思いました。今から見れば、このように歴史も理論も原始的な段階から完成した体系へと単線的な発展経路をたどるかのように描いてしまうところに、宇野学派を含めたマルクス経済学のイデオロギー性があったわけですが、そのときは逆にその明快さにひかれてしまいました。

それに当時は、少し生意気な高校生や大学生ならば、岩波書店の『世界』を鞄にいれて、『朝日ジャーナル』を小脇に抱えて歩くような時代でした。それこそ、進歩的文化人、特にマルクス主義者でなければ、人にあらず、いや、少なくとも知識人にあらず、という感じです。私もその時代風潮に流されて、『世界』を鞄にいれ、『朝日ジャーナル』は小脇に抱えて通学していました。そして、特に経済学という学問は、なぜ生きるかという問題には答えられないかもしれないが、少なくとも人間とは本来どう生きるべきかという問題にはアプローチできる学問であり、しかも自然科学と同様の科学性を持っており、つまり経済学を、文学と科学を足して二で割ったものととらえたのです。まあ、今から考えると、ずいぶんいい加減な理由で選んだと思いますが、経済学を専攻することにしました。

## マルクスに違和感……

――一九六五年、東大に入学後、志望通り、マルクス経済学を学んだ。

駒場にある教養学部に入学して、最初に出向いたところは、「駒場文学」でした。文学同人誌のサークルです。同時に、高校時代に蓼科にあった林間学校で山歩きの楽しさを覚えていたので、ワンダーフォーゲル部にでも入ろうかなと考えていました。ただ、まだ文学に大いなる野心を持っており、運動部に入ると、自分で小説を書く時間が取れないなどと躊躇したりもしていました。そのときもう少し気楽に山歩きができると誘われて入ったのが、「旅の会」というサークルでした。お茶の水女子大学と津田塾大学と合同のサークルです。駒場の二年間は、もっぱら旅の会で山歩きを続けました。

「駒場文学」の方はといえば、新入生歓迎会に出席しましたが、上級生はほとんどおらず、数人来ていた他の新入生とも十分に打ち解けられません。伝統ある文学同人誌なので、さぞや水準の高い文学論が飛び交うだろうと思っていたのですが、それも期待はずれでした。「駒場文学」には、そのとき顔を出しただけです。のちに、一人で短編の執筆をいくつか試みたものの、どうもうまくない。五月祭賞にも応募しましたが、最終選考にも残りません。そのうちに、悪癖を覚えます。麻雀です。京王井の頭線の駒場東大前駅を降りると、つい足が大学とは逆方向にある雀荘の方に向かってしまいます。家庭教師のアルバイトをしていたのですが、そのアルバイト料のかなりの部分は、結局、麻雀代に消えてしまったと思います。

というわけで、文学青年であったはずの私は、作家の卵にすらなれずに、駒場の二年間を終えることになってしまいます。ただし、文学だけはずっと読み続けていました。

大学の講義の方は、最初の二年間は教養学部ですから、いろいろなゼミが取れました。例えば、ジェルジ・ルカーチ（一八八五－一九七一）の『実存主義かマルクス主義か』を読む城塚登先生のゼミに入りました。初期マルクスの研究から出発し、マルクス主義の人間主義的な解釈をひっさげて論壇にさっそうと登場した先生だということで、参加者があふれ、集中して聴講できません。

一番面白かったのは、塚本健先生のゼミでした。塚本先生はナチス経済の研究者で、宇野学派の流れをくんでいます。優しい先生で、ゼミ生の数も限られており、楽しく一年間を過ごしました。このゼミで、『共産党宣言』や『賃労働と資本』といったマルクスやエンゲルスのいくつかの著作や、宇野弘蔵の『経済原論』（一九六四）などを読みました。麻雀の時間の合間をぬって、ゼミと並行して『資本論』にも挑戦しました。第二巻には進めませんでしたが、このときに少なくとも第一巻を読んだことが、後に、みずからの資本主義論を展開していく上で大いに役に立ちました。

マルクスの「搾取論」を理解したときは、それがあまりにもうまくできた理論だったので感動しました（このときに読んだ『世界思想教養全集』の中の「マルクスの経済思想」（河出書房新社、一九六二）を本棚から引っ張り出してみたら、ページの余白に「ワカッタ！」という書き込みがありました）。

この搾取論は、以下の四つの順番で「論証」されていました。その論証を以下に示しておきますが、飛ばして読んでもかまいません。

(1)大前提は、「労働価値論」です。すべてのモノの「価値」は、その生産のために投入された「労働量」によって決まることを主張しています。(2)次に、その労働価値論が、通常のモノではなく、ヒトにも拡張される。ヒトの労働力(現代では、労働サービスといった方が通りやすいと思いますが)の価値も、その生産のために必要な労働量によって決まるという主張です。具体的には、(ややこしい言い方になりますが)労働力の価値とは、労働するヒトが日々消費するモノ(生産必需品)の生産に必要な労働量だということになります。(3)さらに、歴史上すべての人間社会において、ヒトは生産活動において、プラスの「剰余価値」を生み出してきたことが主張されます。ここでいう剰余価値とは、生産されたモノの価値から、投入された労働力の価値を差し引いた値のことです。ヒトには、剰余価値なるものを生み出す(神秘的な)能力が備わっているというのです。(4)そして、最後に、資本主義社会では、そのヒトが、生産手段を所有する資本家と所有しない労働者に分かれてしまい、生産されるすべてのモノは、資本家の所有物として市場で売られることが指摘される。したがって、そこでは、労働者が生み出した「剰余価値」も、資本家の所有物になってしまう。すなわち、「搾取」だというわけです。

でも、さらにマルクスを読み進めていくうちに、違和感を覚え始めます。今から思うと、現実はこうであるという実証的命題と、本来はこうあるべきだという規範的命題とが巧みに混ぜ合わされていることに、気がついたからです。「労働価値論」とは、労働の生産物は本来すべてその生産者のものであるというイデオロギーの単なる言い換えにすぎない。これはどうも科学ではないと、考えるようになりました。

時間的には少し後になりますが、二年生の第二学期に、マルクス経済学の原理論を解説する「経済原論」という講義を聴講しました。担当は、鈴木鴻一郎先生で、宇野弘蔵の一番弟子といわれていました。芥川賞作家として登場し、その後ポルノ作家として一世を風靡した宇能鴻一郎は、この二人の名前をあわせて自分のペンネームにしたともいわれてました。その鈴木鴻一郎先生の講義では、「何々は何々でなければならない」という言い回しが何度も何度も繰り返されるのですが、それが事実の間の因果関係を意味するのか、規範的な価値判断を意味するのか、ほとんど不明でした。マルクスに対して覚えた違和感が、一層増幅されることになったのです。

私が大学に入ったのは一九六五年。すでにフランスを中心とするヨーロッパの思想界では、「構造主義」が大きく広がり、さらに「ポスト構造主義」が台頭し始めたころです。私自身、直接に読んだというわけではありませんが、日本にもその影響が少しずつ入ってき始めました。[*5]

例えば、文化人類学者レヴィ＝ストロースが唱えた構造主義は、未開と呼ばれる社会から文明化したといわれる現代社会にいたるまでの多種多様な社会の背後に、普遍的な構造を見いだすことをその使命としていました。それは、一方で、歴史の発展には法則性があり、未開の共同体から文明社会、あるいは原始共産制→古代奴隷制→封建社会→資本主義社会→共産主義社会へと必然的な段階を経て進歩していくことを主張してきたマルクス主義の批判です。そして他方で、この歴史発展の法則性を先取りし、その最終段階である共産主義社会の実現のために能動的に関わっていく（アンガジュマンする）ことにこそ人間の価値があると主張する、ジャン・ポール・サルトル流の実存主義の棄却でした[*6]（ただし、レヴィ＝ストロース自身は、マルクス本人に対しては多大なる敬意を払っていました）。

一九八九年にベルリンの壁が崩壊し、九一年にソビエト連邦が解体されるはるか以前に、思想の世界においては、すでにマルクス主義の影響力は大きく後退し始めていたのです。外国における思潮の変化に極度に敏感な日本という島国の中で、知らず知らずのうちに、私も潮流の転換を感じ取っていたのだと思います。

## 政治学に魅力を感じる

教養学部の一年生のときに取った講義で、京極純一先生の「政治学」だけは、麻雀をサボって必ず出席しました。京極先生は、人間の社会を「事実の世界」としてのみとらえるのではなく、それとは別個に「制度の世界」――広い意味での「法の世界」――が存在することを指摘してくれました。そして、支配や統治、対立や協力といった事実としての政治が、むき出しの力関係としてではなく、国家や憲法や議会や政党といった政治制度を「媒介」としてどのように実現されていくかを、明らかにする学問として、政治学を提示してくれました。しかも、人間が制度に従って行動をするには、その制度がもたらす秩序の中に「生きる意味」を見いださなければなりません。例えば日本社会。そこでは、イエ、ムラ、クニといった集団が祖霊や氏神や皇祖皇宗の霊力によって集合体としての繁栄と永続を保証されるという信仰が、その中に生きる人びとに生きる意味を与えてきました。

このように人間社会が究極的には「意味の宇宙」に支えられていることを諄々と説い

＊5　私が最初に実際に読んだ構造主義関係の本は、J・M・ドムナック編『構造主義とは何か――そのイデオロギーと方法』（原著一九六三、一九六七／伊東守男・谷亀利一訳、サイマル出版会、一九六八。平凡社ライブラリー、二〇〇四）だったと思います。日本では一九六五、六六年あたりから構造主義の紹介が始まり、六八年ごろから邦訳がたくさん出始めました。

＊6　レヴィ＝ストロース『野生の思考』（原著一九六二／大橋保夫訳、みすず書房、一九七六）の第九章「歴史と弁証法」。批判されたのは、ジャン・ポール・サルトル『方法の問題：弁証法的理性批判序説』および『弁証法的理性批判』（原著はともに一九六〇、邦訳、人文書院、一九六二、一九七三）。

ていく京極先生の講義は、強く記憶に残っています。[*7] そして、今から思うと、それは、政治や法や文化といった上部構造は下部構造としての経済によって規定されるというマルクス主義的唯物史観に対する、全面的な批判の試みであったのです。

丸山真男の『日本の思想』（岩波新書、一九六一）は高校時代に一度読んでいます。京極先生の講義に刺激を受けて再読し、さらに参考文献に挙げられていた『現代政治の思想と行動』（未来社、一九六四）を読んで、その知性に圧倒されました。経済学ではなくて政治学を専攻した方がよかったかな、と悩んだくらいでした。でも、政治学科は法学部にあります。私は経済学部への進学が前提である文科二類に所属しているので、そこから法学部に入るのは至難の業です。しかも、いまだに高校時代からの進歩主義のもとにありましたから、権力に直結している法学部に行って、法律などという無味乾燥なものを勉強するなんて、とんでもないという気持ちもありました。その私が、後年になって、法人論や信任論といった法学的な研究をすることになるのですから、皮肉なものです。

## 根岸隆「近代経済学」講義に感銘

こういう私の悩みを救ってくれたのが、根岸隆先生の「近代経済学」の講義でした。教養学部二年の二学期は、専門学部の教員が各学部の基本科目を駒場に来て講義します。少し前に触れた鈴木鴻一郎先生の「経済原論」もその一つでした。

今では死語になりましたが、日本ではつい最近まで、新古典派経済学やケインズ経済学、より広くいえば、マルクス経済学以外のすべての経済学は、一括して「近代経済学」と呼ばれていました。

当時のマルクス主義者の間では、「近代主義者」という言葉は蔑称でしかありませんでした。現状の資本主義が来るべき社会主義の前段階でしかないことを理解できずに、資本主義の枠組みの中での近代化などを云々している体制の擁護者、という意味で用いられていたのです。だから、近代経済学や近代経済学者という呼び名には、当然、軽蔑が混じっていました。

それを知ってか知らずにか、近代経済学者自身は、近代経済学をModern Economicsあるいは Contemporary Economics の翻訳と読み替え、古色蒼然としたマルクス経済学に対して、国際的にも最先端の経済学の研究者として自己規定していました。マルクス経済学がすっかり衰退してしまった今、差別化の必要は消え、かつてなら近代経済学者と呼ばれた研究者は単に「経済学者」と呼ばれるようになっています。

＊7　この講義に関する自分の記憶を確かめるために、この講義やその後法学部で行った「政治過程論」の講義が下敷きになった京極純一『日本の政治』（東京大学出版会、一九八三）を参照してみました。

根岸先生は、三十代前半で、経済学部の助教授になったばかりでしたが、すでに一般均衡理論や貿易理論で世界的な論文を多数発表していました。先生の「近代経済学」の講義は、なにしろ明快の一言に尽きます。しかも講義案を目の前に置いているのではなく、手元にあるメモをたまに見るだけなのに、まるで文章を読みあげていくかのように整然と講義を進めていく。はじめの三分の二をミクロ経済学の説明に使い、残りはマクロ経済学に関してでした。とりわけ、新古典派経済理論の数学的な美しさに驚きました。科学少年であったときの知的興奮がよみがえってきたのです。

新古典派経済学だけでなく、それと対立するケインズ経済学も含めて、経済学全体の理論構造を一学期という短い間に、これほど見事に提示してくれたことは、今でも驚きです。[*8] 目標にできる人がここにいる、経済学者になってもよいと思いました。一緒に経済学者になった同年輩の奥野正寛、石川経夫、篠原総一君も、私と同じように根岸先生の講義に触発されたと聞きました。ただ、翌年、根岸先生は米国に留学してしまいます。

三年生になって、駒場の教養学部から本郷の経済学部に進学しました。建前としては不運にもと言うべきですが、実際には幸運にも、駒場で一緒に麻雀をしていた仲間は、大部分が留年してしまいました。結果として、自然に麻雀と別れることができたのです。でも、麻雀の牌を手にすると、またのめり込んでしまうと思い、それ以来一度も触った記憶はありません。ただ、夢の中から麻雀の牌が消えるのは、それから十年以上たってからでした。

## 「通説批判」刷り込まれた小宮隆太郎ゼミ

経済学部の中では、マルクス経済学が圧倒的に優勢でした。日本全国を見渡しても、近代経済学が強かったのは一橋大学と大阪大学と神戸大学、それに私立では慶應義塾大学ぐらいでした。その中で、東大の近代経済学は、館龍一郎先生と小宮隆太郎先生が牽引していました。

そのことを物知りの同学年生から聞き、三年生になる前の春休みに、館先生と小宮先生の共著『経済政策の理論』（勁草書房、一九六四）を読みました。経済理論が様々な問題に対して、爽快なほど切れ味よく使われています。現実の社会問題に論理的に対応できる学問がここにあると、喜びました。そして、経済学部のゼミは、より若い小宮先生の方を選びました。

＊8　ほぼ五十年ぶりにそのとき講義でとったノートをめくってみました。ミクロ経済学では、まず数学的準備として条件付き最大化問題を解説し、消費者理論、企業理論、市場均衡理論、厚生経済学、不完全競争理論、最後に資本の理論。マクロ経済学では、古典派のマクロ理論、ケインズ理論、経済変動論、そして付録として産業連関分析まで解説しています。

ゼミの開講日に、長身で多少猫背気味の先生がすっと現れましたが、眼鏡の奥の鋭い目が大変怖かった記憶があります。その日、同じ教育大附属高校で同学年だった石川経夫君も、私と同じ選択をしたことを知ります。それ以来、石川君が五十歳で没するまで、多少の時間的な前後はありますが、同じ道をずっと歩み続けることになります。また、教育大附属の中学・高校と同学年だった奥野正寛君は、教養学部では法学部に直結する文科一類に所属していたので、当然そのまま法学部に行くと思っていたら、経済学部に進学してきました。ゼミは岡野行秀先生のゼミでしたが、それ以来今日まで、やはり多少の時間的な前後はありますが、同じ道をずっと歩んできています。

小宮ゼミの最初のテキストは、期待した通り、『経済政策の理論』でした。先生の明晰さは、怖いほどでした。複雑な現実問題を前に論理的に思考するとはどういうことかを、幸運にも、狭いゼミ室の中で間近に体験できたのです。小宮先生は、理論家としては国際経済学の分野の仕事で知られています。講義も「貿易論」を担当していました。だが、その真骨頂は、日本経済に関する実証研究と政策論争です。実証的な裏付けのない理論、そして理論的な整合性のない政策に対しては、厳しかった。主流派の学説でも、多数派の政策でも、疑問があれば遠慮なく議論を挑んでいく。

実は、四十歳を過ぎてから、私の研究テーマの中に、日本経済論や法人論が入り込みます。その一つのきっかけが、一九八六年に小宮先生がある会議で報告した論文でした。[*9] その中で先生は、日本の会社システムの構造や行動は、実証的に見ると、株価の最大化を目的とする大多数の欧米企業とは異なっている。その分析に教科書的な企業理論をそのまま当てはめるのは間違っていると主張していたのですが、このことについては後の第六章で論ずることにします。

小宮先生を真似したわれわれゼミ生の口癖は、ツウセツヒハン――通説批判――でした。その当時の記憶が無意識の中にすっかり刷り込まれているのでしょう。実証より理論に走りがちの私は、この年になっても、先生の前に出ると緊張します。

――岩井はかつて研究テーマの変遷について、こんなふうに語ったことがある。

「四十代以前というのは時間が無限にあるように思えるから、すべての問題を内部の問題として処理しようとすることが可能なんです。ところが、四十を過ぎてくると、このあと知的に活動的でいられるのは二十年、長くて三十年。厄年とはまさに自分の生命の一回性ということに突然、気がつく年齢、あるいは突然、思い知らされる時点なんだと思う。それは同時に、どのような意味であれ、外部性とか他者といった問題から逃れられなくなってしまうということです」と。

＊9　小宮隆太郎「日本企業の構造的・行動的特徴（一）」『經濟學論集』54 (2), 2-16. (1988)

『経済政策の理論』を読み終わった後は、出版されたばかりのジョン・ヒックス（一九〇四－八九）の『資本と成長』（一九六五）の英語版が教科書になりました。静態的経済理論と動態的経済理論の違いを論じた後、アダム・スミスやデーヴィッド・リカードの古典派経済学の資本蓄積論から最先端の最適成長理論までを展望したものです。ヒックスのこの理論書は、数学的な展開は可能な限り付録に回し、経済的な論理をすべて言葉で説明しようとしています。多くのゼミ生は悲鳴をあげていましたし、私も初めはずいぶん戸惑いました。だが、結果として、数学的な操作と論理的な文章とは別種の思考過程であることを学びました。

後になって、自分で英語の論文を書くようになったとき、右にヒックスの代表作『価値と資本』（一九三九）の原文、左にケインズの『雇用、利子および貨幣の一般理論』（一九三六）の原文を置き、論理的な文章の部分はヒックスを真似し、レトリックを効かせたいときはケインズを真似するようになりました。

なぜこのとき、小宮先生がゼミの教材にこのような最先端の純粋理論を選んだのか、いまだに謎です。でも、おかげで私は「経済成長論」という分野に興味を持ち、図書館に行って関連の文献をいくつか読み始めるようになりました。そして、その中に、Michio Morishima や Kenichi Inada や Hirofumi Uzawa といった日本人の名前が横文字で頻出することを、素直に、うれしく思いました。

# 第二章

# MIT留学

## ——学者人生における早すぎた「頂点」

## 宇沢弘文と出会う

——経済学部で学問の道を歩み始めた岩井の人生を大きく左右したのは、宇沢弘文との出会いだった。

宇沢弘文先生に最初に会ったのは、一九六八年冬。大学三年の終わりでした。アメリカによるベトナム戦争が泥沼化し、全世界的に反戦運動が広がっていったときです。ベトナム戦争に反対していた先生は、アメリカ国家の反動性に見切りをつけ、翌年から東大の経済学部に移ることを決めました。その準備のために、一時的に帰国したときでした。私が政策よりも理論に向いており、独学で経済成長論を勉強していることを知っていた小宮先生が紹介してくださったのです。場所は日本開発銀行（現・日本政策投資銀行）の設備投資研究所の応接室だったと思います。

私はまだ学部の学生で、秘書の人がお茶を入れてくれるなどという晴れがましい場に自分がいることにひどく緊張して、ソファーに浅く腰を掛けて待っていたことを覚えています。

すると、長身の人影が現れ、それまではHirofumi Uzawaという英語名でしか知らなかった遠い存在が、頭をかきながら多少つっかえながら話される生身の人間に変身したのです。私は自分が書いていた経済成長論の論文を意気込んで手渡したのですが、先生はパラパラと見ただけでした。先生がそのときどのような話をしたかは記憶にありません。ただ、背広の色が、日本でふだん見る紺色よりもずっと鮮やかな紺色であったことだけは、妙に印象に残っています。

その年の四月に経済学部に赴任して、宇沢先生が最初に持たれた講義の題目は「経済変動論」でした。黒板の前に立ち現れると、いきなり消費者選好に関する新古典派の公理系について解説を始められたのには面くらいました。苦笑まじりのどよめきが教室に起こりました。幸い、消費者選好の遷移律や連続性は第一回の講義で無事に卒業できましたが、その後、動学的な時間選好、資本の計測問題、投資の調整費用、動学的市場均衡、最適成長理論と、先生の講義が佳境に入っていくにつれて、教室の中の学生の数は放射性物質の半減期の法則に従うように減っていき、学期の最後には数えるほどしか残っていませんでした。[*1]

このときから私は、小宮隆太郎先生と宇沢弘文先生の二人を師と仰ぐことになります。

＊1　宇沢先生との出会いに関しては、『宇沢弘文著作集　第1巻』（岩波書店、一九九四）の「月報」に寄稿した「〈父離れ〉」という文章の一部を借りてきました。

今から見て、本当に感心するのは、東大経済学部の近代経済学グループが宇沢先生を招聘したことです。宇沢先生は、理学部の数学科出身です。数学科の特別研究先生をやめて経済学を独学で勉強し始めたとき、数学科の先輩ですでに経済学に転身していた稲田献一さんに連れられて東大の経済学部に出入りしていたとはいっても、経済学部にとっては全くの外様です。しかも、世界的には、経済学部のどの教員よりも名声を博している。丸山真男が日本社会の特徴とした「タコツボ型」であれば、ウチとソトの論理によって、排除されてしかるべき人間であったはずです。それなのに、館先生や小宮先生は、積極的に宇沢先生を招聘している。もちろん、シカゴ大学では教授であったのに、東大では助教授としてしか採用できず、桁が一つ低い給与しか提示できなかったことは確かですが、当時では制度的にそれ以外は不可能でした。

この幸運によって、東大の経済学部だけでなく、日本の近代経済学界全体が、他の多くの学問分野よりもはるかに「開かれた」世界になったのだと思います。そして、その最初の受益者の一人が、私であったのです。

## 宇沢先生の葛藤——心は新古典派にあらず

——宇沢弘文の教えを受けているとき、東大では大学紛争の嵐が吹き荒れていた。

四年生のときに東大紛争が起こりました。私も相変わらず時代の風潮に流され、一時的ですが小さな改革グループに属し、大学変革を唱えた自主ゼミなどにも参加しました。だが、全共闘運動の思想それ自体には、自主性の主張とは裏腹に連帯意識への強制を感じてしまい、没入できません。

あるとき、助手共闘という全共闘シンパの助手グループと私が属していたグループとの合同討論会があり、出席してみました。その会合で、助手共闘の一人のメンバーが立ち上がり、これは革命だ、学生は立ち上がっている、助手も立ち上がらなければならない。自分は半年前、フランスの五月革命に遭遇したが、そのとき最も学生大衆の心情を表現していたのが便所の落書きだった。みなで全国の大学を訪れ、便所の落書きを収集し、この闘争に貢献しようと、興奮して話していました。イギナシ、という声が参加者の間からあがりました。そのほかにどのような議論があったのか、今では何も覚えていません。

経済学部の授業もなくなります。でも、私はすでに四年生になっており、十分に経済学に興味を覚えていたので、自由に独学ができました。大学院も閉鎖されてしまいました。しかし、幸いにもこの期間、宇沢先生が大学院志望の学部生や大学院生を対象に学外で研究会を開き、最先端の経済理論について教えてくれたのです。場所は、私が初めて宇沢先生と会った開発銀行の設備投資研究所でした。

私と同様に大学院を志望していた同学年の石川経夫君、奥野正寛君、篠原総一君、大学院生では藪下史郎さんや堀内昭義さん、助手では西部邁さん、蠟山昌一さん、それに浜田宏一さんなどが参加していたと思います。しかも学ぶだけでは終わりません。ゼミの後は、必ず飲み会です。最後は、新宿の歌舞伎町の飲み屋に繰り出すことになりました。

宇沢先生は、そのとき、世界で最も輝いていた経済学者の一人であったと思います。数理計画法から始まり、消費者の顕示選好、一般均衡理論の存在と安定、中立的技術進歩の理論、二部門経済成長モデル、最適成長理論、内生的経済成長論と、数理経済学の分野で次々と世界的な業績を発表し、三十六歳でシカゴ大学の教授となりました。アメリカにいたときも積極的に若手を中心とした研究会を開き、ジョセフ・スティグリッツ、ジョージ・アカロフ、デーヴィッド・キャス、カール・シェル、青木昌彦、早世したミゲル・シドラウスキーなど多くの重要な経済学者を育てています。

でも、心は別のところにあるのを、飲み屋のアルコールのにおいとともに知りました。先生の分析手法は新古典派経済学ですが、本当にやりたかったのは市場万能主義の新古典派批判です。

先生が繰り返し語ってくれたのは、シカゴ大学で同僚であった市場万能主義のチャンピオン、ミルトン・フリードマン（一九一二－二〇〇六）に関する逸話でした。一九六七年だったと思います。固定為替レート制の時代です。イギリスのポンドが危機に陥りました。イギリス政府がもうすぐポンドを切り下げざるをえなくなると予想したフリードマンが、銀行に乗り込んでいき、ポンドの空売り（保有していないモノを将来売る契約を現在結ぶこと）をしたいと申し込んだ。ところが、申し込みを受けた銀行員は、「私たちはジェントルマンだから、そのような要求には応じられない」と言って、断ったのです。かんかんになって怒ったフリードマンは、大学に戻り、教員用の食堂で昼食を取っていた宇沢さんや他の同僚の前で、「資本主義の世界の中では、儲けるときに儲けるのがジェントルマンである」という大演説をぶったというのです。

宇沢先生が、数学から経済学に転身した理由そのものが、社会的な正義感です。そして、社会主義に対しては、後年はその弊害を強調するようになりますが、ずっと親近感をいだき続けていたはずです。事実、最初に書かれた論文は、社会主義の分権化の可能性についてですし、有名な二部門成長モデルも、「実は、あれ、マルクスの拡大再生産表式を下敷きにしたんだよ」と教えてくれました。

実際、一九六一年に発表された第一論文は、資本家と労働者とを分けた二階級モデルでもあり、資本家のみが貯蓄をするという仮定が採用されていました。「あの仮定に批判が集中したので、どの消費者も所得の一定割合を貯蓄するという新古典派的な仮定に置きかえた論文をもう一本書いたのよ」とも話していました。六三年に発表されたこの第二論文が、先生の仕事の中で世界的に最も有名になりました。

日本に戻る前から、宇沢先生は新古典派経済学に批判的な経済学者に近づき、特に、イギリスのケンブリッジ大学でケインズの教えを直接受けたリチャード・カーン（一九〇五－八九）やジョーン・ロビンソン（一九〇三－八三）との親交を深めていました。その影響のもとで、「ペンローズ効果」に関する論文を一九六八年と六九年に発表しています。[*2] 企業の成長が企業内の「経営資源」の大きさによって制約されてしまうことを示したエディス・ペンローズ（一九一四－九六）の『会社成長の理論』（一九五九）を基礎にして、ケインズ経済学における投資理論の定式化を行ったものです。私自身は、これが宇沢先生の仕事の中で最も優れたものだと思っています。

このように、宇沢先生は、アメリカから日本に移りながら、新古典派経済学からの脱却を試みていました。しかし、先生の分析手法は、基本的に新古典派の枠組みを出たことはありません。ペンローズ効果の論文も、最適成長理論が応用されています。その最適成長理論も、基本的には市場均衡が最適な資源配分をもたらすことを主張する新古典派的厚生経済学の動学版にほかなりません。

先生はみずからの新古典派的分析手法と、正義感にもとづく新古典派批判という目的との間のギャップで、長らく葛藤していたのだと思います。その葛藤の切れ切れを、酒場での話の中からときたま漏れ聞くことができました。そして、そのことは、私の意識の底に残り、その後の私の研究姿勢に大きな影響を与えることになったのです。
こうして回想に浸っていたところ、病気療養中であった宇沢先生の訃報が届きました。二〇一四年九月十八日に亡くなったのです。[*3]

――米国の経済学界で圧倒的な力を持つ新古典派経済学。市場は万能と説く学説にあえて疑いを持たず、米国資本主義の申し子のような生き方を選ぶ、あるいは選ばざるを得ない経済学者が多いのではなかろうか。

実際、私の世代の日本の経済学者は、ある意味で、最初から重荷を背負わされていたわけです。第二次大戦以前は、欧米の経済学を吸収することに全力が傾注されていました。その努力の成果を踏み台として、戦後の一九五〇年代の後半からは、宇沢先生以外にも、森嶋通夫、二階堂副包、稲田献一といった人びとが、国際的な業績を発表するよ

＊2　Uzawa, Hirofumi. "The Penrose effect and optimum growth." *Economic Studies Quarterly* 19 (1968) : 1-14 ; "Time preference and the Penrose effect in a two-class model of economic growth." *The Journal of Political Economy* (1969) : 628-652.
＊3　私の宇沢先生への追悼文は、二〇一四年九月二十九日の日本経済新聞の朝刊「経済教室」に掲載されました。

うになったのです。分野は新古典派経済学の数理的分析に限られていましたが、日本の経済学界にとっての、一大革新期となりました。不思議なことに、一度、誰かが関門を突破してしまうと、その後、日本の他の経済学者も次々と国際的な専門誌に論文を掲載するようになる。ということは、次世代の私たちにとって、国際的な雑誌に論文が掲載されることは、当然乗り越えるべき関門でしかありません。それ自体はもはや目新しいことではなくなったのです。

ヨーゼフ・シュンペーターの言葉を借りれば、革新者ではなく、単なる追随者・模倣者の一人にすぎなくなる。革新とは、新しい価値の創造です。私たちが多少なりとも革新をするためには、何かこれまでの世代とは異なったことをしなければならない。新古典派経済学の枠組みの中で数理的分析をやっているだけではだめなのです。でも、それは、言うは易しですが、行うは難しでした。私だけでなく、石川経夫君も、奥野正寛君も、篠原総一君も、知らない間にこの重荷を背負って、経済学の研究の道に入っていくことになりました。

## 予期せぬ米国留学

——東大大学院への進学を考えていたが、東大闘争の影響で大学院が封鎖される。急遽、米国への留学が決まった。

近代経済学をともに勉強していた奥野、石川、篠原と私の四人が大学院進学を志望すると、先生たちは非常に喜びました。それまで、経済学部で大学院に進学するというのは、マルクス経済学かその影響を受けた経済史の分野を専攻することとほとんど同義でした。近代経済学の大学院進学者は、毎年一人とか二人の少数しかいません。ところが、その年は「大挙」して四人も進学を志望したのです。

ただ、後で知ったことですが、青木昌彦、生田浩二、鬼塚雄丞、堀元、西部邁など一九六〇年安保闘争のときに全学連のリーダーとして活躍した人たちも、その数年前から近代経済学を勉強し始め、西部さん以外はみなアメリカの大学院にすでに留学していたのでした。私たち四人が個人個人で行ったと思っていた意思決定は、結局、大きな思潮の変化の四つの飛沫にすぎなかったのです。

私の両親は、私が大学院に進学したいと言うと、大変心配しました。父親は、自分が学歴で口惜しい思いをしたので、大学進学のとき、法学部ではなく経済学部に行くと聞いてがっかりしていました。そして、経済学部を卒業した後は、当然、民間企業に就職することを期待していたのに、今度は大学院に行くという。さらにがっかりしていました。母親の方は、食べられなくなるのではないかと、そればかり案じていました。

小宮先生に大学院志望を伝える際に、家が豊かではないので両親が心配していると言うと、「キミ、大丈夫、食いっぱぐれはしないよ」と励まされました。ただ、その言葉をそのまま両親に伝えたら、余計心配するはずなので、「先生が大丈夫だと言っていた」とだけ、伝えておきました。

ところが、経済学の大学院は封鎖されています。一夏かけて応募論文を書いて出願しましたが、秋になると、大学院入試を中止するという通知が舞い込みました。応募論文も送り返されてきました。

私は、アルバイトをしながら留年でもするしかないなと考えていました。しかしながら、先生たちの方では、せっかく四人も大学院志望がいるのだから、この際、直接にアメリカの大学院へ送ってしまおうという結論に達したのです。そして、小宮先生、宇沢先生、それに、一九六五年にアメリカのエール大学でPh.D（博士号）を取得し、東大に助手として戻ってきた浜田宏一先生の三人が、手分けして推薦状を書いてくれたのです。

それぞれの適性を見て、奥野君はスタンフォード大学、石川君はジョンズ・ホプキンス大学、篠原君はシカゴ大学、そして私の場合は数学が一番得意であるという評価を受け、マサチューセッツ工科大学（MIT）に推薦されました。

通常は、アメリカの大学院に入るにはTOEFL（英語能力試験）での高得点が必要ですが、私の成績は本当にひどく、MITに入った後に入試担当のエッカウス教授から、お前の英語の成績は乱数解答と統計的には変わらなかったよと、からかわれました。でも、三人の先生の推薦状がよほど強力だったのでしょう。驚くべきことに、みな合格したのです。その後、何年間も東大の経済学大学院は閉鎖されたままでしたから、私たち四人は、おそろしく運が良かったのです。

## 台所に立つのも初めて……

――予期しなかったアメリカ生活が始まった。経済学の中心であるＭＩＴで岩井は何を感じ、どう行動したのか。

私は、それまで海外留学など、考えたこともありませんでした。それが、偶然と偶然の重なりで、一九六九年六月に東大を卒業すると、その夏にアメリカに渡ることになったのです。両親は、事態の進展のあまりの速さに、ただ驚いているだけでした。私の場合、渡航費も親に頼れず、自分で調達しなければなりません。いろいろ奔走し、米国のある婦人団体の奨学金を受け取ることができました。貨物船を使う渡航費が支給されることになっていたのですが、ＭＩＴ合格の通知を送ると、驚いたことに、飛行機代が到着しました。

そのときは、他の三人と同じように飛行機で行くことができたことに、ホッとしたのですが、今から振り返ると、貨物船で行った方が、もっと面白い経験ができたのではないかと思っています。アメリカに行ってからも、他の留学生よりも貧乏で、夏休みは日本に戻ることはできませんでした。

ただ、生活に困るということはありません。MITからは授業料と月二百二十ドルの生活費を支給されました。下宿代が月八十五ドル。それを差し引いても、学生の一人暮らしには十分な額です。いや、ニクソン・ショックの前です。当時の円とドルの換算率は、一ドル三六〇円でしたから、日本円にすると、約八万円。当時の日本の大卒男子の初任給が四万円程度ですから、私にとっては信じられないほどの高額でした。

MITは、アメリカ東海岸マサチューセッツ州のケンブリッジにあります。ケンブリッジの町は、アメリカでは大変古い歴史を持つボストンの首都圏の中にあり、大西洋に注ぐチャールズ川によってボストンの市街地から隔てられています。MITとハーバード大学という世界最高水準の大学を二つも擁している学園都市です。近辺には、タフト大学、ボストン大学、ボストン・カレッジ、ノースイースタン大学、ラドクリフ女子大学、ウェルズリー女子大学、アマースト大学、マサチューセッツ州立大学など、数多くの大学も集まっています。

MITは、私の英語力を心配したのでしょう。ボストン近辺の大学に留学する外国人学生向けのオリエンテーション・プログラムが八月いっぱい開かれるので、その参加を義務づけられました。七月末に日本を出発し、ホノルル、サンフランシスコと飛行機を乗り換えて、最後にボストンの空港に降り立つと、「ウェルカム・トゥー・ボストン」という声とともに、世話係の学生が出迎えてくれました。ちりちりの赤毛でそばかすだらけの元気のいい女子学生でした。同じプログラムに参加するトルコからの学生三人と一緒にミニバンに乗って、ケンブリッジにある宿舎に到着しました。戸惑いながらのアメリカ生活が始まったのです。

最初の晩、宿舎の使い方を説明する英語がよく聞き取れなかったので、自分の部屋のドアが自動ロックであることを知らずに、鍵を持たずにトイレに行きました。あっと思ったら、部屋から閉め出され、一晩中、寝間着姿のまま宿舎の共同室で過ごしました。次の朝早く、宿舎の世話をしている大学院生の夫婦に助けられ、自分の部屋に戻ることができました。優しい夫婦で、気落ちしている私を何度も慰めてくれました。

最初はこれも何と言っているのかよく聞き取れなかったのですが、飼っている大きな犬に向かって「バルトーク！　バルトーク！」と叫んでいる。二人は作曲家ベーラ・バルトークのファンで、自分の犬をバルトークと名づけていたのです。その呼び声が頭にずっと残っていて、しばらくしてからバルトークのレコードをいくつか買いました。その中にバルトーク自身がピアノを担当し、ヨーゼフ・シゲティがヴァイオリン、ベニー・グッドマンがクラリネットを演奏している小曲集「ミクロ・コスモス」がありました。この「ミクロ・コスモス」の曲はアイポッドに入れて、今でもよく聴いています。

オリエンテーション・プログラムが終わると、ケンブリッジの町中の下宿屋に移り住まなければなりません。ハーバード大学に隣接しているハーバード・スクエアーは本屋やコーヒーショップや衣料品店が立ち並ぶ、いかにも大学街という雰囲気のする場所で、その付近に住みたかったのですが、家賃が高い。結局、ＭＩＴのキャンパスから歩いて二十分の距離にあるセントラル・スクエアーに下宿を見つけました。ハーバード・スクエアーからも二十分の距離なのに、それとは無縁の殺風景な場所で、貧乏人と貧乏学生しか住まない下町でした。治安も良くなく、私が住んだ下宿の近くで一度殺人事件がありました。

　母親は、台所に立ったこともない息子が初めて一人暮らしをするのを案じて、料理の仕方について、何枚にもわたる手紙を書いてきました。その中には、お湯の沸かし方まで丁寧に説明したものもありました。

## 「終生の友」と「アメリカの叔父さん」

　九月に入ると、ＭＩＴの講義が始まります。そこで、同級生に日本人が二人いることを発見します。猪木武徳さんと自治省から派遣されていた黒沢宥さんです。猪木さんとは再会です。猪木さんは、私より一歳上で、京都大学経済学部の青山秀夫ゼミの出身で、京大卒業後、東大の経済大学院に入学しました。入学してすぐに大学院が封鎖されてしまいますが、宇沢先生が学外で研究会を開いたのと同様、同じ時期に、浜田宏一先生も学内の研究室で自主ゼミを開いてくれ、そこで猪木さんと一緒になったのです。出版されたばかりのヒックスの『貨幣理論』（一九六七）が教科書でした。[*4]

そのときの猪木さんは、紺色の上下の背広にネクタイを締め、たくさんの本で膨れ上がった革製の学者カバンを右手に提げていました。つまり、今の猪木さんと同じ格好です。そのスタイルは、自己否定などという言葉が軽々しく飛び交っていた当時の大学のキャンパスの中で、一人だけ古めかしく、ひどく場違いな印象を与えていました。風潮に流されない大人だったのです。MITで再会し、机を並べて勉強して以来、何でも話すことのできる、いわゆる「終生の友」となりました。

MITの大学院にもう一つ、ギョロリとした眼の日本人の顔がありました。佐藤和夫先生です。大阪大学にしばらくいてから国連のエコノミストになり、その年客員教授として赴任してきたのです。一年目は、先生の経済成長論の演習を取り、二年目は応用計量経済学の講義を取りました。夏休みは奨学金が出ないので、その期間の生活費を稼がなければならない私は、一年次が終わった後の夏休み、研究助手（RA）に雇ってもらいました。

＊4　Hicks, J. R. *Critical Essays on Monetary Theory*, Oxford University Press, 1967.

先生が研究していた「集計的生産関数」の計測のために、当時でもすでに骨董じみていた手動計算機を一カ月間回し続けました。まだ電子コンピューターの速度が遅く、短い計算の繰り返しならば、こちらの方が速いからです。夜は時折、猪木さんと一緒に、ボストンのチャイナタウンで中華料理をおなかいっぱい食べさせてもらいました。

先生は、MITの後はニューヨーク州立大学バッファロー校に赴任し、さらにラトガーズ大学に移りました。その後、私が日本に戻ってからも、時折、手紙をくれます。研究の中で直面している問題や人生に関する悲哀感などが、ほとんど解読不可能な小さな文字でぎっしりと書き込まれているのです。いつの間にか、私にとってアメリカに住む叔父さんのような存在となり、二〇〇四年に亡くなるまで、先生が東京に来るときは東京で、こちらがニューヨークに行くときはニューヨークで、必ず会うことにしていました。

アメリカに到着してから、なぜ私たちが思いがけずアメリカの大学院に入れたのか、納得しました。一九六九年、アメリカのベトナム戦争はさらに泥沼化し、カンボジアにまで侵入を始めていました。すでに学部の学生は徴兵されていますが、それまで免除されていた大学院生にまで徴兵を拡大することがニクソン政権の中枢で検討されていたのです。

MITの場合、その情報をもとに、外国人学生の枠が、全大学院生の二割から三割に広げられました。事実、MITの経済学大学院は、一九五三年に京都大学の市村真一先生がPh.Dを取った後、一度日本人学生を入学させたのですが落第し、六九年まで日本人学生はゼロでした。それが、その年、猪木さんと黒沢宥さんと私の三人が同時に入学を許されることになったのです。結局、大学院生徴兵案は日の目を見ず、その後外国人枠は二割に戻っています。

ボストンの中心街からチャールズ川に架かっているハーバード橋を渡り、MITのキャンパスを通り抜けて、そのままハーバード・スクエアーまで続いている大通りは、マサチューセッツ通りと呼ばれています。その大通りをベトナム反戦のデモが行進していくのを、私は後ろめたさを抱えながら眺めていました。

## 素晴らしすぎる教授陣

MITの経済学大学院に入って、これはすごいところに来たと思いました。経済学を専門に研究している人以外にはあまり意味がないと思いますが、ここで私が履修した講義名や担当の教員名を、いちおう記録のために書き記しておきます。ミクロ経済学は、ロバート・ビショップという古手の先生が前期で、後期はポール・サムエルソン。マクロ経済学は、前期はイヴゼー・ドーマー、後期はダンカン・フォーリー。計量経済学は、ロバート・エングルとフランクリン・フィッシャー。応用計量はエドウィン・クー。国際経済学はジャグディシュ・バグワティとチャールズ・キンドルバーガー。金融論はフランコ・モディリアーニとフォーリー。公共経済学はピーター・ダイアモンドと客員のジェームズ・マーリース。経済史はピーター・テミンとキンドルバーガー。新古典派成長論の創始者で、サムエルソンと並ぶ看板教授であったロバート・ソロー（一九二四―）は、経済成長論は佐藤和夫さんに任せ、線形経済理論と応用ミクロ経済学を講義していました。

MITの経済学部は、ポール・サムエルソン（一九一五―二〇〇九）がほぼ独力でその名声を築き上げた学部です。サムエルソンは、一九三九年、ハーバード大学で経済学のPh.Dを取得します。指導教官はヨーゼフ・シュンペーターと産業連関分析のワシリー・レオンチェフ。アメリカにケインズ経済学を移植したアルヴィン・ハンセンの教えも受けたといいます。明らかに群を抜いて優秀であったのにもかかわらず、当時のハーバード大学にはユダヤ人差別が根強く残っており、ユダヤ系であるという理由で内部昇進が許されなかったので、そこであえて、すぐ隣に位置するMITの経済学部の助教授になったのです。一九四七年に『経済分析の基礎』を出版し、新古典派経済学の数学的な基礎を築き上げ、翌四八年に出版した『経済学』は、新古典派経済学とケインズ経済学の総合を目指した教科書として世界的なベストセラーになりました。*5

そのサムエルソンを慕って、ソローやモディリアーニやドーマーやキンドルバーガーらが集まり、一九六〇年代に入ると、MITの経済学部はアメリカにおいて最高位の評価を受ける学部になります。ハーバード大学の経済学部がユダヤ人差別を徐々に捨てていったのは、このMITの興隆に対抗するためであったと言われています。

講義では、なにしろ山のように本や論文が必読文献に指定されます。それを読むだけで大変です。当時MITには二十四時間開いている図書館がありました。深夜に行くと、何人もの同級生が毛布を持ち込んで泊まりがけで勉強しているのです。苦労しているのは自分だけではないと、勇気づけられました。

## モディリアーニとキンドルバーガーの英語に苦戦

最初のうちは、講義の英語が聞き取れません。英語を話すのは、今でも下手ですが、当時はさらに下手でした。最初の学期のことですが、マクロ経済学の授業で、使われていた教科書にある間違いを見つけ、そのことを指摘するためにドーマー先生の研究室を訪ねたのですが、英語が全く通じず、すごすごと引き下がったことを思い出します。だが、しばらくすると、日本ですでに学んだことは英語でも分かるようになります。実

＊5　Samuelson, P. A., *Foundations of Economic Analysis*, (Harvard University Press, 1947) ; *Economics*, (McGraw Hill, 1948).

際、東大の経済学部での根岸先生や小宮先生や館先生の講義内容、さらに宇沢先生の研究会や浜田先生の自主ゼミで学んだことが、本当に高度であったことに助けられました。

例えば、フランコ・モディリアーニ（一九一八―二〇〇三）は、名前で分かる通り、イタリア出身です。せっかちで、タバコを吸うことと、コーヒーを飲むことと、チョークで板書することと、その内容を解説することを、すべて同時に行おうとします。しかも、イタリアなまりが強い英語で、それこそ鉄砲玉のような速度で話すのです。しかし、何重もの障害を耐えて聴き続けていると、その「金融論」の講義がすばらしい内容であることが次第に分かってくるのです（あるとき、画家のモディリアーニとの関係を尋ねてみました。モディリアーニとはユダヤ系イタリア人の名前で、大変珍しい。だから、どこかでつながっている可能性はあるが、親族ではないという答えが返ってきました）。

ただ、最後まで苦労したのは、チャールズ・キンドルバーガー（一九一〇―二〇〇三）のニューヨークなまりの英語でした。財務省や連邦銀行に勤めたときの経験や歴史的なエピソードなどを随所に織りまぜたその話しぶりは、他のどの講義よりも「口語的」で、アメリカ人の学生などは喜んで聴いていました。だが、英語が母語でなく、理論志向の強かった私には、それがかえって障害になってしまう。リーディング・リストで指定された論文を一生懸命読むことで、なんとか「国際金融論」の単位を取ることができました。のちに私が「不均衡動学」の研究を進めている最中の一九七八年に、キンドルバーガーは『熱狂、恐慌、崩壊――金融危機の歴史』を出版しました。[*6] それを早速手に入れて読んで以来、この本は私にとって金融危機の歴史に関するバイブルとなっています。必要があって、そのページを開くたびに、MITの教室で、キンドルバーガーの冗談に周りの学生が大声で笑っている中、一人だけ何も分からずポケッとしていた自分を思い出します。

## サムエルソンの講義からヒントを得る

――経済学の中心部で、岩井は学者としての「頂点」を迎える。ここでいう「頂点」とは岩井流の表現である。世界の経済学界の中心人物であるサムエルソンのもとで主流派の新古典派経済学を学び、早々に論文を仕上げてしまう岩井。そのまま順風満帆の研究生活を続けていれば、米国で「成功者」になったかもしれな

＊6　Charles Kindleberger, *Manias, Panics, and Crashes : A History of Financial Crises* (Macmillan, 1978)。邦訳はチャールズ・キンドルバーガー『金融恐慌は再来するか――くり返す崩壊の歴史』（日本経済新聞社、一九八〇年）、新訳『熱狂、恐慌、崩壊――金融危機の歴史（原著第6版）』（日本経済新聞出版社、二〇一四年）。

い。だが、岩井の中にあった、ある「問題」がその道を歩むのをためらわせ、これも岩井流にいえば「没落」が始まるのである。

一年目の二学期のことでした。ミクロ経済学の講義で、サムエルソンがアーヴィング・フィッシャー（一八六七―一九四七）の資本理論を解説していました。[*7]

静学的な経済では、リンゴを多く食べるかナシを多く食べるかという消費における選択問題があり、リンゴを多く作るかナシを多く作るかという生産における選択問題がある。経済問題とは、この二つの選択問題を調和させ、リンゴの消費量と生産量が一致し、ナシの消費量と生産量も一致する均衡状態を実現することである。計画経済では、この問題は中央集権的に行われるのに対して、市場経済では、需給の過不足に応じたリンゴとナシの相対価格の調整によって分権的にこの問題が解決される。

フィッシャーの洞察とは、リンゴを現在時点に利用可能な財（サムエルソンは今日のチョコレートと言っていました）と読み替え、ナシを将来時点に利用可能な財（明日のチョコレート）と読み替えれば、この静学的な経済問題がそのまま動学的な経済問題――すなわち、資本の理論――として解釈できることを示したことである。ただし、この洞察を一般化するためには、将来の時点をどんどん増やしていかなければならない。

云々云々。

サムエルソンの講義を聞いているうちに、ふっとアイデアが浮かびました。現在の財と将来の財の消費の選択を決定する効用関数と、現在の財と将来の財の生産の選択を制約する生産関数を、ともに「入れ子構造」にすれば、無限期間にわたる選択問題をあたかも二つの時点の選択問題であるかのように数学的に表現できる。そうすると、宇沢先生やエール大学の数理経済学者チャリング・クープマンス（一九一〇－八五）が開発してきた最適成長理論を一般化できるだけでなく、アーヴィング・フィッシャー流の資本理論ときれいに統合できるのではないか。

講義が終わった後、図書館で調べると、無限期間にわたる入れ子構造型の効用関数はクープマンス自身が定式化しており、「静態的序数効用関数」と命名されていることが分かりました。[*8] ただ、それを使った最適成長理論の構築にはまだ誰も成功していません。

---

＊7　Fisher, Irving. *The Rate of Interest : Its nature, determination and relation to economic phenomena*. Macmillan, 1907.

＊8　静態的序数効用関数（stationary ordinal utility function）とは、次のような入れ子構造（あるいは自己循環論法）によって定義される無限期間の効用関数のことです。$U_t = V(c_t, U_{t+1})$。ただし、$U_t$はt期以降の総効用量、$c_t$はt期の消費量、$U_{t+1}$はt＋1期以降の総効用量です。通常の加法的な効用関数は、$V(c, U) = u(c) + \beta U$,（$0 < \beta < 1$）という特殊ケースとして扱えます。不思議なことに、「入れ子構造」あるいは「自己循環論法」は、私のその後の研究に繰り返し繰り返し登場してくるようになります。

一カ月ほど頑張って、「最適経済成長と静態的序数効用――フィッシャー的アプローチ」という題名の論文に仕立て上げました。経済全体の無限期間にわたる最適な経済成長経路を、各時点における消費と資本ストックの選択問題の連鎖として表現できることを示し、しかもその経路が、これまで考えられていたように一つの定常状態に単調に収束するのではなく、初期条件によって異なる定常状態に向かったり、周期的循環をしたりと、ひどく複雑な様相を示すことも見つけました。

後になって、これが「カオス現象」だったことに気がつきます。「カオス現象」を世に知らしめた、エドワード・ローレンツの「ブラジルでのチョウチョの羽ばたきがテキサスの竜巻を引き起こすのか?」と題された有名な講演は一九七二年ですから、このときの私が知るよしもありません。[*9]

できあがった論文を、おずおずとサムエルソン先生に見せると、面白いと言ってくれ、のちに自分の論文で言及してくれました。そして、これはソローに見せるべきだと言う。ロバート・ソロー先生に渡すと、一週間後に研究室に来るようにと言われます。一週間後、研究室を訪れると、この論文はすぐに数理経済学の専門誌『ジャーナル・オブ・エコノミック・セオリー』に送るべきだと言われました。英語が心配だったので、どうですかと聞くと、これで十分だ、直す必要はないとも言われました。[*10]

二年生になったときは、不確実性を入れた最適経済成長理論に関する論文を書き、

『エコノメトリカ』という数理経済学で最も権威のある雑誌に送りました。一年近くたってから、編集長からの手紙が来ました。これは長すぎるので、二つの論文に分けろ。それから、一カ所数学的な証明に不備があるので、それを直してからもう一度送れ、と書いてありました。

ただ、そのときには、もう私の興味は不均衡動学に移っており、しかも傲慢になっていたので、そのまま放っておいてしまいました。友人にはもったいないことをしたと言われましたが、仕方がありません。

## サムエルソンとソローの助手──学者人生の「頂点」だった……

最初の論文がきっかけになって、やはり二年生のとき、サムエルソン先生が研究助手に雇ってくれました。サムエルソンは、非常に小柄ですが、エネルギーに満ちていて、

＊9 Lorenz, Edward. "Predictability : does the flap of a butterfly's wing in Brazil set off a tornado in Texas?" Presented at *American Association for the Advancement of Science*, 1972. ただし、ローレンツの「カオス理論」の論文自体は一九六三年に出版されています。Lorenz, Edward N. "Deterministic nonperiodic flow." *Journal of the atmospheric sciences* 20.2 (1963) : 130-141.

＊10 Iwai, Katsuhito. "Optimal economic growth and stationary ordinal utility-A Fisherian approach." *Journal of Economic Theory* 5.1 (1972) : 121-151.

縦縞のワイシャツに蝶ネクタイ姿で、経済学部の中だけでなく、世界中を走り回っていました。そして、週末になると別荘に行き、週が明けると研究室に戻ってきますが、多少の誇張を許してもらえば、毎回新しい論文を携えて来るのです。私の仕事は、その論文の数学をチェックすることです。実際、よく間違いがあったので、仕事のしがいがありました。

あるとき、サムエルソンが急にワシントンに行かなければならなくなりました。突然、連絡が入って、私に大学院のミクロ経済学を代講しろという。びっくりしましたが、引き受けないわけにはいきません。清水の舞台から飛び降りるつもりで、二回ほど講義をしました。大学院生の方は、サムエルソンの代わりに私が出てきてまず驚き、次に私の英語が下手なのに驚いていました。黒板の数式が分かりやすかったと、後で一年下の大学院生に慰められました。

研究助手の前任者はロバート・マートンでしたが、彼がＭＩＴのビジネス・スクールの助教授になったので、私に職が回ってきたのです。

サムエルソンは、ありとあらゆる分野の論文を書いていましたが、その中に先物やオプションなどの金融派生商品の価格決定理論も含まれていて、私はその数学的チェックもしました。マートンは毎日のようにサムエルソンの研究室を訪ね、金融派生商品の価格変動の数学的性質などについて議論をしていました。

ある日、「カツ（その当時、私はアメリカ人にそう呼ばれていました）、お前は、アイトーのレンマについて知っているか？」とマートンに聞かれたことがあります。聞いたことがないと答えると、これを見ろと言って、一つの論文のコピーを見せてくれました。確立微分方程式を最初に定式化した日本人数学者、伊藤清さんの論文でした。ITOをアメリカ英語風に発音するとアイトーになるのです。また、レンマとは数学補題のことです。マートンは、金融経済学におけるオプション価格のブラック・ショールズ公式を、伊藤清さんの理論を使って再定式化し、またたく間に有名になりました。

サムエルソンは、頭の回転が驚くほど速く、ものすごい速度で話し、常に冗談を飛ばし、しかも何でもよく知っているのですが、社会科学者というよりは、応用数学者に近い感じでした。新しい問題を次々と見つけて、どんどん解いていく。だから、論文を量産できる。大変に親切にしてもらいましたが、その点では肌が合いませんでした。だいぶ先のことになりますが、私が主流派からはずれた道を歩き始めた後、ある会合で一緒になり、話す話題もなく、ひどく気まずい思いをしたことがあります。

ただ、一九五八年に発表された「貨幣という社会的発明がある場合とない場合における利子付きの消費貸借モデル」という不思議な題名の論文は、思想的にも深い内容を持つ画期的な論文です。[*11] 前章で、ガモフの無限の部屋を持つホテルの話をし、貨幣とは本質的に無限世界の論理に従う存在であると述べました。ガモフには言及していませんが、貨幣が無限世界の住民であることを最初に指摘し、理論化したのがこの論文です。助手をしていたときに読んだのですが、そのときにはその重要性に気がつきませんでした。貨幣について本格的に考え始めてから、サムエルソンの偉大さを改めて認識することになったのです。[*12]

二年次が終わった後の夏休みは、ロバート・ソローの研究助手をしました。ソローは、サムエルソンと対照的に、背が高く、顔も長く、話し声も深い。そして、ユーモアに富み、人格的にも優しく、とてつもなく頭が良い。誰かのセミナーにソローが出席すると、みな彼が発言するのを待っている。ユーモアで包みながら、そのセミナーの最も本質的なポイントを一言二言で要約してくれるからです。しかも、講義が本当に上手でした。今でも、ソロー先生の「線形経済理論」と「応用ミクロ経済学」の講義で取ったノートは保存してあります。

ソローは、そのころはさすがに経済成長論には飽きていて、都市経済論を研究していました。夏休み中は、別荘のあるマーサーズ・ヴィニヤード島で過ごすので、私の研究助手としての第一の仕事は、先生の研究室で留守番をすることです。その間、都市経済論について勉強してレポートを書き、それを最後に報告することが、いちおう第二の義務になっていました。

都市経済論では、当時、最適都市問題に関する逆説が議論されていました。最適都市問題とは、都市空間上にどのように人口を分布させたら、個人の効用の総和である経済全体の効用が最大になるかという問題です。不思議なことに、すべての人間が全く同質だと仮定しても、最適都市においては各人が受け取る効用が必ずしも同じではないという逆説的な結論が導かれてしまうのです（同様の逆説は、財政学における最適所得税問題でも発生します）。私は、空間というものには一人が一カ所に住むと他の人間はそこに住めなくなるという本質的な「非分割性」があり、それがこの逆説を生み出すという結論に達し、そのことをレポートに書きました。

想像していなかったことですが、報告はソローの別荘に泊まって行うことになりました。海水パンツを持ってくるように言われ、海辺の砂浜で日光浴をしながら、このことを話しました。マーサーズ・ヴィニヤード島は、ケネディ家をはじめとする著名人の避暑地として知られており、その日の夜は、ソロー夫妻が親しい人びとを招く小さなカクテルパーティーが開かれました。

私は部屋の端っこで、『ニューヨーカー』や『ニューヨーク・レビュー・オブ・ブック

＊11　Samuelson, Paul A. "An exact consumption-loan model of interest with or without the social contrivance of money." *The journal of political economy* (1958) : 467-482.
＊12　「無限性の経済学」『二十一世紀の資本主義論』（筑摩書房、二〇〇〇、ちくま学芸文庫、二〇〇六）が、この論文の解説をしています。

ス』などに寄稿している著名なインテリたちが政治や経済について議論しているのを聴いていましたが、その内容はほとんど分かりませんでした。そして、残念ながら、私が海辺で報告したレポートの内容は、その後のソローの都市経済に関する研究には反映されることはありませんでした。

まだ学者になるかならないかの頃でしたが、今振り返れば、このときが、私の学者人生における「頂点」であったのです。

## スティグリッツの誘い

そういえば、大学院三年の時にこういうことがありました。その頃ジョセフ・スティグリッツは、エール大学で教えていました。彼が主導で、その中に設置されているコウルズ経済研究所で経済成長論に関するコンファレンスが開催され、私が招待されました。MITからは、他にロバート・マートンと浜田宏一さんが招かれていました。浜田さんは、その年、研究休暇で東大からMITに留学していたのです。スティグリッツもコンファレンスの前日にMITを訪れており、四人は車でケンブリッジからエール大学のあるニューヘイヴンまで行くことになりました。

四時間ぐらいのドライブでしたが、その車中で、スティグリッツがエールに来年来ないかと誘うのです。ベトナム反戦運動の広がりと連動して、ラディカルエコノミックス

（急進派経済学）が盛んになっていた頃です。エール大学の経済学部は今、学生の要求でマルクス経済学の講座を作らなければならない。宇沢から日本ではマルクス経済学が盛んだということを聞いている。お前は日本人だから、マルクス経済学を教えられるはずだ。どうだ、この講座の助教授にならないか。マルクス経済学に関する講義を一つすれば、後は自分の好きなことを教えればいい。イエスなら、すぐ手配を始めるというのです。同乗していたマートンは、「エールからのオファーだぜ。カツ、こんないいチャンスはあまりない。何でもいいから、イエスと言え」とはやし立てるのです。

結局、私はイエスとは言いませんでした。帰りの車は、マートンと浜田先生と私の三人でしたが、その中でマートンが残念がっていました。でも、信じていないマルクス経済学を教えるのは、いくら就職のためとはいえ、いやでした。それに、実は、すでに二学年の終わりにペンシルベニア大学から助教授に来ないかという話があり、とても自分の英語では無理ですと、お断りしています。だから、就職には飢えていなかった。

そして、イエスと言わなくてよかったと思います。次の年、エール大学は真正のマルクス経済学者であるデーヴィッド・P・レヴァインという人を採用しました。ヘーゲル主義者で、ヘーゲルの「精神」をマルクスの「資本」に読み替え、『資本論』を『精神現象学』的に再構成するような本を書きました。彼のもとには、多くの急進派の学生が集まりました。私がイエスといったら、そんなレヴァインの場所を奪うことになったのです。彼とは、後に親しくなりました。

話を元に戻しますが、コウルズ経済研究所のコンファレンスでは、私の最初の論文に関しての発表をしました。その聴衆の中に、チャリング・クープマンスがいました。長身で、端正な顔立ちをし、優しい目つきで、物静かに話す、学者を絵に描いたような人でした。オランダ出身の経済学者で、母国で数学と物理学を学び、第二次大戦中にアメリカに渡って線形計画法を開発し、数理経済学の様々な分野で優れた仕事をした人です。最適成長理論も彼が始めた分野です。

後になってクープマンス自身の口から聞いたことですが、このとき私の論文の査読をしており、彼の示唆で、私はこのコンファレンスに招かれたとのことでした。実は、このときの発表が、結果的に、私の就職セミナーの役割を果たしたようです。翌々年に、エール大学に就職することになりました。もちろん、マルクス経済学担当ではなく、数理経済学担当としての就職です。ただ、そのときには、私はすでに新古典派経済学批判を始めていたのです。

三年生になったとき、石川経夫君がケンブリッジにやって来ました。石川君は、ボルティモアにあるジョンズ・ホプキンス大学の大学院に入学したのですが、三年生になると、ケネス・アロー教授に招かれて、ハーバード大学に内地留学をしたのです。そのとき、ハーバード大学には、青木昌彦さんが客員教授として滞在しており、さらに尾高煌之助さんが客員研究員、中谷巖さんが大学院生として滞在していました。

青木さんのアパートや尾高さんのアパートには、石川君、中谷さん、それに猪木さんなどと一緒に、食事に呼ばれました。青木さんのアパートでは、あの真面目一本の石川君が、怪しげなタバコの影響でしょうか、床の上に大の字に横たわり、ビートルズのレコードを感極まったように聴いていた姿が、いまだに目に焼き付いています。その石川君とは、お互いが何を研究しているかを話し合いました。そして、私とは異なった視点からですが、新古典派経済学批判を始めていることを知り、心強く感じました。

その後、石川君はジョンズ・ホプキンス大学からPh.Dを受けると、そのままハーバード大学の助教授に就任しました。二年後に私がエール大学で教えるようになってからも、水村美苗と一緒に何回かケンブリッジの町を訪れ、簡素だけれど趣味の良い彼のアパートで、彼がジュリア・チャイルドの料理本を手にしながら作った食事を取りながら、議論を続けました。日本に戻ってからも、青木さんを中心に、猪木さん、中谷さんとは、ごくたまにですが、ミニ・クラス会を開催しています。

## 軸足をケインズに移す

——だが、岩井の意識の底には常に「宇沢問題」があった。主流派の新古典派経済学に疑問を感じつつも、自分の手のうちには、やはり新古典派の方法論しかなく、頭脳と心のギャップに苦しんだ宇沢弘文。その宇沢は、新古典派経済学の基本的な枠組みを批判し、日本に帰国後に生み出した「社会的共通資本」の理論を紹介した著書『近代経済学の再検討』（岩波新書）の「あとがき」に、こう書いている。「新古典派の経済学を学んで、自らも研究を行ってきた者の一人として、この新古典派の制約的体系を否定して、新しい思索的な、分析的な枠組みを構築することがいかに困難であるかという苦悩の軌跡を記して読者の参考に資することができたらという、かすかな期待をもってこの書物をまとめたのである」。

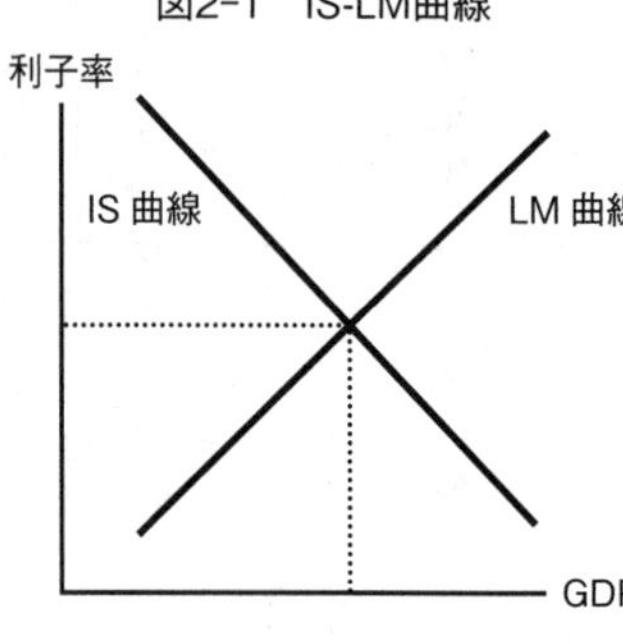

図2-1　IS-LM曲線

岩井は、宇沢の葛藤を「自らの問題」として引き受け、新たな方法論を探るために、徐々にケインズ経済学に軸足を移していく。

私がMITの大学院生であったのは、一九六九年から七二年にかけてです。それは、ちょうど、アメリカの経済学界が大きく転換していく時期にあたります。

一九三六年にジョン・メイナード・ケインズ（一八八三―一九四六）が『雇用、利子および貨幣の一般理論』(以下、『一般理論』)を出版して、「ケインズ革命」が始まります。ケインズ革命は、ハーバード大学でサムエルソンの先生の一人でもあったアルヴィン・ハンセンの手によって、アメリカに移植されました。[*13] サムエルソンによれば、『一般理論』は「南海諸島の孤立した部族を初めて襲って全滅させた疫病のように、三十五歳以下の大部分の経済学者を感染させた」のです。[*14]

その際、最も大きな影響力を持ったのが、『一般理論』出版の翌年の一九三七年にジョン・ヒックスが出版した、「ケインズ氏と〈古典派〉:提案された一解釈」と題された論文です。[*15] それは、ケインズ経済学を貨幣賃金が硬直的な場合の新古典派経済理論と解釈し直し、『一般理論』で提示された労働の不完全雇用状態を「IS曲線」と「LM曲線」の交点として表現できることを示しました。「IS・LM理論」の登場です(図2－1に示してあるように、IS曲線とは財サービス市場を均衡させる国内総生産(GDP)と利子率の組み合わせ、LM曲線とは資産市場を均衡させるGDPと利子率の組み合わせを表しています。この二つの曲線の交点によって、GDPと利子率が同時

＊13 Hansen, Alvin H. *Full Recovery or Stagnation?* (W. W. Norton, 1938).
＊14 Samuelson, Paul (1946). "Lord Keynes and the General Theory." *Econometrica* XIV (3) : 187-200.
＊15 Hicks, J.R. (1937). "Mr. Keynes and the 'Classics' : a suggested interpretation," *Econometrica*, 5 (2), pp. 147-159.

に決定されます。このGDPが完全雇用水準より低ければ、労働者の一部が非自発的に失業するのです)。

ミクロ経済学においては、一つの市場の均衡は需要曲線と供給曲線の交点として図示されます。それと同様に、マクロ経済学における経済全体の均衡も、IS曲線とLM曲線という、たった二つの曲線の交点として図示できることになったのです。この論文によって、ケインズ経済学が一挙に普及することになりました。そして、サムエルソンが一九四八年に出版した『経済学』によって、ヒックスのケインズ解釈が世界中の経済学の講義に取り入れられるようになったのです。事実、私が六五年に東大の教養学部で受けた「経済学」という入門講義でも、このサムエルソンの教科書の国際廉価版が教科書として使われていました(まだ、都留重人さんによる日本語訳が出る前でした)。『経済学』の中で、サムエルソンは「新古典派総合」を唱えます。それは、経済の長期的な動向の分析には、新古典派経済学の理論的枠組みが有効ですが、貨幣賃金があまり動かない短期における景気変動の分析には、ケインズ経済学の枠組みが有効であるというものです。それによって、不況状態においては財政出動や金融緩和を行い、過熱状態においては財政緊縮や金融引き締めを行うという、「ケインズ政策」が正当化されることになります。

この「新古典派総合」は、アメリカのケネディ大統領・ジョンソン大統領のもとでの民主党政権の経済政策の理論的支柱となりました。サムエルソン自身は、非公式なアドバイザーの地位しか持ちませんでしたが、「アメリカ・ケインズ主義者」と称されたソローや、エール大学のアーサー・オーカンやジェームズ・トービン、ミネソタ大学のウォルター・ヘラーなどが、経済諮問委員会に入って、実際の経済政策を担当したのです。

しかしながら、私がＭＩＴの大学院に入ったのは一九六九年九月ですが、その年の一月に、アメリカの政権はリチャード・ニクソン大統領に率いられる共和党に代わっていました。そして、その少し前から、新古典派総合が二つの全く対立する立場からの批判にさらされるようになっていたのです。

一つは、シカゴ大学のミルトン・フリードマンに代表される「新古典派経済学」からの批判。もう一つは、ＵＣＬＡを拠点としたロバート・クラウワーやスウェーデン出身のアクセル・レィヨンフーヴッドらによる「真のケインズ経済学派」からの批判でした。事実、新古典派総合は、このような批判を許す本質的な矛盾を抱えていたのです。

それは、ケインズ経済学を、「貨幣賃金の硬直性」という仮定のもとでの新古典派経済理論と見なしてしまうことです。でも、もしそうであるならば、それは市場、特に「労働市場の不完全性」という経験則的な仮定に全面的に依存している「特殊理論」でしかありません。

確かに、労働市場では「人間」の労働サービスが商品として売り買いされるのですから、それは特殊な市場です。そもそも人間は、リンゴやナシと違って、理性も感情も持っている存在です。したがって、その中で決定される貨幣賃金は、リンゴやナシの価格のようには、需給の過不足に応じて簡単に上がり下がりしません。でも、そうではあっても、雇用に関する規制緩和や最低賃金法の撤廃や労働組合の弱体化を目指す自由化政策によって、労働市場に競争原理を導入し、貨幣賃金の伸縮性を高めることは原理的には可能なのではないか。そして、そのようにして労働市場の不完全性が縮小すれば、ケインズ経済学は新古典派経済学に吸収されてしまう。いや、少なくともそのマイナーな修正にすぎなくなる。

この矛盾に対して、二つの反応がありえます。一つは、だから、ケインズ経済学はいらない。新古典派とケインズ派を「総合」する必要などない。すべて新古典派経済学でやっていけばよい。すべての市場で価格が自由に動く世界は、アダム・スミス（一七二三－九〇）の「見えざる手」が働く世界であり、それはまさに「個々人の私的利益の追求こそ、公共利益を増進させる」理想的な世界である。

目指すべきなのは、自由化政策によって、労働市場を含めたすべての市場から不完全性を可能な限り取り除き、この理想的な世界に近づくことである。最善を目指すこのような努力をせずに、労働市場の不完全性を前提とした上でケインズ政策を採用することは、次善策にすぎない。それは、労働組合などの既得権益を守ろうとする政治的なご都合主義であり、激しく断罪されるべきだ。これが、ミルトン・フリードマンたちの立場です。

第二の反応は、だから、貨幣賃金の硬直性の仮定にケインズ経済学の本質を見いだすのは間違っているという、クラウワーやレィヨンフーヴッドなどの立場です。一九六八年にレィヨンフーヴッドが出版した『ケインジアンの経済学とケインズの経済学』は、MITでも評判になりました。[*16]

この題名の中の「ケインジアンの経済学」とは、ヒックスのケインズ解釈を指しています。「ケインジアンのケイザイガクとケインズのケイザイガク」という日本語では舌をかみそうな題名には、ヒックスの解釈はケインズ自身が『一般理論』で提示しようとした真の「ケインズの経済学」とは似て非なるものであるという主張が込められているのです。それが一つのきっかけになって、アメリカでもケインズを読み直そうという機運が広がっていました。

私は大学院二年の終わりの頃に、レィヨンフーヴッドの本を読みました。なにが真の

---

*16　邦訳は、アクセル・レィヨンフーヴッド『ケインジアンの経済学とケインズの経済学――貨幣的理論の一研究』(根岸隆監訳、日本銀行ケインズ研究会訳、東洋経済新報社、一九七八)。

「ケインズの経済学」の本質であるかは、いまひとつはっきりしませんでしたが、大きな刺激を受けたことは確かです。とにかく、ケインズの『一般理論』を読み直さなければと思いました。

今、読み直すと言いましたが、それは、一度日本にいるとき、日本語訳で読んでいたからです。そのときは、全く分からなかった。経済学の本で、こんなに分からなかったという経験は他にあまりありません。塩野谷九十九訳は良い訳だったと思うので、翻訳のせいではない。ところが、大学院の三年生になる寸前の夏休みに『一般理論』を原文で読み直すと、今度は、一行一行が理解できる。論理展開も納得できる。そして本当に面白い。一気に読み終えることができました。それ以来、ケインズの『一般理論』は、私にとって最も重要な書物となったのです。最初に読んだ原文の本は、日本の大学生協で買った布製の黒い表紙の廉価版ですが、あんまり何遍も読み返したのでボロボロになり、今では分解しないようにフリーザーパックに入れて、本棚に置いてあります。

学部の時代に読んで分からなかったのは、当たり前でした。ケインズの『一般理論』は、仲間の新古典派経済学者に向けて書かれた専門書であるからです。ジョン・メイナード・ケインズは、新古典派経済学の創始者の一人、アルフレッド・マーシャル（一八四二—一九二四）の高弟として、一九一一年、二十八歳の若さで『エコノミック・ジャーナル』の編集長になっています。『エコノミック・ジャーナル』は当時、最も権威のあった経済専門誌ですから、早くから新古典派経済学の世界において中枢を占めていたのです。そして、長らく、世界で最も有名な新古典派経済学者としての尊敬を集めていただけでなく、一九年に公刊した『平和の経済的帰結』は、世界的な大ベストセラーになっています。同年のヴェルサイユ会議によって決められた過酷な対ドイツ賠償要求の不条理性に、警告を発した書物で、ケインズの文名を一気に高めました。さらに、一九二三年に出版した『貨幣改革論』は、新古典派経済学の立場から書かれた最も優れた貨幣理論の一つだといわれています。

そのケインズが、新古典派経済学は「誤っている」と宣言したのです（ケインズは、新古典派経済学と、その新古典派経済学が正統な継承者として自認していたアダム・スミス以来の古典派経済学とを、ひっくるめて「古典派経済学」と呼んでいますが、ここでは逆に、古典派経済学と新古典派経済学とを「新古典派経済学」と総称しておきます）。そして、それは、その理論に論理的な欠陥があるという意味ではありません。数学的には見事な構造をしている。だが、その理論は特殊なケースのみを扱う理論であり、その特殊ケースはわれわれが現実に生きている資本主義経済には当てはまらない、というのです。

『一般理論』とは、新古典派経済学に代わって、新古典派経済学を特殊ケースとして含む「一般理論」を打ち立てる試みにほかなりません。そのためには、長らく経済学を支配してきた新古典派経済学の大前提がどうして一般性を欠いているのかを、それまでケインズとともに新古典派経済学を実践していた経済学者にとっても説得的な形で示さなければならなかったのです。

私は、自分で専門的な論文を書けるようになり、新古典派経済学全体の理論構造を内側から把握できるようになって初めて、ケインズが新古典派経済学者に向けて行った批判の意味を本当に理解できるようになったのです。そして、その批判は、ほぼ全面的に賛同できるものでした。私は、ケインズ経済学の研究をやろうと決心しました。

ただし、『一般理論』を読み直したとき、クラウワーやレィヨンフーヴッドらの主張とは裏腹に、ヒックスが開発しサムエルソンが教科書化した「IS・LM理論」は、ケインズのいう不完全雇用均衡の性質を忠実に表現しているではないかと思いました。のちに『ケインズ全集』を読んで分かったことですが、ケインズ自身、ヒックスの論文が出たすぐ後に、その内容におおむね賛同する手紙を書いています。[*17] 私は、いまだにIS曲線とLM曲線は大変に有用な分析道具であると考えていますし、実際、学部のマクロ経済学の講義では、もっぱらIS・LM理論を教えてきています。

私がヒックスやサムエルソンと分かれるのは、次の一点にあります。IS・LM理論が前提としている労働市場の「不完全性」が解消され、貨幣賃金がリンゴやナシの価格のように自由に変動し始めたとする。そのとき、資本主義経済は本当に新古典派経済理論のように振る舞うのかという点です。この点は、「不均衡動学」について話す第三章において、もっと詳しく説明してみます。

## 「見えざる手を見る」作業を始める

### ――ソローは成長理論を続けるように励ましたが……。

大学院の三年になったとき、ソロー先生は、もっと経済成長理論の研究を続けるように励ましてくれました。そして、親切にも、そのころ経済成長理論のフロンティアで活躍していた若手の理論家の名前を数人挙げ、その人たちを紹介してあげようとおっしゃいました。

しかし、すでに述べたように、私は傲慢になっていました。ケインズ経済学を研究しようと考えていた私は、「紹介は必要ありません、自分は成長理論以外のことをやりたいと思っています」と、ソロー先生に宣言してしまいました。

その瞬間、私の学者人生は、「頂点」から「没落」し始めてしまったのです。

＊17　Keynes, John Maynard. *The General Theory and After. Part II : Defense and Development. The Collected Writings of John Maynard Keynes.* Vol. XIV. Macmillan, 1973 ; 79-81. ジョーン・ロビンソンなどは、この手紙の中のケインズの筆致は微温的でしかないと言っていますが、私にはそう読めません。

もちろん、私はそのようなことを知るよしもありません。元気いっぱい、どのようにして自分のケインズ経済学研究を始めようかと考えていたのです。

当時、気にかかっていたのは、レィヨンフーヴッドが引用していた二つの論文でした。チャリング・クープマンスとケネス・アローの論文です。クープマンスについては、すでに述べましたが、アローは、もちろん、新古典派経済学の数理経済学化に最も貢献した経済学者です。

新古典派経済学がアダム・スミスの「見えざる手」の思想から出発したことは、すでに述べました。『国富論』には「実際、個々人は公共の利益を促進しようと意図しているわけではない。だが彼は単に自分の利益を意図していながら、あたかも〝見えざる手〟に導かれるように、自分では意図してもいなかった公共的目的を促進することになる」という言葉が書かれています。

ここで、「見えざる手」とは、具体的には、市場における「需給法則」あるいは「価格の需給調整機能」のことです。ある市場で、需要が供給を上回れば、価格が上昇し、需要を抑え供給を刺激し、需給の不一致を解消していく。別の市場で、需要が供給を下回れば、価格が下落し、需要を刺激し供給を抑え、需給のマイナスの不一致を解消していく。この「見えざる手」さえ働いていれば、資本主義経済は、すべての市場における需給を同時に一致させる「一般均衡」を、自動的に実現することができるわけです。

新古典派経済学は、この一般均衡が、普遍的に存在し、通常は安定的であり、しかも経済全体の資源を効率的に配分していることを証明することに、その最大の努力を傾けてきたのです。

「でも」とクープマンスは問いかけました、「この需給法則は、いったい誰の行動を表現しているのか」と。[*18] 事実、新古典派経済学の最も重要な思想的基盤は、「方法論的個人主義」です。それは、経済全体の構造やその変化は、究極的には、すべて個人の行動とその間の相互作用によって説明できるという考え方です。具体的には、個々の消費者の効用最大化と個々の生産者の利潤最大化から、市場における需給行動を導いてくる。でも、その個々人の需給行動を調整するはずの需給法則に対しては、方法論的個人主義が使われていないのではないかと、まさに新古典派経済学に忠実であるがゆえに、クープマンスは疑問を呈したのです。

さらに、新古典派経済学の基本理論では、「完全競争」が仮定されています。完全競争とは、市場で財サービスを需要したり供給したりするどの消費者もどの生産者も、自分で価格を設定する力は持っておらず、市場で成立している価格を単に与えられた事実として行動しなければならないという仮定です。でも、そうなると、「市場の中におい

＊18　Koopmans, T. *Three Essays on the State of Economic Science* (New York : McGraw Hill, 1957) ; p.179.

て実際に価格について決定を行う人間は一人も残されていないことになってしまう」。やはり新古典派経済学の方法論的個人主義に忠実であるがゆえに、そうアローが指摘しています。[*19]

新古典派経済学は、市場の「見えざる手」が、いかに人びとの分権的な意思決定を調和させていくかを示そうとしてきたはずです。だが、肝心かなめのその「見えざる手」自体を、ちゃんと「見よう」とはしなかったのではないか。ここに、新古典派経済学の最大の矛盾があるのではないか。クープマンスの言葉とアローの言葉を反芻しながら、私はそう結論しました。

そして、「見えざる手を見る」作業を始めたのです。

市場で価格や賃金が上下に動くならば、その価格や賃金は、経済の中で実際に行動している誰かが動かしていなければならない。その誰かは、当然、価格や賃金を与件とするという完全競争の仮定に従っていないはずです。つまり、完全競争の仮定を捨てなければならない。ただ、完全競争の理論は一つしかありませんが、不完全競争の理論は無限に種類があります。私が採用したのは、一九二〇年代後半にケインズの高弟であったピエロ・スラッファ（一八九八—一九八三）によって提唱され、三〇年代にジョーン・ロビンソンやE・H・チェンバレン（一八九九—一九六七）が展開した「独占的競争企業」の理論です。

独占的競争企業の「独占的」とは、各企業は自分の製品の価格は自分で決めることができ、自分が雇う労働者の賃金も自分で決めることができるという意味です。「競争企業」とは、自分が決める価格や賃金が、他の企業の価格や賃金への影響を通して、自分自身が直面する製品需要や労働供給に跳ね返ってくる効果を無視できるほど、小規模な企業という意味です。

一番苦労したのは、一度完全競争の仮定を外すと、必然的に不確実性の問題を考慮しなければならないことでした。なぜならば、企業が製品の価格や労働者の賃金を決めるとき、どれだけ需要や供給があるかをあらかじめ知ることができないからです。あまり高い価格をつけると製品が売れ残るかもしれないし、低すぎれば売り上げ単価で損をする。あまり低い賃金をつけると労働者が集まらないかもしれないし、高すぎれば賃金費用がかさみすぎます。できるだけ簡単に数学的に定式化できるよう試行錯誤した末に、三年の終わりに、不確実性のもとでの独占的競争企業の行動を分析した論文をなんとか仕上げることができました。その論文は、『レビュー・オブ・エコノミック・スタディーズ』という、やはり数理経済学の専門誌が受諾してくれました。[20]

＊19　Arrow, K. "Towards a theory of price adjustment," in M. Abramovitz (ed.), *The Allocation of Economic Resources*, (Stanford University Press : Stanford, 1957).

その論文に一年目と二年目に書いた最適経済成長論に関する二つの論文を合わせ、「経済動学に関する三つの試論」という適当な題名をつけて、Ph.D論文として提出しました。一九七二年五月です。ソローが主査、サムエルソンとピーター・ダイアモンドが副査でした。

二番目の副査は誰に頼むか悩みました。ダイアモンド先生は、その当時は主として公共経済学を研究していましたが、エール大学の学部生であったとき、チャリング・クープマンスの研究助手に雇われ、クープマンスが定式化した「静態的序数効用関数」という概念を数学的に深化させる仕事をしています。そのこともあって、結局、ダイアモンドに副査をお願いすることにしました。私が彼の「財政学」の講義や「サーチ理論」のセミナーを取っていたこともあり、気持ちよく引き受けてくれました。サムエルソン先生は、二番目と三番目の論文は読んだ形跡がなかったけれど、論文審査表を手渡すと、その場でさっとサインをしてくれました。

何も分からないまま、三年もかからずに博士号を取得できたのは、幸運でした。六月の博士号（Ph.D）授与式は省略して、ヨーロッパに向かいました。結婚するためです。実は、伴侶の水村美苗には、MITに入学してすぐの一九六九年十月にケンブリッジの町で出会っています。彼女はボストン美術館付属大学の一年生でした。同じボストンのニューイングランド音楽院で二年前からピアノ専攻の大学生となっていた姉の香苗と二人で、ボストンにアパートを借りて暮らしていたのです。出会いといっても、ボストン地区の日本人会で紹介されたという、全く凡庸なものでした。

私がPh・Dを取った年は、美苗はパリに留学ならぬ遊学をしており、現地で一緒になり、フランスの日本大使館で簡単に結婚の手続きを済ませました。その後、新婚旅行を兼ねて、三カ月間ヨーロッパを旅行したのです。ただ、新婚旅行を兼ねてといっても、最初の数週間は水村の母親と姉を引き連れての旅行でしたし、二人になってからは、今度は『ヨーロッパ1日10ドルの旅』というバックパック旅行者のバイブル的な旅行ガイドを片手にした、貧乏旅行になりました。結婚したということは家族には知らせましたが、アメリカにいる間中、友人や先生には黙っていました。当時は、結婚していること自体が恥ずかしいという風潮があったのです。

九月にアメリカに戻ってからは、カリフォルニア大学バークレー校に研究員として赴任しました。自分の下手な英語では、すぐ教え始めるのはしんどいと思い、三年次にいくつか来た助教授職のオファーの中でどこにしようかとソロー先生に相談したら、一年間任期の研究職を提示してくれたバークレーがよいだろうと言われたからです。ロイ・

＊20　Iwai, Katsuhito. "The firm in uncertain markets and its price, wage and employment adjustments." *The Review of Economic Studies* (1974)：257-276.

ラドナーという数理経済学者による招聘でした。

私が所属した研究グループは、数学科と同じ建物にあり、ラドナーの他に、数理経済学者のジェラール・ドブルーやデーヴィド・ゲール、さらには計量経済学者のダニエル・マクファデンがいました。サムエルソンのことを応用数学者のようだと言いましたが、こちらはさらに数学者的で、需要供給や国民所得という言葉ではなく、上半連続写像とかルベーグ測度ゼロとかいった言葉が日常的に飛び交っていました。私は、ＭＩＴで書いた最適経済成長論をさらに数学的に拡張することを期待されていました。だが、招聘してくださったラドナー先生には申し訳ないことでしたが、バークレーに足を踏み入れたときには、もうそういう気持ちがなくなっていました。

ただ、研究室をスペイン人の数理経済学者アンドレウ・マスコレルと共有したことは、幸運でした。カタロニア地方のバルセロナ出身で、当時まだスペインを支配していたフランコ政権から逃れるために、アメリカのミネソタ大学に留学したと言います。バルセロナ大学では経済学を専攻していたが、フランコ政権がリベラルな教育を抑圧しており、なにしろまだスコラ哲学（！）が幅を利かせていた、だから、大学では何も学ばなかった、アメリカに着いたときには、微積分も知らなかった、というのです。それが、大学院にいる間に高等数学を習得し、最先端の数学を駆使できる数理経済学者になったのだから、驚きです。

その本棚を見ると、数学の本があるのは当然として、研究室でも自宅でも、推理小説から現代思想まで、ありとあらゆるジャンルの本がうずたかく積み上げてある。ヨーロッパの知識人とはこういうものかと、さらに驚きました。彼は映画も好きで、二人で大学近くの芸術系映画館に通い、ロベルト・ロッセリーニ、ヴィットリオ・デ・シーカ、フェデリコ・フェリーニ、ベルナルド・ベルトルッチなどのイタリア映画を数多く観たことが、その後、私が映画をよく観るきっかけとなりました。一緒に映画を観た後、二人で夜のバークレーの町を「インターナショナル」を歌いながら歩いたりしました。「インターナショナル」こそ、アメリカの世紀の中で、おそらくアメリカ人だけが理解できない世界共通語であるということを、二人とも意識しながらです。

マスコレルとは、一緒にドブルーの講義に出たり、彼のポンコツ車に同乗して、スタンフォード大学で開かれる数理経済学のセミナーに出席したりもしました。ただ、彼自身の数理経済学の仕事は、微分位相学などを使っており、私には抽象的すぎて議論の相手にはなれません。その代わり、数理経済学グループには、フランスから留学していたジャン・パスカル・ベナシーやイヴ・ユネスがおり、ケインズ経済学のミクロ的基礎を作る仕事をしていました。彼らのアプローチは、あまりにも一般均衡理論的であると感じましたが、フランス語なまりと日本語なまりの英語で、よく議論しました。[*21]

建物はだいぶ離れていましたが、経済学部にはジョージ・アカロフがおり、彼のオフィスは何度か訪れました。有名になる「〈レモン〉市場」の論文が出たのは一九七〇年。[*22] それから数年しかたっていません。「レモン」とは何ですかと聞くと、あれは、外側からは堅牢に見えるが中身を開けるとグシャグシャなオンボロ中古車のことを意味するスラングだと教えてくれました。商品の品質について売り手の方が買い手よりもよく知っているという情報の非対称性があると、「悪貨が良貨を駆逐してしまう」ように、市場そのものが成立しない可能性が生まれる。それを、非常に簡単なモデルを使って示したもので、本当にすばらしい論文です。

アメリカの経済学者には珍しく物静かな人で、あの論文は出版されるまで七回ほど専門誌から不採用通知を受け取ったよと、はにかみながら語ってくれました。ただ、他に何について話したのか、あまり記憶がありません。現存するアメリカの経済学者の中で、私が最も尊敬する仕事をした人ですが、あのときもっと議論しておけばよかったと思っています。

バークレーでは教える義務がなかったので、図書館に行って、ケインズ経済学に関する文献を読みあさることができました。一九三〇年に出版された『貨幣論』は、ケインズが最初に新古典派経済学からの決別を宣言した本です。読み進んでいくと、スウェーデンの経済学者クヌート・ヴィクセル(一八五一―一九二六)が一八九八年に出版した『利子と物価』について述べてある注釈にぶつかりました。

その中でケインズは、「ヴィクセルが頭の奥で持っている……根源的なアイデア」が、自分が考えていることと同じであると感じる「数多くの小さな、引用に足るほどではない徴候のようなものが存在する」と述べている。[*23] この言葉から、ヴィクセルを読み始め、さらにヴィクセルのアイデアを継承し発展させたエリック・リンダールやグンナー・ミュルダールやベルティル・オリーンといった「ストックホルム学派」の人びとの仕事にも触れることができました。このことが、のちに『不均衡動学』を展開する上で、大きな助けになったのです。

――ソローの誘いを断って、ケインズの研究に突き進んだ岩井の選択は正しかったのか。

---

＊21 Benassy, Jean-Pascal. "Neo-Keynesian disequilibrium theory in a monetary economy." *The Review of Economic Studies* (1975)：503-523；Youn's, Yves. "On the role of money in the process of exchange and the existence of a non-Walrasian equilibrium." *The Review of Economic Studies* (1975)：489-501.

＊22 Akerlof, George A. "The market for" lemons：Quality uncertainty and the market mechanism." *The Quarterly Journal of Economics* (1970)：488-500.

＊23 『貨幣論』第一巻、一九三〇年、ケインズ全集ページ一七七、注3。

# 第三章

# エール大学

## ——『不均衡動学』を書く

## キャンパスの外は不穏

——一九七三年、岩井は助教授としてエール大学経済学部に赴任する。所属はコウルズ経済研究所。最先端の成長理論を専門とする数理経済学者として招聘されたのだが、岩井の心はすでに別のところにあった。

エール大学は、東海岸コネティカット州のニューヘイヴンという町にあります。ニューヘイヴンは、ニューヨークとボストンの中間にあり、マンハッタンのグランド・セントラル駅から通勤列車で二時間、ボストンからはアムトラックと呼ばれる旅客列車で二時間半の距離にあります。人口約十三万人。駅でタクシーを拾って大学に向かうと、アメリカのどこにでもありそうなダウンタウンの中に、突然、場違いな古めかしい建物が立ち並んでいるのが目に入ります。それがエール大学のキャンパスです。その中心にそびえ立つゴシック風の巨大な建物が、スターリング記念図書館です。

ゴシック風と言ったのは、実際に建てられたのは一九三〇年だからです。大恐慌によって大きく下がった賃金で、イタリアから移民してきた建築職人を大量に雇えた結果、イギリスのケンブリッジ大学やオックスフォード大学を彷彿とさせる贅沢な建築物に仕立て上げることができたといわれています。その他にも十八世紀初頭から現代までの様々な様式の建築物があり、これらの建物に囲まれた美しい緑の芝生の上を、たくさんの本やノートを抱えた学生や教員が忙しく歩き回っています。

ただ、美しいキャンパスから一歩町に出ると、治安が突然悪くなります。最初に水村美苗と一緒に住んだアパートは、キャンパスから徒歩で二十分のところですが、道中が危険なので車で通勤しました。

あるとき、アパートの周りが騒々しい。何ごとかと思って窓の外を見ると、防弾チョッキを着た私服の刑事がライフルを構えている。私たちと目が合うと、頭を引っ込めろという合図を手でしている。ラジオのスウィッチを入れると、ピストルを持った強盗犯が近くに逃げ込んだというニュースを流していました。流れ弾に当たらないように、なるべく窓から離れ、ラジオにかじりついていました。何時間もたったように思いましたが、実際には一時間くらいだったかもしれません。犯人が捕まりました。もう外に出ていいという指示が出たので、急いで大学に向かいました。どうにか講義に間に合いました。

次に住んだのは、キャンパスのすぐ隣にある建物の三階でした。夜、外で食事をした後や、キャンパスで上映される映画を見た後にアパートに戻ると、いつも玄関の前に、派手なコートをまとい、口紅を真っ赤に塗り、香水のにおいをぷんぷんさせているアフリカ系の女性が立っていて、「ハイ、チャイナ!」などと気さくに声をかけてくる。一つブロック（街区）を隔てた別の建物の前やさらに遠くの道にも、やはり真っ白や真っ赤なコートを羽織った女性が立っている。

私たちのアパートは、縦横の道路に囲まれた大きなブロックの角に位置しているのですが、その道路を何台もの自動車がのろのろと走っている。運転している男性が時折車の窓から顔を出して、女性を呼び、窓越しに話し合う。話がまとまると、女性が車に乗り込む。まとまらないと、さっと走り去っていくのです。

すぐそばに、韓国人が経営しているオリエンタルフーズのお店があったのですが、あるときそこで買い物をしたら、ほんの数日前、近所でアフリカ系の娼婦が二人殺されたと教えてくれました。さすがに、その事件の直後は閑散としていましたが、じきに何ごともなかったかのように、夜になると玄関の前には女性が立ち、道路を何台もの自動車がのろのろ走り続けるようになりました。結局、私たちは、日本に帰るまでそのアパートに住み続けました。

## クープマンスとトービン

エール大学の経済学部ではミクロ経済学、大学院では、数理経済学や経済成長論、数学的最適化理論などを教えました。最後の年には、「異端の経済学」という題名の経済学史の講義も持ちました。世界でおそらく最初に、不確実性のもとでの動学的最適化に関する講義をしたと思います。その講義を取って金融の仕事に行った人がいます。それを聞いてか、あるアメリカの出版社から、その講義内容を教科書にしないかと言われましたが、研究時間が惜しいので断りました。

新米の助教授となってすぐ、当時の経済学部長の家で開かれたパーティーに招かれました。その中で何人かの若手が興奮してしゃべっている。何を話題にしているかと思って、耳をそばだててみました。自分がどのようにして所得税を節税しているかを、お互いに自慢している。おれはこの所得はこういう所得項目にしたとか、私はこの支出をこういう項目に入れて控除対象にしたとか、事細かに説明し合っているのです。経済学という学問は、文字通りホモ・エコノミックス(経済人)が専攻する学問なのかと、心が暗くなりました。美苗は、この経験に懲りて、それ以来、経済学者のパーティーには出るのを拒否するようになりました。

エール大学では、伝統あるコウルズ経済研究所に所属することができました。小高い丘に向かってまっすぐ延びていくヒルハウス通りにあります。マーク・トウェインとチャールズ・ディケンズが口を揃えて「アメリカで一番美しい通り」と言った道です。民家を改造した三階建ての木造で、私が階段を駆け上がったり駆け下りたりすると、建物全体がミシミシいいました。マクロ経済学のジェームズ・トービン(一九一八—二〇〇二)と数理経済学のチャリング・クープマンス(一九一〇—八五)を中心とし、教員が

十二、三人、秘書が四、五人で構成されている家族的な雰囲気のする研究所でした。エール大学の教員は、一年間に四つの講義を担当することが基本的な義務なのですが、この研究所に属すると、一つ講義を免除されるという特権も与えられます。

同僚となったのは、トービンとクープマンスのほかに、金融論のビル・ブレイナード、マクロ経済学や技術進歩論のウィリアム・ノードハウス、数理経済学のハーバート・スカーフ、ゲーム論のマーティン・シュビック、法と経済学のアル・クレヴォリック、マクロ計量経済学のレイ・フェア、数理経済学のドン・ブラウンなどでした。スティグリッツは、私が着いてからすぐ、イギリスのオックスフォード大学に行き、その翌年からはスタンフォード大学の教授になってしまったので、ほとんどすれ違いになりました。

コウルズ経済研究所にはクープマンスが招聘してくれたのですが、私自身の研究テーマが経済成長論から不均衡動学に移っていたので、学問的にはそれほど深い交流をすることはできませんでした。ただ、私が不均衡動学という分野に入ったきっかけはクープマンスの言葉である、と伝えると、柔和な顔をさらに柔和にして、それは良い、と言ってくれました。そして、数カ月に一回、研究所の一階にある彼の研究所の扉をノックし、研究の進行状況などを報告するよう言われました。その報告の前は、ゼミの先生に呼び出しを受けた学生のように緊張しました。

ただ、クープマンスは病気がちで、耳も遠くなり、そのうちにこの報告会も自然消滅してしまいます。私が日本に帰ってから三年半後の一九八五年に亡くなりました。記憶の中のクープマンスは、いつも薄暗い研究室の大きな机の向こうで、片耳の後ろに手を当てて、私の話をほほ笑みながら聞いている姿なのです。

コウルズ経済研究所で、トービンと同僚になることができたことは、この上ない幸運でした。私にとっては、クープマンスとともに大先生になるわけですから、親しく議論することはそれほどありませんでした。しかし、経済学という学問に対する態度でも、経済現象の理解の仕方でも、アメリカで出会った経済学者の中で最も親近感を感じていました。そして、高い知性と高い精神性をともに備えていた人でした。

一九一八年生まれで、三五年に奨学生としてハーバード大学に入ります。その翌年に、ケインズの『一般理論』が出版されます。法律か数学を専攻するつもりであったのが、チューター（個人指導教員）に、新しく出たこの本は面白そうだから一緒に読んでみないかと誘われ、読み終わった時には経済学志望に変わっていました。アメリカはまだ大恐慌から抜けきっていません。経済学を研究することによって、人間社会をよくしたいと思ったというのです。ケインズ経済学を扱ったトービンの卒論は、その後専門誌に掲載されています。

トービンは、第二次大戦が始まると海軍に志願し、予備役訓練のときに、後に小説家となるハーマン・ウォークと知り合います。戦争中は、駆逐艦の士官として四年間、地中海や大西洋で過ごし、戦争が終わると、ハーバード大学に戻って博士号を取得。名誉あるジュニア・フェローとなりますが、一九五〇年エール大学に移りました。

そして、その翌年、ウォークの『ケイン号の反乱』が出版されます。ピュリツァー賞を受けて、ベストセラーとなり、ハンフリー・ボガート主演で映画化までされた小説です。その小説の序章に登場するトービットという海軍士官候補生は、名前から明らかなように、トービンをモデルにしています。「広い額を持ち、静かな落ち着いた声で話す、知的に洗練された」人物で、「他の候補生のはるか先をいっている、何でも吸収できる柔軟な精神の持ち主であった」と描かれています。たまに週末に用事があって研究所に行くと、すでにあれだけ多くの業績をあげている人なのに、研究室で一生懸命仕事をしている姿を見かけました。

### 「奇妙な矛盾」に直面

――新古典派経済学と決別すべく、独自の研究に軸足を移した岩井は、企業のミクロ的な価格決定理論をマクロ経済全体に拡張しようとすると、「矛盾」が生じてしまうことに気がついた。この「矛盾」をどうしたらよいのか悩む。研究活動は減速する。

エール大学に来て、「見えざる手を見る」作業を続けます。MITで書いた三本目の論文は、意識的に方法論的個人主義を採用し、個々の独占的競争企業はどういう状況で価格を上げたり下げたりするのか、どういう状況で賃金を上げたり下げたりするのかを理論化したものです。その理論を、今度は、経済全体に広げてみようと思ったのです。ミクロ経済学からマクロ経済学への拡張です。

ところが、うまくいかない。

一つ一つの企業は、自分の製品に対する需要が供給を上回っていると、売り切れを避けるために、当然その価格を引き上げるはずです。需要が供給を下回っていると、売れ残りを防ぐために、当然、価格を引き下げるはずです。

ただ、ミクロ経済学の授業で誰もが学ぶように、各製品に対する需要の大きさは、(需要者全体の実質所得を与件とすると)その製品の価格の名目額ではなく、その製品の価格と他のすべての製品との「相対価格」によって決まります。[*1] 経済全体から見れば、すべての製品は(パンとジャムのような補完財の場合を除けば)、需要者の限られた所得を奪い合うという意味で、潜在的な競争関係にあるのです。食パンの価格が、お

*1 これは需要関数のゼロ次同次性と言います。すべての価格の名目額と名目所得を同一の倍率で上昇させたり下落させたりしても、需要量には変化がないことを意味しています。

米の価格やうどんの価格だけでなく、靴下やワイシャツ、さらには（全く縁遠いように見える）大砲や戦車の価格に比べて相対的に低すぎると、その需要は増えます。逆に、相対的に高すぎると、その需要は減ります。

ということは、一つの製品の需要が供給を上回っているとき、その生産者である企業は、自分の製品の価格を単に引き上げるのではなくて、他の製品の価格に比べて「相対的に」引き上げることになります。需要が供給を下回っているとき、その生産者である企業は、自分の製品の価格を、他の製品の価格に比べて「相対的に」引き下げる。

ここで、話を簡単にするために、それぞれの企業にとって潜在的に競争関係にある他のすべての製品の価格を、経済全体の「平均価格」、すなわち「物価水準」で代表してみましょう。そうすると、需要が供給を上回っているとき、生産者である企業は、自分の製品の価格を「平均価格」以上に引き上げようとするはずです。需要が供給を下回るとき、「平均価格」以下に引き下げようとすることになる。[*2]

ただし、資本主義経済とは分権的な経済です。その中では、中央集権的な計画経済とは異なり、個々の企業は、自分の製品の価格を決めるときには、他の企業がそれぞれ決める価格をあらかじめ知ることはできません。他の企業の価格は、主観的に「予想」するよりほかはないのです。ということは、需要が供給を上回っているとき、個々の企業は、自分の製品の価格を、「予想された平均価格」に比べて引き上げることになる。逆に、需要が供給を下回ると、個々の企業は、自分の製品の価格を、「予想された平均価格」以下に引き下げることになります。[*3]

ここまでは「見えざる手」を「見える手」にしただけです。ところが、このことをマクロ的な目で見ると、不思議なことが起こります。

ここで、「総需要」が「総供給」を上回っている状況を、想定してみましょう。なぜそういう状況が可能になるのかは、後で説明します。ここで、総需要と総供給とは、すべての製品に対する需要と供給を、それぞれ「経済全体」で足し合わせたものとして定

*2　私が想定した需要関数は$d_i=(p_i/P)^{-\eta}\alpha_i D$という形です。ただし$d_i$は$i$番目の企業の製品への需要量、$p_i$は$i$番目の企業が決定する価格、$P\equiv(\sum_{i=1,\ldots,n}\alpha_i p_i^{-(\eta-1)})^{-1/(\eta-1)}$はCES型の平均価格、$\eta(>1)$は一定の価格弾力性、$\alpha_i$は$i$番目の企業に固有の需要要因（ただし$\sum\alpha i=1$）、$D$は経済全体の総需要量です。

ここで重要なのは、各企業の製品への需要が各企業の価格と平均価格の相対比率$(p_i/P)$にのみ依存していることです。平均価格$P$には各企業の価格$p_i$が含まれていますが、企業数nが十分大きければ、その影響は無視できます（これが、独占的競争企業の「競争」の意味です）。この需要関数は、$U\equiv(\sum_{i=1,\ldots,n}\alpha_i^{1-\eta}d_i^{(\eta-1)/\eta})^{\eta/(\eta-1)}$というCES型の効用関数を$\sum_{i=1,\ldots,n}p_i d_i=PD$という予算制約式のもとで最大化することによって導かれます。英文の『不均衡動学』ではさらに一般化して、価格弾力性が企業ごとに違うケースを扱っていますが、今では価格弾力性がすべての企業の需要関数で等しいケースを扱うだけで十分だったと思っています。

*3　もう少し形式的に書くと、$i$番目の企業に関して$d_i>s_i$であると、設定する価格$p_i$は$p_i>P^e$となり、$d_i<s_i$であると、$p_i<P^e$となります。ただし、$s_i$は$i$番目の企業の供給、$P^e$は$P$の予想値です（簡単化のために、$P^e$はすべての$i$で共通だとしておきましょう）。

義されます（正確には、相対価格で加重して足し合わせたものです）。[*4] この定義から直ちに、総需要が総供給を上回っているときは、単なる足し算の問題として、大多数の企業の製品に対する需要がその供給を上回っていることになります。[*5] そうすると、大多数の企業は、それぞれ同時に、自分の製品の価格を「予想された平均価格」以上に引き上げるはずです。

では、すべての企業がこのようにそれぞれ独自に、しかし同時に、決めた価格を平均してみましょう。それは、まさに定義上、「平均価格」です。もう少し詳しく言うと、「実現された平均価格」です。この場合、大多数の企業が実際に設定する価格は、「予想された平均価格」よりも高い。したがって、その平均である「実現された平均価格」は、「予想された平均価格」よりも高くならなければならない。すなわち、総需要が総供給を上回ると、「実現された平均価格」は、必然的に、「予想された平均価格」以上に吊り上がることになる。

逆に、経済の需要全体（総需要）が経済全体の供給全体（総供給）を下回っている状況を想定してみましょう。そうすると、同じ論法で、「実現された平均価格」が、必然的に、「予想された平均価格」以下に切り下げられることになります。[*6]

奇妙です。総需要が総供給を上回ると、「実現された平均価格」が「予想された平均価格」より高くなってしまう。ということは、「平均価格」に関する事前の「予想」が裏切られてしまったことを意味する。すなわち、「予想の誤り」が、必然的に生み出されてしまうのです。そして、総需要が総供給を下回ると、符号は逆ですが、同じように「予想の誤り」が必然的に生み出されてしまうことになる。

でも、「予想の誤り」が「必然的」に生み出されるなどということがあるのだろうか。最初は、計算間違いをしたのではないかと思いました。でも、単に個々の企業の価格の平均値を計算しただけです。いくらあわて者の私でも、そんな簡単に計算間違いをす

---

＊4　個々の企業の製品の需要が$d_i$、供給が$s_i$であるとき、総需要$D$は$D=\sum_{i=1,\ldots,n}(p_i/P)d_i$、総供給$S$は$S=\sum_{i=1,\ldots,n}(p_i/P)s_i$と定義できます。

＊5　もう少し正確に言うと、たとえ需要が供給を下回っている企業があったとしても、その超過供給全体は超過需要全体よりも総需要と総供給のギャップの大きさだけ小さくなります。なぜならば、総需要と総供給の間のギャップは$D-S=\sum_{i=1,\ldots,n}(p_i/P)(d_i-s_i)$であり、それは$D-S=\sum_{di>si}(p_i/P)(d_i-s_i)-\sum_{si>di}(p_i/P)(s_i-d_i)$と書き直せるからです。

＊6　ここでの推論を少し形式的に示してみると、以下のようになります。(1)$D>S$のとき、大多数の$i$に関して$d_i>s_i$ですので、大多数の$i$で$p_i>P^e$となります。(2)$p_i>P^e$の両辺の平均を取ると、$P>P^e$です（注1で定義された平均価格$P$は$P\equiv\sum_{i=1,\ldots,n}a_ip_i^{-(n-1)})^{-1/(n-1)}$という複雑な形をしているので、この計算は多少手間がかかります。そこで、簡単化のために、この定義式を対数テイラー展開すると、$\ln P\approx\sum_{i=1,\ldots,n}\theta_i\ln p_i$と近似できます。ただし$\theta i\equiv p d_i/PD$で$\ln x$は$x$の自然対数です。この近似を使い、$p_i>P^e$を対数化した$\ln p_i>\ln P^e$の両辺を$\theta^i$をウエイトにして平均すると$\ln P_i>\ln P^e$、または$P>P^e$と簡単に計算できます）。(3)これは、$P$に関する予想の誤り$P^e-P>0$が内生的に生み出されたことを意味します。(4)$D<S$の場合も、同様に$P<P^e$となります。

るはずはありません。

それでは、総需要が総供給を上回ったり下回ったりすると想定したことが、そもそもおかしかったのだろうか。

私は考えました。確かに物々交換経済では、「総需要と総供給とは一致する」という「セー法則」が成立する。ここで、「セー法則」とは、フランスにおけるアダム・スミスの代弁者であったJ＝B・セー（一七六七－一八三二）が定式化し、古典派経済学の代表者であるデーヴィッド・リカード（一七七二－一八二三）も提唱した「法則」です。それは、「供給はみずからの需要を創り出す」ことを主張しています。事実、物々交換においては、一つのモノを交換相手に供給することは、同じ価値の別のモノを交換相手から需要することです。したがって、経済「全体」の供給の価値と経済「全体」の需要の価値とを足し合わせると、その値は必ず一致する。

だが、ひとたび物々交換経済から貨幣経済へと移行するとどうなるか。そのとき、総需要と総供給は必ずしも一致しなくなるのではないか。

貨幣のそもそもの存在理由は、物々交換の困難を取り除き、いつでもどこでも誰とでも交換できる「自由」を人間に与えることです。それによって、アダム・スミスが『国富論』で描いたように、分業が進展し、資本主義経済はかつてない経済効率性を実現することができたのです。

その貨幣経済では、人は何かモノを売っても、直ちに別のモノを買う必要はありません。手にした貨幣を使わずに、モノを買わない「自由」を持つ。また、何かモノを買うときに、同時に他のモノを売る必要もありません。手元に貨幣があれば、いつでもその貨幣を取り崩して、自分が欲しいモノを買う「自由」を持つ。そして、実際に、多くの人が貨幣を保有し続けたいと思っていれば、経済全体の総供給は総需要を上回ってしまう。多くの人が貨幣保有を取り崩したいと思っていれば、総需要は総供給を上回ってしまう。まさに貨幣の存在が人間に与える交換の「自由」が、必然的に「セー法則」を破壊してしまうのです。

いうまでもなく、われわれが現実に生きている資本主義経済は「貨幣経済」です。ということは、その貨幣経済とは、総需要と総供給が必ずしも一致しないことを、まさにその本質としている経済であるということです。だから、総需要が総供給を上回ったり下回ったりすると想定したことは、間違っていない。

## 矛盾こそ真実

奇妙だ、奇妙だ、矛盾だ、矛盾だ、と思い続けていました。どのくらい逡巡していたでしょうか。

今では記憶が曖昧です。あるとき、私はとうとう発想の転換をしました――「矛盾」

に見えたことこそ、証明された「命題」にほかならない、と。総需要と総供給の乖離は、「予想の誤り」を必然的に生み出す――それこそが「命題」であると。

ここには、ミクロで成立することは必ずしもマクロでは成立しないという「合成の誤謬」があります。例えば、学校の成績では、一人の生徒、あるいは一部の生徒は、頑張れば、平均点以上の点を取ることはできます。だが、すべての生徒が同時に平均点以上の点を取ることは、論理的な「矛盾」です。当たり前です。すべての生徒の得点の平均は、定義上、平均点だからです。

それと同じ論法で、総需要が総供給を上回っているとき、大多数の企業が同時に自分の価格を平均価格以上に引き上げることは、論理的な「矛盾」です。すべての企業の価格を平均したものが平均価格だからです。ただ、現実には、大多数の企業は、自分の製品の価格を「予想された平均価格」に比べて引き上げることになる。それゆえ、この論理的な「矛盾」は、現実には、それぞれの企業が行う価格決定のマクロ的な集計の結果として、「実現された平均価格」が「予想された平均価格」を必然的に上回るという、「予想の誤り」に転化します。平均は平均から乖離できないという論理上の矛盾が、現実と予想との間の事実上の矛盾に転化したと言ってもよい。総需要が総供給を下回っているときも、同様です。

しばらくして、ケインズが『貨幣論』（一九三〇）で、理論的枠組みはだいぶ異なりますが、同じことを言っていることに気がつきました。『貨幣論』の理論部分において、最も重要な役割を果たしているのが、「基本方程式」と呼ばれる方程式です。それは、経済全体の「意図された投資」と「意図された貯蓄」との間のギャップが、経済全体における企業の「思いがけない利潤」に等しいことを、主張しています。意図された投資と貯蓄のギャップは、総需要と総供給のギャップにほぼ正確に対応し、「思いがけない」利潤は、企業の予想の誤りの一つの表現として理解しうる。私と同じような命題を導いた先人がいる、しかも、その先人は、ほかならぬジョン・メイナード・ケインズであることに、大いに勇気づけられました。

## 反革命の嵐

### ——岩井は「合理的予想形成仮説」を想定すると、われわれの生きている経済が貨幣経済であることの否定になるという命題を得るが……。

コウルズ経済研究所の一角の狭い研究室の中でこのようなことを考えていた頃、シカゴ大学のミルトン・フリードマンを主導者とする「新古典派経済学の反革命」が急速に進行していました。フリードマンは、一九五〇年代から六〇年代にかけて、ケインズ経済学を批判する研究を矢継ぎ早に発表しました。[*7] 特に六二年に出版した一般人向けの

図3-1　フィリップス曲線
イギリスの失業率と賃金インフレ率との統計的関係
(1861-1913)

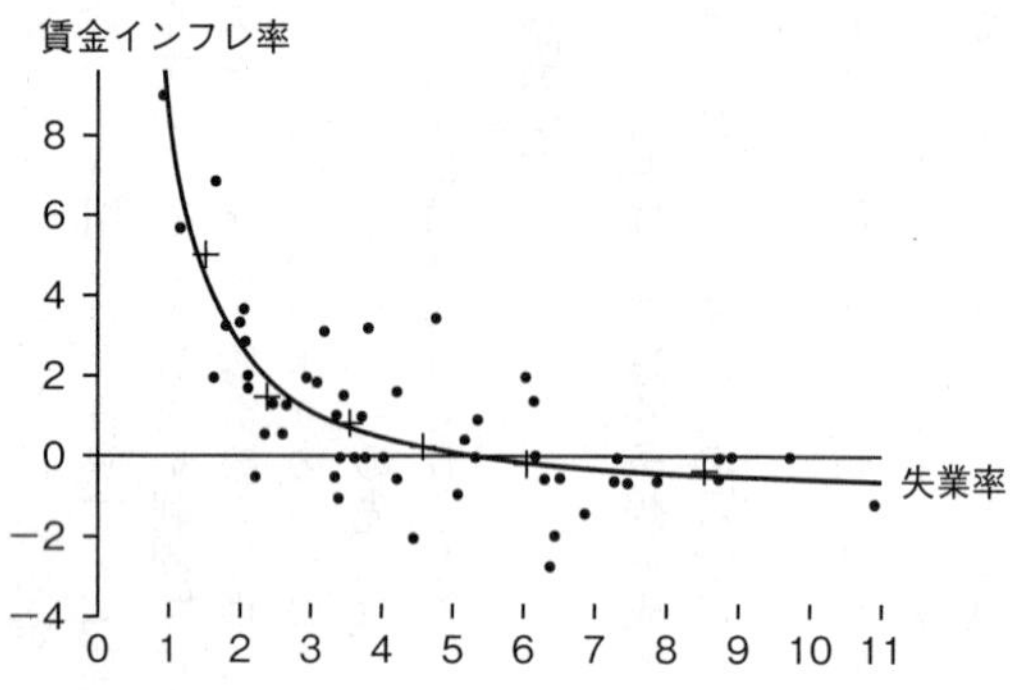


『資本主義と自由』という書物は、自由放任主義を全面的に擁護し、アメリカの世論を大きく保守主義に向かわせる一大原動力になったといわれています。学界の中では、六七年にアメリカ経済学会で行った「金融政策の役割」と題された会長講演が――実際には、金融政策の役割を否定する講演ですが――大きな影響力を発揮しました。[*8]

一九六〇年代におけるアメリカのケインズ主義者の間で最も重要視された概念は、「フィリップス曲線」です。一九五八年にイギリスの経済学者A・W・フィリップス（一九一四－七五）が、横軸に失業率、縦軸にインフレ率を取った二次元のグラフの上に過去のデータを図示すると、図3－1のような、右下がりの曲線が描かれることを示しました。失業率とインフレ率の間に見られるこのマイナスの相関関係は、フィリップスの名前を取って、「フィリップス曲線」と呼ばれるようになりました。

それは、失業率を減らすためにはインフレ率を高める必要があり、インフレ率を低めるためには失業率を高める必要があることを示唆します。失業とインフレの間には「残酷な二律背反（トレード・オフ）」があるというわけです。そして、この曲線の存在を前提とすると、マクロ政策は、低い失業率と高いインフレ率の組み合わせか、高い失業率と低いインフレ率の組み合わせか、そのどちらを優先するかという選択に還元されることになります。

リベラル派は低失業率と高インフレ率の組み合わせを選び、保守派は高失業率と低イ

＊7　例えば、フリードマンは、消費水準は実際の所得ではなく将来予想される所得に依存するという「恒常所得仮説」を提唱し、財政政策の乗数効果を否定しました。また、インフレ率と貨幣成長率との強い相関を主張する古典派経済学の「貨幣数量説」を再生させる一方、アンナ・シュワルツと共同で行った歴史研究によって、一九三〇年代の大恐慌はバブル崩壊に起因する設備投資や住宅投資の縮小ではなく、貨幣供給量を急落させた恣意的な金融政策の失敗によってもたらされたという結論を導いています。この結論が、いわゆる「マネタリズム」の基盤になりました。それは、景気に反応する恣意的な金融政策を廃し、貨幣供給の成長率を一定に保つことを主張する政策的立場です。

＊8　この講演は一年後に論文の形で公刊されました。Friedman, Milton, "The role of monetary policy." *American Economic Review* (1968) : 1-17.

ンフレ率の組み合わせを選ぶ。リベラル志向が強かった一九六〇年代アメリカの民主党政権は、ケインズ的な財政拡張策・金融緩和策によって総需要を刺激し、低い失業率の実現を目指したのです。

一九六七年の会長講演で、ミルトン・フリードマンは、このフィリップス曲線の理論を徹底的に批判しました。

フリードマンは、経済の長期均衡状態においては、労働市場における失業率は、「自然失業率」によって一義的に決定されてしまうと論じます。

ここでいう、「長期均衡」状態とは、経済に参加するすべての企業と家計の予想が、現実と平均的に一致する状態――すなわち「予想の誤り」が持続的には「存在しない」状態――を意味しています。「自然失業率」とは、労働市場の構造的な要因にのみ依存した失業率の水準です。フリードマンは「自然」という形容詞をかぶせることによって、それが「人為」によっては容易に変えられない水準であることを強調しています。

もちろん、労働市場で実際に成立する失業率は、この自然失業率から乖離することはあります。だが、とフリードマンは主張します、それは企業や家計が何らかの理由で予想を誤ったことのみによる、と。例えば、金融政策が突然緩和されて、経済全体の平均価格や平均賃金が予想以上に上がったときには、個々の企業や家計は、他の企業の価格や他の家計の賃金を直ちに知ることはできないので、自己の価格や自分の賃金だけが上がったと（誤って）解釈してしまうと、フリードマンは言います。その結果、企業は労働需要を増やし、家計は労働供給を減らし、失業率は下落する。逆に、平均価格や平均賃金が予想以下に下がったときには、失業率は上昇する。ですから、インフレ率と失業率には、フィリップス曲線が示したようなマイナスの相関関係があるように見える。しかしながら、このような二律背反は単に一時的に存在しているにすぎない。そう、フリードマンは主張します。なぜならば、人間は、「合理的」ならば、必ず経験から「学ぶ」からだというのです。

別の講演でフリードマンは、リンカーンの有名な言葉を、自説のために引用します。「一定の期間ならすべての人間をだますことはでき、一部の人間ならば長い間だますことはできる。だが、永久にすべての人間をだまし続けることはできない」。そして、予想が現実に追いつき、経済が長期均衡状態に戻ると、失業率も自然失業率に一致する。「インフレーションと失業の間には短期的なトレード・オフは存在するが、長期的なトレード・オフは存在しない」。そう、ミルトン・フリードマンは結論づけたのです。フィリップス曲線は、図3－2のように、長期には垂直であるというのです。

したがって、もし政府や中央銀行が自然失業率より低い失業率を維持しようとすると、インフレ率を常に人びとの予想以上に引き上げ続けなければなりません。それは、必然的に、インフレを加速させてしまうことになる。こう言って、失業率の低下を目指

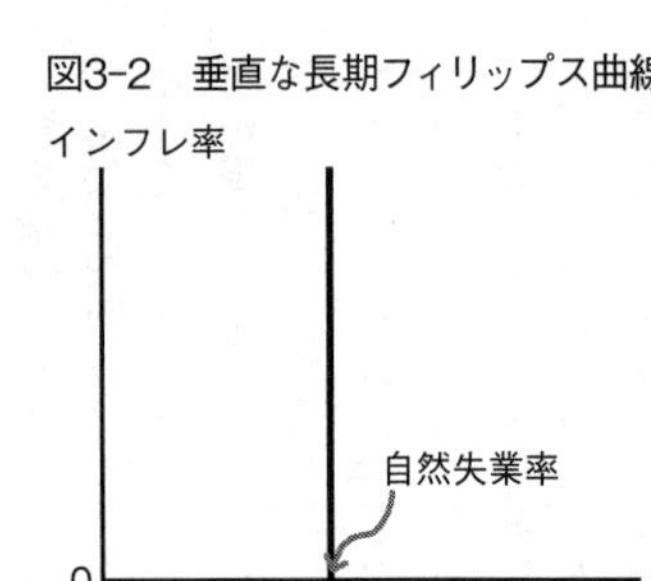

図3-2　垂直な長期フィリップス曲線

したケインズ的なマクロ政策こそ、当時アメリカ経済を悩ませ始めた加速化するインフレ問題の元凶だと、非難したのです。フリードマンと同様の理論は、ほぼ独立に、当時ペンシルベニア大学にいたエドモンド・フェルプスによっても提示されていました。

そして、この自然失業率理論は、シカゴ大学の新世代の指導者となったロバート・ルーカスやミネソタ大学（当時）のトーマス・サージェントなどの「合理的予想形成仮説」の信奉者によって、数学的に精緻化されることになります。

「合理的予想形成仮説」とは、人間が「合理的」ならば、与えられた情報のもとで、常に「現実」を「正しく予想」しているはずだという仮説です。具体的には、人びとの「予想」の平均値は、「現実」の統計的平均値と常に等しいという主張です。この合理的予想仮説を前提とすると、失業率は平均的には常に自然失業率と一致し、ケインズ政策の有効性は、短期的にも否定されてしまいます。[*9] ある論文でルーカスは、「合理的予想とは、自然失業率の存在と同値である」と言い切っています。

## 成り立たない対話

――「宇沢問題」を心に背負う岩井は、米国および世界の経済学界を席巻していくフリードマンらの主張にますます違和感を覚えるようになる。この間、他の仕事を顧みずに『不均衡動学』の執筆に没頭したのは、フリードマンらを打ち負かす全く新しい理論を作り出したい、という意識が強かったからだろう。岩井自身の言葉を借りれば「野心」にとらわれていたのだが、「論文の数」を求められた当時の岩井の立場からすると、極めて危険な賭けだった。

まず指摘しなければならないのは、フリードマンの理論もルーカスとサージェントの理論も、徹底的な「均衡理論」であるということです。フリードマンの場合は暗黙的に、ルーカスやサージェントの場合は明示的に、市場は、労働市場も含めて、常に需給が一致する均衡状態にあると想定しています。したがって、彼らは、ケインズが問題にした総需要不足による「非自発的失業」は、最初から排除しているのです。彼らのいう「失業」とは、例えば労働者が職探しに専念するために一時的に仕事をしないという、

＊9　Lucas Jr, Robert E., "Expectations and the neutrality of money." *Journal of Economic Theory* 4.2 (1972) : 103-124.

「自発的失業」にすぎません。それは、職探しのために投資する時間と言い換えてもよい。アメリカの失業率は、一九三〇年代の大恐慌ではなんと二五%、今回の経済危機においても一〇%まで上昇しましたが、それもすべて「自発的」と見なしてしまうことになる。想像力の欠如か、あるいは逆に過剰かのどちらかでしょう。

そのこと以上に重要なことは、フリードマンの言葉による定式化でも、ルーカスによる数学的な定式化でも、ともに個々の家計や企業の「合理性」それ自体が、「予想の誤り」を消し去ってしまうと考えられていることです。フリードマンの場合は学習を通して長期的に、ルーカスの場合は超自然的な個人の合理性を通して統計平均的に、予想が必ず現実化するのです。そして、失業率も、統計平均的に自然率に等しくなる。また、万が一失業率が自然率以上や以下になったりするとしたら、それはすべて個々の家計や企業が何らかの理由で予想を誤ったからであり、それ以外の理由はありません。ミクロがマクロを支配している、いや主観が客観を支配している、といった方がよいかもしれません。

しかしながら、私が導いた「命題」は、この考え方を真っ向から否定しています。

もちろん、個々の企業は、主観的な意図としては、合理的予想を持ちたいと思っているはずです。だが、経済全体の需要と供給にギャップがあれば、そのような主観的な意図に反して、「実際の平均価格」は「予想された平均価格」を、必然的に、上回ったり下回ったりしてしまう。ここでは、マクロがミクロを、客観が主観を、支配している。因果関係が逆転しているのです。

資本主義経済は貨幣経済であり、貨幣経済とはセー法則が成立しないことを本質とする経済です。総需要と総供給は常に乖離する可能性があり、ひとたび両者が乖離すると、「合理的予想」は不可能になるのです。それゆえ、貨幣経済においては、合理的予想形成仮説を仮定することは、貨幣経済であることを否定するという、本質的な矛盾を犯していることになります。私は、ケインズが『一般理論』で述べた、次の言葉を思い出しました。

「私と同時代の経済学者が供給はみずからの需要を創り出すというセー法則を本当に信じているかどうかは疑わしい。だが、彼らは自分でそれと気がつかずに暗黙にセー法則を仮定しているのである」

ミルトン・フリードマンには一度だけ会ったことがあります。確かエール大学で教え始める前だったと思いますが、シカゴ大学でセミナーをしたときです。私のセミナーなどにはもちろん出席してくれませんでしたが、その前に廊下で紹介されました。何も議論しなかったと思います。フリードマンは議論の天才で、あのサムエルソン先生でも劣勢になってしまうと言われていました。ですから、議論しなかったことは賢明であったと思います。私が何を論じても、瞬時につぶされたはずだからです。

そして、シカゴ大学のセミナーでは、「見えざる手を見る」話をしようとしたのですが、座席の一番前の方に陣取っていた大学院生や若い助教授が矢継ぎ早に質問してきます。それも、全員がフリードマンの代理人のように敵意に満ちた質問ばかりをする。結局、防戦に追われ、予定の半分も話せずに終わってしまいました。

ルーカスとは数回会っています。論文ではとがった印象を与えるのですが、実際には人当たりの優しい人です。ルーカス自身がエールで「合理的予想形成仮説」についての講演をしたこともあります。その講演の後、質問を試みたのですが、質問の意味自体を全く理解してもらえませんでした。

ＭＩＴに入ったばかりのときにドーマー先生にした質問は、私の英語があまりにも下手だったので通じませんでした。ルーカスに質問したときも英語は下手なままでしたが、通じなかった理由は、英語と日本語との間の翻訳の問題ではありません。二つの異なった理論の世界の間の翻訳の問題であったのだと思います。

## ヴィクセル再発見――不均衡累積過程の理論

――岩井は、自分が展開した累積的インフレーションやデフレーションの理論は、ヴィクセルの「不均衡累積過程の理論」の現代版であることに気づく。

ここで、改めて、総需要が総供給を上回っている状況を考えましょう。そのとき、「実現された平均価格」は「予想された平均価格」を必然的に上回ります。だが、話はここでは終わりません。なぜならば、それぞれの企業は、早晩、自分たちの予想の誤りに気がつくはずだからです。当然、「合理的」であれば、予想の誤りを直すため、平均価格の予想を引き上げるはずです。学習です。だが、総需要が総供給を上回っている限り、すべての企業はそれぞれ同時に、より高く修正された予想平均価格以上に、自己製品の価格を引き上げることになります。それは、マクロ的な集計結果として、実現された平均価格を高まった予想平均価格よりもさらに高くしてしまうだけです。再び予想の誤りが生み出されてしまう。

そして、総需要が総供給を上回っている限り、同じことが繰り返されるのです。予想された平均価格以上に実際の平均価格が上昇し、その上昇した実際の平均価格に向けて予想された平均価格が修正され、それがさらに実際の平均価格を引き上げていくのです。「累積的インフレーション」です。

逆に、総需要が総供給を下回っている場合は、実際の平均価格が予想された平均価格以下に下落し、下落した実際の平均価格に向けて予想された平均価格が修正され、それがさらに実際の平均価格を引き下げていくことになります。「累積的デフレーション」です。

企業が生産する財サービスの市場に関してのこの議論は、労働市場に関しても当てはまります。財サービスの総需要と総供給との乖離は、企業の雇用活動と生産活動を通して、労働市場における総需要と総供給の間にも、乖離をもたらすはずです。そして、今度は、労働市場においてその総需要が総供給を上回ると、実際の平均賃金が予想された平均賃金以上に上昇し、「平均賃金の累積的インフレーション」が引き起こされることになります。労働市場の総需要が総供給を下回ると、実際の平均賃金が予想された平均賃金以下に下落し、「平均賃金の累積的デフレーション」が引き起こされます。

総需要と総供給とが乖離すると、実際の平均価格と予想された平均価格および実際の平均賃金と予想された平均賃金とのイタチごっこによって、平均価格も平均賃金も累積的に上昇したり下落したりしていくプロセスが始まるのです。その行き着く先は、ハイパーインフレーションか大恐慌です。まさに「不均衡の累積過程」です。

私は、自分がこのように展開してきた累積的インフレーション・デフレーションの理論は、十九世紀末のスウェーデンにおいてクヌート・ヴィクセルが展開した「不均衡累積過程」の再発見であることに気がつきました。そして、バークレーで読んだ『利子と物価』(一八九八)をもう一度読み直してみました。

ヴィクセルは、一八五一年にスウェーデンに生まれています。若いとき、マルサスの『人口論』に大きな影響を受けます。貧困などの社会問題の根底には人口過剰問題があると確信し、避妊の必要性を訴える政治活動をします。だが、当時はスウェーデンもまだ厳格なプロテスタント主義が支配していました。ヴィクセルはまたたくまに社会から締め出されてしまいます。

その不遇な時期に、社会問題を理解するには経済問題を解明する必要があると考え、スミスやリカードなどの古典派経済学を本格的に勉強し始めます。そして、リカードを学問の師と仰ぐようになり、リカードの経済学を継承する意図を持って、新古典派経済学の研究に入ったのです。

四十歳を超してから出版した『価値・資本及び地代』（一八九三）は、一般均衡理論と資本理論との統合に最初に成功した研究書で、この研究によってヴィクセルは新古典派的資本理論の創始者の一人と見なされるようになりました。例えばロバート・ソローは、みずからの新古典派経済成長論の主要な起源に、ヴィクセルの資本理論を挙げています。

次にヴィクセルは、その研究対象を経済の実体面（消費や生産や交換）から貨幣面（物価水準や金融利子率）へと移します。そして、物価水準（平均価格）の変動を、伝統的な貨幣数量説ではなく、新古典派経済学の需給法則にもとづいて説明することを試み始めます。[*10] ヴィクセルはこう推論します。「個々の商品の価格の上昇や下落は、……その商品の需給の均衡が乱されたことによるはずだ」と。そして、「この点について、個々の商品それぞれについて正しいことは、すべての商品全体にとっても疑いなく正しい」と述べます。「それゆえ」と、ヴィクセルは述べます、「平均価格の上昇は、総需要が何らかの理由で総供給を上回る……状況を想定して、初めて理解しうる」。同様に、「平均価格の下落は、総需要が何らかの理由で総供給を下回る状況を想定して、初めて理解しうる」ことになる。

だが、こう言い終わって、ヴィクセルは愕然とします。総需要と総供給の乖離を前提とすることは、自分が師と仰いできたリカードが提唱し、新古典派経済学が基本公理としてきた法則――「セー法則」――を否定することにほかならないからです。だが、ここから、ヴィクセルの学者としての誠実さが発揮されます。ヴィクセルは貨幣経済について検討を重ね、その中ではセー法則は成立しえないという結論に達するのです。リカードの主張に反して、総需要と総供給とは乖離しうる、と。[*11]

ヴィクセルは、それまで信奉してきた新古典派経済学を捨て去る決心をします。そして、次のような結論に達します。何らかの理由で総需要が総供給を上回ると、「市場でのその他の事情が変化しない限り、それがどんなにわずかであろうとも持続的である場合には、商品価格の一般水準を連続的で均斉的に、際限なく上昇させていくことになる」。同様に、総需要が総供給を下回ると、「それがどんなにわずかであろうとも、十分に長い間、持続しさえすれば、すべての財サービスの価格の連続的で無際限な下落を引き起こすことになる」。

すなわち、ヴィクセルは、新古典派経済学が分析してきた(「セー法則」のもとでの)相対価格の変動や均衡は、現実の物価水準の変動や均衡とは「根本的に異質な現象である」ことを見いだしたのです。相対価格の場合は、「均衡の位置からのどのような乖離の動きも、その乖離の大きさに比例した強さでシステムを元の位置に回復させる力を作動させ、それによって若干の振動を伴いながらも、最終的には均衡を回復する」。これに対して、物価水準の場合は、「水平面の上にいわゆる中立的均衡状態で置かれている円筒のように動きやすい物体を想像すべきであろう」と言います。そして、こう続けます。

「表面がいくぶんか粗くなっているので、この価格=円筒を動かし始め、さらに動かし

*10 K・ヴィクセル『利子と物価』(北野熊喜男・服部新一訳、日本経済評論社、一九八四)、および『経済学講義第二巻:貨幣』(橋本比登志訳、日本経済評論社、一九八四)。
*11 ただし、ヴィクセル自身は、新古典派経済学における資本理論の最初の提唱者の一人でしたので、セー法則の破綻による総需要と総供給の乖離の可能性を、自然利子率と市場利子率という概念を使って説明しています。自然利子率とは、現代的なマクロ経済学においては「企業の予想利潤率」におおよそ対応します。予想利潤率が市場利子率を上回っているときには投資が刺激され、他の事情が一定ならば、総需要が総供給を上回ることになります。逆に、予想利潤率が市場利子率を下回ると投資が抑制されますから、総需要が総供給を下回ります。

続けるためには若干の力を加えることが必要である。だが、この力……が加わっている限り、円筒は同一方向に動き続けていく。実際、しばらくすると、円筒は「ころがり」始めさえする」（『利子と物価』第七章）

## 限界も発見

私は『利子と物価』を読み直し、自分の「不均衡累積過程」の理論が、ヴィクセルのそれと、基本的に同等であるのを確認し、心強く感じました。だが、それと同時に、ヴィクセルの推論には、誤りがあることにも気がつきました。ヴィクセルは、個々の商品の需給均衡が乱されるとその価格が上下するという新古典派経済学の需給法則を、そのまま経済全体の平均価格の変動にも拡張しています。

ですが、すでに本章の最初の方で述べたように、需要も供給も、その商品の価格それ自体ではなく、他の商品との「相対価格」にしか依存していないという、新古典派経済学の初等命題を忘れていました。需給均衡が乱されたときに上下するのは、価格それ自体ではなく、相対価格です。そして、相対価格の上下を経済全体で集計すると、お互いに打ち消し合い、ネット（純計）ではゼロになってしまうはずです。もう一度学校の成績の例を使うと、すべての生徒の得点の平均値からの乖離を平均すると、その値は定義上ゼロになってしまうのと同じです。相対価格の変動についてしか述べていない新古典派経済学の需給法則は、そのままでは経済全体には拡張できない。ヴィクセルは、新古典派の需給法則自体がミクロ経済学的基礎を欠いていることによって、つまずいてしまったのです。

これに対し、「見えざる手を見る」ことによって私が導き出すことができたのは、個々の製品に対する需要と供給が乖離すると、個々の企業は自己製品の価格を「予想された平均価格」に比べて上げ下げするという、いわば「修正された需給法則」です。それは、矛盾なく経済全体で平均することができます。そして、実際に平均すると、総需要と総供給とが乖離するときには、「実現された平均価格」と「予想された平均価格」との乖離が必然的に生み出されるという、「マクロの需給法則」とでもいえる法則が導き出される。この法則にもとづいて、ヴィクセルが提唱した「不均衡累積過程の理論」を、価格それ自体と相対価格の混同なしに提示することができたのです。

私は、自分が単にヴィクセルの不均衡累積過程の理論を追認するだけでなく、それに何かを付け加えることができたのを、うれしく思いました。

ただ、ここでも話は終わりません。平均価格や平均賃金の累積的インフレーションやデフレーションは、今度は当然、総需要と総供給の関係に影響を及ぼすはずです。それが総需要と総供給の乖離を縮める方向に働くならば、不均衡累積過程は一時的な現象にすぎません。逆に、総需要と総供給の乖離を広げる方向に働いてしまうと、ヴィクセル的な不均衡累積過程はとどまることなく進展していくはずです。この効果をきちんと分析しなければ、まだ理論としては不十分だからです。

## 資本主義経済は不安定性を増す

――岩井は、ヴィクセルが思考実験として想定した「純粋信用経済」が本質的な不安定性を持ち、しかも、現代にも通じる意義を持っていることを発見した。

ところで、時代はヴィクセルからかなり下がりますが、ケインズの『一般理論』が一九三六年に出版されたとき、新古典派経済学の立場から様々な批判が投げかけられました。その中で最も有名なのが「ピグー効果」にもとづく批判です。ピグー効果は、A・C・ピグー（一八七七－一九五九）が提唱した効果です。ピグーとは、アルフレッド・マーシャルの後を継いでケンブリッジ大学の経済学の教授となった人で、ケインズの兄弟子にあたります。厚生経済学という学問分野を築き上げた偉大な経済学者ですが、マクロ経済学においては新古典派経済学の信奉者でした。彼は、四三年に出版された「古典的定常状態」という論文の中で、おおむね次のように議論しています。[*12]

ケインズが描いた労働者の不完全雇用状態は、真の均衡ではない。なぜならば、われわれが生きている経済には、貨幣や国債といった名目額で発行されている資産がある。

たとえ総需要の大幅な不足によって大量の失業が生まれたとしても、政府や中央銀行が平均価格を大幅に引き下げ、デフレーションにすることができれば、これらの名目資産の「実質額」はとてつもなく大きくなる。仮にこの世の中に資産としては一ペンス銅貨しか残っていなくても、物価が二十兆倍下がれば、当時のイギリスの国民所得が丸ごと買えてしまうほどの実質価値を持つ。当然、それは国富を大きく増やし、消費財の需要を大きく刺激する。ということは、平均価格さえ十分に下落すれば、いつの日か総需要は総供給に等しくなり、不完全雇用状態は自動的に解消されてしまうはずだ。マクロ経済においても「見えざる手」は働いており、ケインズ経済学は新古典派経済学に吸収されてしまうのではないか。

一読してすぐに分かるように、このピグー効果をめぐる論争は、ヴィクセル的な不均衡累積過程は一時的な現象にすぎないのか、それとも永続していくのかという問題と、直接関わっているのです。

驚くべきことに、おそらくヴィクセルはこのような反論を予期していたのでしょう。『利子と物価』の中で、一種の思考実験として、「純粋信用経済」という「純粋に想像上

＊12 Pigou, Arthur C. "The classical stationary state." *The Economic Journal* (1943)：343-351. ただ、ピグー以前にも、ゴットフリート・ハーバラーやティボー・スキトフスキーらが同様の議論をしていたので、「ピグー効果」は単に「純資産効果」とも呼ばれています。

の」経済について検討しています。純粋信用経済とは、お札や硬貨といった現金通貨（キャッシュ）が消え、人びとが民間銀行に対して持つ預金残高のみが、貨幣として使われる経済のことです（国債の存在も無視します）。そこでは、財やサービスの売買の支払いは、すべて小切手で行われることになります。今ならば、クレジットカードで行われることになるはずですが、十九世紀末にはまだ磁気カードの技術がありませんでした。

ここで重要なのは、この純粋信用経済においては、唯一の貨幣である預金残高の総額は、預金者にとっては資産ですが、民間銀行にとっては預金者に対する負債であるということです。したがって、民間経済全体で純資産額を計算すると、預金者のプラスと銀行のマイナスが打ち消し合って、その値はゼロになってしまいます。つまり、何らかの理由で、総需要が総供給を下回り、累積的デフレーションが引き起こされても、現金通貨が存在しないので、ピグー効果は働きようがありません。確かに人びとが保有する銀行預金残高の実質額は上昇します。しかし同時に、民間銀行の負債の実質額は下落し、両者の効果は打ち消し合ってしまうのです。

いや、事態はさらに悲観的です。人びとが累積的デフレーションがさらに続くと予想し始めると、どうなるでしょうか。デフレとはモノに対して貨幣の価値が上昇することです。人びとは、モノを売った代金としての預金残高が増えても、そのままにしていればその価値が上がっていくので、もったいなくてモノを買わなくなる。すなわち、総需要はさらに縮小してしまい、総需要と総供給の間のマイナスのギャップはますます広がってしまうのです。累積的デフレーションはさらに加速されてしまいます。総需要が総供給を上回った場合も同様に、人びとが累積的インフレーションがさらに続くと予想し始めると、それはさらに加速されることになるのです。ヴィクセル自身、平均価格の累積的な上昇や下落は、「自分で自分の引き車を作り出す」と述べています。これは、通常のマクロ経済学では、「デフレ予想効果」あるいは「インフレ予想効果」と呼ばれる不安定化要因にほかなりません。

純粋信用経済とは、本質的に不安定的な経済であるのです。

一九八〇年代から始まった金融革命によって、現金通貨や銀行預金が果たしてきた支払い手段としての役割を、他の様々な金融資産が代替するようになってきています。しかも、インターネットバンキングやクレジットカードなど、現金通貨（キャッシュ）を使わない取引も大きく発達しています。キャッシュレス社会という人さえいます。もちろん、現金通貨の存在しない純粋信用経済とは、ヴィクセルの言葉を借りれば、「純粋に想像上の」経済にすぎません。実際、ヴィクセルがこのような経済についての分析を行ったのは、あくまでも、貨幣経済に固有の不安定性を最も純粋な形で浮き彫りにできる思考実験として、でした。

だが、今、グローバル化と金融化の中で、この「純粋に想像上の」産物にすぎなかったはずの「純粋信用経済」なる経済が、資本主義の歴史の流れの方向が指し示す貨幣経済の一つの極限的な形態として、ある種の現実味を帯び始めてきているのです。それは、資本主義経済が、これからどんどん不安定性を増してしまう可能性を示唆しています。

でも、そうはいっても、現実の資本主義経済ではまだ現金通貨が使われています。それでは、現金通貨が使われている限り、ピグー効果は有効だといえるのでしょうか。

## フィッシャーとの「再会」

——岩井はコウルズ経済研究所で、もう一度アーヴィング・フィッシャーに「出会う」。

コウルズ経済研究所の地下には、ラウンジがあります。温かいコーヒーが常に用意されているので、そのコーヒーを飲みながら研究員同士や大学院生が日常的に議論する場所です。小さなセミナーもそこで行われます。そこにはもうずっと使われていない暖炉がありましたが、その上に大きな写真が掲げられています。アーヴィング・フィッシャーの顔写真です。

ＭＩＴの大学院の三年生のときにこの研究所で行われたコンファレンスで話をしたとき、確かビル・ブレイナードにだったと思いますが、この写真を指さして、ほらお前のグランドファーザーだよ、と言われました。私自身の最初の論文は、フィッシャーの資本理論と最適成長理論との融合を試みたものであったからです。そのとき、ブレイナードが、私の「父親」として思い浮かべていたのが、クープマンスなのか、サムエルソンなのか、ソローなのか、それとも宇沢先生なのかは、分かりません。コウルズ経済研究所に職を得て、この写真になつかしく再会しました。

一八六七年に生まれ一九四七年に亡くなったアーヴィング・フィッシャーが、アメリカが生んだ最高の経済理論家の一人であることに反対する人はいないはずです（ミルトン・フリードマンですら、そう言っています）。十九世紀末から二十世紀の最初の四半期にかけて、数理的価格理論、資本と利子の理論、貨幣数量説など、現在の新古典派的経済学の基礎となる仕事を次々と発表したのです。何度も述べたように、新古典派経済学とは、アダム・スミスの末裔です。資本主義経済とは、需給法則に導かれて、効率的な均衡状態に常に向かっていく安定性を持っているという「見えざる手」の思想の数学的な表現にほかなりません。

一九二〇年代後半、アメリカ経済は株式市場のバブルで熱狂していました。八〇年代の日本や、九〇年代後半から二〇〇七年にいたるまでのアメリカと同様です。でも、フィッシャーは、自分がその発展に大きく貢献した新古典派経済学の思想に忠実でした。株式市場における価格の高騰はバブルなどではなく、アメリカ経済の実体が好調であることの反映であるとかたく信じていたのです。いや、信じているだけでなく、「株価は永久に続く高原状態に到達した！」とか「大多数の株価は暴騰などしていない！」といった強気の発言を公の場で繰り返し、みずからも株式市場への巨額の投資をし続けたのです。しかし、二九年十月二十四日、「暗黒の木曜日」が訪れます。株価は大暴落し、大恐慌への引き金が引かれてしまいました。フィッシャーは、六十三歳にもなって、学問的な名声と個人的な資産を一挙に失ってしまったのです。

しかし、この物語には続編があります。アーヴィング・フィッシャーは、エール大学を卒業し、エール大学で博士号を取り、エール大学でずっと教授をしていた、生粋のエール人です（映画『麗しのサブリナ』では、ハンフリー・ボガートがオードリー・ヘップバーンの相手役を務めましたが、彼が演じたライナス・ララビーは、親から巨大な事業を継承した大金持ちで、エール大学出身。エール出には珍しく事業活動に熱中していることが、エールのセーターを着てエールの応援キャップをかぶった、そのみっともなさに表れています。ヘップバーンが演じたサブリナは、ライナスの運転手の娘です）。アーヴィング・フィッシャーは、お坊ちゃま大学としてしか知られていなかったエール大学が、学問的な名声も獲得することに、大いに貢献した人物だったのです。

エール大学の学長は、住む家さえなくなったフィッシャーに同情し、大学のキャンパス内にある一軒の家をタダで貸します。その家に住みながら、フィッシャーはまさに眼前で進行している大恐慌を理論と実証の両面から集中的に研究し始めたのです。そして、早くも一九三二年に『好況と不況』という本の中でその成果を発表し、大恐慌の「負債デフレーションの理論」を提示することになりました[*13]。齢六十五にして、経済の均衡状態を叙述する新古典派経済学者から、経済の不均衡過程を分析する危機の経済学者に、少なくとも部分的に、変身をとげたのです。

この負債デフレ理論は、「金融不安定化仮説」で有名なハイマン・ミンスキー（一九一九－九六）によって、七〇年代に再発見されます。私もミンスキーの『ジョン・メイナード・ケインズ』（一九七五）という本から、その存在を知りました[*14]。ケインズ経済学のような体系性は有していませんが、今ではそれと並ぶ重要性を持つ経済危機理論と

---

*13　Fisher, Irving. *Booms and Depressions : some first principles.* New York : Adelphi Company, 1932.

*14　Minsky, Hyman P., *John Maynard Keynes.* New York : Columbia University Press, 1975. 邦訳はハイマン・ミンスキー『ケインズ理論とは何か——市場経済の金融的不安定性』（堀内昭義訳、岩波書店、一九九九）。「金融不安定化仮説」については同じくミンスキーの『投資と金融——資本主義経済の不安定性』（岩佐代市訳、日本経済評論社、一九八八）や『金融不安定性の経済学——歴史・理論・政策』（吉野紀・内田和男・浅田統一郎訳、多賀出版、一九八九）を参照のこと。ミンスキーの理論それ自体は、キンドルバーガーの紹介によって主流派の経済学者の間にも広く知られるようになりました（第二章注6を参照）。

見なされるようになっています。

## 負債デフレーション理論に注目

この負債デフレーション理論こそ、ピグー効果に対する最大の反論を提供してくれるのです。フィッシャーは、資本主義経済における民間の間の貸し借り関係に注目します。確かに、デフレーションは現金通貨の実質的な価値を増やし、消費を刺激するでしょう。でも、それは同時に、消費者や企業が抱えている金融負債の実質負担を重くし、消費や投資を抑えてしまう効果を持ちます。しかも、民間の負債総額は現金通貨の流通額に比べて桁外れに大きく、例えば現在の日本では八十倍程度の大きさになっています。

こう言うと、反論があるでしょう。借り手がいるならば、貸し手がいるのではないかと。借り手の負債と貸し手の債権の金額は等しいはずです。したがって、デフレーションは、(国債と対外債を無視すれば) 借り手の負債と貸し手の債権の実質額を等しく増やしてしまい、経済全体ではその効果は打ち消し合ってしまうのではないか。

だが、残念ながら、そのようなことは起こりません。どのような経済でも、一方で、アイデアや能力があるがおカネのない個人や企業がいて、他方で、アイデアや能力はないがおカネのある個人や企業がいます。資本主義経済における「金融」の役割とは、この両者の間を仲介し、後者から前者におカネを融通し、まさに前者のアイデアや能力を実際に財やサービスを生み出す経済活動として実現することにあるのです。

ということは、借り手はおカネを使いたい何かがあるから借り手となるのであり、貸し手はおカネを使いたい何かがないから貸し手になるのです。借り手の方が貸し手よりも、当然、おカネを支出したいという意欲ははるかに高いはずです。したがって、デフレーションは、支出の意欲の相対的に高い個人や企業の負担を増やしてしまうことによって、経済全体で見ても総需要に対してマイナスの効果を持ってしまうのです。

さらに、デフレーションが進み、負債の実質負担の重みに耐えきれずに借り手が返済を延期し始めると、それは不良債権となります。借り手が万策尽きて倒産してしまうと、その瞬間に貸し手の債権は不良ですらなく、無と化してしまいます。その分だけ資産が消えてしまう。総需要は一層落ち込み、デフレーションは深刻化していくのです。これが「負債デフレーション」です。不況とデフレがお互いの原因となる悪の連鎖にほかなりません。

そして、この負債デフレーション理論ほど、一九三〇年代の世界大恐慌、九〇年のバブル崩壊から始まった日本の平成大不況、そして二〇〇七年からの世界大不況がなぜ長引いてしまったかをうまく説明できる理論は、他にありません。

そして、インフレーションの場合は、これと逆のプロセスが起こり、景気過熱とインフレがお互いの原因となってしまう、やはり悪の連鎖を生み出してしまうのです。これは「負債インフレーション」と呼ばれます。

コウルズ経済研究所で、私は再びアーヴィング・フィッシャーに出会ったのです。そして、その手助けによって、今度は、ヴィクセル的な不均衡累積過程の理論をまとめ上げることができました。資本主義経済は、貨幣経済である限り、セー法則が成立せず、多くの人びとが貨幣を取り崩そうと思ったり、貨幣を保有し続けようと思ったりすると、経済全体の総需要と総供給が乖離します。その乖離は、各企業の分権的な価格決定のマクロ的な結果として、平均価格と平均賃金に関する予想の誤りを必然的に生み出すことになります。その予想の誤りを修正しようという試み自体が、平均価格と平均賃金の累積的な下落や上昇を引き起こすのです。

そして、そのようなデフレーションやインフレーションは、それぞれ「デフレ予想効果」と「負債デフレーション」または「インフレ予想効果」と「負債インフレーション」によって、総需要と総供給の間の乖離をさらに拡大する方向に働き、不均衡累積過程をとどまることなく進展させてしまうのです。その行き着く先は、恐慌かハイパーインフレーションです。

資本主義経済は、純粋信用経済のような極端な場合でなくても、貨幣経済であることによって、本質的に「不安定的」であるのです。

## ケンブリッジでの孤独

——岩井は一年間ケンブリッジ大学に留学し、ジョーン・ロビンソンに出会うが、知的な交流はできなかった。

一九七六年秋から七七年の夏にかけて、イギリスのケンブリッジ大学に留学します。エール大学の若手教員海外派遣プログラムに申し込み、一度は落選したのですが、トービンらの尽力で、なんとか最終的に行くことができました。目的は、『不均衡動学』の原稿を書くことです。トービンらは、ロンドン・スクール・オブ・エコノミックス（通称LSE）を薦めてくれましたが、私はケインズがいたケンブリッジ大学で研究したいと考え、ケインズの弟子の一人であったジョーン・ロビンソンに手紙を書きました。ケインズが所属していたキングス・カレッジに席をもらえればいいなと思っていたのですが、空きがないと言われました。そして、どのカレッジにも所属しない経済学部の客員研究員となりました。

ケンブリッジ大学とは、基本的には、キングス・カレッジ、トリニティー・カレッジといった三十一のカレッジの集合体です。それぞれのカレッジは自立した教育研究機関で、学生も教員もどれか一つのカレッジに所属し、そこを拠点として自分が専門とする学問領域の学部や研究所に出向くのです。ですから、所属するカレッジを持たないことは、全くのお客さん扱いであるということです。

仕方がないので、同じケンブリッジ大学の教授をしていた数理経済学者のフランク・ハーンに手紙を書きます。MITで大学院生をしていたとき、アメリカを訪れていた彼の講義を取ったことがあるからです。そして、チャーチル・カレッジというところに所属させてもらいました。ただ、ここも正式のフェローなどではなく、小さな席がある客員として、でした。エールで教え始めてからは、一つも論文が出版されていません。MITにいたときに得ていた学界での「評判」は、すでに大幅に減価していたのです。

ケンブリッジは、本屋やカフェやパブが立ち並び、公園の緑がいたるところに広がっている、美しい町でした。そしてケンブリッジ大学は、想像していたのと寸分違わぬゴシック建物が林立する、壮麗な大学でした。

ケンブリッジ大学にはあこがれていました。ケインズの書いたものを読み、ケインズの伝記を読み、さらにはケインズと親交のあった人びとの書いたものをいくつか読んでいたからです。論理学者、哲学者で平和運動家でもあったバートランド・ラッセル（一八七二―一九七〇）が『ラッセル自伝』（一九六七―一九六九）の第一巻で描いている、ケンブリッジ大学での学生や教員の間の知的交流の濃密さは、本当にうらやましく思いました。

ケンブリッジ大学には、十九世紀前半から「使徒会」と呼ばれる秘密結社がありま す。毎学年、一人か二人選ばれるのですが、何らかの分野で知性に優れている人はほと んどがその会員（使徒：Apostle）になっていたと言われます。ラッセルは、ケンブリッ ジ時代で最も幸福だったのは、この使徒会の会員であったことだと書いています。ケイ ンズはラッセルより十年後にケンブリッジに入学していますが、もちろん、使徒に選ば れています（ラッセルはケインズについて、「私が知っている人間の中で最も鋭く最も 明晰な知性を持っていた。彼と議論をするたびに、命が縮まる気がし、議論の後、なん て自分は馬鹿なのだと思わないことはなかった」と書いています）。

使徒会では、あらゆる主題について、世間では非常識であると思われている事柄で も、いや非常識な事柄であればあるほど、自由に討議することが原則となっていまし た。使徒たちの知的エリート意識は強烈で、自分たちのみが「実在（Reality）」であると 見なし、大学の同級生を含む他のすべての人間や事物を単なる「現象（フェノメナ：Phenomena）」と呼んでいたというのです。私は、『ラッセル自伝』を読んでいるときは、 自分をその「使徒会」の一員と同一視し、いわば内側からケンブリッジ大学を眺めてい ました。でも、実際にケンブリッジ大学に来てみると、単なる「現象」の一人として、 その中で生活することになったのです。

まず、ジョーン・ロビンソンに会いに行きました。なんとかアポイントメントを取り付けることができ、議論をしようとしたのですが、はかばかしい反応が返ってきません。まだ七十代前半だったと思いますが、すでに知的な衰えがあったのかもしれません。ロビンソンは「ポスト・ケインジアン」と呼ばれるグループの中心にいました。ポスト・ケインジアンとは、単純に言えば、ケインズとマルクスの融合をはかろうとする経済学者のことです。このグループの会合にも何度か出たのですが、ロビンソンの取り巻きの集まりという感じで、議論の水準もあまり高くない。そのうちに、会合にも出なくなりました。

フランク・ハーンが主宰する数理経済学グループには、正式のメンバーとして迎えられました。グループの一員として、オックスフォード大学、LSE、ベルギーのルーヴァン大学、ドイツのボン大学などでのコンファレンスやセミナーに招かれたりもしました。ただ、このグループの中では、ハーンが帝王のように振る舞っている。メンバーであったパーサ・ダスグプタなどは学問的にも人格的にも大変優れた人ですが、助手のように扱われています。あるとき彼がセミナーをしている最中、肌の色をからかった発言がありました。ダスグプタはバングラデシュ出身です。一瞬、セミナー室の中は凍りつきました。だが、ダスグプタは何も聞かなかったかのようにしてセミナーを続けていき、その場が救われました。そのことをきっかけに、私はこのグループとも距離を置くようになりました。パーサ・ダスグプタは、今では、ケンブリッジ大学のフランク・ラムゼーの名を冠する教授になっています。

ところで、このフランク・ラムゼー（一九〇三―三〇）とは、ケインズが最も期待を寄せていた人物でした。早くから論理学や哲学の分野で重要な仕事をし、さらにウィトゲンシュタインの討論相手となりウィトゲンシュタインが『論理哲学論考』において定式化した言語図像理論から『哲学探究』で提示した言語ゲーム論へと転換するのにも貢献しました。彼が二十六歳の若さで亡くなったとき、ふだんは冷静そのものであったケインズが、嘆き悲しんだといわれています。そのケインズの影響のもとに、二本ほど経済学の論文を書いています。そのうちの一つ「貯蓄の数学理論」（一九二八）は、最適経済成長理論という分野を作った大変に美しい論文です（経済学のもう一本の論文は、最適課税に関するものです）。そのささやかな末裔の一つが、私の最初の論文であったのです。

そういえば、大学院三年のときに、コロンビア大学でこの論文に関するセミナーを開きました。就職セミナーです。セミナーの後、参加者の一人であった年配の教授が話しかけてきました。あなたのセミナーを面白く聞きました。実は、私はラムゼーの最後の学生の一人です。ケンブリッジ時代を懐かしく思い出しました。ありがとう、と固く握手されました。今ケンブリッジにいた頃の話をしている間に、そのことを突然思い出したのです。

## 観劇三昧

私は、ケンブリッジの学問的なサークルから切り離されてしまいました。この九カ月間、水村美苗はフランスのパリに住んでいたので、たまにしか会いに行けません。私は孤独を紛らわせるために、毎週末、ロンドンに出て、たくさんの演劇を観ることになります。片道一時間半の列車に乗るのですが、その途中で、食堂車に行き、紅茶を頼むと、「ブラック・オア・ホワイト?」と聞かれます。「ホワイト」と言うと、ミルク入りの紅茶が出されるのです。生ぬるかったのですが、熱いお湯にティーバッグを浸しただけの「ブラック」よりはましでした。その「ホワイト」を飲みながら、よくキュウリをはさんだサンドウィッチを食べました。

ロイヤル・シェークスピア劇団の拠点オルドウィッチ劇場、テームズ川の南岸に建築されたばかりの壮大なナショナル・シアター、ウェスト・エンド地域にたくさん散らばる商業劇場には、しょっちゅう訪れました。さらに、下町や郊外にあるフリンジと呼ばれる劇場にもよく足を運び、若手脚本家による稚拙な劇やおそろしく退屈な前衛劇なども観ました。ただ、ほとんど例外なく、俳優の演技はうまかった。演劇の伝統に、ものすごい厚みがあることを実感したのです。一日に二回、土日と続けて観たりしたこともあるので、合計するとこの九カ月の間に六十から七十もの劇を観た勘定になります。

このときに私が観た劇の名前をあげても、あまり意味はないでしょう（それに手元に資料がありません）。ただ、シェークスピアは、英語が複雑で科白を聞き取るのが難しくても、やはり本当に面白いと思いました。後に「ヴェニスの商人の資本論」というエッセイを書くときには、このときにシェークスピア劇をいくつも観ていたことが大いに助けになったと思います。

ある日、ロンドンで劇を観てからケンブリッジに戻り、遅い食事を取ろうとしたら、お腹がひどく重い。次の日も次の日も、何を食べても気分が悪くなる。医者に行くと、十二指腸潰瘍だと診断されました。明らかに、精神的ストレスが原因です。刺激物は取らないように言われ、胃腸薬を処方してもらいました。イギリス料理はおいしくありません。インド料理やタイ料理や中華料理といったエスニック料理はおいしいのですが、その多くはスパイスを利かせている。ますますイギリスでの食事がまずくなりました。ただ、このように胃腸の不調と闘っている間も、ケンブリッジでは『不均衡動学』の原稿を書き続けていました。

## ヴィクセルとケインズの接合は可能か

――岩井はヴィクセル的な不均衡累積過程理論を作り上げたが、今度はその理論とケインズ経済学をどう接合したらよいのかに悩む。

私は、「見えざる手を見る」試みから出発して、ヴィクセル的な不均衡累積過程の理論を作り上げたのですが、それとケインズの『一般理論』とをどういうふうに接合したらよいのかが、分からない。ケインズの『貨幣論』の理論的な枠組みは、基本的にはヴィクセルの不均衡累積過程の理論です。ということは、ケインズの『貨幣論』と『一般理論』とがどういう関係になっているかが、私にはまだよく分かっていない。

ケインズ自身は、『一般理論』の中で展開したいわゆる「有効需要原理」こそ、経済学に対する自分の最大の学問的貢献であったと考えていました。「有効需要原理」とは、総需要、すなわちケインズの言葉では「有効需要」の大きさによって、経済全体の生産量（GDP）と労働雇用量が決定され、不完全雇用状態が経済の「均衡状態」になってしまうことを示す原理です。

ケインズは、新古典派経済学が暗黙のうちにセー法則を仮定し、「総需要と総供給との関係に関する理論」を無視してきたことを批判します。そして、もしセー法則が真の法則ではないならば、「それなしには総雇用量に関するすべての議論が無意味となってしまう決定的に重要な一章が、経済理論の中に残っている」と主張したのです。その決定的に重要な一章こそ、「有効需要原理」に関する章なのです。

ただ、ヴィクセルの不均衡累積過程の理論も、「総需要と総供給の関係に関する理論」にほかなりません。なぜならば、すでに見たように、それはまさに総需要と総供給の間の乖離が累積的デフレーションやインフレーションを生み出してしまうことを示した理論であるからです。事実、ヴィクセルもケインズと同様に、新古典派経済学者が貨幣経済において総需要と総供給とが乖離すること、すなわちセー法則が成立していないということの意味を「十分に考慮せず、結論を証明するのではなく、仮定してしまう誤りを犯している」と非難していました。[*15] そして、このヴィクセルの理論は、その後リンダール、ミュルダール、オリーンらによって代表されるストックホルム学派、さらに『貨幣論』の著者としてのケインズによって発展させられることになったのです。

だが、ここで、ケインズの有効需要原理とヴィクセルの不均衡累積過程の理論とはたもとを分かたなければなりません。それは、ケインズの有効需要原理は「均衡理論」的であるのに対し、ヴィクセルの理論は「不均衡理論」的であるからです。それだから、ケインズが一九三〇年に『貨幣論』を出版したときには、その内容がヴィクセル的な「不均衡理論」であったことによって大歓迎したストックホルム学派の人びとは、三六年に『一般理論』が出版されたときには、激しく反発しています。

例えば、ベルティル・オリーン（一八九九－一九七九）は、『一般理論』出版直後の一九三七年の論文で、『一般理論』におけるケインズの理論的手法を念頭に置きつつ、均

*15　クヌート・ヴィクセル『国民経済学講義・第二巻』（一九二二）四章六節。

衡分析一般を次のように否定しています。

「私は、経済体系が投資水準に単純に対応する安定的な均衡状態に向かっていく傾向など見いだすことができない（これは、ケインズの投資乗数理論の批判です）。予想が実現するような状態に経済体系が到達するのはほとんど不可能である。……いや、そのような状態に向かっていく傾向すらありえない。そして、もし体系がそのような状態に到達したとしても、それはそこにとどまり続けるということを意味しない」[*16]

このような批判に対して、ケインズは、自分が『一般理論』で採用した「均衡理論」的な枠組みを、あくまでも擁護します。『一般理論』出版の翌年の一九三七年の講義において、ケインズ自身次のような感想を述べています。

「私はスウェーデンの経済学者達よりもずっと古典派的である。それは、私が依然として短期均衡の条件について議論しているからだ。事前（予想）と事後（現実）が一致すると想定してみよう。それでも、私の理論は成立し続ける」。そして、開き直ります。「もしこの本をもう一度書くとしたならば、短期の予想は常に実現されるという仮定から出発し、後の章になって初めて、短期の予想が裏切られてしまったときにどのように理論を修正する必要があるかを示すようにしたい。……なぜならば、他の経済学者達は、有効需要と所得との間の乖離（総需要と総供給の間の乖離）にすべての強調を置き、それにすべての説明を委ねている。これらの人びとは、これしか正しいやり方がないのだと確信しているので、私自身の理論においてはそれがそうではないのだということに気がつきもしないのである」。

このように、均衡理論的なケインズの有効需要原理と不均衡累積理論的なヴィクセルの理論との間には、越えがたい溝が横たわっているのです。私は、ケインズ経済学を再構築することを目的として、「見えざる手を見る」作業を始め、紆余曲折の末、ヴィクセル的な不均衡累積過程にたどり着きました。今、まさにケインズが『一般理論』を構想し執筆し出版したケンブリッジ大学に来ているというのに、そのケインズの経済学を、不均衡累積過程の理論と相いれない誤った経済理論として、捨て去らなければならないのか。十二指腸の付近がさらに痛み始めました。

## 「市場の不完全性」が安定につながる

——岩井は、やっとケインズの有効需要原理の意義を理解することができ、ヴィクセル的不均衡累積理論と統合する。

＊16 Ohlin, Bertil. "Some notes on the Stockholm theory of savings and investments II." *The Economic Journal* (1937): 221-240.

一九七七年であったと思いますが、記憶がはっきりしません。ベルギーのルーヴァン大学に行くのに、フランスに立ち寄り、パリの美苗の安アパートに泊まったときだと思います。風が強い日で、安普請だから、雨戸がバタンバタンと閉じたり開いたりする音で全然寝られない。それで頭が朦朧としながら、雨戸はバタンバタンと大きく揺れながらも、かろうじて残っている蝶つがいのおかげで吹き飛ばされていないんだなと、ふと思いました。その瞬間、ヴィクセル的不均衡累積過程とケインズの均衡理論的な失業理論との関係が解けました。

すなわち、ケインズは次のように述べています。

『一般理論』の中で、ケインズは次のように述べています。

「われわれの生きている経済の顕著な特徴の一つは、たとえ生産や雇用に関して激しい変動があっても、破壊的なほどに不安定ではないということである」（十八章）

すなわち、ケインズは、現実の資本主義経済は、ヴィクセルの不均衡累積過程が示したほどの不安定性を持っていないと主張しているのです。

もちろん、それは、新古典派経済学が描いたような安定的な世界であるという意味では全くありません。完全雇用に満たない水準で生産や雇用は絶えず激しく変動していますが、それでも恐慌やハイパーインフレーションのような極端な状態に行くほど激しくなることは稀であるというのです。すなわち、「絶望する理由も満足する理由もないような中途半端な状態」こそが「われわれの経済に割り当てられた通常の運命なのだ」というのです。

　では、なぜ現実の資本主義経済はある程度の安定性を保っているのでしょうか。それは、まさに新古典派経済学者には考えも及ばない理由です。そして、そこに、私がヴィクセル的な不均衡累積過程の理論を経由することによって、ケインズの『一般理論』のテクストの中から掘り起こすことができたと信じる、ケインズ経済学の最も深遠な命題があるのです。それは、以下の命題にほかなりません。

　現実の資本主義経済が、ある程度の安定性を保っているのは、貨幣賃金の硬直性や資本移動の規制、あるいは政府や中央銀行によるマクロ政策など、価格の自由な動きを阻害する「市場の不完全性」がそこに存在しているからである。

　ケインズが最も重視したのは、もちろん、「貨幣賃金の硬直性」です。すでに前章で述べたように、労働市場とは「人間」の労働サービスを商品として売り買いする市場です。そこで決定される貨幣賃金は、リンゴやナシの価格のようには、需給の過不足に応じて簡単に上がり下がりしません。事実、ケインズの時代でも現在でも、失業率が高まっても貨幣賃金はなかなか下がりにくいことは、繰り返し実証されてきています（日本においては、貨幣賃金はアメリカやイギリスほどは硬直的ではありませんが、それでもリンゴやナシの価格のようには簡単に下落しません）。

　新古典派経済学においては、労働サービスの供給は、貨幣賃金それ自体ではなく、貨幣賃金と平均価格の比率である「実質賃金」に依存します。なぜならば、労働者にとって意味があるのは、自分がもらう賃金の名目額それ自体ではなく、その賃金でどれだけ生活のための財サービスが購入できるかです。したがって、新古典派的な労働者にとっては、貨幣賃金の切り上げと平均価格の上昇とは、同じ意味しか持たないはずです。ところが、現実の労働者は、貨幣賃金の引き下げには抵抗するけれども、消費者物価が上昇するたびごとに労働サービスの供給を抑えるようなことはしません。このような行動は、新古典派経済学者から見れば、「貨幣錯覚」と呼ばれる「非合理性」の極致であるはずです。だが、ケインズはこう主張するのです。

「労働者が貨幣賃金の引き下げには抵抗するが、実質賃金の引き下げには抵抗しないのは非論理的であるとしばしば言われる。以下で述べる理由によって、これは一見したほど非論理的ではない。そして、後に見るように、幸いにしてそうなのである」(『一般理論』二章)

## ケインズ経済学の核心

私は、『一般理論』を何度も読んでいましたが、この短い文章の意味をそれほど深く考えることはありませんでした。特に、その最後にケインズが取って付けたように加えた「幸いにしてそうなのである」という言葉には、大した重要性も与えず、そのまま読み過ごしていました。だが、美苗の安アパートで眠れない夜を過ごしたときに、私の頭にこの言葉がふっとよみがえったのです。そして、この「幸いにしてそうなのである」という謎めいた言葉の中に——ケインズ自身はその重要性をどれだけ意識していたか分かりませんが、ケインズ経済学の「核心」が込められていることを確信したのです。

第一に、労働者のこのような行動は、なぜ「一見したほど非論理的ではない」のでしょうか。それは、人間とは、アリストテレス的な言い回しをすれば、「社会的生物」であるからです。労働者は、自分が受け取る賃金の実質額だけでなく、自分と似た境遇にある他の労働者の賃金と比較しながら行動をしています。それは、特に労働組合の行動に顕著です。ケインズは、「労働者集団の側における団結の効果は、彼らの相対的実質賃金を擁護することにある」と述べていますが、それはのちに「相対賃金仮説」と呼ばれることになる行動仮説です。

企業の業績は、決して一様ではありません。ある企業が業績の悪化を理由に、賃金の切り下げを試みるとき、他の企業は必ずしも同時に切り下げを試みているとは限りません。したがって、それはその企業の労働者にとって、自分の相対賃金の下落を意味しますから、激しく抵抗します。これに対して、平均価格の上昇は、すべての労働者の相対賃金をそのまま維持しますから、労働者はあまり抵抗しないでしょう。したがって、このような労働者の行動は、相対賃金仮説の立場からは、必ずしも「非合理的」ではないのです。

だが、これだけだったら、ケインズ経済学は、新古典派経済学の人間像を単により「現実化」したにすぎません。それは、ダニエル・カーネマンやエイモス・トヴェルスキーらの心理学者の仕事に大きな影響を受け、現在、経済学界でも大きな影響力を持ち始めている「行動経済学」や「脳神経経済学」の「忘れられかけた先行研究」にすぎません。だが、ケインズは、「相対賃金仮説」を導入した後、同じように謎めいた言葉を繰り返しているのです。

「この点において、たとえ無意識であれ、労働者が古典学派の経済学者より本能的に理性的であるのは、幸運なことである」(二章)

## ケインズはヴィクセルを捨ててはいなかった

この言葉の意味は、もはや明らかでしょう。実は、ヴィクセルの不均衡累積過程の理論は、ある極端な仮定を暗黙のうちに想定して組み立てられていたのです。それは、すべての価格が完全に「伸縮的」であるという仮定です。だが、現実の資本主義経済においては、ヴィクセルの仮定は満たされていない。一部の財サービスの価格は、リンゴやナシの価格のように簡単に上下しません。とりわけ貨幣賃金は硬直的です。そして、まさにその硬直性が、ヴィクセル的な不均衡累積過程が全面的に展開するのを妨げ、その本来的な不安定性が発現するのを押しとどめているのです。だから、「幸いにしてそう」であり「幸運なことである」わけです。

事実、ケインズ自身、『一般理論』の本論の部分の最後の章「価格の理論」で、多少取って付けたように、こう述べています。

「もし、雇用が完全雇用水準以下に低下する傾向があるたびに、貨幣賃金が限りなく下落するとしたならば、……これ以上利子率が低下しえないようになるか、あるいは賃金がゼロになるまでは、完全雇用水準以下にはどこにも静止点は存在しなくなる。実際、貨幣的体系において何らかの安定性を価値が持つためにはその貨幣価値が、固定はしていなくとも、少なくとも粘着的であるような何らかの生産要素がなければならない」（二十一章[*17]）

すなわち、われわれが生きている資本主義経済は、たとえ労働者が新古典派的な「合理性」を身につけ、貨幣賃金が「伸縮的」になったとしても、新古典派の描いたような安定性と効率性をともに備えた理想的な世界にはなりません。それは、逆に、ヴィクセル的な不均衡累積過程が支配する、本質的に不安定的な世界になるだけだと言っているのです。

ケインズは、ヴィクセルの不均衡累積過程の理論を捨ててはいませんでした。捨て去るどころか、不均衡累積過程理論を大前提として、現実の資本主義経済の一定程度の安

図3-3　大恐慌期のアメリカ経済における賃金、物価、生産および雇用の累積的下落

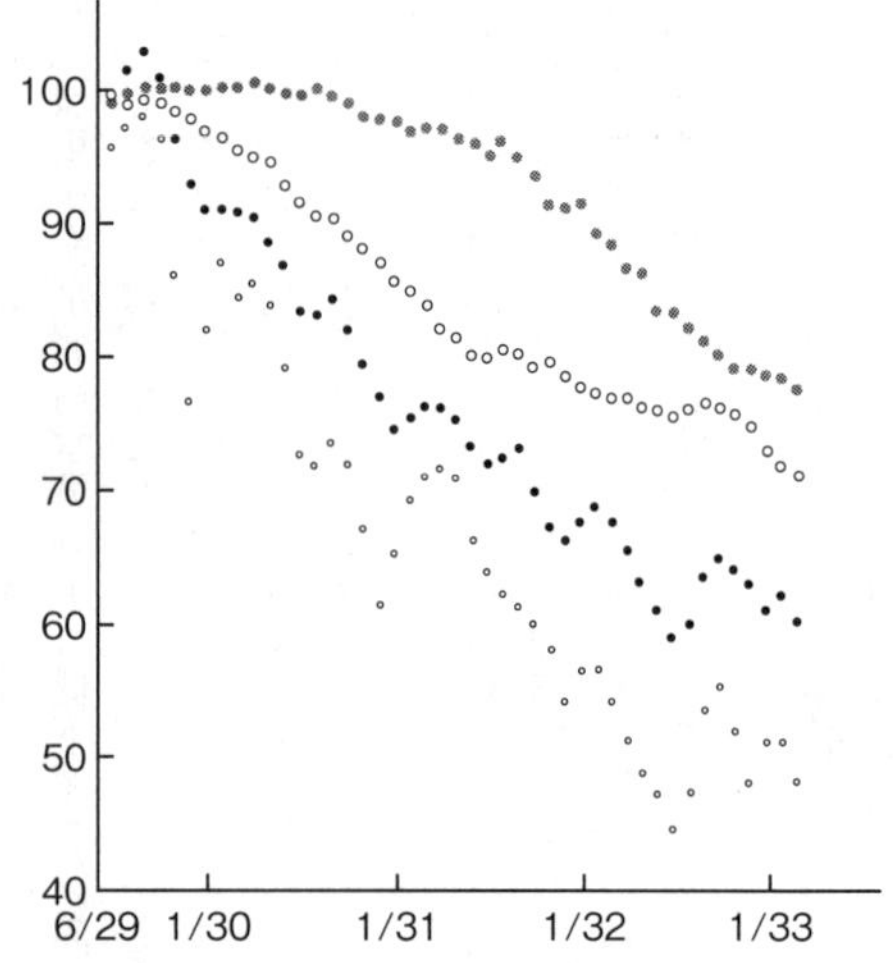


定性は、新古典派経済学のいうような「見えざる手」の働きによるものではない。いや、全く逆に、労働市場において「見えざる手」が十分に働いていないからだという命題を論証しようとしていたのです。

ただ、残念ながら、ケインズ自身、『一般理論』の中で、このことを十分に意識していません。少なくとも十分には強調していない。それが、その後のケインズ経済学の解釈に、大きな混迷をもたらしてしまったのです。私の『不均衡動学』が、ケインズ経済学に何か新たに付け加えることがあったとしたら、それは、まさにこの命題を前面に押し出して、ケインズ経済学を再構成したことにあると思っています。

図3―3は、大恐慌前夜の一九二九年六月から大恐慌の底と見なされている三三年三月までの、アメリカにおける平均賃金、卸売物価、製造業の生産指数および就業者数の変動をそれぞれ表示したものです。三一年七月に入って、失業率のあまりもの高さに耐えきれずに、しばらく硬直性を示していた貨幣賃金がとうとう下降し始めます。その直後は、確かに雇用の減少が緩やかになりますが、それも一時的でしかありません。賃金の下降とともに、物価も生産も雇用も下落し続け、経済は大恐慌の奈落に落ちていったのです。[*18]

＊17　この文章は、『貨幣論』の中の以下の文を想起させます。「貯蓄と投資の間に均衡が成立している〔すなわち、総需要と総供給が均衡している〕としよう。…このエデンの園に、貯蓄奨励策〔総需要削減策〕が導入されたとしよう…。…価格は下がらなければならない。…企業家は、通常以上の損失をだしてしまう。…企業家は雇用者の首を切るか、彼らの賃金を切り下げる。だが、これでも事態は改善しない。…企業家がいくら賃金を切り下げても、いくら雇用者の首を切っても、社会が投資以上に貯蓄をし続けている限り〔すなわち、総需要が総供給を下回っている限り〕、彼らは損失を出し続けることになるだろう。したがって、(a)すべての生産が止まって全人口が餓死してしまうか、(b)どんどん悪化する窮乏化の結果、貯蓄奨励策をやめざるをえないか、その勢いが弱まるか、または(c)投資が何らかの手段によって刺激されて貯蓄率に追いつくようにならない限り、均衡状態が成立することはないだろう」(『貨幣論』第一巻、一六〇)。

＊18　『不均衡動学の理論』第五章6図から転用。

## 資本主義の不都合な真実

もちろん、貨幣賃金が硬直性を持っていることは、経済の中に新古典派経済学のいう「市場の不完全性」があることですから、当然、非効率性が見いだされることになります。それが、労働資源の不完全雇用、すなわち「非自発的失業」の存在です（他にも、資本設備の遊休化なども起こります）。つまり、貨幣賃金の硬直性がヴィクセル的な不安定性から経済を救うのですが、その代償として失業という大問題を必然的に生み出してしまうというわけです。

実際、私は、ひとたび貨幣賃金の硬直性という仮定を導入すると、労働市場における総需要が総供給（完全雇用）を下回っても、もはや「予想の誤り」は必然的には生み出されないことを示すことができました。すなわち、すべての企業や家計の予想が現実と平均的に一致するというミルトン・フリードマンの「長期均衡状態」のもとでも、すべての人間が現実を統計的に正しく予想しているというロバート・ルーカスの「合理的予想形成仮説」のもとでも、労働市場における失業率は必ずしも自然失業率に一致しなくなるのです。

さらに言えば、貨幣賃金が硬直的である限り、生産物市場における総需要（有効需要）不足によって労働雇用が完全雇用水準以下に縮小しても、それに伴って縮小した生産物の総供給が総需要と等しくなってしまえば、平均賃金だけでなく、平均価格の累積的な下落も起こらなくなることも示すことができました。経済は「不完全雇用」を抱えたまま「均衡」してしまうのです。[*19] 貨幣賃金が硬直化した世界においては、「不均衡理論」的なヴィクセル理論は背景に退き、「均衡理論」的なケインズの「有効需要原理」が支配することになります。生産物市場における総需要（有効需要）の大きさが労働雇用と生産水準とを決定し、物価も賃金も安定してしまうのです。

前章で触れたように、ジョン・ヒックスが一九三七年の論文で、この「不完全雇用均衡」を「ＩＳ曲線」と「ＬＭ曲線」の交点として表現したとき、ケインズはその内容におおむね賛同する手紙を書いています。クラウワーやレィヨンフーヴッドの批判、さらにはジョーン・ロビンソンをはじめとするポスト・ケインジアンの批判にもかかわらず、ヒックスのＩＳ・ＬＭ理論はケインズ経済学の「均衡理論」的側面を正しく解釈しているのです。私が、ヒックス、そしてサムエルソンと分かれるのは、ＩＳ・ＬＭ理論が前提としている労働市場の「不完全性」が解消され、貨幣賃金もリンゴやナシの価格

＊19　私はさらに、何らかの理由で生産物市場における総需要と総供給との間に乖離が生じても、貨幣賃金がそれに反応しない限り、雇用や生産という「数量的」な変数の変化によって、その乖離が自動的に解消される傾向があることを示すこともできました。貨幣賃金の硬直性の下では、「不完全雇用均衡」は安定的であるのです。

のように自由に変動し始めたとしたらどうなるか、という点にあるのです。資本主義経済は、新古典派経済理論が描いたように安定的に振る舞うのか、ヴィクセルの不均衡累積過程理論が描いたように不安定的に振る舞うのか――ここに、ケインズ解釈の最大の分岐点があるのです。

新古典派経済学の基本にあるのは、「見えざる手」の思想です。市場さえ円滑に動いていれば、自由放任政策が自動的に経済の効率性を高め、同時に安定性も達成していくというものです。それによれば、非自発的失業や遊休資本などが発生するのは、市場が不完全であり、需給法則の働きが阻害されているのだということになります（ここでは、所得分配の問題や外部不経済などの市場の失敗の問題は無視しておきましょう）。

この思想によれば、市場の自由な働きを阻害するものはすべて「不純物」にほかなりません。労働組合が強い交渉力を持つことによって貨幣賃金が硬直的になる。様々な規制によって資本の自由な移動が妨げられる。政府や中央銀行が失業問題などに過敏に反応して、恣意的なマクロ政策を行う。さらに一般的には人々が慣習や制度に縛られて、必ずしも合理的に行動しない。これらが、新古典派経済学者にとって、市場における「不純物」にあたります。この「不純物」が諸悪の根源なのだから、経済の問題を解決するにはそれを取り除けばいいということになる。これを逆に言うと、資本主義をなるべく純粋にし、世界全体を市場で覆い尽くせば覆い尽くすほど、経済の安定性も効率性もともに最大限に達成されるというわけです。

これに対して、私が到達した立場は、全く異なります。私は、経済学を学ぶことによって、資本主義を純粋化して市場を円滑に動かすことができれば効率性が高まることは、一〇〇%認めるようになっています。しかし、ヴィクセルとケインズの経済学を「見えざる手を見る」という立場から再構築していく作業を通じて、同時にそれが不安定性の増大を伴ってしまうことも知ってしまいました。

資本主義がこれまである程度の安定性を保ってきたのは、貨幣賃金の硬直性や資本移動の規制、さらには中央銀行や財政当局の景気の循環に対抗する景気変動抑制的なマクロ政策によるものだと考えるのです。つまり、資本主義経済とは、市場に対抗する「不純物」の存在によって、「絶望する理由も満足する理由もないような中途半端な」安定性を、まがりなりにも達成してきたということです。

しかし、それは同時に資本主義経済に非効率性をもたらします。貨幣賃金の硬直性は、必然的に労働の不完全雇用の可能性を生み出します。資本市場の様々な規制は、資本の不完全利用の可能性を生み出します。景気変動抑制的なマクロ政策は、いざとなったら政府や中央銀行が救ってくれることを考慮に入れたモラルハザード的行動を、銀行や企業や消費者に許してしまいます。

すなわち、資本主義経済においては、効率性と安定性とは「二律背反」の関係にある。この「効率性と安定性の二律背反」こそ、「資本主義の不都合な真実」なのです。その不都合な真実を直視して初めて、現実的な経済政策を立案することができることになる。

ようやく『不均衡動学』全体の構想ができあがりました。さらに私は、ヴィクセル的な不均衡累積過程の理論とケインズ的な有効需要原理とを、単に貨幣賃金が伸縮的な世界の理論と硬直的な世界の理論として別々に扱うのではなく、両者を有機的に接合するための理論化作業に着手しました。

## 蚊柱理論——神話の呪縛から逃れる糸口

——岩井は、ヴィクセル的不均衡累積過程理論とケインズの有効需要原理とを統合する前に、「蚊柱理論」を考えていた。

『不均衡動学』は三部構成になっています。第一部は「ヴィクセル的不均衡動学」、第二部は「短期のケインズ的不均衡動学」、第三部は「長期のケインズ的不均衡動学」と題しています。

第一部では、「見えざる手を見る」試みから出発して、ヴィクセル的な不均衡累積過程の理論を提示します。第二部では、最初に、貨幣賃金が完全に硬直的であるという仮定のもとに、ケインズの有効需要原理を再構築しました。次に、各企業の貨幣賃金決定プロセスを、硬直性と伸縮性をともに含むように一般化し、労働市場全体における不均衡がある一定の範囲に収まれば、ケインズ的な「有効需要原理」が成立し、その範囲を超えてしまうと、ヴィクセル的な「不均衡累積過程」が動き出してしまうという形で、両者を有機的に統合しています。さらに、この範囲自体は、貨幣賃金の硬直性の程度に依存して、広がったり縮まったりすることも示すことができました。

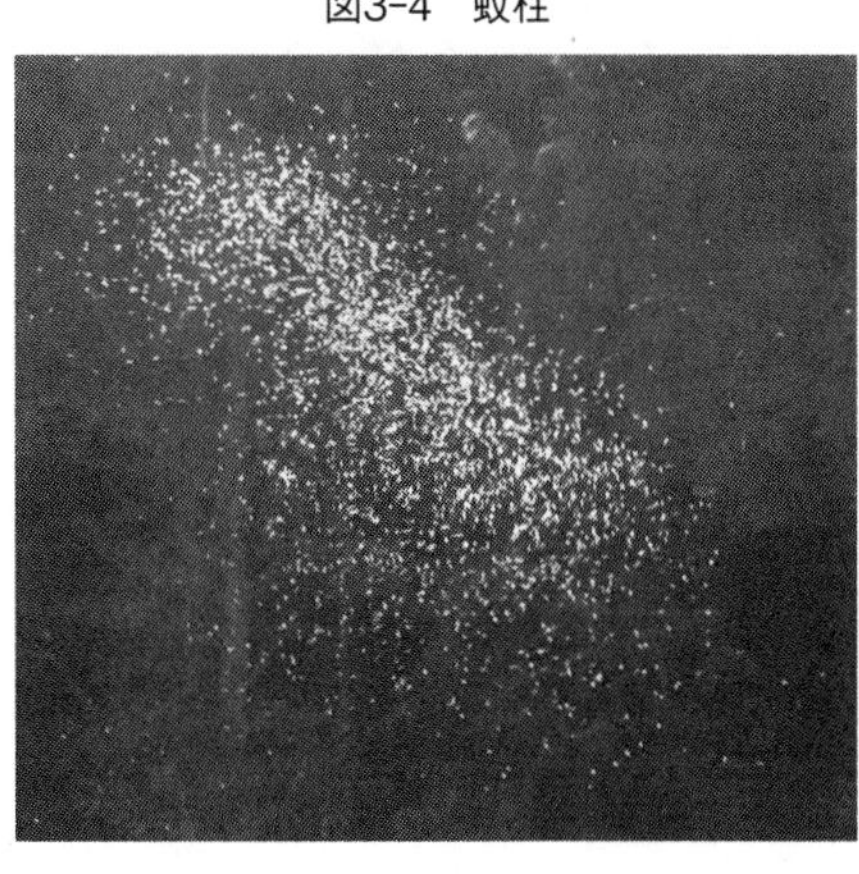

図3-4　蚊柱

これまでは、『不均衡動学』の第一部と第二部の内容について主として述べてきました。これに対して、第三部は、われわれが生きている資本主義経済は、単に短期だけでなく、長期においてもケインズ的な特徴を失わないことを論証するのを目的としています。この第三部は、第一部や第二部ほど、思考の飛躍が必要ないので、一番先に書くことができました。

私がMITの大学院三年生のとき、アメリカ経済学会の会長は、ジェームズ・トービンでした。一九七一年十二月に行われた会長講演は、ミルトン・フリードマンの四年前の会長講演を明らかに意識したもので、「インフレーションと失業」と題されていました。[*20] 私は学会には出席しませんでしたが、この講演が翌年に論文として発表されるとすぐ読んでみました。

その中で、トービンは次のように述べています。「マクロ経済学の神話とは、マクロ変数同士の関係は、個々の家計や企業や産業や市場にとってのミクロ変数同士の関係が相似的に拡大されたものにすぎないと考えることである。この神話は多くの場合無害であるが、ときによって経済現象の本質を見失わせることになる」。そして、失業率とインフレ率との間の関係を表すフィリップス曲線が長期的には垂直であると主張するフリードマンの自然失業率仮説は、まさにこのマクロ経済学の神話のワナに陥った好例だと論じていたのです。

この論文には大いに刺激を受けました。そして、エール大学のコウルズ経済研究所に職を得て、幸運にも隣人となったトービンのこのアイデアを厳密に定式化し、なんとか自分の『不均衡動学』の中に組み入れたいと思いました。そこで考えついたのが「蚊柱理論」です。都会ではもうほとんど見られなくなりましたが、夏に地方や山に行けばまだ見ることのできるあの「蚊柱」です。子供の頃は、代官山のアパートの前によく立ち昇っていて、ホウキでかき混ぜたりして遊びました。

この蚊柱を遠くの方から眺めてみると、地上数メートルのところに浮かんでいる雲のような、白っぽい塊に見えます。それは徐々に位置を移動したり、スッと舞い上がったりしますが、ここで重要なのは、そのような緩やかな移動や突然の飛翔にもかかわらず、蚊柱の形そのものはそれほど顕著な変化を見せないことです。蚊柱の形は全体としてある種の「均衡」を保っている。でも、うんと近づいて観察すると、様相は一変します。一匹一匹の蚊は、前後、上下、左右にとお互いのまわりを飛び回り、一瞬たりとも休むことをしません。乱舞する一匹一匹の蚊の動きは、まさに「不均衡」以外の何ものでもありません。

蚊柱全体の均衡と一匹一匹の動きの不均衡——この対照こそ、「社会現象」としてみた蚊柱の最大の特徴です。蚊柱の全体としての規則性とは、一匹一匹の蚊の不規則な動きがお互いの効果を打ち消し合い平均化された結果でしかありません。蚊柱の「マクロ的な均衡」とは、無数の蚊の「ミクロ的な不均衡」の「統計的なバランス」として成立している、と言い換えてもよい。この「不均衡」的な「均衡」概念こそ、トービンの言

＊20 Tobin, James. "Inflation and unemployment." *American Economic Review* 62.1 (1972) : 1-18.

う「マクロ経済学の神話」の呪縛から逃れるための糸口を与えてくれると考えたのです。
この蚊柱を労働市場に置き換えてみましょう。一つ一つの企業は一匹一匹の蚊にあたります。労働市場は、経済状況の動向や市場環境の変化によって絶えず不均衡状態に投げ出されている無数の企業によって構成されます。経済全体が不況であっても、ある企業は求人の欠員に悩んでいますし、好況であっても求職者の一部を失業させている企業もあります。ある企業が欠員をすべて補充できても、別の企業が求人難に陥るかもしれませんし、ある企業が求職者をすべて受け入れても、別の企業が求職者の一部を断り始めているかもしれません。

図3−5　労働市場における不均衡の分布

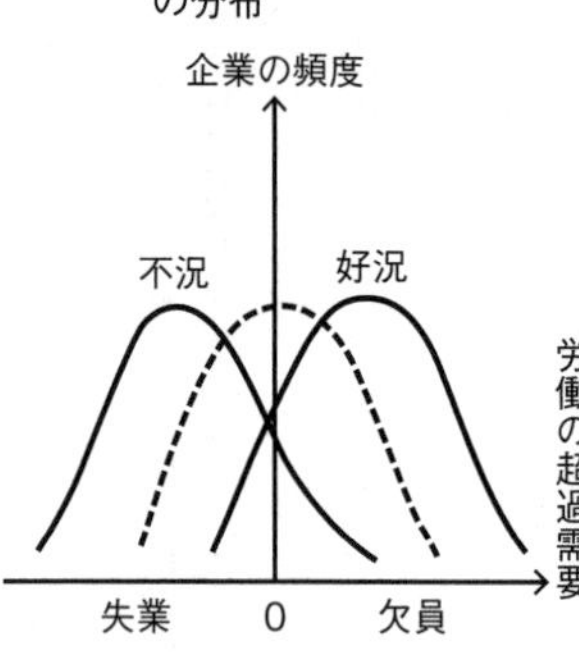


図3－5に示されているように、好況とは、すべての企業が同時に労働の超過需要（非自発的欠員）に困っている状態ではなく、超過需要にある企業の方が超過供給にある企業より相対的に多い状態です。不況とは、すべての企業が同時に労働の超過供給（非自発的失業）を抱えている状態ではなく、超過供給にある企業の方が超過需要にある企業より相対的に多い状態です。

仮に、政府や中央銀行がケインズ的なマクロ政策によって、総需要と総供給を一致させることに成功したとしましょう。そのときでも長期的に労働市場が到達できるのは、図3－5の中の点線の分布のように、せいぜい好調な企業の超過需要と不調な企業の超過供給とがちょうど統計的にバランスしている状態でしかない。それは、まさにあの蚊柱の「マクロ的な均衡」です。超過需要から超過供給、超過供給から超過需要へと絶えず変遷をとげている無数の企業の「ミクロ的な不均衡」が、互いに打ち消し合い平均化された結果としての「統計的な均衡」であるのです。

労働者がケインズの意味で非自発的に失業しているとは、その人が市場で与えられた賃金で職を求めているのに職を得られないことです。言い換えれば、労働の需要が供給を下回る状態です。したがって、非自発的失業とは、すべての市場において需給が一致することを要求する新古典派的な均衡には存在しえないものなのです（だから、ミルトン・フリードマンもロバート・ルーカスも非自発的失業について語ろうとしないのです）。でも、総需要と総供給が一致したとしても、労働市場が到達できるのが新古典派的な均衡ではなく蚊柱のようなマクロ的均衡でしかないのであれば、非自発的失業とは、単に短期の経済問題としてではなく、長期の経済問題として意味を持ち続けることになります。

なぜならば、蚊柱的なマクロ的均衡とは、超過供給状態にあって一部の労働者を非自発的に失業させている企業と、超過需要状態にあって一部の求人を埋められないで悩んでいる企業が、統計的にバランスしているからだけなのです。非自発的失業それ自体は存在し続けています。

もちろん、ミクロ的不均衡にある各企業は、手をこまぬいているわけではありません。超過供給に直面している企業は、自分の賃金を他の企業に比べて相対的に切り下げることによって超過供給を解消しようとし、超過需要に直面している企業は、自分の賃金を相対的に切り上げることによって超過需要を解消しようとするでしょう。だが、このような調整が貨幣賃金の硬直性によって困難になればなるほど、それぞれの企業が経験するミクロ的不均衡の振幅が大きくなってしまいます。それは、総需要と総供給が一致する状態においても、非自発的な失業率がそれに等しい非自発的な欠員率とともに上昇してしまうことを意味するのです。

## 長期でもケインズ的様相は失われない

ところで、現代の資本主義経済では、貨幣賃金を切り下げることはそれを引き上げるよりはるかに困難です（いくら労働者が公平を求める社会的動物であったとしても、自分の賃金だけが上がることに対しては、下がるときよりは抵抗は少ないでしょう）。そして、このような貨幣賃金の下方硬直性のもとでは、もし政府や中央銀行が総需要と総

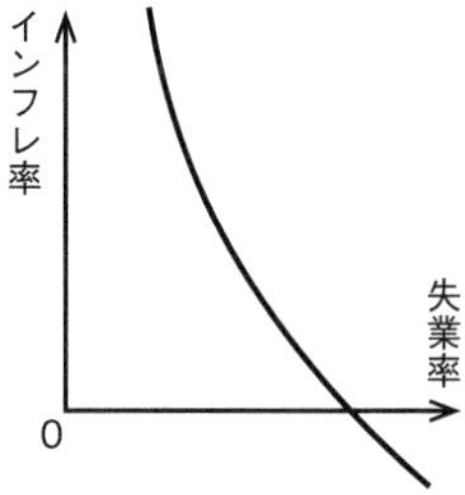

供給をバランスさせながら（すなわち、不安定的な不均衡累積過程の引き金を引かずに）貨幣賃金のインフレーションを引き起こすことができるならば、労働市場全体の失業率（そして欠員率）を「長期」においても引き下げるのです。

その理由は単純です。なぜならば、インフレ基調のもとで多くの企業が貨幣賃金を上昇させている状況では、なんとか労働の超過供給を解消しようと考えている企業は、様々な抵抗に逆らってわざわざ自企業の貨幣賃金を切り下げなくとも、ただじっとそれを維持し続けていれば、自動的に相対賃金を切り下げることができるからです。すなわち、貨幣賃金の下方硬直性のもとでは、平均賃金インフレ率の上昇は相対賃金の調整のための「潤滑油」（これはトービンの言葉です）の役割を果たし、総需要と総供給が一致した状態においても、総失業率を減少させる効果を持つのです。

図3-6　右下がりの長期フィリップス曲線

インフレ率
失業率
0

私は、経済全体の総失業率とインフレーションとの間に永久にトレード・オフが存在することを示す、図3－6のような右下がりの「長期フィリップス曲線」を導くことができました。

ケインズの有名な言葉に、「長期においては、われわれは皆死んでしまっているはずだ」というものがあります。事実、ケインズは『一般理論』の中で、おおよそ次のようなことを言っています。新古典派経済学は、市場の「見えざる手」に任せておけば、資本主義経済は自動的に完全雇用に到達すると考えていたが、それは間違っている。だが、自由放任主義思想を捨て、政府や中央銀行のマクロ政策によって完全雇用に近い状態が実現したならば、その時点から「再び新古典派経済学の世界になる」と。だが、ケインズ自身の言葉に反して、われわれが生きている資本主義経済とは、長期においても、決してケインズ的様相を失うことはありません。これが、『不均衡動学』第三部のメッセージです。ケインズはもう少し長生きして、あの蚊柱をよく観察しておくべきだったと思います。

## 文化資産を吸収

——ここで改めてエール大学での生活を振り返ってもらおう。岩井はエール大学で、多くの「文化資産」を吸収する。

エール大学には足かけ八年、ケンブリッジ大学に留学した九カ月間を除けば七年間、在籍しました。

エール大学には、特別聴講生というプログラムがあります。教員などのパートナーが、他の大学に在籍している場合、一年間だけエール大学で単位を取ることができるというプログラムです。パートナーですから、結婚していなくてもよいというのには驚きます。学生結婚、さらには結婚していないパートナーが増え、こうでもしないと若い人材が集められなくなってきたからでしょう。

エール大学は、普通は聴講生になるのにも推薦状とかいろいろ必要で大変に難しいのですが、水村美苗の場合は幸いボストン美術館付属の美術学校に籍を置いていたので、この特別プログラムによって聴講生になることができました。私が若手の教員、美苗が学生という生活が始まりました。

美苗は、最初の一年間はフランス文学関係の講義を主に取っていました。そして、一年後に、正式の学生としての編入を申請したら、すんなりと許可されました。エール大学に入るのは全米で一、二の難しさで、編入学するのはそれよりはるかに難しいと言われています。でも、エッセイで成績が判断される講義ばかり取っていたので、他の学生より成績が良い。だから、入れないわけにはいかなかったのだと思います。しかも、幸運なことに、エール大学の学部（エール・カレッジ）は開校以来ずっと男子校であったのですが、その四年前の一九六九年に二百六十八年の伝統が破られ、女性に門戸が開かれたのです（大学院は、以前から女性を入れていました）。彼女は三年生に正式に編入したので、ほとんど最初のエール大学卒の女子学生の一人となりました。まさに偶然がいくつも重なって、奇跡的にエール大学に入り込み、その後フランス文学の大学院に入りました。ただし、大学院では博士論文を書く資格を得るための口頭試問は受けましたが、博士論文は書かず、結局、私より二年近く遅れて日本に戻りました。日本語の小説家になるためです。

あるとき美苗は、日本舞踊を習いたいと言い出し、二週間に一回、ニューヨークのマンハッタンにある「日本クラブ」に通い始めました。私も一緒に電車で片道二時間かけてマンハッタンに行き、彼女が日本舞踊の練習をしている間、映画などを観て過ごすようになりました。そのとき頼りにしたのが、ポーリン・ケールという女性映画評論家の映画評です。当時、雑誌の『ニューヨーカー』に定期的に寄稿していたのです。こなれた口語体で、ユーモアを交えながら、出来の悪い映画を小気味好く切り捨てていく。ケールは二〇〇一年に亡くなりましたが、私は今でも最高の映画評論家と見なしています。

なにしろ、マンハッタンにはたくさん映画館があります。しかも古典を見せるリバイバル専門館も多い。おかげで、その時々のハリウッドの話題作から、よく分からないヨーロッパの前衛映画、さらには戦前のサイレント映画まで、数多くの作品を観ることができました。その中には、もちろん、日本映画も混じっていました。黒澤明は日本にいるときから知っていましたが、アメリカで小津安二郎を「発見」することになりました。それ以来、小津は、世界で最も尊敬する映画監督となっています。その尊敬は、小津の映画を観直すたびに、深まるばかりです。

## 加藤周一・武満徹・柄谷行人

――エール大学で、岩井は日本から訪れた知識人や芸術家らと交流を深める。日本人が世界で知識人として生きていく可能性の広がりを感じ、大いに触発された。岩井はのちに、「ポスト構造主義」と呼ばれる現代思想を基盤とする「ニューアカデミズムの旗手」の一人とされ、世間からも注目される存在となる。岩井自身はブームに戸惑いを感じていたようだが、岩井と接していると多くの人が感じる「知の厚み」は、エール時代に花開いたと言えるだろう。

エール大学には、日本から数多くの知識人や芸術家が訪れます。私たちには、エールという場にいるだけで、何人もの優れた人や面白い人と知り合うという幸運が与えられたのです。

私が教え始めてから二年目の一九七四年、加藤周一さんが二年間の予定で日本文学や日本文化を教えに来ました。最初の年の秋学期は、乃木希典から正宗白鳥までの代表的な日本人が、それぞれ死に対する心構えを語った文章を読み、その英訳を試みるという、小さなセミナーを開きました。翌年に医学部のロバート・J・リフトンと共同で行う予定の講義の準備です。この講義はのちに『日本人の死生観』として英語と日本語で出版されています。[*21] そのセミナーに美苗が参加を許され、彼女のお供という名目で、私もその中に入れてもらうことができました。その後二年間、私は加藤さんの日本映画についてのセミナーも覗きましたし、リフトンとの共同講義も聴講しました。

そして、最後の年の春学期の「日本古典文学」の授業は、登録した学生が美苗一人だったので、私たちのアパートの居間で行われることになりました。一緒に食事をした後にのんびりとお茶を飲みながら、私たち二人だけで加藤さんの話を聞くことができるという、本当に贅沢な経験でした。

ちょうど『日本文学史序説』を書いている最中であった加藤さんは、「山家集」や「正法眼蔵随聞記」や「折りたく柴の記」について実に楽しそうに解説をしてくれました。テクストの内容に興奮してくると、C'est extraordinaire!（それは驚くべきことだ！）などとフランス語が飛び出してくる。

アメリカで私が接することのできた経済学者や数学者の中には、すばらしく頭の回転の速い人間が何人もいました。たまたま接する経済学以外の社会科学者や人文学者の中には、圧倒されるほど幅広い教養を持っている人間が何人もいました。そのアメリカの人たちの中で、私と似た顔かたちをして、私と同じ母語を持つ人間が、そういう人たちをも圧倒するほどの知性と教養を備えているという事実を目の当たりにしたことは、本当に大きな励ましを与えてくれました。日本という世界の辺境に生まれた一人の人間が、世界の中で何らかの意味での知識人として生きていく上での、一つの可能性を指し示してくれたのです。[*22]

加藤周一さんとは、伴侶になった矢島翠さんとともに、私たちが日本に帰国した後も親しくしました。加藤さんは談話の達人です。とくに毎夏、信濃追分の山荘を訪れて、涼しい空気の中でワインを飲みながら、C'est extraordinaire! などというフランス語がたまに混じる話を聞くのは、何よりの楽しみでした。

私たち二人は、加藤さんとは政治信条を同じにするわけでも、思考方法を共有するわけでもありません。でも、いつの間にか加藤さんにとって若い世代の意見の代弁者のような役割を演じるようになりました。最初会ったときは、私たちはまだ二十代でしたが、四十代、五十代にもなると、さすがにその役割を演ずるのは気恥ずかしくなりました。その加藤さんも二〇〇八年に亡くなってしまいました。矢島さんも二年半後に亡くなりました。

＊21　加藤周一、R・J・リフトン、M・ライシュ『日本人の死生観〈上・下〉』（矢島翠訳、岩波新書、一九七七）。

＊22　ここの加藤周一さんの思い出は、「わたしの幸運」『加藤周一著作集』月報21（平凡社、一九九七）の一部から借用しています。

加藤周一さんが来た翌年には、作曲家の武満徹さんも音楽大学院の客員教授としてエール大学に滞在しました。ある日、美苗と二人でエールのキャンパス付近を歩いていると、向こうから、額がやけに広い日本人が歩いてくる。すぐ武満さんだと分かりました。向こうは加藤さんから私たちのことを聞いていたようで、道ばたで立ち話になり、そのまま武満さんのアパートを訪問することになりました。そこで、五線譜ではない図形楽譜なるものを、生まれて初めて見ることができました。武満さんの図形楽譜は、様々な色に丁寧に塗り分けられており、さながら絵巻物を見るような美しさでした。

武満さんは音楽大学院で作曲専攻の学生を数人抱えており、彼らを指導した後、皆とお酒を飲みながらの会食をするのですが、そこに私たちも呼ばれるようになりました。そして、マンハッタンで開かれる彼のコンサートやその後開かれる芸術家が多く参加するパーティーなどにも招かれるようになります。ときには加藤周一さんも一緒でした。私にとって初めての（そしておそらく最後の）ニューヨークにおけるアヴァンギャルド世界との接触でした。

武満さんの学生の一人に、ピーター・ゴーラブという若い作曲家がいました。当時は、ニューヨークで前衛劇団のために作曲などをしていましたが、いつかハリウッド映画の作曲をしたいという野心を持っていました。ハンフリー・ボガートの真似をするのが得意で、日常的な歩き方までそっくりでした。武満さんを介して仲良くなり、ニューヨークに住み続けながら武満さんの指導を受けたいというので、週に二日ほど私たちのアパートに下宿するようになりました。そして、美苗は、ピーターのガール・フレンドであった作家志望のアナ・シャピロを知るようになり、私は、ピーターの親友でエールの政治学の大学院生であったロス・ズッカーを知るようになりました。

その後、様々ないきさつの末、ピーターはアナと別れて西海岸に引っ越し、私たちとは疎遠になってしまいました。だが、アナは美苗の友人であり続け、今でも頻繁にメールをやり取りしています。ロスも私の友人であり続け、男性同士ですから頻繁さは二桁違いの少なさですが、今でもたまにメールで連絡を取り合っています。アナ・シャピロは作家となり、ロス・ズッカーはトゥーロ大学というところの政治哲学の教授となっています。

武満さんも、頭が大変に良く、しかも皮肉混じりのユーモアに満ちた、人間的魅力にあふれる人でした。ただ、残念ながら、私は古典音楽に関する素養が全くない。なにしろ、ピアノもヴァイオリンも習ったことがない。それどころか、子供のころわが家には蓄音器すらなく、五線譜も読めない私は、中学校の音楽の時間は隅の方で小さくなっていたのです。ですから、武満さんと経済学者である私との関係には全く互恵性がない。武満さんが日本に戻られてからは、数回会っただけで、関係がいつのまにか途切れてしまいます。その武満さんも、一九九六年に六十六歳で亡くなってしまいました。

一九七五年から七六年にかけては、評論家の柄谷行人さんもエールを訪れました。日本近代文学を教えるためです。美苗がその講義を取り、私も知り合うようになりました。確か、『マルクスその可能性の中心』を書いていた最中で、その内容について何度も聞かされました。とにかく頭が切れる。その頭の鋭さに惹かれて、つき合うようになりました。

ただ、本当に親しくなったのは、八〇年に柄谷さんがもう一度エールにやって来たときからです。すでに大学院生であった美苗が、フランス文学や文学批評の講義のかたわら、柄谷さんの日本文学のセミナーを取ったからです。毎週一度、柄谷さんが私たちのアパートに来て、一緒に夕食を取り、ビールを飲み、深夜まで議論するのが恒例となりました。

一九七九年にダグラス・R・ホフスタッターの『ゲーデル、エッシャー、バッハ』が出版され、数学や言語や芸術における「自己言及性」を主題とした八百ページ近い大判の本がアメリカでベストセラーになりました。[*23] 私は、バークレーにいたとき、同室のアンドレウ・マスコレルの本棚にニューマンとナーゲルの『ゲーデルの定理』という小冊子が置いてあり、それを勝手に借りて読んだときから、「ゲーデルの不完全性定理」に興味を持っていました。[*24] それで、ホフスタッターの本が出て評判になると、すぐ買い求めました。柄谷さんもこの本を買って読み始めており、しばらくはこの本やそれと関連するテーマについて、二人で興奮して語り合った記憶があります。日本の文壇や論壇における勢力関係について教えてもらいました。ポスト構造主義やマルクス思想に関しても繰り返し議論しました。

このときの柄谷さんとの対話を通して私は、マルクス主義に陥らずに、マルクスの著作を「テクスト」として読む可能性を知ることができたと思っています。それがのちに『貨幣論』という書物を書く勇気を与えてくれたのです。

日本に戻ってからも、柄谷さんとはずっと議論を重ねました。何度も対談や鼎談をし、連続対談をもとにした共著まで出しています。[*25]

---

＊23　Hofstadter, Douglas R. *Godel, Escher, Bach : An eternal golden braid* (1979). 邦訳は、ダグラス・R・ホフスタッター『ゲーデル、エッシャー、バッハ――あるいは不思議の環』（野崎昭弘・はやしはじめ・柳瀬尚紀 訳、白揚社、一九八五）。

＊24　Nagel, E., and J. R. Newman. *Gödel's Proof*, New York Univ. Press, New York (1958). 邦訳は、E・ナーゲル、J・R・ニューマン『ゲーデルは何を証明したか――数学から超数学へ』（林一訳、白揚社、一九九九）。「ゲーデルの不完全性定理」とは、「一定以上の複雑さを持つ形式的体系（自然数論を含む数学の公理系）においては、その体系の中では証明することも否定を証明することもできない命題が必ず存在する」という「定理」です。それは、形式的な体系が、「自己言及性」が可能になるだけの複雑性を持つと、それ自身では決して自己完結しえないことを「真理」として説明しています。だから「不完全性定理」なのです。不完全性定理自体の証明には、無限同士の大小を比較するゲオルグ・カントールの「対角線論法」が用いられていますが、それはかつて私がガモフの『1、2、3…無限大』で知った論法です。

しかしながら、貨幣とは何か、資本主義とは何か、そして貨幣と資本主義とはどういう関係になっているのかという問題に関しては、ついに食い違ったままでした。そして、一九九三年に私が『貨幣論』を出版した後、しばらくして連絡が途絶え、いつしか接触がなくなりました。

## 気づけなかった傲慢さ
### ――『不均衡動学』が完成した。

結局、『不均衡動学』を完成させるのに七年かかりました。原稿を四回改訂した後、一九八〇年五月に序文を書き、八一年に「コウルズ経済研究所研究叢書」の一冊としてエール大学出版局から出版されました（今では自由にインターネットからダウンロードできるようになっています）[*26]。原稿を書いていた七年の間、出版するに足る論文は一つも書けませんでした。いくつかの章をディスカッションペーパー（公刊前の討議用論文）にしたのですが、もちろん、誰も読んでくれません。しかも、論文は、公刊されなければ業績にはならないのです。

私は傲慢でした。大学院に入ってすぐ論文が書け、博士号も思いがけず早く取れ、しかもカリフォルニア大学、エール大学に就職することができました。アメリカの大学でテニュア（終身在職権）を取る道もあったでしょう。そのためには、主流派経済学の枠組みの中で論文を量産していく必要があります。でも、ナイーブにも独自の理論を構築し、その主流派である新古典派経済学の世界をひっくり返そうという野望を持ってしまいました。この理論が世に出れば新古典派経済学はおしまいになると、意気込んでいたのです。アメリカ社会の競争の本当の厳しさをよく知らなかったのです。一度、学界において没落が始まると、没落の速度は不均衡累積過程的に加速していくのです。それまでいろいろな大学から受けていたセミナーの招待も、いつの間にか来なくなっていました。

アメリカの大学は、助教授に対しては、通常六年目にテニュアを与えるかどうかの意思決定をします。もちろん、テニュアを取れるわけはありません。予期はしていましたが、さすがに将来が不安でした。そのときの経済学部の学部長はジェームズ・トービンでした。トービンからテニュアは与えられないと告げられた日の夕刻、美苗と一緒に大学キャンパスをぼんやりと歩き回った記憶があります。そのとき、黄昏の中に墨絵のよ

＊25　柄谷行人・岩井克人『終りなき世界』（太田出版、一九九〇）。
＊26　*Disequilibrium Dynamics : A Theoretical Analysis of Inflation and Unemployment*, Cowles Foundation Monograph,（New Haven : Yale University Press, 1981). http://cowles.econ.yale.edu/P/cm/m27/index.htm.　英語版を簡略化した日本語版は『不均衡動学の理論』の題名で、一九八七年に岩波書店から出版されました。

うに立ち現れたスターリング記念図書館の建物は、いつにもまして壮麗でした。

ちょうどその頃、エール大学出版局に提出した『不均衡動学』の原稿が、二人の査読者に査読されていました。第一査読者のレポートは、それほど好意的ではありませんでした。「この著者の文体は傲慢である」とも書かれていました。第二査読者のレポートは、私のテニュアに関する意思決定がなされた直後に、トービンのもとに届きました。後からコピーをもらったのですが、そのカバーレターにこう書かれていました。「岩井の原稿を非常に注意深く読んだが、極めて誠実で、テクニカルに優れており、注意深く、独創的である。今日書かれたもので岩井の原稿に匹敵するものは少ない。それは、実際、例えばヴィクセルの『利子と物価』やケインズの『貨幣論』といったマクロ経済学の古典を想起させる。……」。

私は救われました。エールでの任期が、急遽二年延長されたのです。肩書きはコウルズ経済研究所の上級研究員です。同時に経済学部講師として、これまでと同様の講義を担当することになりました。

ただ、私はやはり本当に傲慢でした。第二査読者のレポートは大変にうれしかったのですが、同時に、今振り返ると本当に恥ずかしいのですが、大いに不満でもありました。『不均衡動学』の中で、自分にとって最も重要であったのは、ヴィクセル的な不均衡累積過程を理論化した部分と、その不均衡累積過程の理論をケインズ的な有効需要原理と有機的に統合した部分です。蚊柱の理論を使って右下がりの長期フィリップス曲線を導いた第三部は、それなりに高度な確率過程の理論を使っており、数学的にはエレガントなのですが、基本的なアイデアはトービンに負っており、第一部や第二部に比べて経済学的な重要性は高くない。

そう考えていたのに、査読リポートは、この第三部を『不均衡動学』の最大の貢献と見なし、第一部と第二部にはそれほど重きを置いていない。不均衡累積過程の理論は切ってもよいとすら書いてある。私は落胆し、それからこの第二査読者を説得することを隠れた目的とし、『不均衡動学』の原稿の改訂を始めました。出版は一年近く遅れました。

本や論文の査読者は、もちろん匿名です。私が見た査読レポートのコピーも、査読者の名前の部分は隠されていました。ただ、そのすぐ後、コウルズ経済研究所の同僚の一人が、第二査読者はカリフォルニア大学バークレー校のジョージ・アカロフであったことを、そっと教えてくれました。もう時効だと思うので、ここに告白しておきます。

『不均衡動学』を書き終わった一九八〇年にアメリカで政権の交代がありました。「政府は問題の解決ではない、政府こそが問題である」と宣言したロナルド・レーガンを大統領とする共和党の世界になっていました（イギリスでは、その一年前の一九七九年に、保守党のマーガレット・サッチャーが首相になっていました）。経済学界においても、ミルトン・フリードマン率いる「新古典派経済学の反革命」が勝利をおさめ、ロバート・ルーカスやトーマス・サージェントらの合理的予想形成仮説は、「三十五歳以下の大部分の経済学者を感染させ」てしまいました。それらを理論的に否定した『不均衡動学』など、入る余地などありません。しばらくして、いくつかの専門誌に書評が載りましたが、その多くは敵意に満ちたものでした。

## 日本に帰る潮時

コウルズ経済研究所で上級研究員をしている間に、東京大学経済学部から招聘状が届きました。経済学部長宇沢弘文と署名されていました。その署名を見て、帰る決断をしました。

アメリカの他の大学に移籍することを考えたこともあります。でも、そうしませんでした。石川経夫君も奥野正寛君も篠原総一君もすでに日本に戻っているし、美苗もいつかは日本に帰りたいと言っている。

『不均衡動学』などという経済学の主流派に対抗する理論を主張してアメリカに居残るためには、多少大げさな言い方になりますが、学派を作らなければならない。学派を作るとは、中小企業のオーナーになるのと同じようなことです。そのためには、自分の仕事を学界の中で宣伝し、研究資金を調達し、若手の研究者を集めなければなりません。

でも、東洋人の顔を持った人間が、出世競争の激しいアメリカ社会の中でそのようなことをするためには、他人を説得できる巧みな英語力と人並み外れた自己主張の強さが必要です。いつまでたっても英語をまともに話せず、しかも日本社会の中ですら気が強い方ではない私には、そのようなことは不可能です。私は、日本に帰る潮時だと思い、帰国の準備を始めました。

日本社会の内側の視点からは、東大に就職することは「出世」です。両親も大喜びしていました。ただ、私自身は、世界の学界の中心から離れてしまうという、ある種の悲哀感も感じていました。

エール大学を去る少し前、トービンが声をかけてくれました。「カツ、おまえの仕事は、時代を二十年先駆けている」。それから約十年後、トービンは軍縮経済学の国際会議で講演するため、東京を来訪しました。一緒に食事をしたとき、「カツ、おまえの仕事は、時代を二十年先駆けている」と、十年前と一字一句違わない言葉をかけてくれました。ということは、その十年間、経済学界の主流派は微動だにしなかったということです。それからさらに十年後、トービンの言葉を聞くことはできませんでした。トービンは、二〇〇二年に亡くなってしまいました。

# 第四章

# 帰国

## ——「シュンペーター経済動学」から「資本主義論」へ

## 東大に戻る

### ――岩井は日本に戻り、東京大学経済学部の助教授に就任した。

一九八一年六月、東京大学経済学部に赴任しました。経済学部には、ハーバード大学で教えていた石川経夫君がすでに七五年から助教授として赴任していました。ペンシルベニア大学やイリノイ大学で教えていた奥野正寛君もやはり帰国しており、横浜国立大学で教えていましたが、数年後に同僚となりました。

講義の担当は、はじめは「ミクロ経済学」「経済動学」「価格と配分の理論」「経済学のための数学」などでしたが、のちには「マクロ経済学」や「経済学史」が中心となり、さらに「企業・法人・資本主義」などという講義も担当しました。それからもちろんゼミがあります。

ゼミは、二十世紀における経済学の古典の講読と現代経済学の理論的研究という二本の柱を立てました。古典講読では、ケインズの『一般理論』とフリードリッヒ・ハイエク（一八九九―一九九二）の『個人主義と経済秩序』は、本全体ではありませんが、一年交替で必ず読むことにし、他には、マルセル・モースの『贈与論』、シュンペーターの『経済発展の理論』、ソースタイン・ヴェブレンの論文「経済学はなぜ進化論的科学でないのか」、アマルティア・センの『自由と経済開発』、ロバート・アクセルロッドの『協調の進化』（邦題は『つきあい方の科学』）なども取り上げました。

テクストは、原則として英文です。東京大学を退任する一年前には、ハイエクと知的に深い交流があったという多少こじつけ気味の理由で、エルンスト・ゴンブリッチの『美術の歩み』をテクストにしたりしました。この美術史入門書の最大傑作が、結局、ゼミのテクストとしては一番好評であったかもしれません。現代経済学の理論的研究の方は、年によって違いますが、例えば経済学の様々な分野の展望論文を掲載する『ジャーナル・オブ・エコノミック・パースペクティブ』からいくつかの論文を選んだりしたこともありました。

当時、本郷キャンパスの中心にある三四郎池の横の丘に山上会議所がありました。名前は立派ですが、関東大震災の後にあわてて建てられた建物で、今にも壊れそうなみじめな木造でした。夜は学生にも開放されていたので、学生時代にはコンパ会場として何度も利用したことがあります。昼休みは教員・職員専用の食堂となり、赴任してすぐ、石川君に誘われて昼ご飯を食べに行きました。

食堂に入ると、経済学部の教員が座っているテーブルがあり、館先生、小宮先生、宇沢先生など、かつての「大先生」がずらりと並んで、盛んに議論している。末席にかしこまって座っていると、突然「岩井君、キミ、この政策どう思う？　おかしいと思わない？」と、小宮先生から質問が飛ぶ。それまで、理論しかやってこなかったので、資本蓄積の黄金律や角谷の不動点定理についてなら答えられますが、現実の経済政策についてては無知同然です。しどろもどろの返事しかできません。これはいけないと思い、それから日本経済新聞をよく読むようになりました。

しばらくは山上会議所で昼ご飯を食べていたのですが、次第に足が遠のくようになり、そのうち本郷周辺の食べ物屋を一人で探索するようになりました。そして、時間が余ったときには、神田まで足を延ばし、古本屋をひやかしに行くのです。

## 「貨幣論」「資本主義論」

――『不均衡動学』を完成させた岩井は、まず「資本主義論」に取り組み始めた。その中で重要な役割を演じたのは、シュンペーターの経済発展論であった。『不均衡動学』の「終わりに」で岩井は、この著書は資本主義の仕組みを明らかにするための継続的な理論作業における中間報告にすぎないと断った上で、残された研究課題の一つは貨幣についての理論、もう一つは企業の長期的な投資決定の問題であると説明している。

日本に戻ってからは、アメリカでやり残したテーマに取り組み始めました。

一つは「貨幣論」です。ヴィクセル的な不均衡累積過程もケインズの有効需要原理も、私たちが生きている資本主義経済が貨幣経済であることを大前提としています。でも、私の『不均衡動学』では、その大前提である貨幣経済それ自体については、十分な考察を与えていません。どうして人びとは貨幣を使うのか。いったい何によって貨幣の価値は支えられているのか。いや、そもそも貨幣とは何なのか。でも、「貨幣」に関する理論的な分析は手強そうです。

もう一つ取り組み始めたテーマは、「資本主義論」です。それについて話すためには、日本に帰る前へと、もう一度時計の針を巻き戻す必要があります。

エール大学にいたとき、私が教えたのは主としてミクロ経済学や数理経済学など主流派経済学に関する講義でしたが、実際にやっている研究は主流派経済学批判でした。したがって、午前九時から午後五時までは数理経済学者として主流派の経済学者と交わり、五時を過ぎてからの私的な時間は、新古典派経済学に飽き足らない気持ちを持つ経済学者とつき合うことが多くなります。

当時、一番親しくなったのは、ジェリー・ジェインズというアフリカ系の経済学者です。経済学部とアフロ・アメリカ学部の両方に籍を置いていました。労働経済学の理論的研究から出発し、後に人種差別や移民の経済効果に関する権威になりました。ジェインズとは経済学の理論的な議論もたくさんしましたが、それよりも経済学部のはぐれ者意識を共有した仲間として仲良くしていました。

向こうは貧乏のどん底から激しい人種差別をくぐり抜けてエールの助教授にまで這い上がってきたわけですから、話が面白くないわけはない。例えば、大学時代、ジェインズはキャンパスでアイルランド系の学生を対象にした奨学金の広告を見つけます。応募資格は八分の一以上アイルランド人であること。実は、ジェインズには八分の一アイルランド人の血が混じっている。そこで、いたずら心からこの奨学金に応募してみたところ、学業成績が良いので、書類審査で最終面接者に選ばれてしまいます。面接会場で彼が登場したときの審査委員たちの恐怖が混じった驚きの表情や、面接でのちぐはぐなやり取りなどを、身振り手振りを交えて話してくれました。審査委員会も、一番成績の良い学生を落とすわけにはいかない。アフリカ系のジェインズをアイルランド人奨学生に選出したのです。ジェインズの人生に比べたら、こちらの人生など話すに足りません。私の方からは面白い話が提供できないのを、申し訳なく思ってもいました。

そのほかには、二人のマルクス経済学者とも親しくなりました。一人は、私が危うくその職を奪うところであったデーヴィッド・P・レヴァインです。彼が主宰していたワークショップには、ピーター・ゴーラブを介して友人となったロス・ズッカーも参加しており、彼に誘われて私も時折出席しました。もう一人は、ジョン・E・ローマーです。一九七九年から八〇年にかけて客員准教授としてエール大学に来たのです。ローマーを数理マルクス経済学者として有名にした『マルクス経済学の分析的基礎』（一九八一）や『搾取と階級の一般理論』（一九八二）のもとになる論文を書いているときでした。私は、エール大学の中で数理経済学とマルクス経済学の両方を分かる唯一の人間として、話し相手に選ばれたのだと思います。一緒にマルクス主義政治学者として高名なジェラルド・コーエンの講演会に出たり、その『カール・マルクスの歴史理論――擁護』（一九七八）をめぐる研究会などにも顔を出したりしました。

## シュンペーターを導きの糸に

レヴァインのワークショップに参加したり、ローマーと一対一で討議したり、さらに柄谷行人さんともくりかえし議論する中で、私はもう一度マルクス経済学について検討する必要を感じました。そしてマルクスの著作を読み直したりもしました。確かにマルクスは「テクスト」としては驚くほど面白い。特に『資本論』第一巻の最初に出てくる「価値形態論」などは何度も読み返してみました。しかし、マルクスの剰余価値論に対する違和感が弱まることはありませんでした（そして、驚いたことに、私が日本に帰国してしばらくたつと、レヴァインは経済学から精神分析にその興味を移してしまい、ローマーは政治的には急進的であり続けていますが、マルクス主義は捨ててしまいました）。

ただ、マルクスを詳細に読み直したことによって、私自身、「資本主義とは何か」という問いを、自分自身で問わざるをえなくなりました。その際、私の思考の導きの糸となったのは、ヨーゼフ・シュンペーター（一八八三－一九五〇）の資本主義論でした。

シュンペーターは、一八八三年、マルクスが死んだ年に、オーストリア・ハンガリー帝国に生まれます。二十四歳のときに、ワルラスの一般均衡理論を解説した『理論経済学の本質と主要内容』（一九〇八）を出版し、二十八歳のときに主著の『経済発展の理論』（一九一二）を発表しています。その後、一九一九年にオーストリアの大蔵大臣になりますが、すぐに辞任。その後銀行の頭取になりますが、今度は、経営破綻によって解任。一九二七年にアメリカに移り、ハーバード大学の教授となり、サムエルソン、トービン、リチャード・M・グッドウィン、都留重人などを育てます。

『景気循環の理論』（一九三九）や死後に公刊された『経済分析の歴史』（一九五四）はいずれも大部の労作ですし、世界的なベストセラーになった一般向けの『資本主義・社会主義・民主主義』（一九四二）はいまだに読まれ続け、古典の地位を確立しています。だが、結局、二十代で発表した『経済発展の理論』を超える著作は書くことはできませんでした。

同じ年に生まれたケインズに対しては強いライバル意識を持っており、シュンペーター自身も長らく貨幣や金融についての研究を進めていました。ところが、一九三〇年にケインズが『貨幣論』を出版します。それを読んだシュンペーターは、自分のアイデアの多くがケインズによって先取りされていることを発見し、それまで書いていた原稿を即座に破り捨てたそうです。そして、三六年のケインズの『一般理論』が引き起こした「ケインズ革命」の熱気の中で、旧体制派（アンシャン・レジーム）の残党としてしか扱われなくなる。アメリカ経済学会の会長や計量経済学会の会長など外面での名声は維持しながらも、五〇年、心の中に大きな失意を抱えたまま死んだといわれています。

ただ、『経済発展の理論』は、驚くべき本です。資本主義的な経済発展について最も深い洞察を与えてくれるこの理論書が、二十八歳の青年によって書かれたということがまず驚きです。それ以上に驚くのは、この本が出版された一九一一年という年は、地球の上はまだごく一部しか資本主義化しておらず、すでに資本主義化した地域においても、その資本主義はまだ「産業資本主義」的でしかなかったということです。それなのに、シュンペーターが理論的に描き出した資本主義は、それから半世紀以上経て、アメリカ、次に西ヨーロッパ、さらには日本において徐々にその全貌を見せることになる最も現代的な資本主義の形態――「ポスト産業資本主義」――であるのです。しかもその本質をあますことなくとらえている（「産業資本主義」と「ポスト産業資本主義」については、後で解説します）。

なぜそのようなことが可能だったのか。私はシュンペーターを読みながら、そして読み終わってからも、疑問に思っていました。一九八〇年の夏だったと思います。日本に帰る前年のことです。レヴァインのワークショップで話をした後、ナイピュー・オングという大学院生と一緒にキャンパスの道を歩いていました。オングはシンガポール出身で、レヴァインのもとでリカード経済学の資本理論について大変面白い博士論文を書いており、私はその副査の一人になっていました。

そのオングに向かって、リカードやマルクスの利潤論とシュンペーターの利潤論との関係について説明しようとして、口よどんだとき、突然その理由が分かったのです——シュンペーターの目的が「資本主義の純粋理論」を打ち立てることにあったからだ、と。

## 「資本主義の純粋理論」

「資本主義」とは何でしょうか。それは、「利潤」を目的として企業活動が行われる経済システムです。シュンペーター自身、『資本主義・社会主義・民主主義』の中で、「資本主義社会は利潤なしには生存しえず、その経済体制も利潤なしには機能しえない」と述べています。[*1] したがって、「資本主義の純粋理論」を作るためには、「利潤」がいかに生まれてくるかを、明らかにしなければなりません。

もちろん、古典派経済学にも、マルクス経済学にも、新古典派経済学にも、利潤の理論はあります。いや、あるどころではありません。特に、マルクスの場合、その資本主義理論のすべてが利潤＝剰余価値の概念を中核に据えています。それにもかかわらず、シュンペーターは、いずれの資本主義論も「純粋理論」にはなっていないと主張します。なぜならば、古典派の利潤論も、マルクスの利潤論も、新古典派の利潤論も、資本主義経済の「不完全性」を暗黙のうちに仮定しているからだというのです。

その理由は簡単です。シュンペーターがマルクスの剰余価値論を批判するときに使った言葉を多少言い換えれば、「すべての企業が市場でプラスの利潤を得ている状態は、そのままでは完全競争均衡と両立しない」ということです。なぜならば、「この場合には、それぞれの企業は生産を拡大しようと試みるから」です。さらに他の場所でのシュンペーターの議論を援用すれば、既存の企業がプラスの利潤を受けている状態は、その成功を模倣しようとする新たな企業の参入を促すことになるからです。その結果、雇用が増大し、「不可避的に賃金率が上昇し、これが大量に行われる結果は、この市場における利潤をゼロにまで引き下げる傾向が必然的に生まれてきてしまう」のです。[*2]

もちろん、「不完全競争の理論」に助力を求めたり、「競争作用の摩擦や制度的抑制」

＊1　『資本主義・社会主義・民主主義』（中山伊知郎・東畑精一訳、東洋経済新報社、一九九五）、第一部四章。
＊2　『資本主義・社会主義・民主主義』第一部三章。

を導入したり、「貨幣、信用その他の分野での障碍のあらゆる可能性」を強調することによって、市場競争が必然化するゼロ利潤への傾向を「若干修正することが可能」です。でも、それは「一つの中途半端な場合を描きえるにすぎない」[*3]。すなわち「資本主義の純粋理論」となりえないと、シュンペーターは主張したのです。

したがって、「資本主義の純粋理論」を打ち立てるということは、不完全競争や競争の摩擦や制度的制約や金融市場につきまとう非合理性や過剰反応――すなわち、市場の「不完全性」――に依拠せずに、「利潤」が永続的に生み出されていく可能性を示すことのできる理論を作ることなのです[*4]。さらに、その必然的な結果として、「資本蓄積や資本利子や企業者利潤や恐慌」といった資本主義を本質的に特徴づける様々な現象も説明できる理論を作ることなのです。

はたしてそのような理論は可能なのでしょうか。

この問題に対して、シュンペーターが与えた「解答」が、「革新（Innovations）」の理論です。

## 資本主義論と進化論が結びつくとき

「資本主義」が「利潤」を目的とした経済システムであるということは、資本主義が本質的に「動態的」であることを意味することになります。なぜならば、利潤の予想は、投資を促し、投資の成功による利潤の実現は、さらなる利潤の予想を通して新たな投資を促すことになり、その成功は……と、どこまでもつながるからです。事実、シュンペーターは、「静態的な社会主義はそれでも社会主義だが、静態的な資本主義とは不可能、いや、まさに定義矛盾である」と宣言します。[*5]

ただ、シュンペーターが強調するのは、資本主義が動態的であるといっても、それは経済にとって外部の要因である社会的あるいは自然的な環境の変化によって引き起こされる動態ではないということです。事実、シュンペーターは、「資本主義を取り扱う際に把握していなければならない本質的な点は、われわれが一つの進化論的過程(Evolutionary Process)を取り扱っていることである」と述べます。

資本主義が「進化論」的であるというのは、「資本主義のエンジンを起動させ、その運動を継続させていく根源的な衝動が、資本主義企業が創造する新しい消費財・新しい生産方法・新しい輸送方法・新しい市場・新しい組織形態によってもたらされる」ということなのです。まさに「革新」です。それは、「他と違ったことをやる」こと――もう少し気取った言い方をすれば、「差異」の創造です。

＊3 『資本主義・社会主義・民主主義』第一部三章。
＊4 『資本主義・社会主義・民主主義』第一部三章。
＊5 Schumpeter, J. A. "Captalism", in *Encyclopedia Britannica*, 1946.

ところで、このような「革新」は、当然のことながら、それに成功した企業に、他の企業より高い利潤率をもたらします。そして、まさしくこの高い利潤率の獲得こそが革新を追求する動機を企業に与えることになります。しかしながら、革新に成功した企業の高利潤率は永久には続きません。革新によって障害がひとたび打ち破られると、他の企業による「模倣（Imitation）」が容易になるからです。一つの模倣の成功は他の模倣をさらに容易にし、模倣が群れをなして現れてくるのです。それは、「革新」によって生み出された利潤を次第に低下させてしまいます。そして、このような利潤の低下傾向を打ち破るために、次の「革新」が出現するのです。

このいわゆる「創造的破壊（Creative Destruction）」の過程こそ――この「不断に古いものを破壊し、新しいものを創造し、絶えず内部から経済構造を革命化する産業上の突然変異（Mutations）」こそ、シュンペーターは「資本主義に関する本質的事実である」としたのです。[*6] ここで、シュンペーターが、「革新」の概念を生物学における「突然変異」と言い換えていることが重要です。ここに、「資本主義論」が「進化論」と結びつくことになったのです。

そして、資本主義の本質であるこの「創造的破壊」の過程は、多少、自家撞着的な言い回しになりますが、長期においても新古典派的な長期均衡を実現させないことになります。「剰余価値（利潤）は完全均衡では不可能であるが、均衡が決して確立されないことによって常に存在しえる」というわけです。「それ（利潤）は常に消滅する傾向を持つが、しかもなお不断に再創造されるがゆえに、常に存在しえる」と、シュンペーターは結論づけます。[*7]

ここに「資本主義の純粋理論」の可能性が示されたことになるのです（ただしここでは、市場から不純物を取り除いてしまった貨幣経済の本質的な不安定性という、『不均衡動学』が焦点にしていた問題は捨象しています）。

といっても、シュンペーターの議論は、まだ厳密な理論というより、「ビジョン」を提示する段階にとどまっています。私は、この「ビジョン」を数学的に定式化することを、『不均衡動学』を書き終わった直後のプロジェクトに選んだのです。それがのちの「シュンペーター経済動学」です。

## シュンペーター経済動学への挑戦

——岩井は、シュンペーターの「純粋資本主義」のビジョンを数学的に定式化する試みを始めた。それが「シュンペーター経済動学」である（本節と次節は、多

＊6　『資本主義・社会主義・民主主義』第二部七章。
＊7　『資本主義・社会主義・民主主義』第一部三章。

少テクニカルになるので、細かな議論に興味のない読者は、「進化論の『異端』から学ぶ」に飛んでいただいても大丈夫です）。

図4-1　新古典派的短期均衡と利潤

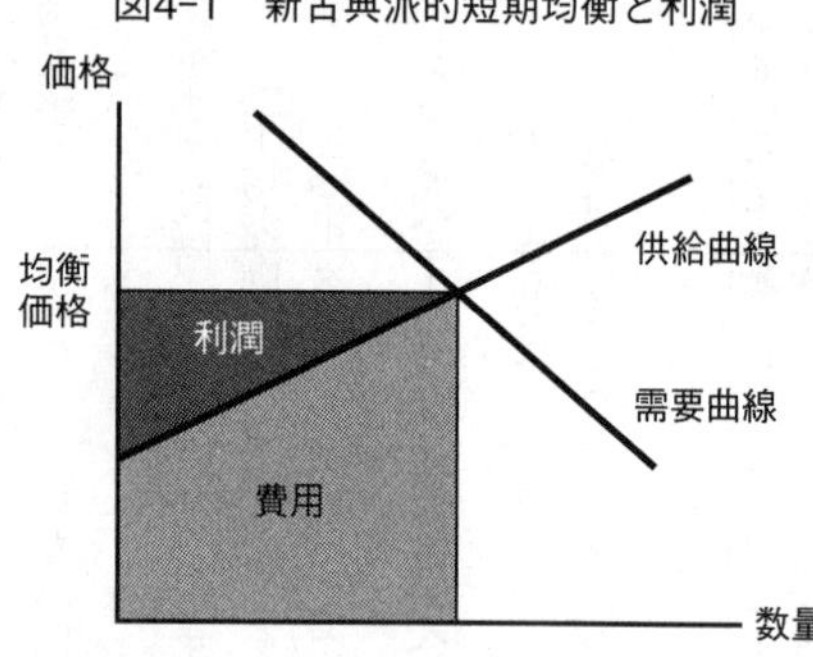


利潤とは何でしょうか。それは収入から費用を引いた差額です。その値を生産量で割ると、価格から単位費用を引いた値になります。したがって、企業が利潤を生み出すためには、その生産物の価格が単位費用より高くなければなりません。

図４－１は、経済学のどの入門書にも載っている市場均衡の図です（最近では、小学校の社会科の教科書にも載っていると聞いています）。縦軸が価格、横軸が数量を示しています。右下がりの曲線が需要曲線、右上がりの曲線が供給曲線。この二つの曲線の交点で均衡価格が決まります。ここで、供給曲線とは、単位費用の低い企業から高い企業へとその供給能力を横方向に順番に足し合わせることによって描かれる曲線です[*8]。したがって、この右上がりの供給曲線と均衡価格の高さに引かれた水平線との縦方向の差は、供給量一単位当たりの「価格－単位

費用＝利潤マージン」を示すことになります。

均衡価格と供給曲線とで囲まれた三角形の濃い灰色の領域は、最初の一単位の供給量から利潤マージンがゼロになる均衡供給量まで、一単位ごとに利潤マージンを足し合わせたものですが、それはこの市場全体が生み出す利潤の大きさを表すことになるわけです。図4－1で一目瞭然なのは、供給曲線の傾きが緩やかになるにつれて、三角形の面積が小さくなり、供給曲線が水平になると、三角形が消えてしまうことです。すなわち、供給曲線が「右上がり」であることが、「利潤」が存在するために不可欠な条件であるのです。

では、なぜ供給曲線は右上がりなのでしょうか。それは、企業間に「生産性の格差」が存在し、市場の中に、単位費用の異なる企業が共存しているからです。

でも、新古典派経済学の枠組みでは、そのような状態は「短期」の市場均衡でしかありません。やはり経済学のどの入門書にも説明があるように、新古典派経済学が想定する完全競争の仮定のもとでは、市場における利潤がプラスである限り、その利潤を投資

＊8　一般には、市場全体の供給曲線は個々の企業の限界費用曲線を横方向に足し合わせたものですが、ここでは簡単化のために、限界費用が単位費用（＝平均費用）に等しい場合を考えています。個々の企業の平均費用曲線がU字型であるときは、そのU字の底がその企業の単位費用を表します。この場合の供給曲線は、ミクロで見るとのこぎり型ですが、企業数が多ければなめらかな曲線で近似できます。

図4-2　新古典派的長期均衡とゼロ利潤

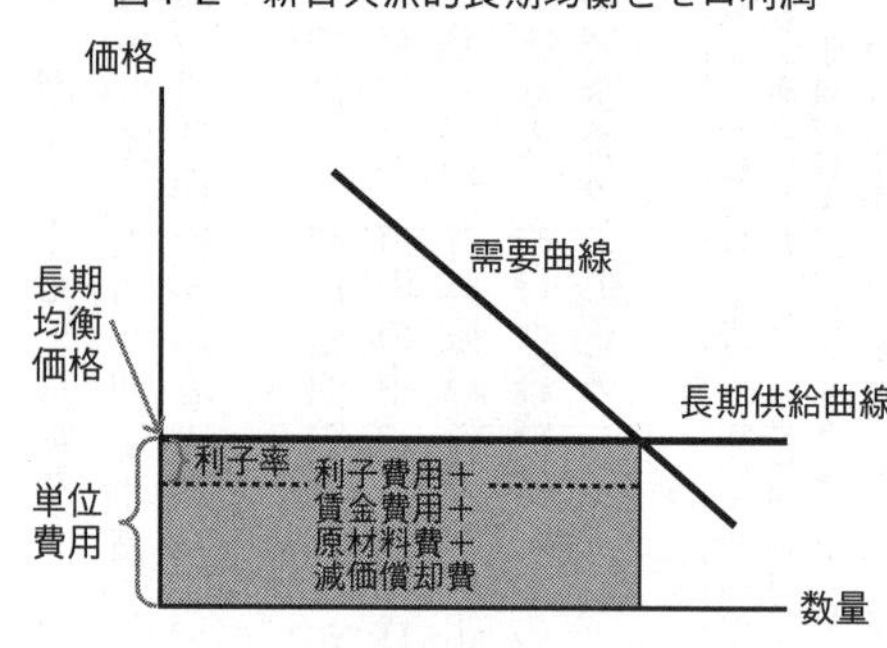


に回せる既存の企業は規模を拡大し続けるでしょうし、その利潤に誘発された外部の企業がこの市場に参入し続けるでしょう。その結果、「長期」においては、図4－2にあるように、市場には最も生産性の高い企業しか参加できず、供給曲線は「水平」になってしまいます。そしてそのとき、市場からは「利潤」がすべて消えてしまう。

つまり、新古典派経済学においては、利潤が存在するのは、市場において、生産性の高い企業にその供給量を拡大させない何らかの障害があるからか、他の企業に市場に参入させない何らかの制約があるからでしかありません。それは、まさに市場の「不完全性」です。これでは、利潤の「純粋理論」にはなりえません。

ただし、誤解を避けるために言うと、ここでの「利潤」とは、利子支払い（あるいはその機会費用）を超えた部分のことです。新古典派経済学者の場合は、利潤の中に利子を含めることが多く、企業が長期的にも支払わなければならない利子率のことを「正常利潤率」と呼ぶこともあります。そして、新古典派の資本理論の最終目的は、この意味での正常利潤率、すなわち利子率の存在を、時間選好率とリスクプレミアムによって説明することにあるのです。[*9] ただ、ここではこれ以上言葉の定義には拘泥せずに、利子率を超える超過利潤率のことを単に「利潤率」と呼ぶことにします。[*10]

重要なことは、新古典派経済学においては、「長期利潤の理論」とは撞着語法であるということです。事実、新古典派の枠組みでは、長期とは、利潤率がゼロの状態として定義されているのです（ここでは、予想と現実が一致する状態を長期と定義したミルトン・フリードマンの長期概念は無視しておきます）。ということは、新古典派経済学は資本主義の純粋理論になりえない。

シュンペーターは、前節で引用したように、これと同様の議論を古典派経済学やマル

*9　時間選好率とは、人びとが現在の消費を将来の消費よりどれだけ好むかの程度を表す指標であり、リスクプレミアムとは、人びとが確実な消費を不確実な消費よりどれだけ好むかの程度を表す指標です。いずれも究極的には消費者の主観的な選好のあり方に還元されてしまいます。新古典派の確率動学的な一般均衡理論――それは、私が大学院時代に研究したアーヴィング・フィッシャー流の資本理論に不確実性を取り込んだ一般化ですが――は、まさにこの利子率（正常利潤率）を決定するための数学理論です。

*10　ただし、話がさらにこんがらがるのは、シュンペーターが、独自の信用理論から利子を利潤の一部と見なし、長期的には利子率はゼロであると主張していることです。ただ、今ではこの主張に賛同する人は少ないと思います。

図4-3　アメリカの金属プレス加工産業の生産性格差分布

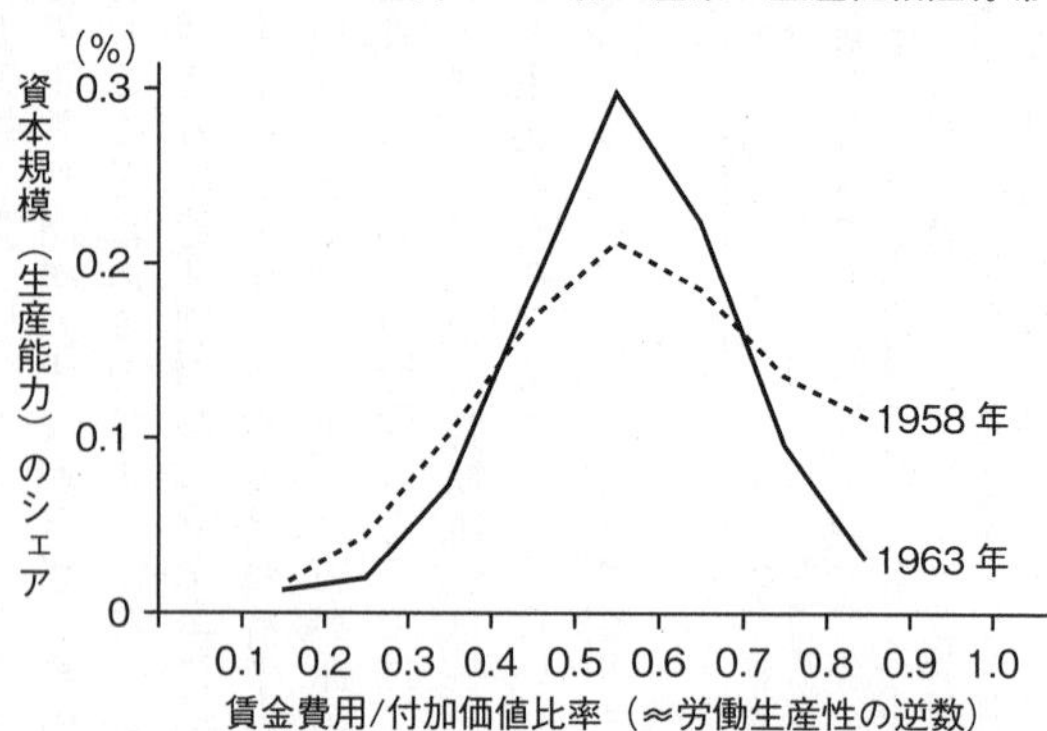


出所：米国の Census of Manufacturers、1958 年と 63 年から作成

クス経済学にも当てはめています。私はその批判は多少的外れだと思っていますが、古典派とマルクスについては、後で戻ってくることにしましょう。

いずれにせよ、「資本主義の純粋理論」を打ち立てることができるかどうかは、次の問題に還元されます。市場の不完全性が解消されてしまうはずの「長期」においても、新古典派経済学の想定に反して、企業間の生産性格差が存続することを示すことができるか。すべては、この問題にかかっているのです。

そこで、私が再び依拠したのがあの「蚊柱理論」です。すなわち、無数の蚊の「ミクロ的な不均衡」の「統計的なバランス」として成立している「マクロ的な均衡」としての蚊柱です。

図4―3は、MITの大学院一年生の夏休

みに佐藤和夫先生の研究助手をしていたときに、作成を手伝った図の一つです。アメリカの金属プレス加工産業において、産業全体の資本規模（生産能力）が異なった単位費用（労働生産性の逆数）の間でどのように分布しているかを示したもので、一九五八年と六三年の分布が重ね合わされています（データが古くて申し訳ありません）。

もしこの産業が新古典派的な長期均衡にあれば、この分布は一番低い単位費用に集中しているはずです。だが、いずれの年においても、分布に大きなバラツキがある。最も生産性の高い企業から低い企業まで、単位費用でなんと五倍以上の開きがあります。同様の分布は、アメリカの他の産業でも、日本の多くの産業でも見いだすことができます。

私が自分に課した課題は、図4－3のような生産性格差の分布が、ちょうど「蚊柱」のように、「ミクロ的な不均衡」の統計的バランスとしての「マクロ的な不均衡」として、長期的にも維持されていくことを数学的に示すことです。

ただ、同じ蚊柱の理論に依拠するといっても、右下がりの長期フィリップス曲線の背後にある不均衡動学的なプロセスと、右上がりの長期供給曲線の背後にある創造的破壊のプロセスとでは、全く性質が異なっています。ですから、モデル作りも一から始めなければなりません。分析に必要な数学的手法も新たに学ばなくてはなりません。すでに指摘したように、シュンペーターの純粋資本主義論が生物学的進化論と親和性を持っていることから、統計的進化論や集団遺伝学なども勉強しなければなりませんでした。そして、一年近くの試行錯誤の末、一九八一年に「シュンペーター経済動学」という題名で二本ほど論文を書くことができました。[*11] 確率過程の理論を使った、かなり数学的な論文です。

## 「経済淘汰」と「技術伝播」の原理

この二つの論文の中で、第一に示したことは、「経済淘汰の原理」です。私はまず、各企業の投資率（資本蓄積率）がその利潤率の大きさに依存すると仮定しました。これは、経済学におけるどのような投資関数の理論とも矛盾しない、当たり前の仮定です。そうすると、生産性が高く、したがって利潤率が高い企業ほど、生産能力の成長率も高くなります。それは、当然のことながら、他の事情が一定ならば、長期的には最高の生産性を持つ企業（群）に資本を集中させ、その技術が全産業を支配してしまうことを意味します。まさに、言葉の真の意味での「適者生存」です。

第二に示したのは、「技術伝播の原理」です。私は、各企業は自分が使っている技術よりも生産性の高い企業の技術をなんとか模倣しようとしており、その模倣が成功する確率は、模倣される技術のシェアに依存するという、ごく常識的な仮定を導入してみました（ただ、その定式化は最初のうちはかなり苦労しましたが、最終的にかなり綺麗な数学モデルができました）。そうすると、これも当然ですが、今度は生産性の高い技術それ自体が、他の企業に模倣されることによって伝播し、他の事情が一定ならば、長期

---

＊11 Katsuhito Iwai. “Schumpeterian dynamics : an evolutionary model of innovation and imitation”, *Journal of Economic Behavior and Organization*, 5(2), June 1984, pp. 159-190 ; “Schumpeterian dynamics, Part II : technological progress, firm growth and ‘economic selection’”, *Journal of Economic Behavior and Organization*, 5(3), Aug.-Dec. 1984, pp. 321-351. この二本の論文の内容は、英語で公刊される前に、当時日本経済新聞社が発行していた『季刊現代経済』という啓蒙雑誌に日本語で発表されました。岩井克人「シュムペーター経済動学——革新と模倣の動態モデル」「シュムペーター経済動学（2）——技術進歩・企業成長・〈経済淘汰〉」「シュムペーター経済動学（3）——産業の長期的構造と動学的有効需要原理」『季刊現代経済』（日本経済新聞社、WINTER, 1981、SPRING, 1981、SUMMER, 1981）。

その後、「シュンペーター経済動学」に関しては、さらにいくつか論文を書いています。“Towards a disequilibrium theory of long-run profits,” *Journal of Evolutionary Economics*, 1(1), 1991, pp. 19-21 ; “A contribution to the evolutionary theory of innovation, imitation and growth,” *Journal of Economic Behavior and Organization*, 43(2), Oct. 2000, pp. 167-198 ; “Schumpeterian dynamics : a disequilibrium theory of long-run profits,” in Lionello Punzo ed. *Cycles, Growth and Structural Change* (London : Routledge, 2001) ; pp. 169-200. 最後の二つの論文では、私の「シュンペーター経済動学」のモデルから、短期的にも長期的にも「集計的生産関数」を導くことができることを示しました。ただ、その目的は、この「集計的生産関数」なるものは、投資競争、模倣競争、技術革新の三つの動態プロセスの複雑な相互干渉のマクロ的な結果にすぎず、資本と労働の代替による集計的生産関数「上」のシフトと技術進歩による集計的生産関数「自体」のシフトとが、決して分離できないことを示すことにありました。

それは、ロバート・ソロー先生が一九五七年に *The Review of Economics and Statistics* に発表した“Technical change and the aggregate production function”という論文が先鞭をつけ、その後ＴＦＰ（総要素生産性）という概念を使って一般化された、技術進歩率計測に関する伝統的な手法に対する批判の試みです。

的には全産業を支配することになるのです。

この産業内の技術模倣のプロセスは、先天的に与えられた能力が遺伝子を通して子孫に継承されることを強調するダーウィン的な進化とは異なり、後天的に学習によって獲得された能力が子孫に継承されていく可能性を強調するラマルク的な進化に、より近くなります（実は、この模倣や学習によるラマルク的な進化こそ、単に技術だけでなく、より一般的に、習慣や制度や芸術といった、人間の文化を構成する知識や情報の進化を支配する原理であるのです。その変化の速度は、ダーウィン的な進化の速度より、桁外れに速いはずです）。

このように、一方の資本投資のプロセスは、経済淘汰によって、生産性の高い企業に資本を（相対的に）集中させていく傾向を持つのに対し、他方の技術模倣のプロセスは、技術伝播によって、生産性の高い技術を多くの企業の間に普及させていく傾向を持ちます。だが、問題は、このような「集中化」と「普及化」という対立にもかかわらず、長期的に生き残るのは最高の生産性を持つ技術だけであるという「適者生存」の原理は成立しているということです。そうすると、市場における長期均衡は、依然として新古典派的な意味での長期均衡でしかないのです。供給曲線は水平になり、利潤は消滅してしまいます。

この新古典派的長期均衡の最後の砦を切り崩すのが、技術革新の持つ「創造的破壊」

図4-4　シュンペーター経済動学で導出した生産性格差の長期平均分布の例

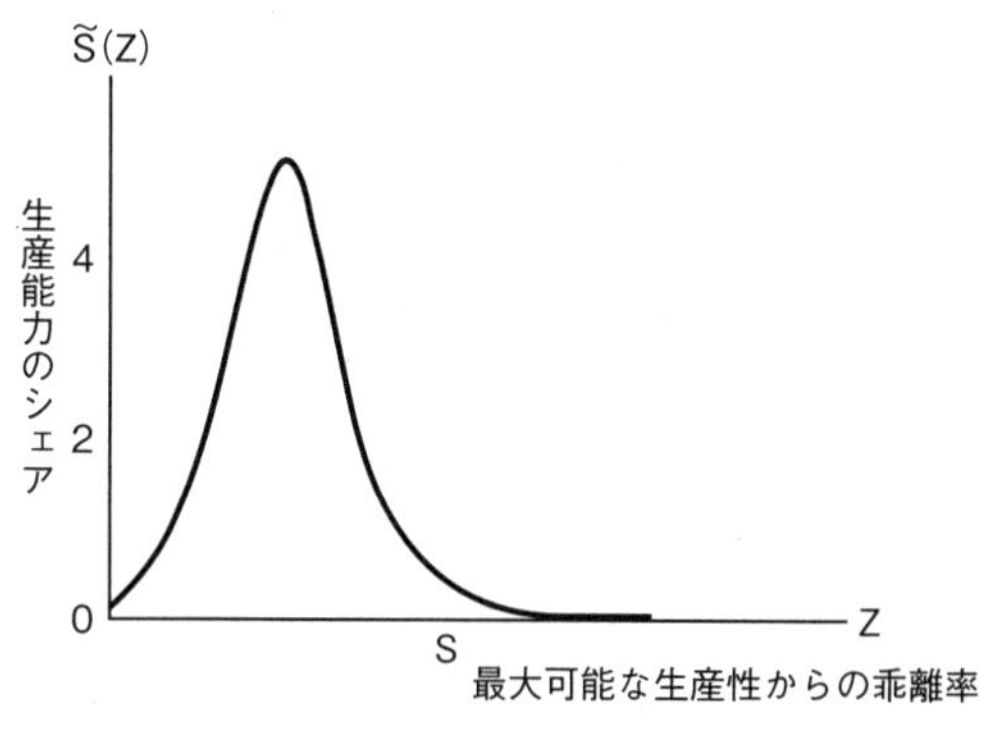


の力だったというわけです。

そこで私は、企業による技術革新がどのように生起するかに関して、様々な仮説を導入してみました。数学的に定式化できるものはそれほど多くありませんでしたが、その多くの場合に、産業全体の生産性格差が、長期平均的にも、図4－4のようなバラツキを持った分布を保っていくことを証明することができました（技術革新を内生的に説明する試みも行ったのですが、モデルが複雑になりすぎたので、論文にするのは諦めました）。

すなわち、企業間の投資競争、模倣競争、技術革新の三つのプロセスの動態的な相互作用の結果として、一見したところ不規則な企業間の生産性格差の変動を通して、ある種の統計的な規則性が長期平均的に生み出されていく可能性を示すことができたのです。ミクロ的不均衡の統計的バランスとしてのマクロ的な均衡、すなわち「蚊柱」です。

産業内には、最も生産性の高い企業——適者——だけでなく、二番目に生産性の高い企業、三番目に、四番目に……いや場合によってはもっと生産性の低い企業までもが生存し続けられるのです。もはや、長期的においても新古典派的な長期均衡は成立しません。その結果、供給曲線は、大幅な変動を伴いながらも、長期平均的には右上がりであり続け、産業は利潤を生み出し続けてくれるのです。「資本主義の純粋理論」が（もちろん、様々な簡単化の仮定のもとでですが）数学的にも論証されたのです[*12]。

私がこの二つの論文を書き始める数年前、エール大学は「組織・経営管理大学院（スクール・オブ・オーガニゼーション・アンド・マネージメントＳＯＭ）」を設置しました。エール大学には長らくビジネススクールがありませんでした。卒業生の間でその設置を求める声が強かったのですが、ハーバード・ビジネス・スクールの二番煎じを作ってもしょうがないということで、単に私企業だけでなく政府やＮＧＯにも卒業生を送り込める幅広さを持った教育プログラムを企画し、学際的な大学院として誕生したのです（だが、その後「経営管理大学院（スクール・オブ・マネージメント）」と名前を変え、学際的な色彩は多少とも残しながら、通常のビジネススクールとほとんど変わらない組織になってしまったのは、残念です）。この大学院は、コウルズ経済研究所から歩いて数分の距離にある瀟洒（しょうしゃ）な建物に入っており、その教授陣にリチャード・ネルソンとシドニー・ウィンターという二人の経済学者が加わりました。彼らは、ともに新古典派経済学から出発しましたが、一九七〇年代から経済理論・企業理論の「進化論」化を唱え、いくつかの重要な論文を書いていました。[*13] 私もこの二つの論文を書くときには、彼らの仕事から多くの示唆を受けています。

日本に戻る直前のことです。その二人が、私が進化論的なアプローチを取った論文を書いていることを聞きつけ、彼らの大学院セミナーで二回にわたって発表する機会を作ってくれました。その後日本に戻った私は、このセミナーでもらった彼らのコメントなどを参考にしながら論文を改訂しました。ちょうどパーソナルコンピューターが普及し始めた時期なので、大学の研究費で一台購入し、マニュアルと格闘しながら使い方を覚え、論文に載せるグラフの図示や計算のチェックなどもしました。

そのような作業が終わりかけたとき、『ジャーナル・オブ・エコノミック・ビヘーヴィアー・アンド・オーガニゼーション』という雑誌の編集長から手紙が届きました。この二本の論文を至急送ってほしいというのです。ウィンターとネルソンの推薦によってで

＊12　「シュンペーター経済動学」では、不完全競争のもとで、企業同士が技術革新ではなく製品差別化で競争しているケースも、簡単な形ですが扱っています。

＊13　彼らの研究は以下の本にまとめられています。Nelson, Richard R., and Sidney G. Winter. *An Evolutionary Theory of Economic Change.* (Harvard University Press, 1982, 2009)。

しょう、幸運にも、「シュンペーター経済動学」は、そのまま査読なしで掲載されることになりました。ただ、その後、私の論文の国際誌での出版については、このような幸運は二度と訪れることはありませんでした。この二つの論文は、一九八四年に出版されました。[*14]

## 進化論の「異端」から学ぶ

——岩井は「分子進化の中立説」の提唱者である進化遺伝学者の木村資生と面会した。常に経済学以外の分野にも目を向け、理論構築の糧としていく。

それから三年たった一九八七年のことです。私は『現代思想』という雑誌のインタビューを受けました。インタビュアーは当時の編集長の西田裕一さんでした。「進化論」に関する特集号のためで、テーマは進化論と経済学との関係。私の「シュンペーター経済動学」が「進化論」的アプローチを取っていることを西田さんが知っていたからです。[*15]

生物学の主流派理論は、「新ダーウィン的総合」と呼ばれていますが、それは進化における自然淘汰の力を万能視しています。私は、この「新ダーウィン的総合」と、市場の「見えざる手」の力を万能視する新古典派経済学とが、ともに「予定調和説」的な世界観を共有していることを指摘しました。さらに、進化論において（少なくとも当時は）異端であったスティーブン・グールドとナイルズ・エルドリッジの「断続平衡説」や木村資生の「分子進化の中立説」と、私自身の「不均衡動学」や「シュンペーター経済動学」との類似点や相違点についても論じてみました。

進化論の新ダーウィン派的総合アプローチは、生物集団は、自然淘汰の圧力によって、その全体が徐々に連続的に進化していくと考えてきました。

これに対して、断続平衡説とは、生物の大部分の種は長期間ほとんど変化をしないまま安定しており、進化は主として、大集団から分岐した小集団の突発的な変化が、これまでの大集団を凌駕してしまうことによってもたらされるという主張です。生物学界ではまだ少数派ですが、スティーブン・グールドの『ダーウィン以来』や『パンダの親指』や『ワンダフル・ライフ』などのエッセイ集によって、広く一般読者に知られるようになりました。[*16]

＊14　注11の二つの論文です。
＊15　「不均衡なるものの進化」『現代思想』一九八七年六月号。『資本主義を語る』（講談社、一九九四、ちくま学芸文庫、一九九七）に「進化論と経済学」として再録。
＊16　『ダーウィン以来』（ハヤカワ文庫、一九九五）、『パンダの親指〈上・下〉』（ハヤカワ文庫、一九九六）、『ワンダフル・ライフ』（ハヤカワ文庫、二〇〇〇）。

また、分子進化中立説は、タンパク質のレベルで起こる突然変異は、自然淘汰的には中立的か若干しか不利をもたらさないものが大部分である、という観察事実から出発します。そして、このような突然変異は、まさに中立的であるか若干しか不利をもたらさないため、自然淘汰の圧力をすり抜けてしまうことも多く、そのうちのいくつかは種の内部に拡散し、固定されていくことを指摘します。

したがって、生物は、時間とともに、種の中に様々な特徴を持つ変異遺伝子を、顕在させない形で数多くプールしていくことになる。ところが、生物を取り巻く環境が大きく変化したとき、今度はそのプールの中に蓄えられてきたこれらの潜在的な遺伝子のうちのいくつかが、現在使われている遺伝子よりも高い適応力を持ってくる可能性が生まれる。そうすると、自然淘汰の圧力が働き、それらの遺伝子を顕在化させた新たな種が分岐し始め、既存の種に置き換わっていくことになります。[*17]

このように中立説は、断続平衡説に対して、新ダーウィン的総合では不可能な理論的説明を与えることができるのです。

分子進化の中立説を唱えた木村資生さんは、日本人で唯一、英国王立協会のダーウィン・メダルを受けた人で、二十世紀の前半に集団遺伝学を作り上げたR・A・フィッシャー、シューアル・ライト、J・B・S・ホールデン以降最大の進化遺伝学者の一人と見なされています。私自身、「シュンペーター経済動学」を書いているときに一番参考になった遺伝学の教科書が、木村さんとジェームズ・クロウの共著『集団遺伝理論入門』でした。[*18] 統計的進化論や集団遺伝学の数学的な解説として、今でも広く使われています。

一九八九年のことです。突然、その木村資生さんから面会したいという連絡を受けました。何ごとだろうと思い、指定された場所に駆けつけました。すると、人から聞いて『現代思想』の私のインタビュー記事を知り、遅ればせながら読んだ。自分の考えていることを的確に話してくれてありがとう、と言われました。

実は、このインタビューの中で私は、日本ではほとんど神格化されている今西錦司理論の批判もしていました。生物進化には自然淘汰の原理にはなじまない現象が数多くあります。今西錦司は観察眼の鋭い人ですから、自然の中でこのような現象に何度も何度も邂逅する。ところが、彼の場合、最新理論に親しんでいないこともあって、進化論を非常に狭くとらえ、自然淘汰万能の新ダーウィン的総合と同一視している。そこで、観察と理論の一見したところの矛盾に絶望して、進化論を捨て去り、「種は変わるべくして変わる」という有名な言葉に代表されるような神秘論的・全体論（Holistic）的な説明

＊17　木村資生、向井輝美、日下部真一『分子進化の中立説』（紀伊國屋書店、一九八六）。
＊18　Crow, James F., and Motoo Kimura. *An Introduction To Population Genetics Theory*. (Burges, 1970).

を導入してしまった。だが、今西錦司の目には変わるべくして変わったように見える種の変化も、その大部分は、木村資生さんの中立説で簡単に説明できるとも論じておいたのです。木村さんは、私のこの今西批判にも、全面的な賛同を表明してくれました。

三時間近く話したと思います。またいつか機会を設けて話し合いましょうと言って、去っていきましたが、その後、連絡をもらうことはありませんでした。そして、一九九四年十一月、新聞を開いたら、木村資生さんが七十歳の誕生日に自宅で転び、亡くなったという記事が目に飛び込んできました。

## マルクスの問題はすでに解かれていた

——岩井は、「シュンペーター経済動学」から出発して、古典派経済学の資本主義論、そしてマルクスの資本主義論をアーサー・ルイスの開発経済論と同一視することになる。岩井の思考法の特徴の一つは、古今東西の学者や思想家らが残してきた論考に正面からぶつかり、それらを相対化した上で統一した理論を作ろうとする点にある。岩井が時間をかけて考え抜いた末に生み出した統一理論は、先人たちの英知の総決算という側面もあるだけに、多くの人を引き付け、納得させる力を持つのだろう。

「人間の解剖はサルの解剖の鍵である」。これは、マルクスの言葉です。思想を分析する場合でも、社会を研究する場合でも、より発達した形態が明らかにならなければ、より未発達な形態を理解することはできないという意味です。もちろん、マルクスのこの言葉の背後には、歴史の発展には法則性があり、人間社会は封建社会——資本主義社会——社会主義体制へと、必然的な発展段階を経て進歩していくという唯物史観がありま す。だが私は、その唯物史観は棚上げにしておいて、この言葉を、資本主義の純粋理論が明らかにならなければ、資本主義の多様な形態を理解することはできないという意味に解してみました。実際、私は、「シュンペーター経済動学」を書くことによって、マルクスの資本主義論、そしてマルクスが経済理論的には全面的に依拠していたデーヴィッド・リカードの古典派的な資本主義論を相対化する視点を、初めて得ることができたのです。

実は、マルクスが描いた資本主義、そして古典派経済学者が描いた資本主義は、「産業資本主義」と呼ばれています（その定義は後からします）。この産業資本主義においては、新古典派経済学者が描く資本主義とは異なり、図4-5が示すように、長期においても利子率を上回る利潤が存在します。では、この産業資本主義なる資本主義は、いったいどのような仕組みによって、利潤を長期的にも生み出し続けることができたのでしょうか（煩瑣になるのを避けるため、マルクスの資本主義論について言えることは、

図4-5　マルクス経済学・古典派経済学の長期利潤

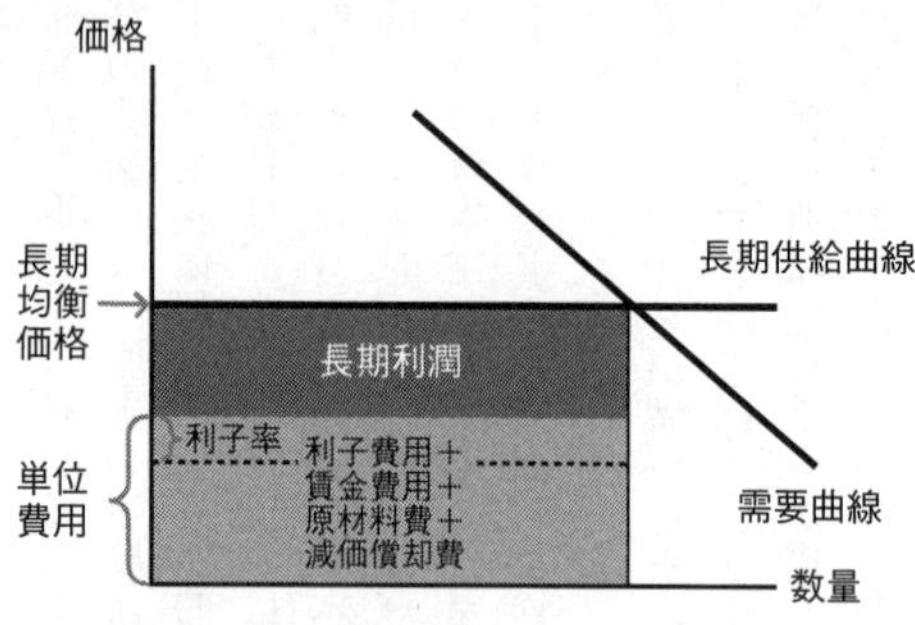


古典派の資本主義論についても言えるので、以下では、前者で後者を代表させておきます）。

マルクスの資本主義論は次の問いから出発します。資本主義ではすべてのモノが商品として市場で交換されるが、その市場とはそれぞれの商品が同じ価値のおカネと交換される「等価交換」の場である。労働市場ですら、労働力は賃金と等価交換されている。そうでなければ、詐欺や強奪だが、その場合でも、誰かの得は誰かの損であるから、市場全体では得も損もない。等価交換を原則とする市場で、どうして価値の剰余としての利潤が発生するのか。足し算が合わないのではないか。

では、市場における交換ではなく、生産活動が利潤を生み出すのだろうか。いや、それも正しくないとマルクスは言います。確かに、生産者は自分が購入した原材料を様々に加工することによって商品に新たな価値を与えることができる。しかし、とマルクスは断じます。この価値の増大分は単なる価値の付加であって価値の剰余ではないと。

利潤は市場からは生まれない。同時に、市場を離れた生産過程からも生まれない。では、いったい利潤はどこから生まれてくるのか。これが、マルクスがみずからに課した「問い」なのです。

「ここがロードス島だ。ここで跳べ」

イソップの寓話の中にあるこの言葉を引用して、マルクスは、みずからを挑発します。

しかしながら、マルクスのこの「問い」に対する解答は、実は、太古の昔からよく知られていたのです。資本主義の歴史は人類の歴史とともに古い。それは、「商業資本主義」あるいは「商人資本主義」という形で存在していたのです。

例えば、古代メソポタミアの商人は、すでに五千年以上も前から、船に乗ってユーフラテス川を行き来したり、ラクダに乗って砂漠地帯を渡ったりして、遠隔地との間で石英ガラスや黒曜石やアスファルトなどの貿易をしていたことが知られています。彼らは地理的に離れた二つの市場の間に入り込み、両者の間に価格の差異が存在すれば、一方の市場で安く買ったモノを他方の市場で高く売ることによって、利潤を稼いでいたのです。すなわち、商業資本主義とは、二つの市場の間の価格の「差異」を媒介して利潤を生み出す方法であるのです。

確かに、古代における遠隔地間の仲介貿易は歴史的にはほとんど例外なく、掠奪や海賊や奴隷狩りや植民地的な圧制などの不等価交換と結びついていました。でも、二つの市場における価格の間に「差異」がある限り、一方で安くモノを買い、それを他方で高く売れば、たとえそれぞれの市場において純然たる「等価交換」をしていても、「利潤」が生み出されることになります。

等価交換の場である市場の内部においては原則的に不可能であった利潤の創造は、等価交換の場である一つの市場と、別の等価交換の場であるもう一つの市場と、その二つの市場の「間」において可能になります。商業資本主義は、太古の時代から、いともたやすくマルクスの「問題」を解いていたのです。

「差異が利潤を生み出す」――商業資本主義が発見したこの利潤創出の原理は、実は、商業資本主義にのみ通用する原理であるのではありません。資本主義に関するシュンペーターの「純粋理論」が明らかにしたのは、まさにこの「差異が利潤を生み出す」という原理です。そしてそれこそ、あらゆる資本主義の形態に共通する資本主義の基本原理であるということなのです。

考えてみれば、当たり前です。利潤とは、収入から費用を引いた差額です。「引き算」という最も単純な算術の結果でしかありません。その差額がプラスになるためには、費用が収入を下回るか、収入が費用を上回る必要がある。商業資本主義とは、ある市場で安く買って費用を下げ、別の市場で高く売って収入をあげることによって、利潤を生み出す仕組みなのです。

実は、マルクスの場合、商業資本主義について語るとき、常にそれを「ノアの洪水以前」の資本主義と呼んでいます。そして、その呼び方には、大いなる軽蔑が込められています。すなわち、商業資本主義とは、経済的に未発達な経済社会においてのみ存続しうる近代以前の遺物でしかなく、「ノアの洪水」によって跡形もなく押し流されてしまう運命にあるという意味なのです。もちろん、ここでマルクスが資本主義の歴史の中で「ノアの洪水」の役割を果たすと考えていたのは、「産業革命」にほかなりません。

## 産業資本主義の利潤メカニズム

十八世紀後半にイギリスで始まったといわれる「産業革命」は、織機や紡績機や蒸気機関の発明や改良によって、多数の労働者を使って大量生産を行う機械制工場システムを可能にしました。[*19] その結果、それまでの小規模な家内工業よりも、労働者の生産性が

＊19　これは教科書的な産業革命の解説ですが、近年このような産業革命の見方については大幅な見直しが行われています。その点については、例えば斉藤修『比較経済発展論――歴史的アプローチ』（岩波書店、二〇〇八）などを参照してください。

飛躍的に高まることになったのです。そして、産業革命を境にして、資本主義の支配的な形態は、前近代的な「商業資本主義」から近代的な「産業資本主義」へと大きく転換することになったというのです。ここでいう「産業資本主義」とは、産業活動を行う機械制工場に投資することによって利潤を生み出していく資本主義として定義されます。

では、マルクスは、どのようにしてこの「産業資本主義」が利潤を生み出すと考えていたのでしょうか。

資本家が労働者を搾取することによってです。では、なぜ労働者の搾取が利潤を生み出すのでしょうか。すでに第一章で述べておいたように、ここでマルクスが依拠するのが労働価値論です。マルクスは、すべてのモノの価値はその生産のために投入された労働量によって決定されると主張します。しかもマルクスは、この労働価値論を、ヒトの労働力にまで拡張する。労働力の価値とは、その生産のために必要な労働量に等しいとしたのです。具体的には、労働力の価値とは、労働するヒトが日々消費するモノ（生産必需品）の生産に必要な労働量だということになります。

そして、マルクスは、ほとんどの社会において、ヒトは自分の生存に必要なモノ以上のモノを生産してきたという歴史的事実から、ヒトの労働力こそ（そしてヒトの労働力のみが）自分を生産するのに必要な価値以上の価値、すなわち剰余価値を創り出す神秘的な力を持っているという結論を導く。

ところが、産業資本主義においては、一方では機械制工場を所有する産業資本家と、他方では自分の労働力しか売る商品を所有していない労働者とに階級分化している。したがって、産業資本家は、労働者の労働力を労働市場で商品として買い取り、自分の工場の中で働かせれば、労働力が生産したモノはすべて自分の所有物となる。その生産物を生産物市場で商品として売りさばけば、労働者が創り出す剰余価値は、すべて利潤としてみずからのポケットに入れることができる。搾取です。

でも、ひとたび「資本主義の純粋理論」の視点から眺めると、マルクスの利潤論を直ちに相対化することができます。マルクスの問題は、労働価値論をヒトの労働力にまで拡張したことです。労働力の価値がその生産に必要な労働量に等しいということは、通常の経済学の用語に翻訳すれば、労働者が受け取る実質賃金率が生存水準に近い水準であるということを意味します。では、どうして労働者はこのような低水準の賃金率しか受け取れないのでしょうか。

## ヒントはルイスに

ここで私は、大学院時代に読んだ、カリブ海出身のアフリカ系経済学者アーサー・ルイス（一九一五−九一）の「労働力の無制限供給と経済発展」（一九五四）という論文を思い出しました。[*20]「開発経済学」の古典として、いまだに読まれ続けている論文です。

それは、多くの「発展途上国」では、農村において（さらに都会でも、日雇いや小商いや家事奉公などの職業において）、共同体原理によってお互いを助け合いながら生存水準ギリギリの生活をしている人間が、「無数」に滞留していることを指摘します。そして、そのような人間は、仕事さえあれば、いつでも農村を離れる用意がある。その結果、都会で工場システムを所有している資本家は、新たな工場を建てて、労働者の雇用を増やしても、賃金を上げる必要がありません。今までと同じ賃金でもよいから働きたいという労働者が、いくらでも農村からやって来るからです。

ルイスは、このような「過剰人口」を抱える農村から都会への「労働力の無制限供給」こそ、多くの「発展途上国」に共通する状況であるという認識から出発し、それらの国々の経済発展のあり方を分析する理論的枠組みを初めて提供したのです。[*21]

すなわち、産業資本主義において、労働者が低水準の実質賃金率でも工場システムで働くのは、農村に「過剰人口」が存在していたからなのです。マルクスの言葉を借りれば、「産業予備軍」です。もっとも、イギリスにおいては農業も早くから資本主義化しており、しかもプロト工業と呼ばれる農村工業もかなり発達していたという意味で、現在の「発展途上国」の状況とは必ずしも同一視できません。それでも、一八〇一年の農業人口は三六％にも達しており、実質賃金率の水準は、産業革命が始まる十八世紀後半から農業人口が二〇％近くまで落ちる十九世紀の半ばまでは、長い間、停滞していたのです。[*22]

＊20　Lewis, W. Arthur. "Economic development with unlimited supplies of labour." *The Manchester School* 22.2 (1954). ルイス・モデルの解説としては、安場保吉『経済成長論』（筑摩書房、一九八〇）39-191 や Gustav Ranis, "Arthur Lewis' contribution to development thinking and policy," *Manchester School*, Vol. 72, (2004) No. 6 などを参照のこと。

＊21　ルイス・モデルは、農村における実質賃金率が共同体的原理による労働の平均生産性ではなく、資本主義的に労働の限界生産性によって決定される場合でも、その限界生産性が十分に低ければ、都市の工場セクターにおいて資本が十分に蓄積されていない限り、多少の手直しをすれば応用可能です。

＊22　産業革命時代におけるイギリスの実質賃金率に関しては、以下の論文を参照のこと。Feinstein, Charles H. "Pessimism perpetuated：real wages and the standard of living in Britain during and after the Industrial Revolution." *The Journal of Economic History* 58.03 (1998)：625-658。実は、マルクス自身による実質賃金率の停滞の説明は、いわゆる「相対的過剰人口」なる概念に依拠しています。相対的過剰人口とは、前述した（1）農村における潜在的な過剰人口以外にも、（2）工場部門における労働節約的な技術革新の進展による既存労働者の解雇によって生み出される失業、（3）日雇い労働などの非正規雇用、（4）労働意欲を喪失したルンペン・プロレタリアートの存在などを指しています。マルクスは、とりわけ（2）の意味での相対的過剰人口を重要視していますが、その説明には理論的な困難が含まれています。第一に、労働節約的技術進歩が労働需要を減少させるのは、資本と労働とが生産において補完的である時だけで、もし両者の代替の弾力性が利潤所得のシェアより大きい時には、労働需要は拡大します。第二に、代替の弾力性が小さい時でも、労働節約的技術進歩は効率性で計った労働投入一単位あたりの実質賃金率を引き下げ、必然的に利潤率を押し上げることになります。それは当然に資本蓄積を促し、それに伴う労働需要の押し上げは、早晩、技術進歩によって直接生み出された失業を吸収していくことになるのです（以上の二点の数学的証明は省略します）。もちろん（3）や（4）も重要でないわけではありませんが、マルクス理論の妥当性は、究極的には、（1）の農村における過剰人口の存在に依拠せざるをえないのです。

産業革命は、機械制工場システムの技術効率を飛躍的に上昇させました。その中で働く労働者の生産性が、（原材料費や設備の減価償却を差し引いた後でも）実質賃金率をはるかに超える高さまで上昇したのです。利潤とは収入から費用を引いたものです。収入の実質額を労働者一人当たりで計算すれば労働生産性ですし、費用の実質額を労働者一人当たりで計算した値の大きな部分は実質賃金率が占めています。ということは、産業資本主義的な企業は、機械制工場を建設しさえすれば、農村から流入する安価な労働者を雇って、ほぼ自動的に大きな利潤率を手にすることができるようになったのです。

## マルクスの不幸

われわれ人間にとっては誠に残念ですが、産業資本主義の利潤の源泉とは、人間の労働力が、マルクスの言うように剰余価値を創造する神秘的な力を持っているからではありません。ここで働いているのは、マルクス自身は全く意識していなかったにせよ、再び「ノアの洪水」以前の商業資本主義が発見した「差異が利潤を生み出す」という利潤創出の基本原理であるのです。

ここでの「差異」は、労働生産性と実質賃金率との「差異」です。労働生産性とは、企業の中で労働力一単位がどれだけの生産物に変換されるかを示す指標です。実質賃金率とは、市場の中で労働力一単位がどれだけの生産物（特に消費財）と交換できるかを示す指標です。ともに労働力と生産物との交換比率なのに、前者の方が後者よりも大きくなっているのです。

産業資本主義において、労働者が剰余価値を創造する力を持っているように見えるのは、労働生産性と実質賃金率との間に大きな「差異」が存在するからにすぎない。そして、その「差異」は、産業革命による工場システムの発明と農村に滞留する過剰人口の存在という、二つの歴史的な要因がマクロ的に作り出した「差異」にすぎないのです。産業資本主義的な企業とは、商業資本主義的な商人が二つの地域の価格の「差異」を媒介していたのと同様に、労働生産性と実質賃金率との間のマクロ的な「差異」を媒介して、「利潤」を手に入れている存在であったのです。

このことは、マルクスの資本主義論が資本主義の純粋理論にはなりえないことを意味します。なぜならば、それが対象としている産業資本主義とは、農村における「過剰人口」の存在という、まさに「資本主義の不完全さ」に支えられている資本主義であるからです。それは、アーサー・ルイスの「無制限労働供給」理論のプロト・タイプにほかならない。[*23] そうです。マルクスの資本主義論は、「発展途上国」における資本主義論でしかないのです。

もちろん、それは、マルクスの資本主義論が、資本主義の歴史の一段階において圧倒的なリアリティを持っていたことも意味します（シュンペーターは、この点において、マルクスに対して公平ではありません)。いや、現在でも、過剰人口を抱えている発展途上国の分析には、それなりの有効性を持ち続けているはずです。それだからこそ、マルクス経済学が、これまで数知れないほど多くの人びとの心をとらえてきたのです。

だが、産業資本主義にのみ当てはまるその「不完全」な資本主義論を、資本主義の一般理論として提示してしまったこと、そこにマルクス経済学の不幸の一つがあったのだと思います。

## 最も純粋な資本主義

### ——岩井は、「ポスト産業資本主義」の理論を打ち立てる。

ところで、産業資本主義においては、どの企業も、機械制工場さえ建設すれば、労働生産性と実質賃金率の「差異」に比例した利潤率がほぼ自動的に確保できます。利潤の少なくとも一部は投資されますから、産業資本主義は必然的に急速な資本蓄積を引き起こし、経済全体に「高度成長」をもたらすことになります。事実、十八世紀後半にイギリスで産業革命が起こって以来、産業資本主義は、イギリス、西ヨーロッパ、それからアメリカへと急速に広がりました。十九世紀後半からは、ドイツや日本にも進出し、二十世紀の後半には、日本以外の東アジアにも到達し、一九八〇年代から始まったグローバル化によって、今では地球の隅々にまで拡散し始めています。

しかし、産業資本主義が純粋な資本主義でないのならば、その拡大は永久には持続しえません。その「長期的」な利潤も、数世紀という「超長期」には消え去ってしまうのです。そして、産業革命から二世紀を経た第二次大戦後の世界において、産業資本主義は、先進資本主義国の中では、終わりを告げるようになりました（これに対して、「発展途上国」の多くは、まだしばらく産業資本主義の時代を過ごしていくことになるはずです）。その理由は明らかでしょう。急速な資本蓄積に伴う労働雇用の増大は、農村の「過剰人口」をいつかは枯渇させてしまうからです。

二十世紀の後半、実際に、いくつかの先進資本主義国において、農村の「過剰人口」がとうとう枯渇してしまったのです。工場労働者の実質賃金率が急速に上昇し始めます。もちろん、まだ利潤がプラスである限り、資本蓄積は進み続け、労働雇用を増やし続け、実質賃金率を上昇させます。だが、このような実質賃金率の上昇は、いつかは、労働生産性との間の差異を消し去ってしまうはずです。

＊23　アーサー・ルイス自身、論文の冒頭で、「このエッセイは、古典派の伝統のもとで書かれており、古典派的な仮定をし、古典派的な問いを発している」と述べています。ルイスの場合、マルクス経済学は古典派経済学の一派として扱われています。事実、ここで私がマルクス経済学について述べたことは、ほぼそのまま古典派経済学についても当てはまるのです。

産業資本主義の利潤創出の仕組みが働かなくなったのです。もはや機械制工場を単に所有するだけでは、利潤を確保できなくなりました。このようにして、西ヨーロッパの大多数の国は一九五〇年代後半、日本は六〇年代後半、そして、韓国やシンガポールや香港や台湾は九〇年代に、資本主義的発展のいわゆる「転換点」に到達してしまったのです[*24]（ただし、アメリカの場合は特殊で、建国以来労働力不足によって特徴づけられており、その資本主義は当初から、以下で論ずる「ポスト産業資本主義」的な様相を帯びていました。だが、それでも、第二次大戦直後は、軍役から復帰した労働人口をすぐには吸収できず、朝鮮戦争が始まる五〇年代初頭まで、人余りの状態が見られました）。

この「転換点」以降、資本主義が資本主義であり続けるためには、「差異が利潤を生み出す」という利潤創出の基本原理を、今度は、意識的に実践しなければならなくなります。それぞれの企業は、収入を費用以上に上げるか、費用を収入以下に下げなければ、プラスの利潤を生み出すことができません。もはや横並びではダメなのです。他の企業より効率的な技術、他の企業より魅力的な製品、他の企業が参入していない市場、他の企業とは異なった経営組織、すなわち他との「差異」を意図して導入しなければなりません。すなわち、「革新（イノベーション）」が必然化されることになるのです。

これが、今、私たちの目の前で進行している事態です。それを私は、「ポスト産業資本主義」と名づけています。「産業資本主義」が終焉した後（ポスト）の資本主義の形態であるという意味です。

「ポスト産業資本主義」の時代とは、すべてが絶えず変化する、本当にめまぐるしい時代です。それは、企業が新しい技術や新しい製品や新しい市場や新しい組織形態を常に追求せざるをえないということで、その「新しさ」がひたすら喧伝されている時代です。なにしろ、そこでは、「新しさ」が価値なのです。いや、「新しさ」しか価値がないと言った方がよいでしょう。

なぜならば、革新によって創り出された「差異」も永久には続きません。どのような最先端の技術も、画期的な製品も、未開拓な市場も、独特な組織形態も、いつかは必ず他の企業によって改良されたり、模倣されたり、参入されたり、追随されたりしてしまい、「差異」を失ってしまうからです。利潤は差異からしか生まれません。それゆえ、それぞれの企業が永続的に利潤を生み出していくためには、絶えず新しい技術や新しい製品や新しい市場や新しい組織形態を追求せざるをえない。絶えず、「革新」し続けなくてはならないのです。まさに永遠の「創造的破壊」のプロセスです。

＊24　過剰人口経済から労働不足経済への「転換点」については、西ヨーロッパに関してはKindleberger, Charles P., *Europe's Postwar Growth : The Role of Labor Supply* (Cambridge, Harvard University Press, 1967)、日本に関しては南亮進『日本経済の転換点』（創文社、一九七〇）を参照のこと。この転換点理論に関しては多くの批判があります。その紹介は、斉藤修前掲書を参照のこと。

そして、このような「新しさ」の洪水に圧倒されてしまい、「ポスト産業資本主義」のことを、「脱工業化社会」とか「高度情報化社会」とか「知識化社会」とか「第三の波」とか名づけて、それが歴史始まって以来の新しい社会であるなどと、語り始める人も多数出てきています。

だが、「ポスト産業資本主義」の時代がこのように「新しさ」を追求せざるを得ない時代であるといっても、「ポスト産業資本主義」を支配している原理そのものには、何の新しさもありません。そこに働いているのは、差異から利潤を生み出していくという「資本主義」の基本原理以外の何ものでもありません。だから、私は、それをポスト産業「資本主義」と名づけたのです。

それまでの資本主義と違っているところがあるとしたならば、それが資本主義の基本原理を意識的に実践している、最も純粋な資本主義の形態であるという点にしかありません。そして、それだからこそ、産業資本主義時代がまだ始まって日の浅い二十世紀初頭のオーストリアにおいて、二十八歳のシュンペーターが、「創造的破壊」の概念を中軸とした「資本主義の純粋理論」を作り上げることによって、まだ実際に経験したこともない「ポスト産業資本主義」の本質を、あますことなくとらえることができたというわけです。

日本に帰国して、私が経済学の専門家以外の人に向けて書いた最初のエッセイが、

「シュムペーター：遅れてきたマルクス」です。一九八三年に『経済セミナー』に掲載されました。その中で初めて、ここで説明したような、私自身の「資本主義論」を解説してみました。[*25]

――岩井はこうしてシュンペーターのマルクス批判を検証し、シュンペーター経済学の立場からマルクスを読み直した。シュンペーターは、資本主義の中心にはマルクスの言う搾取（資本家が労働者を搾取し、それによって利益が生まれる）はなく、資本家同士の革新をめぐる争いが中心にあると主張した。シュンペーターが描き出す資本主義社会では、他者より先に革新を成し遂げる資本家が利益を得るものの、その利益は模倣によってすぐに消えてしまう、極めてダイナミックな、進化論的なプロセスを繰り返す。岩井はそのプロセスを理論化し、さらに独自の資本主義論を構築したのである。

＊25　「シュムペーター：遅れてきたマルクス」『経済セミナー』（一九八三年二月号）。『ヴェニスの商人の資本論』（筑摩書房、一九八五、ちくま学芸文庫、一九九二）に「遅れてきたマルクス」として所収。他に、「ヴェニスの商人の資本論」「キャベツ畑の資本主義」（ともに『ヴェニスの商人の資本論』所収）、「差異と人間」（『資本主義を語る』講談社、一九九四、ちくま学芸文庫、一九九七）でも同様の試みをしています。「ヴェニスの商人の資本論」については、次章でもう少し詳しく解説をします。

# 第五章

# 日本語で考える

## ――『ヴェニスの商人の資本論』から『貨幣論』へ

## 母国語で思考できるという解放感

——岩井は、帰国後、日本語で思考できる解放感から、経済学関係者以外にも人間関係を広げた。岩井は後に文芸雑誌『文學界』で妻の水村美苗と「帰ってきた人間」というテーマで対談し、英国に派遣された夏目漱石を話題にしている。漱石は英文学に一石を投じようとしたが、言葉の壁を感じて「帰ってきた人間」であり、岩井の置かれた状況も同じだったと分析している。「経済学の中核をなす新古典派経済学は実にきれいな理論体系を持つが、その体系は西欧形而上学の精巧なミニチュアであることに気づき、新古典派経済学を批判し始めた」と岩井は語る。「不均衡動学」を完成させた岩井には、もはや米国にとどまる理由はなかったのだろう。

二〇〇九年、セルビアのベオグラード大学に招かれました。大学創立二百年記念式典において名誉博士号を授与されることになったのです(いまだになぜそうなったのか狐につままれたような気がしているのですが、セルビアという周縁国であるのが、いかにも私に相応しい気持ちがしました)。授与者は私を含めて五人。その一人がタウ粒子の発見者として有名なスタンフォード大学名誉教授のマーティン・パールであったこともあり、そのときのベオグラード大学側の世話係の中に素粒子論の教授をしているジョルジュ・シラッキがいました。

何がきっかけであったか忘れましたが、そのシラッキがあるとき、自分は物理学の論文は英語で書くが、研究の過程で最も本質的な問題を思考しなければならないときには、母語であるセルビア語で思考する、と話してくれました。一瞬、驚きましたが、すぐに納得し、何度も相槌を打ちました。私自身、アメリカで「不均衡動学」を構想しているときも、「シュンペーター経済動学」を定式化しているときも、本の原稿や論文の草稿は英語で書きましたが、一番本質的な問題に取り組むときには、母語である日本語で思考せざるをえなかったからです。

なぜ一瞬、シラッキの言葉に驚いたかというと、日本語と違って、セルビア語は英語と同じインド・ヨーロッパ語族に属しているからです。しかも、彼の専門は、人文社会科学よりはるかに抽象的な学問である物理学であったからです。それなのに、思考の最も精妙な部分は、学問語の英語ではなく、母語のセルビア語で行わなければならないという。言語と思考が表裏一体の関係にあるという、私自身がそれまで抱いていた信念を、改めて確認することができたのです。

一九六九年、MITの大学院に留学するために日本の羽田空港を飛び立った時、えも言われぬ解放感を味わいました。それは、それまで想像したこともなかった新しい世界が、突然、自分の目の前に開かれたからです。それから十二年たった一九八一年、今度は逆にアメリカから日本の国土に足を踏み入れた時、学界の中心から離れてしまったという没落感と同時に、大きな解放感も味わいました。それは、自分の母語である日本語で、まさに四六時中思考できるという解放感でした。

私は、その言語的な解放感に突き動かされて、経済学以外にも人間関係を広げました。私が日本を留守にしていた一九七〇年代に、三浦雅士さんが編集長を務めていた雑誌『現代思想』を中心として、フランスの構造主義やポスト構造主義が精力的に日本に紹介されました。そして、その『現代思想』を舞台として、六〇年代までの日本の言論界を支配してきたマルクス主義者や進歩的文化人の言説とは距離を置く様々な学問分野の人びとが、次々と論文を発表し始めたのです。私が日本に戻って親しくなったのは、主としてこの『現代思想』に執筆している人たちでした。

## ゼロの会とAA研セミナー

一つは、柄谷行人さんが中心となり、編集者から文芸評論家に転じた三浦雅士さん、文化人類学者の中沢新一さん、そして若き浅田彰さんが参加した「ゼロの会」というグループでした。柄谷さんとは、三章で述べたように、エール時代からのつき合いです。三浦さんと中沢さんは日本に戻ってから知り合いましたが、浅田さんとは、すでに面識がありました。

　一九七八年の夏休みにエールから一時帰国したとき、当時、京都大学経済研究所に在籍していた青木昌彦さんに招かれ、『不均衡動学』についての連続セミナーをしたことがありました。二日間で合計十三時間以上話し続けた記憶があります。私はまだ若く、しかも体内からアドレナリンが出ているので、最後まで元気いっぱいでしたが、二日目の午後になると聞いている人びとの顔に明らかに疲労がたまってきている。セミナーが終わったとき、みなが何歳も年を取ったように見えました。ただ、その中で一人だけ、最後まではつらつとしている顔がありました。しかも、後で大変に鋭い批評をする。京大経済学部の四年生だと、青木さんに紹介されましたが、それが浅田彰さんでした。

「ゼロの会」は、毎月のように会合を開きました。新宿駅ビルの「プチモンド」という喫茶店で落ち合い、最後は新宿の歌舞伎町の近くにある文壇バー「茉莉花」や「風花」で深夜まで飲み明かしながら議論するのが通例でした。一九八三年秋、浅田彰さんが『構造と力』を勁草書房から出版すると、またたくまに大ベストセラーになりました。同じ年に中沢新一さんが『チベットのモーツァルト』をせりか書房から出すと、これも大ベストセラーになりました。まさに「ゼロの会」から、のちに「ニューアカデミズム」と呼ばれることになるブームが始まったのです。私も、しばらくの間、その渦中に巻き込まれることになります。

もう一つは、文化人類学者の山口昌男さんのセミナーに参加していた人たちのグループです。正式には、東京外国語大学アジア・アフリカ言語文化研究所主催の「象徴と世界観の比較研究会」ですが、みなAA研セミナーとか山口昌男のセミナーとか呼んでいました。最初は、確か浅田彰さんに連れられてセミナーに出席したと思います。当時の外大は北区西ヶ原にキャンパスがあり、山手線の大塚駅から都電荒川線の懐古調色あふれる路面電車に揺られて通うのです。それが楽しみでもありました。

山口さんのセミナーには文化人類学以外を専門としている人も多数集まっており、ゼロの会のメンバーの外にも、中村雄二郎、市川浩、前田愛、今村仁司、丸山圭三郎、川田順造、青木保、大塚信一、小松和彦、上野千鶴子、本田和子、細川周平、今福龍太、落合一泰、森尻純夫さんなどと知り合うことができました。セミナーの後は、こちらは、新宿西口の文壇バー「火の子」に繰り出して、深夜まで語り明かすのです。

この時期は、今から思うと、私の第二の青春であったのだと思います。私が文壇バーなどに出入りした唯一の時でした。私だけ先に日本に帰っていた孤独もあると思います。みずから選んだことですが、経済学の学界の中に居場所がなかったこともあると思います。本当によくお酒を飲みました。私はかなりお酒が強いのですが、気がつくとアルコール性肝炎になっていたのです。最初はB型肝炎かと疑われ、一週間ほど検査入院させられてしまいました。水村美苗がエール大学の博士課程を中途で切り上げて、ようやく日本に戻ってきたこともあり、そのころから徐々にですが学問研究の方に主軸を戻していきました。そして、再び一人で閉じこもって仕事をすることが多くなります。

山口昌男さんは、「Boys be ambiguous!」などという冗談を連発しながら日本中・世界中を走り回っていましたが、二〇一三年に亡くなってしまいました。そういえば、市川浩さんも前田愛さんも今村仁司さんも丸山圭三郎さんも、すでに故人になってしまいました。

## 『ヴェニスの商人』──共同体・貨幣

──「資本主義論」の次に「貨幣論」に取り組み始めるが、最初は理論分析ではなく、シェークスピアの喜劇『ヴェニスの商人』のテクストの分析から始める。「理論にするための準備をしているときに、『ヴェニスの商人』の劇の構造そのものを貨幣についての議論として読めることに気づいて驚いた」と岩井は言う。シェークスピア、アリストテレスといった天才たちは（本人は意識していないかもしれないが）貨幣とは何か、言語とは何か、法とは何かという問題を解いてしまっているのだと言う。

ＡＡ研のセミナーでは、二度ほど報告をしました。一度目は一九八二年四月、『不均衡動学』についてでした。八四年に二度目の報告を山口昌男さんに頼まれました。今度は「資本主義論」について話すことにし、その題材としてシェークスピアの喜劇『ヴェニスの商人』を選んでみました。「古代の貿易商人は、世界の隙間に住むエピクロスの神々のように、いやむしろポーランド社会の気孔に住むユダヤ人のように住んでいた」というマルクスの言葉を手がかりにして、商業資本主義の象徴として、ユダヤ人の高利貸しシャイロックを描いてみようと思ったのです。

しかし、すぐにこの試みは困難に行き当たります。劇の中で実際に遠隔地貿易を行っているのは、シャイロックの敵役のアントーニオであるからです（よく間違えられるのですが、「ヴェニスの商人」とは、シャイロックではなく、アントーニオのことです）。対立している二人の人物が、一方は高利貸し、他方は遠隔地商人という違いがあるにせよ、ともに商業資本主義の体現者であるというのでは、あまり面白い分析はできそうもない。そう悩んでいたとき、水村美苗が助け船を出してくれました。彼女は、昔に読んだ物語でも、その細部を実によく覚えている。確か、『ヴェニスの商人』の中に、友人のバッサーニオがアントーニオのことを「古代ローマ人」のような人物であると賞賛する科白があったはずだ。この言葉は、アントーニオが「共同体的」な連帯意識を何よりも大切にする、まさに「古代的」な精神を持った人物であることを示しているはずだ、と教えてくれたのです。

私は、急いで『ヴェニスの商人』のテクストに戻りました。そして、すぐに、教わった通りのバッサーニオの科白を見つけました。

「私にとって一番の親友だ、この世にあれほど親切な男はいまい、あれほど立派な心とあれほど人のために尽してやまぬ精神の持ち主は。イタリア広しと言えども、古代ローマ人の名誉心をあの男以上に身に備えているものはいないだろう」

アントーニオとは、貿易都市ヴェニスにおける「古代ローマ」の生き残りなのです。『ヴェニスの商人』の重要なプロットの一つは、友人のバッサーニオが、莫大な遺産を相続した貴族の娘ポーシャに求婚する物語です。バッサーニオが求婚の計画とそのための借金の申し込みをほのめかしたとき、アントーニオは次のような返事をしています。

「ぜひ話してくれ、バッサーニオ、そしてその話が、きみの常として、天地に恥じないものであれば、安心するがよい、おれの財布も、身体も、おれにできることならなんでも、きみの必要のために喜んで提供しよう」

この科白から、アントーニオがバッサーニオに同性愛的な愛情を抱いていたと解釈する人も多くいます。アル・パチーノがシャイロック、ジェレミー・アイアンズがアントーニオを演じた二〇〇四年の映画『ヴェニスの商人』も、この解釈にもとづいていました。近代的な人間像を投影しすぎた、つまらない解釈です。

私には、この科白は、アントーニオとその友人たちがお互いの「兄弟になる」という、まさに近代以前の「共同体」的な連帯意識の表明としか読めません。ここで「兄弟になる」とは、市場における交換関係のような損得勘定をすべて排除し、相互扶助の原則にもとづく疑似家族的な関係を結ぶことです。「兄弟」が必要とするならば、自分の「財布でも身体でも」喜んで犠牲にするという、全人格を賭けた関係に入るのです。アントーニオは、このような「古代的」な人間関係を、それとは最も縁遠いはずのイタリアの貿易都市において最も忠実に守っている人間であるからこそ、「古代ローマ人」と呼ばれる資格を持っているわけです。

でも、ここで疑問が起きるかもしれません。アントーニオは、遠隔地貿易を行っている商人です。この反共同体的な市場活動と共同体的な連帯関係を絶対視する古代ローマ人の精神とは、どうして両立しうるのか。ここに、共同体のウチ（内部）とソト（外部）の論理が働きます。遠隔地貿易とは、「兄弟」ではないもの、すなわち共同体にとっての「外部者」、遠くに住む「異邦人」との交換活動です。それは、お互いが「兄弟になる」ことを必要としない、非人格的な関係の仕方にほかなりません。それだからこそ、アントーニオは、ヴェニスにおける友人たちとの共同体的連帯と全く矛盾することなく、遠隔地貿易によって利潤を得ることができるのです。いや、共同体が、その内部の連帯意識を壊さずに莫大な富を蓄積していくためには、「異邦人」が住む「外部」の共同体が絶対に必要になるのです。

ところで、バッサーニオの求婚計画に資金を提供する約束をしたアントーニオは、十分な現金が手元にありません。運悪く、持ち船がすべて航海に出ているのです。「兄弟」のために、おカネを借りてでも、援助しなければならなくなる（より正確には、バッサーニオの借金の保証人を引き受けなければならなくなる）。そこに、ユダヤ人の「高利貸し」のシャイロックが登場します。

「高利貸し」とは何か。それは、共同体的社会にとって最も嫌悪される職業です。共同体的社会とは、すでに述べたように、「兄弟」的な連帯意識によって結ばれた人間関係によって成立しています。これに対して、「貨幣」という抽象的な価値の担い手を交換の媒介とする資本主義社会においては、「異邦人」とも「身分違い」とも「敵」とも交換関係を結ぶことができます。このように、お互いが「兄弟になる」ことを必要としない非人格的な人間関係を可能にしてしまう「貨幣」とは、共同体的社会を解体しかねない不可解な力を持った、まさに「異物」そのものなのです。したがって、貨幣それ自体を商売の対象にし、貨幣それ自体を増やすことを目的とする高利貸しに対しては、共同体は常に激しい敵意を示してきました。例えば、『旧約聖書』には次のような戒律があります。

「汝の兄弟より利息を取るべからず、すなわち金の利息、食べ物の利息など、すべて利息を生ずべき物の利息を取るべからず」（『申命記』）

そして、共同体的精神の最も忠実な体現者であるアントーニオも、例外ではありません。アントーニオ自身、こう言い放ちます。「私は金の貸し借りに、利子のやり取りはしない流儀なのだ」と。

しかしながら、どのような共同体においても、飢饉や祝祭や戦争など、利子を伴ってもおカネを借りなければならない事態が必ず発生します。そして、アントーニオも、「兄弟」バッサーニオの求婚計画のために、利子を払ってでも三千ダカットの借金をしなければならなくなったのです。

すなわち、共同体の中では利子を伴ったおカネの貸し借りは許されないが、その共同体の中でも利子を伴ったおカネの貸し借りが必要になることがある。この二律背反は、どう解決されるのでしょうか。

実は、先ほど引用した『旧約聖書』の利子に関する戒律には、次のような但し書きがついています。

「他国の人よりは、汝、利息を取るも宜し」

ここでも、あの共同体のウチとソトとの論理が使われているのです。共同体の内部の「兄弟」とは利子のやり取りをしてはいけないが、共同体の外部の「異邦人」からは利子つきの貸し借りをしてもよい。したがって、共同体の内部の人間は、まさにその内部の空間において自分たちを「異邦人」として扱う「外部」の共同体が存在するならば、兄弟的な連帯関係を壊すことなく、利子を伴うおカネの借り入れをすることができるはずです。

共同体の空間的な内部におけるもう一つ別の共同体――まさにそれは、キリスト教的西欧社会においてユダヤ人共同体が演じ続けてきた役割にほかなりません。ユダヤ人とは、世界中に散らばりながら、唯一神エホバに選ばれた民族として、周りのキリスト教社会から遮断された共同体を形成してきました。だが、まさにそのことによって、キリスト教徒は、自分たちの外部の異邦人として、ユダヤ人から利子つきでおカネを借りることができることになります。そして、ユダヤ人も、やはり自分たちの外部の異邦人として、キリスト教徒に利子つきでおカネを貸すことができることになるのです。

「だから、金を貸してくれるのならば、友だちに貸すとは思うなよ。……それよりも、おまえの敵に貸すのだと思え。敵となれば、契約が破られたとき大威張りで違約金を取りたてることができるからな」

アントーニオは、こう言い放って、シャイロックから三千ダカットの借金をするのです。ここで、「敵」とは兄弟ならざる異邦人のことですし、「違約金」とは隠された形の利子のことです。敵とならば、利子を伴った貸し借りが堂々とできるのです。

かくして私は、『ヴェニスの商人』の登場人物の中に、敵対する二つのグループを同定することができました。第一のグループは、アントーニオによって代表されるヴェニスのキリスト教徒たちの共同体。第二のグループは、シャイロックによって代表されているユダヤ人の共同体です。そして、このように二つのグループを同定すると、その二つから排除された第三のグループの存在が、おのずから浮かび上がってきます。それは、ポーシャ、ネリッサおよびジェシカという三人の「女性」たちです。

ポーシャとネリッサは、ヴェニスから遠く離れたベルモントに住む貴族の娘とその侍女であるのに対して、ジェシカは、ヴェニスのユダヤ人居住区に住むシャイロックの娘です。その意味では全く違った境遇にありながら、彼女らはいずれも「女性」――しかもヴェニスの市民たちにとっての「異邦の女性」――であるという二重の「外部性」によって、この喜劇の中ではともに両義性に満ちた媒介者的な役割――いわば、トリックスター――を演ずることになるのです。

あとは、この三つのグループに属する登場人物たちが、劇の進行とともにお互いにどのように関係し合っていくかを、丁寧に読み取っていけばよいはずです。私は、AA研で発表するための覚え書きを作り始めました。それが『ヴェニスの商人の資本論』です。

## シェークスピアのテクストが語りかけてくる

――岩井は、『ヴェニスの商人』のテクストを読み解くとき、「不思議」な感覚にとらわれたという。なぜだろうか。

そして、「不思議」なことが起こりました。

夏目漱石の『夢十夜』に、鎌倉時代の仏師運慶が仁王像を彫る様子を見物している夢があります。見物人はみな明治時代の人間です。運慶がノミとツチを動かしているうちに、一本の丸太からたちまち仁王さまの顔が浮き上がってくる。夢の中の漱石が、よくああ無造作にノミを使って、思うような眉や鼻ができるものだなと、独り言を言うと、見物人の一人がこう言います。「なに、あれは眉や鼻をノミで作るんじゃない。あの通りの眉や鼻が木の中に埋っているのを、ノミとツチの力で掘り出すまでだ。まるで土の中から石を掘り出すようなものだから決して間違うはずはない」

『ヴェニスの商人』を読み始めたのは、私自身の「資本主義論」を解説するための「一例」として使おうと思ったからです。しかしながら、シェークスピアのテクストを読み進むにつれて、私はあたかも自分が運慶にでもなったような「不思議」な感覚に襲われました。そのテクストの中に、「資本主義論」がすでに埋め込まれている。さらに読み進むと、「貨幣論」も埋め込まれている。テクストを分析しているのは、まぎれもなくこの私ですが、そのテクスト自体が、自分がどう分析されるべきかを、私に語りかけている。『ヴェニスの商人の資本論』をワープロに入力しながら、私は、木の中に埋まっている眉や鼻を彫り出すように、シェークスピアのテクストの中にすでに埋め込まれている「資本主義論」と「貨幣論」を、単に掘り出しているだけだ――そういう感覚にとらわれ続けました。

いうまでもなく、『ヴェニスの商人』は文学作品です。シェークスピアは、「資本主義論」を書こうと思ったのでも、「貨幣論」を書こうと思ったのでもありません。だが、キリスト教徒の共同体、ユダヤ人の共同体、そして異邦の女性――この三つのグループに属する登場人物の間の対立や交渉や契約や裁判や結婚や諍いなどを組み合わせ、一つの喜劇作品を作り上げていく言語的な作業の過程で、シェークスピアという天才は、「資本主義とは何か」「貨幣とは何か」という問題を、いわば構造的に解いてしまっていたのです。

ただ、シェークスピアが構造的に与えた「解答」がどのようなものであったかは、これ以上は解説しないでおきましょう。『ヴェニスの商人の資本論』の内容を、そっくりそのまま繰り返すことになってしまうからです。

一九八四年五月、AA研でのセミナーは、無事終わりました。セミナーのための覚え書きは、ひと夏かけてエッセイとして書き直しました。そして、八五年一月、そのエッセイを巻頭に置き、それ以前に発表した一般読者向けのエッセイを加えた『ヴェニスの商人の資本論』を刊行しました。出版社は筑摩書房。編集者は間宮幹彦さん。それ以来、間宮さんが筑摩書房を退職するまで三十年近く、本作りの二人三脚が続きました。「良い本ができるまで、いつまでもお待ちしています」——これが、間宮さんの口癖です。その言葉につい甘えて、結局その後、筑摩書房では、『貨幣論』（一九九三）と『二十一世紀の資本主義論』（二〇〇〇）の二冊しか、本としてまとめられませんでした。経済学者として、英語で論文を書くことに多くの時間を費やさざるをえなかったからです。間宮さんには申し訳ないことをしました。

『ヴェニスの商人の資本論』は、もちろん、大ベストセラーなどにはなりません。だが、「ニューアカデミズム」のブームに押されたのでしょう、内容の割には多くの読者に受け入れられました。その後、一九九二年に「ちくま学芸文庫」が創刊されると、その創刊記念の一冊として文庫化され、細々とですがいまだに版を重ねています。私にとって日本語での初めての出版でもあり、一番愛着のある書物です。

——岩井は、『ヴェニスの商人の資本論』を書くことで完成した「貨幣論」を、今度は数学的に定式化する試みを始め、試行錯誤の末、「貨幣の進化」という数学的な論文を書くことができた。

私は、『ヴェニスの商人の資本論』を書く中で、シェークスピアの言葉の力に助けられて、「貨幣とは何か」という問いに対して、自分なりの「答え」をいちおうつかみとることができました（どのような「答え」かは、後でお話しします）。だが、私は学者です。その「答え」を、文学作品に頼らずに、自己完結した形で理論化したいと考えていました。関連文献をあさり、何度も試みたのですが、なかなかきれいに定式化できない。

一九八七年十月でした。鈴村興太郎さんの尽力によって十七年ぶりに開催された国際計量経済学会（エコノメトリック・ソサエティ）極東大会に出席しました。私自身は論文を発表しませんでしたが（発表できる論文もありませんでした）、この大会には、当時プリンストン大学にいたジョセフ・スティグリッツ、エール時代からの友人ジョン・ローマー、それから、次章でその理由を説明しますが、当時手紙を何度もやり取りしていたペンシルベニア大学の経済学部長であったアンドルー・ポストルウェイトなどが招かれており、彼らに会いたかったからです。

最初の招待講演者は、ペンシルベニア大学のコスタス・アザリアディスで、マクロ経済学と貨幣理論の最先端の研究動向についての展望論文を発表していました。そして、その中で、ロバート・A・ジョーンズが一九七六年に出版した「交換媒体の起源と発展」という題名の論文を、面白い試みの一つとして紹介しました。[*1] まだ午前十時。十分に目が覚めていません。配布されたアザリアディスの論文のコピーの中に転記されていたジョーンズの数式を眠たい目で眺めながら、ああ、ここはこう一般化できるのではないかと思った瞬間、すっかり目が覚めました。そうだ、貨幣論の数学化は、この論文の方向でいける――そう、確信したのです。すぐにジョーンズの論文を大学の図書館でコピーして読んでみると、示唆に富んでいますが、「貨幣とは何か」という問いには十分に答えていない。その日から、文字通り寝食を忘れて数学モデル作りに没頭しました。

ジョーンズの論文は、数理経済学の中の「サーチ（探索）理論」を応用しています。「サーチ理論」とは、すべての取引相手が一堂に会する（証券取引所のような）集権的な交換機構ではなく、個々の取引者が時間をかけて相手を探す分権的な交換過程を分析する数学手法です。エール大学にいたとき最適化理論の講義で何度も教えたことがある手法なので、新しく学ぶ必要はありません。二カ月近くかけて、「貨幣の進化――貨幣経済学のサーチ理論的基礎」という英文の論文を書き上げることができました。[*2] そして十二月に、奥野正寛君が主宰していた東大経済学部の「ゲーム論研究会」でその内容を

＊1　アザリアディスはこのときの論文をその後出版していないと思います。ジョーンズの論文は、Jones, Robert A. "The origin and development of media of exchange." *The Journal of Political Economy* (1976) : 757-775。

＊2　この論文は、翌年一月にペンシルベニア大学経済学部のディスカッションペーパーになりました。Iwai, Katsuhito. The evolution of money : a search-theoretic foundation of monetary economics, mimeo, *CARESS Working Paper* #88-03 (Dept. of Economics, University of Pennsylvania), Feb. 1988.

発表しました。

## 貨幣とは何か

### ――貨幣とは何か。岩井はこの問題を考え続けた。

この問いに対する答えは、簡単です。貨幣とは、「交換の一般的媒介」です。それは、価値さえ等しければ、誰もが他のモノと交換に受け取ってくれるモノのことです。もっとも、通常の経済学の教科書には、貨幣とは価値の尺度、価値の貯蔵手段、そして交換の媒介としての役割を果たすもの、という定義が与えられています。でも、価値が安定しているモノならどれも価値の尺度となりますし、耐久性のあるモノならどれも価値の貯蔵手段となります。しかも、どのようなモノでも、「欲求の二重の一致」さえ満たせば、他のモノを手に入れるための交換の媒介になりえます。

ここで、「欲求の二重の一致」とは、自分が欲しいモノを持っている相手が、ちょうど自分が持っているモノを欲しがっている状況のことです。ですから、価値の尺度、価値の貯蔵手段、交換の媒介というだけでは、貨幣の定義としては、不十分です。繰り返しますが、貨幣とは、「交換の一般的媒介」のことなのです。

今、どのようなモノでも、「欲求の二重の一致」さえ満たせば交換の媒介になると書きましたが、現実には、欲求の二重の一致などそんなに頻繁に起こることではありません。それだからこそ、モノとモノとが直接交換される物々交換経済は、経済システムとしては大変に非効率的であるのです。

これに対して、貨幣とは、誰もが受け取ってくれる「交換の一般的媒介」であることによって、欲求が二重に一致していない人間の間の交換も可能にします。たとえ自分が欲しいコーヒーを持っている相手が自分の持っているお茶は欲していなくても、貨幣と引き換えならば、自分の欲しいコーヒーを手渡してくれるはずです。物々交換の困難を解消してくれる貨幣とは、まさに経済効率性の元祖であるのです。

それでは、いったいなぜ、誰もが貨幣を貨幣として受け取ってくれるのでしょうか。いや、貨幣とは一般的な交換の媒介の別名ですから、こう言い換えた方がよいでしょうか。なぜ、貨幣は貨幣として機能しているのでしょうか。なぜ貨幣は貨幣であるのでしょうか。こう問い直したとたんに、答えるのが一挙に難しくなります。実際、なぜ貨幣が貨幣であるのかという問いをめぐっては、古代から現代まで、二つの対立する学説がずっと争ってきたのです。貨幣商品説と貨幣法制説です。

貨幣商品説とは、貨幣が貨幣として受け入れられるのは、それが広範囲の人びとの欲求の対象となっている特別の商品であるからだという主張です。貨幣法制説とは、貨幣が貨幣として受け入れられるのは、それが共同体的な申し合わせや政府の命令や国家の法律によって貨幣として指定されたからであるという主張です。

貨幣商品説の歴史は古く、金銀がそのままの形で貨幣として用いられていた時代までさかのぼることができます。近代に入ってからは、古典派経済学およびマルクス経済学が、それを正統派理論の位置にまで高めました。そして、その最も洗練された定式化は、新古典派経済学の創始者の一人であったカール・メンガー（一八四〇－一九二一）の「貨幣の起源について」と題された一八九二年の論文です。[*3] 先ほどのロバート・A・ジョーンズの論文は、このメンガー理論の現代化の試みであるのです。

同様に、貨幣法制説の歴史もやはり古く、少なくとも古代ギリシャのアリストテレスにまでさかのぼることができます。近代に入ってからは、ゲオルグ・クナップ（一八四二－一九二六）による『貨幣国定学説』（一九〇五）が最も有名な定式化です。[*4] そして、管理通貨体制になった現代では、貨幣商品説よりも貨幣法制説を信じている人の方が圧倒的に多数であると思います。

貨幣商品説は、人びとの間の欲求のあり方、より一般的には経済の実体的構造に貨幣が貨幣である根拠を求めています。貨幣法制説は、経済の外部にある超越的な権力の存在に貨幣が貨幣であることの根拠を求めます。ギリシャ哲学の用語を借りると、一方は貨幣を「ピュシス（Physis：自然）」であるとし、他方は「ノモス（Nomos：法または規範または人為）」であるとしているのです。

だが、私が「貨幣の進化」という論文で示そうとしたことは、貨幣商品説も貨幣法制説も、ともに正しい貨幣理論ではないということです。いや、もう少し正確に言うと、どちらの理論も貨幣が貨幣であるための存立条件の片半分しかとらえていないという意味で、正しくないということです。

両者に代わって、私が提示したのは、「貨幣の自己循環論法理論」です（自己循環論法という言葉を、自己言及性という言葉に置き換えてもかまいません）。それは、「貨幣とは貨幣として使われるから貨幣である」と主張しています。この言葉は、人を喰った禅問答のように聞こえるかもしれません。でも、トートロジー（同義反復）でもナンセンスな言葉遊びでもありません。

「貨幣の自己循環論法理論」とは、貨幣とは、人びとの広範な欲求といった実体経済の支えも、外部の超越的権力の介入も必要とせずに存在しうることを示す、れっきとした「存在定理」であるのです（もちろん、一定の仮定のもとでですが）。言い換えれば、貨幣とは、それが多くの人に貨幣として使われているという事実のみによって多くの人に貨幣として使われるという「自己循環論法」の産物であること、そして、その存在はピュ

＊3　Menger, Karl. "On the origin of money." *The Economic Journal* 2.6 (1892): 239-255.
＊4　ゲオルグ・クナップ『貨幣国定学説』（宮田喜代蔵訳、有明書房、一九八八）。

シス（自然）にもノモス（法や規範）にも還元できないということを証明しようとしたのです。ただ、これでもまだ禅問答に聞こえているかもしれませんので、もう少し説明を付け加えてみます。

## メンガー貨幣論批判

**――「貨幣の進化」という論文では「貨幣の自己循環論法理論」を提示したが、それはカール・メンガーの「見えざる手」の発想に近い貨幣生成論に対する批判でもあった。**

先ほど、貨幣商品説の最も洗練された定式化は、新古典派経済学の創始者の一人、カール・メンガーによるものだと述べました。メンガーは、アダム・スミスの「見えざる手」の思想の忠実な継承者です。彼は、外部の権力の介入を要請している貨幣法制説は、貨幣とは何かという問いを単に棚上げしただけであるとして棄却します。そして、貨幣の起源と発展に関して、まさに「見えざる手」的な説明を与えようとしたのです。

メンガー理論で最も重要な役割を果たすのは、「販売可能性（Salability）」という概念です。あるモノ――例えばリネン（亜麻布）――の販売可能性が高いというのは、リネンを所有している限り、自分が欲しいと思っているモノが何であれ、それをリネンと交換してくれる人が容易に見つかるということです。ただ、メンガー自身は気がついていませんが、彼の理論にはもう一つの概念が必要です。それは、販売可能性の対となる「購買可能性（Purchasability）」です。あるモノ——例えばリネン——の購買可能性が高いというのは、リネンを欲しがっている限り、自分が所有しているモノが何であれ、それとリネンとを交換してくれる人が容易に見つかるということです。

重要なのは、すべてのモノが同じだけの販売可能性や購買可能性を持っているわけではないことにあります。例えば、リネンは用途が広く、作れる人も多いので、その販売可能性も購買可能性も高くなり、リネンの所有者は、上着の所有者ともお茶の所有者ともコーヒーの所有者とも欲求が二重に一致しているかもしれません。当然、リネンと上着、リネンとお茶、リネンとコーヒーの間で物々交換が行われます。

これに対して、上着やお茶やコーヒーは、リネンに比べて販売可能性や購買可能性が低く、お互い同士の物々交換はほとんど不可能だとしましょう。もし、そのような状態が長く続くと、例えば上着を所有していてお茶がぜひ欲しいと思っている人ならば、どう考えるでしょうか。ほとんど起こりそうもない物々交換のチャンスを待っていれば、渇き死にしてしまいます。それよりも、リネンが手に入れやすい（購買可能性が高い）ので、手元の上着をリネンに交換し、次にリネンが受け取ってもらいやすい（販売可能性が高い）ので、リネンを手に茶の所有者を捜す方が、はるかに容易に自分の欲しいモノを手に入れられると考え始めるかもしれません。

そして、多くの人が実際にそういう行動を取り始めると、「何の合意も、何の法的強制も、公共利益の考慮さえない」のに、単に「自己利益追求にのみ導かれて」、多くの人にとって取り立てて必要のないリネンが間接交換の媒介として需要されるようになると、メンガーは論じます。したがって、多くの人が合理的でありさえすれば、「経済の発展につれて、ごく限られた商品が、取引において誰にも受け入れられるようになるはずだ」と、メンガーは結論することになるのです。

すなわち、貨幣の「自然」な起源の主張です。まさに、「見えざる手」に導かれるように、販売可能性と購買可能性の高いモノが、合理的な個人の間の長い期間にわたる物々交換の過程の中で、自生的に貨幣に転化するのだというわけです。

販売可能性が高くて購買可能性が高いモノが自生的に貨幣に転化することを論じたメンガーの理論は、多くの追随者を生み出しました（ただし、メンガー自身は購買可能性という概念は見落としています）。特に自由放任主義者の間では、いまだに多くの信奉者を見いだすことができます。

実際、たくさんの経済学者や人類学者や歴史家は、貨幣の「起源」を見いだすために、古今東西の歴史において高い販売可能性や購買可能性を持つことになったモノを探し回ってきたのです。すると、家畜、穀物、奴隷、塩、茶、反物、羽毛、毛皮、なめし革、干し魚、貝殻、べっ甲、鯨歯、刀剣、蹄鉄、金、銀、青銅、銅、鉄、黒曜石、ガラス玉……およそ商品として用いられたことのあるほとんどすべてのモノの名前が挙がることになってしまいます。見いだすべき起源が、その多様性の中に埋没してしまうのです。

その理由は、簡単です。メンガーの理論は正しくないからです。いや、正確には、半分しか正しくないからです。なぜならば、「販売可能性・購買可能性の高さ→貨幣」という因果関係は、「貨幣→販売可能性・購買可能性の高さ」と逆転しうるからです。

先ほど、販売可能性も購買可能性も低い商品の例として、上着を挙げました。ここで、仮想実験的に、何らかの理由――例えば国家の法律――によって、この上着が一般的な交換の媒介、すなわち貨幣として使われることになった状況を想像してみましょう。そうすると、当然、お茶を所有している人もコーヒーを所有している人も、さらにリネンを所有している人すら、上着自体は欲しくなくても、それぞれ自分が所有しているお茶やコーヒーやリネンと交換するために、上着を所有している人を探し回るはずです。それは、上着が何らかの理由で一般的な交換の媒介となったことによって、これまで存在した本来的な欲求に加えて、その上着に対する「間接的な欲求」が新たに創り出されたことを意味します。

このことを、逆側にいる上着を所有している人の立場から見てみると、どうでしょうか。上着を所有している人にとっては、自分が欲しいモノが、お茶であれ、コーヒーであれ、リネンであれ、それを上着と交換したい人がいとも容易に見つかるということを意味します。それは、もちろん、上着が高い「販売可能性」を持っていることにほかなりません。

それだけではありません。もともとは上着ではなくお茶やコーヒーやリネンを所有していた人びとが、このようにして上着を手に入れると、今度はその上着を自分が本当に欲しいものと交換するために、コーヒーの所有者やお茶の所有者やリネンの所有者を探し回るはずです。それは、上着が一般的な交換の媒介であることによって、これまで存在した本来的な所有者に加えて、「暫定的な所有者」が新たに創り出されたことを意味します。

このことを、逆側にいるコーヒーの所有者やお茶の所有者やリネンの所有者の立場から見てみると、どうでしょうか。自分が所有しているモノが何であれ、それと上着を交換したい人がいとも容易に見つかるということを意味します。それは、もちろん、上着が高い「購買可能性」を持っていることにほかなりません。

すなわち、あるモノが貨幣として使われていること自体が、そのモノの販売可能性と購買可能性を必然的に高めてしまうのです。販売可能性も購買可能性も、人間の自然的な欲求や本来的な所有(生産)によって決められる外生的与件ではありません。それは、経済の交換構造によって決められる内生変数であるのです。

## 自己循環論法の勝利

ここにあるのは、まさに「自己循環論法」です。あるモノが貨幣として使われるのは、それが高い販売可能性と購買可能性を持っているからです。でも、それが高い販売可能性と購買可能性を持っているのは、単に貨幣として使われているからでしかないかもしれない。原因が結果を生み出しますが、その結果それ自体が原因であるかもしれない。「販売可能性・購買可能性の高さ→貨幣→販売可能性・購買可能性の高さ→貨幣→……」というように、原因と結果の堂々巡りが始まり、究極的な原因をどこにも確定することはできません。すなわち、「貨幣とは、貨幣として使われているから貨幣である」としか、理論的には言うことができないのです。

貨幣の起源を、特定のモノに対する広範な欲求の存在（およびその生産の広範な普及）――すなわち、ピュシス（自然）――のみに同定しようとした「貨幣商品説」は、したがって、誤りです。

では、それは、貨幣の起源を、共同体的な申し合わせや政府の命令や国家の法律――すなわち、ノモス（法や規範）――のみに同定しようとした「貨幣法制説」の勝利を意味するのでしょうか。

確かに千円札や一万円札のような日銀券に関しては、日本銀行法によって公私いっさいの取引に無制限に通用する「法貨」であると定められています。だが、歴史は、日本古代の和同開珎をはじめとして、国家に貨幣として指定されながら貨幣として流通しなかった貨幣の例に満ち満ちています。実際、日本の古代政府は、蓄銭叙位令などを出して、なんとか和同開珎を貨幣として流通させようとしますが、その大部分はおまじないとして神社仏閣の柱の下に埋められただけでした。

また、私たちは十円玉や百円玉などの硬貨も、千円札や一万円札と全く同じに現金（キャッシュ）として使っています。でも、硬貨に関しては日銀法とは別の法律があります。それをちゃんと読むと、硬貨は二十枚に限り法貨であるとしか定めていません。子供が一生懸命ピギーバンク（子豚貯金箱）に一円玉を集め、千枚貯まったところで、銀行の窓口に行って、両親に作ってもらった自分の口座に「千円、預けたいです」と申し出たとき、銀行員は法律的には二十一枚目以降のすべての一円玉の受け取りを拒否できるということです。もちろん、そんなことはありえません。銀行員はにこにこ笑いながら、九百八十枚の一円玉も、最初の二十枚と同じように、貨幣として受け取るはずです。

ということは、二十一枚以上の硬貨の流通は、少なくとも法律には依存していないということです。そして、歴史は、日本の中世で広く流通した唐銭、宋銭、明銭といった中国からの輸入銭、それから十八世紀半ばにオーストリア帝国で発行されエチオピアでは二十世紀後半まで流通したマリア・テレジア銀貨など、それを発行した国家がとうの昔に消滅したのに流通し続けた貨幣の例にも満ち満ちています。さらにいえば、現代の資本主義経済で最も大量に使われている貨幣は、市中銀行をはじめとする民間金融機関の預金者に対する債務（預金口座）です。もちろん、それを貨幣として使えという法律など、どこにもありません。

ですから、貨幣法制説も誤りであるのです。

ただ、起こりうる誤解を避けるために、急いで付け加えておきますが、私は、貨幣が歴史的に商品的な起源を持っていた可能性も法制的な起源を持っていた可能性も、否定しているのではありません。いや、人類の長い歴史の中で、多くの場合、そのどちらかが実際の起源であったはずです（さらにいえば、商人間の信用が起源であった場合もあったはずです）。

メンガーの議論の正しい解釈とは、どのようなモノでも、何らかの理由で販売可能性と購買可能性が十分に大きくなれば、貨幣として使われる可能性があるということだけです。その「何らかの理由」は、それに対する広範な欲求の存在であることも、共同体的な申し合わせや政府の命令や国家の法律であることもあるのです。私が否定しているのは、一方で、貨幣の起源を経済内的な欲求の構造というピュシス（自然）にのみ求める理論であり、他方で、貨幣の起源を経済外的な権力の介入というノモス（法や規範）にのみ求める理論です。

貨幣の歴史的起源は理論からは「決定不可能」である——そのことをまさに理論的に証明しようとしたのが「貨幣の自己循環論法理論」なのです。

貨幣の起源を見いだすためには、したがって、実際の「歴史」を丹念に調べるよりほかありません。でも、貨幣が貨幣であるためには、それが貨幣であるということ以外の何の支えも必要としません。したがって、耐久性のある商品ならば、理論的には何でも貨幣となることができますし、また、実際に、耐久性のある商品は、歴史の中で様々な偶然に左右されながら、実際に貨幣となってきました。先に出しておいた例を繰り返しますと、家畜、穀物、奴隷、塩、茶、反物、羽毛、毛皮、なめし革、干し魚、貝殻、べっ甲、鯨歯、刀剣、蹄鉄、金、銀、青銅、銅、鉄、黒曜石、ガラス玉などです。

ここで重要なことがあります。何らかの理由で、あるモノが貨幣として使われているとしましょう。そのとき、その貨幣としての価値は、それがモノとして持っている価値を必然的に上回ってしまうということです。これは自明の真理です。なぜでしょうか。それは、もし貨幣のモノとしての価値が貨幣としての価値を上回っていれば、人はそれをモノとして使ってしまうからです。そのように価値あるモノを、貨幣価値と同じ低い価値しか持たない他のモノと交換に他人に引き渡すなどという愚かなことは、誰もしないはずです。ということは、それは貨幣として使われないということです。どんなモノであれ、それが貨幣として使われているときには、その貨幣としての価値はモノとしての価値を必ず上回っているのです。

貨幣の貨幣としての価値は、まさにそれが貨幣として使われるから貨幣として使われるという「自己循環論法」によって支えられているのです。それだからこそ、モノとしてはほとんど何の役にも立たない、ヤップ島の海の底に沈んでいる丸い大きな石でも、ミネルヴァのフクロウの姿が刻印された金属片でも、福沢諭吉の顔が印刷された紙切れでも、コンピューターネットワーク上の暗号化された電子情報でも、貨幣になることができますし、実際に貨幣になっているのです。

これが、「貨幣の自己循環論法理論」です。「貨幣とは貨幣として使われるから貨幣である」という言葉が、単なる禅問答ではないことが明らかになったことを願っています。

ただし、この貨幣の自己循環論法理論は、貨幣の存立可能性を示した「存在定理」でしかありません。貨幣が長期的にも貨幣としての価値を持ち続けることができるかどうかという「安定性」の問題は、別の話です。そのことについては、あとで戻ってくることにします。

「貨幣の進化」論文を解説した以上の議論は、図を使って解説した方が分かりやすいと思うので、この章の最後に補論として図解してみました。その中の図5―4、図5―7、図5―8は、この後『貨幣論』を解説する際に言及しますので、そのときに見ていただけたらと思います。

## ――岩井は、「貨幣進化」の論文を下敷きにして、マルクスの「価値形態論」を読み直す『貨幣論』を書いた。

「貨幣の進化」論文は、最終的には「貨幣の自己循環論法理論」と題名を改め、その一部が一九九六年に『ストラクチュラル・チェンジ・アンド・エコノミック・ダイナミックス』に掲載されました。[*5] 出版までこれだけ長い期間がかかったことからも分かるように、大変苦労しました。しかも、最終的に掲載されたのは、なにしろこの私が長い間、編集委員の一人であったことから明らかなように、学界では全くといってよいほど知名度がない雑誌です。その辺の事情は次章でお話ししますが、一時は、この論文を出版するのは諦めて、そのままほったらかしにしていたのです。

ちょうど、その頃のことです。浅田彰さんと柄谷行人さんが『批評空間』という季刊誌の刊行を企画していました。「ゼロの会」からの延長で、私も編集顧問の一人となり、創刊号に何かを書くよう依頼されました。私はほとんど瞬間的に、「貨幣の進化」論文を下敷きにして、マルクスの「価値形態論」を読み解く作業をしてみたいと申し出ました。それが、『貨幣論』です。一九九一年一月の『批評空間』第一号から連載を始め、九三年の第八号で一応の終止符を打ちました。連載の途中から、間宮幹彦さんと編集作業を始め、同年三月に筑摩書房から単行本として出版しました。

——岩井は柄谷行人との対談で、『貨幣論』を書くことになった社会的な背景を説明している。①社会主義国家が崩壊し、マルクス経済学者が沈黙してしまったために、マルクス経済学者の指導書としてではなく、一つのテクストとしてマルクスの著作を読む機会が万人に開かれた、②バブル経済の崩壊で不況になると、人びとは「清貧の思想」を唱え、過去の幻想から脱して実体に向かっていると思っている。それこそが幻想であり、貨幣にはもともとそれを根拠づける実体などないことを明らかにしたかった、③冷戦構造の終焉で全世界が資本主義社会となり、貨幣の存立構造の解体という意味でのハイパーインフレーション現象についての理論的な思考が可能になった——の三点である。

＊5　"The bootstrap theory of money — a search-theoretic foundation of monetary economics," *Structural Change and Economic Dynamics*, 7 (4) Dec. 1996, pp. 451-477 ; "Corrigendum," 9 (2) 1998, p. 269.

## マルクスを超えて、マルクスを読み直す

『ヴェニスの商人の資本論』では、私は『ヴェニスの商人』のテクストを読み解くことによって、「資本主義論」、さらに「貨幣論」を提示することができました。ただ、それは、シェークスピアがテクストの中にすでに構造的に埋め込んでいた「資本主義論」と「貨幣論」を、シェークスピアのテクストに導かれて、そのまま掘り出していく作業でした。

これに対して、『貨幣論』において私がマルクスの「価値形態論」のテクストに対して行ったのは、それとは全く異なった読み解きです。マルクスのテクストが、マルクス自身が言おうとしたこと以上のことを、マルクス自身の意図に反して言っている——それを、私は示そうとしました。それは、マルクスに従いながら、マルクスを超えて、マルクスを読み直す作業であるのです。ただ、こう言っても意味不明だと思いますので、もう少し説明してみます。

「それぞれの商品は、それらの使用価値の雑多な現物形態とは著しい対照をなしている一つの共通な価値形態——貨幣形態を持っているということだけは、誰でも、他のことは何も知っていなくても、よく知っていることである。しかし、今ここでなされなければならないことは、ブルジョア経済学によってただ試みられたことさえないこと、すな

わち、この貨幣形態の生成を示すことであり、したがって、諸商品の価値関係に含まれている価値表現の発展をその最も単純な最も目立たない姿から光まばゆい貨幣形態にいたるまで追跡することである。これによって同時に貨幣の謎も消え去るのである」[*6]（十一―十二）

このひどく分かりにくい文章は、マルクスの『資本論』第一巻の「価値形態論」の中の一節です。ここで「商品は貨幣形態を持っている」というのは、どのような商品も貨幣と交換されなければ――すなわち、売られなければ――価値として実現されないという、貨幣経済における基本的事実のマルクス的な言い回しです。マルクスは、商品の「価値形態」なるものの発展を弁証法的に追跡することによって初めて、どのような商品も貨幣と交換されなければその価値を実現できないという「貨幣の謎」が解消されるのだと、宣言しているのです。

## ――マルクスの「価値形態論」とは何か。説明してもらおう。

＊6　カール・マルクス『資本論〈全九巻〉』（岡崎次郎訳、大月書店・国民文庫、一九七二―七五）。数字は国民文庫に掲載されているディーツ版全集のページ数。

では、ここでマルクスのいう商品の「価値形態」とは、いったい何なのでしょうか。もちろん、文字通り、「価値」の「形態」です。では、「価値形態」がその「形態」である「価値」の「実体」とは、いったい何なのでしょうか。もちろん、第一章でも第三章でも述べたように、モノの生産に投入された「労働量」です。マルクス自身の言葉でいえば、「ある財貨が価値を持つのは、ただ抽象的人間労働がそれに対象化または物質化されているからでしかなく」……その「価値の大きさはそれに含まれている〈価値を形成する実体〉の量、すなわち労働の量によって計られる」(五十三)というわけです。

『資本論』の第一巻が出版された一年後の一八六八年、マルクスは友人のクーゲルマンに次のような手紙を書いています。

「どの国民も、もし一年とは言わずに数週間でも労働をやめれば、死んでしまうであろう、ということは子供でもわかることです。また、色々な欲望量に対応する諸生産物の量が社会的総労働の色々な量的に規定された量を必要とするということも、やはり子供でもわかることです。このような、一定の割合での社会的労働の分割の必要は、決して社会的生産物の特定の形態によって廃棄されうるものではなくて、ただその現象様式を変えうるだけだ、ということは自明です。自然法則は決して廃棄されうるものではありません。歴史的に違う色々な状態のもとで変化しうるものは、ただ、かの諸法則が貫かれる形態だけです。そして、社会的労働の関連が個人的労働生産物の私的交換として実現される社会状態のもとでこのような一定の割合での労働の分割が実現される形態、これがまさにこれらの生産物の交換価値なのです[*7]」

ここで主張されているのは、まさに徹底的な「労働価値論」です。労働価値論とは「子供でもわかる」自明の真理であるというのです。そして、それは、歴史に存在したどのような人間社会においても成立する「自然法則」であると断言しています。しかも、この法則は、資本主義社会の場合よりも、ロビンソン・クルーソーの経済活動やヨーロッパ中世の封建制社会、さらに中央集権的な共産主義社会の場合の方が、はるかに単純で透明な仕方で貫徹されていると、『資本論』の中でマルクスは論じています。マルクスにとって、人間の労働が「価値を形成する実体」であることは、ありとあらゆる人間社会に共通する「超」歴史的な「自然法則」であるのです。

これまでの多くの価値形態論解釈の試みは、それが前提としている労働価値論からなんとか実体論的色彩を薄めるために躍起になってきました。それも無理のないことです。なぜなら、「抽象的人間労働」の「対象化または物質化」とか「価値を形成する実体」といったマルクスの形而上学的な言葉づかいがあまりにも古色蒼然としていて、と

*7　カール・マルクス「クーゲルマンへの手紙」一八六八年七月一一日『マルクス＝エンゲルス資本論書簡2』（岡崎次郎訳、大月書店・国民文庫、一九七一）。

ても現代人には通用しないと考えるからです。

そうかもしれません。でも、マルクスの労働価値論が言葉の真の意味での実体論であることを無視してしまうと、価値形態論を可能にしたマルクス自身の思考の構造そのものを見失ってしまうことになります。なぜならば、まさにこのように価値の「実体」が「超」歴史的に確定されたことによって、マルクスの思考の中に、古代ギリシャ以来西欧思想を動かし続けてきた、「実体」と「形態」との間の対立関係を軸として展開する弁証法が作動し始めることになったからです。

## マルクスの価値形態論

「自然法則」としての労働価値論は「廃棄されうるものではなく、ただその現象形態を変えうるだけだ」と、先に引用したクーゲルマンへの手紙の中でマルクスは主張していました。価値の「実体」としての人間労働が「超」歴史的なものだとしたら、歴史とともに変化しうるのは、その「現象形態」だけであるはずです。実際、マルクスは、先に引用したクーゲルマンへの手紙の中の文章のすぐ後に、「科学とは、まさに、どのようにして価値法則が貫かれるかを説明することなのです」と述べています。

すなわち、マルクスが価値形態論でみずからに課した「科学」的課題とは、商品所有者同士の交換活動によって成り立つ資本主義社会において、「超」歴史的な価値の「実体」が、どのようにして商品と商品との「交換価値」という特殊歴史的な「現象形態」として表現されるのかを示すことにあったのです。そして、その最終目標は、この「交換価値」の中にも労働価値論が十全に貫かれていることを再確認することにほかなりません。労働価値論こそ、価値形態論の出発点であると同時に目標点でもあるというわけです。まさにこのことが、マルクスのテクストを読み解くための導きの糸であるのです。

それでは、どのようにマルクスは価値形態論を展開していったのでしょうか。

図5－1を見てください。これは、マルクスが「価値形態論」の中で提示した「価値形態」の四つの段階です（分かりやすいように、ドイツ語のリンネルを英語のリネンに直すなど、多少手直しをほどこしました）。「単純な価値形態」（A）から、「全般的価値形態」（B）と「一般的価値形態」（C）を経て、完成された形態である「貨幣形態」（D）へと単線的に発展していきます。[*8]

マルクスの「価値形態論」は、人類がこれまで書いたテクストの中で、最も面白いものの一つです（そして、最も読みにくいものの一つでもあります）。しかしながら、形而上学的な言い回しや弁証法的な議論のヴェールを剝いで、日常的な言葉に置き換えてみると、その基本的な構造は思ったほど複雑ではありません。

まず、「価値形態」発展の第一段階である「単純な価値形態」（A）とは、リネンと上

### 図5-1　マルクスが描く「価値形態」の単線的発展

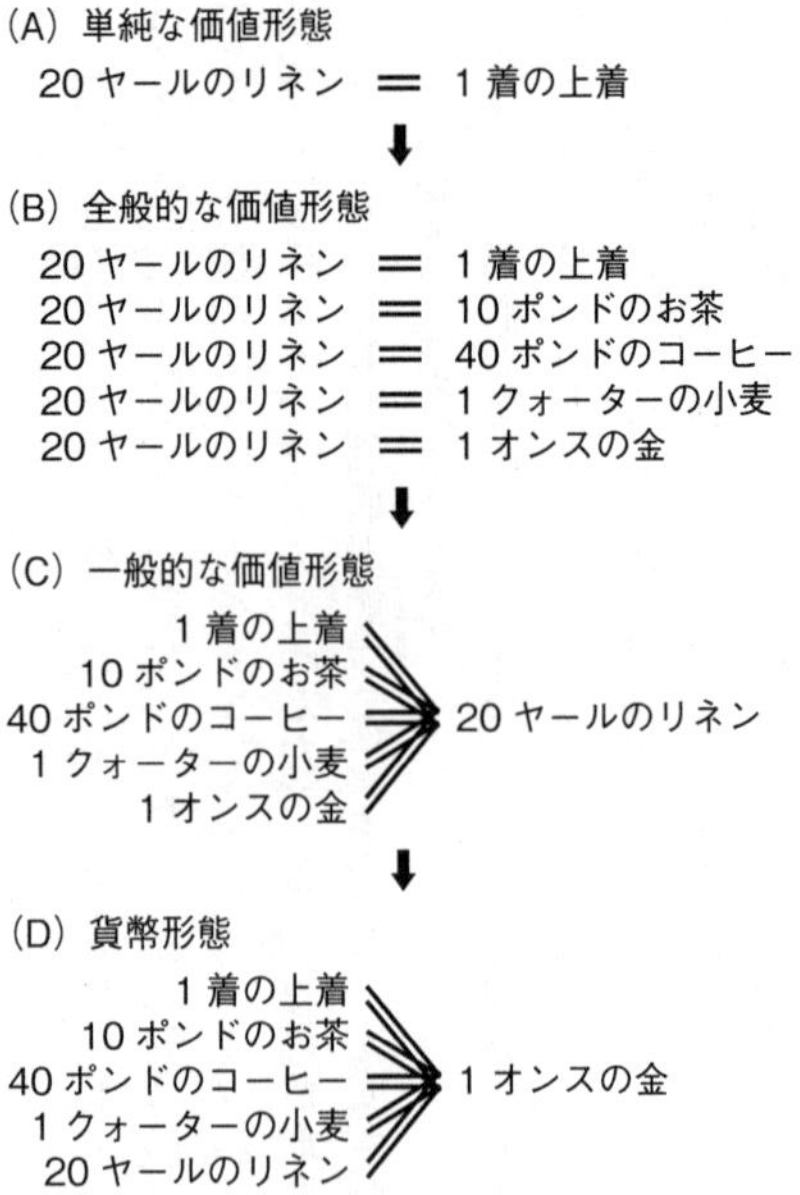

(A) 単純な価値形態

20ヤールのリネン ＝ 1着の上着

↓

(B) 全般的な価値形態

20ヤールのリネン ＝ 1着の上着
20ヤールのリネン ＝ 10ポンドのお茶
20ヤールのリネン ＝ 40ポンドのコーヒー
20ヤールのリネン ＝ 1クォーターの小麦
20ヤールのリネン ＝ 1オンスの金

↓

(C) 一般的な価値形態

1着の上着
10ポンドのお茶
40ポンドのコーヒー　→ 20ヤールのリネン
1クォーターの小麦
1オンスの金

↓

(D) 貨幣形態

1着の上着
10ポンドのお茶
40ポンドのコーヒー　→ 1オンスの金
1クォーターの小麦
20ヤールのリネン

着の間に物々交換が成立している状況をリネン所有者の立場から描いたものです。二番目の「全般的価値形態」(B)とは、そのリネンが上着やお茶やコーヒーなど多数のモノと同時に物々交換されている状況です。三番目の「一般的価値形態」(C)とは、そのようにしてリネンが数多くのモノと同時に物々交換されていると、そのリネンを一般的な交換の媒介とすれば、上着やお茶やコーヒーなどが間接的な交換関係に入れることを、リネン以外のモノの所有者の立場から描いたものです。最後に、「価値形態」発展の終局段階として提示されている「貨幣形態」(D)とは、「一般的価値形態」(C)においてリネンが占めていた一般的な交換の媒介の地位を、貨幣に最も適した商品だとマルクスが考えている金銀が占めるようになった状況を示しています。マルクスは、「金銀は生まれつき貨幣なのではないが、貨幣は生まれつき金銀である」と宣言して、価値形態の発展経路の追跡を終えるのです。

すでに察知した人もいるかもしれません。マルクスの価値形態論は、貨幣の自生的生成を説くカール・メンガーの貨幣理論と、構造的には全く同じ形をしているのです。もし章末に補論として掲載した「貨幣論図解」を眺めた人がいるならば、マルクスの「単純な価値形態」（A）が、その中の図5－4に対応していることに気づかれたかもしれません。それは、通常は起こりにくい欲求の二重の一致が、たまたま上着の所有者とリネンの所有者の間に成立し、上着とリネンとが物々交換されている状況を描いたものでした。

次の「全体的な価値形態」（B）は、図5－7にやはり正確に対応します。リネンの

＊8　『貨幣論』においては、労働価値論こそがマルクスの「価値形態論」の出発点であり目標点であることを強調するために、『資本論』第一巻第一篇第一章で展開された「価値形態論」と第二章で展開された「交換過程論」とを厳密に区別した読み解きを行いました。「価値形態論」とは、価値の存在を前提とした上で、価値の担い手としての商品がお互いにどのような関係を持たなければならないかを論じており、これに対して、「交換過程論」とは、モノの所有者同士の現実的な交換を通して、単なるモノがどのようにして価値の担い手としての商品へと転化していくのかを論じている。ただ、ここではこれ以上議論が煩瑣になるのを避けるため、この二つの議論を組み合わせて論じておきます。

販売可能性も購買可能性も高くなり、リネンと上着、リネンとお茶、リネンとコーヒーがそれぞれ物々交換されている状況です。そして、三段階目の「一般的価値形態」(C)は、図5－8に対応しています(上下関係は逆になっていますが、同じことです)。それは、欲求の二重の一致がなくて物々交換が困難であった人びとが、販売可能性も交換可能性も高いリネンを媒介とした間接的な交換を行っている状況を描いていました。すなわち、リネンが一般的な交換の媒介、すなわち貨幣に転化している状況です。「貨幣形態」(D)は、「一般的価値形態」(C)の中のリネンを単に金に置き換えただけなので、それに対応する図は補論にはありません。

## 「貨幣商品説」者マルクス

実は、『資本論』一巻一篇の第二章は「交換過程」と題されており、それは貨幣が歴史的にいかに生成してきたかを論じた章です。多少長くなりますが、マルクスの貨幣生成論を(他の文献からの引用も交えて)再生してみましょう。[*9] マルクス的言い回しにさえ慣れれば、それがカール・メンガーと同じことを言っているのが分かると思います。「商品交換は」と、マルクスは語り始めます。「共同体の果てるところ、共同体がほかの共同体またはその成員と接触する点で、始まる」。はじめのうちは「労働生産物が偶然的な時おりの交換によって商品にされる」だけです。だが、交換の絶えざる繰り返しは、交換される商品の数と多様性を増大させていきます。そして、このような交換過程の社会的な広がりの中で、「最も多くの欲望の対象」（『経済学批判要綱』）となっている商品、「たとえば家畜が、もはや例外的ではなくすでに慣習的にいろいろなほかの商品と交換される」ようになります。そして、ひとたびこのような商品が現れてくると、それは「ほかの……商品と最も確実に交換することができる」商品であることによって、「欲望や消費の対象としてではなく、再びそれをほかの商品と交換するために」（『要綱』）使われるようになるとマルクスは言います。「一般的等価形態（一般的交換の媒介という意味です）」の誕生です。

太古においては、「この一般的等価形態は、それを生み出した一時的な社会的接触と一緒に発生し消滅」していきました。だが、商品交換の発展につれて、それは「外来の最も重要な交換物品」や「家畜のような……域内の譲渡可能な財産の主要要素をなす使用対象」といった「特別な商品種類だけに固着する」ようになります。さらに「商品交換がその局地的な限界を打ち破る…につれて、貨幣形態は、生れながらに一般的等価物（一般的交換の媒介）の社会的機能に適している諸商品に、貴金属に移っていく」と、マルクスは言います。最終的には、金銀が貨幣の地位を独占するというわけです。

*9　『貨幣論』第二章十六節の一部を使っています。

すなわち、「単純な価値形態」（A）→「全般的価値形態」（B）→「一般的価値形態」（C）→「貨幣形態」（D）という価値形態の理論的な発展過程を、歴史がそのままたどっていくとされています。

それゆえ、マルクスは、貨幣とは「反省や申し合わせの産物ではなく、交換過程の中で本能的に形成される」（『経済学批判』）存在だと結論づけます。そうです。マルクスは、カール・メンガーに劣らぬ「貨幣商品説」信奉者であったのです。実際、「本能的」を「自生的」に置き換えれば、この言葉はメンガーが書いたといっても、疑いを持つ人は少ないでしょう。それゆえ、貨幣の生成についての説明を終えた後、マルクスは誇らしげに次のように宣言することになります。

「すでに十七世紀の最後の数十年間に貨幣分析の端緒はかなり進んでいて、貨幣は商品であるということが知られていたとしても、それはやはり端緒でしかなかった。困難は、貨幣が商品だということを理解することにあるのではなく、どのようにして、なぜ、何によって、商品は貨幣であるのかを理解することにあるのである」（百七）

しかしながら、カール・メンガーの理論と同様に、カール・マルクスの「価値形態論」は正しくありません。いや、正確には、半分しか正しくありません。なぜならば、「全体的価値形態（B）→一般的価値形態（C）」という発展過程は、「一般的価値形態（C）→全体的価値形態（B）」と逆転しうるからです。

## マルクス「価値形態論」の破綻

――『貨幣論』は、マルクスのテクストが、マルクス自身が言おうとしたこと以上のことを、マルクス自身の意図に反して言っていることを示すことになった。これは岩井の研究スタイルの特徴でもある。『不均衡動学』は新古典派経済学の枠内で、新古典派以上に新古典派的なモデルを作り、新古典派が主張するのと全く逆に市場経済が不安定であることを証明した。『貨幣論』では、マルクスが提示した「価値形態論」の論理をマルクス以上にマルクスに忠実に展開すると、マルクスが依拠する「労働価値説」が崩壊してしまうことを証明したのである。「敵」の土俵で勝負するのが岩井流と言えよう。

では、マルクスの「価値形態論」が正しくないのならば、なぜ、わざわざそのテクストを取り上げる必要があるのでしょうか。

ここに、マルクスのテクストを読み解く面白さがあります。驚くべきことに、マルクス自身、いやマルクスのテクスト自体が、この逆転の可能性について思考していたのです。今しがた引用した文章の寸前に、マルクスは次のように書いています。

「金が貨幣であり、したがってすべてのほかの商品と直接に交換されうるものだということを知っていても、それだからといって、例えば十ポンドの金にどれだけ価値があるかがわかるわけではない。どの商品でもそうであるように、貨幣もそれ自身の価値量をただ相対的にほかの諸商品で表すことができるだけである」（一〇六）

実際、「一般的価値形態」（C）から「貨幣形態」（D）への移行について論ずるとき、マルクスは「一般的価値形態」（C）に関して次のような文章すら残しています。元の文章は読みにくいので、私が要約したものを記しておきます。

「もしもリネンが、すなわち一般的交換の媒介にある何らかの商品が、一般的価値形態（C）において上着やお茶やコーヒーと同じような位置を占めるとすれば、その場合には、二十ヤールのリネン＝二十ヤールのリネンとなり、同義反復になるであろう。一般的交換の媒介の価値を表現するためには、むしろ形態（C）を逆にしなければならないのである。一般的交換の媒介は、他の諸商品と共通な交換価値を持たないのであって、その価値は、ほかのすべての商品の無限の列で相対的に表現されるのである。こうして、今では、全体的な価値形態すなわち形態（B）が、一般的交換の媒介の独自な価値の表現として表れるのである」（八十三）

すなわち、マルクスはここで「全体的価値形態（B）→一般的価値形態（C）」という因果連鎖は、「一般的価値形態（C）→全体的価値形態（B）」へと逆転されなければならないことを指摘しているのです（「貨幣の進化」論文の用語に翻訳すると、「販売可能性・購買可能性の高さ↓一般的交換の媒介」という因果連鎖が「一般的交換の媒介↓販売可能性・購買可能性の高さ」という因果連鎖に逆転されるということです）。もちろん、一度この因果連鎖が逆転されると、それはさらに逆転され、無限に続くループとなります。結局、マルクスは、メンガーとは違い、少なくとも「価値形態論」のテクストの中では、みずから「貨幣の自己循環論法」に到達していたのです。このマルクス自身が到達してしまった「貨幣の自己循環論法」を、『貨幣論』では「貨幣形態」（Z）と名付け、マルクス自身が描いた他の価値形態と並べて図示しておきました。図5－2がそれです。

図5-2　貨幣形態（Z）の自己循環論法

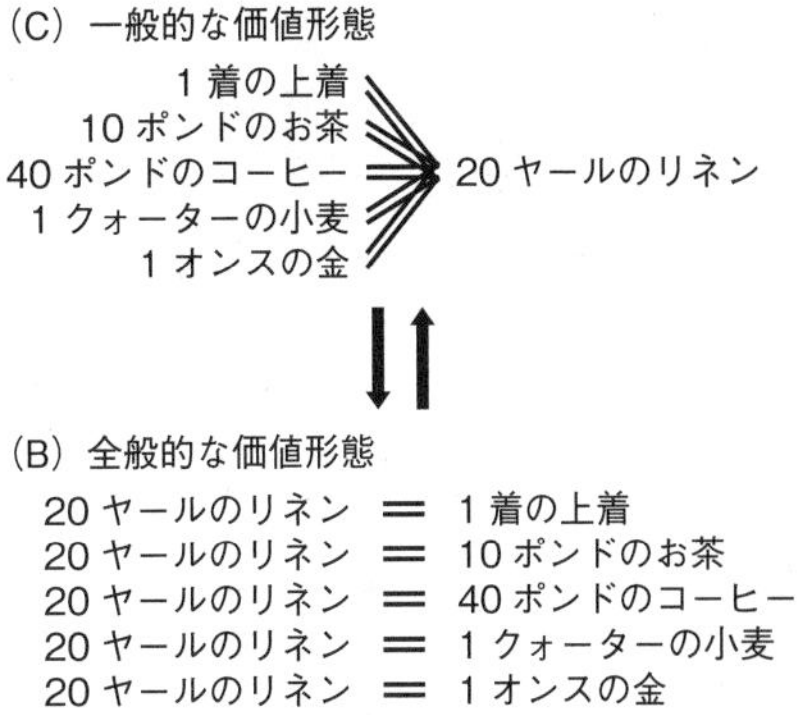

(C) 一般的な価値形態

| | |
|---|---|
| 1着の上着 | → 20ヤールのリネン |
| 10ポンドのお茶 | → 20ヤールのリネン |
| 40ポンドのコーヒー | → 20ヤールのリネン |
| 1クォーターの小麦 | → 20ヤールのリネン |
| 1オンスの金 | → 20ヤールのリネン |

↓↑

(B) 全般的な価値形態

| | | |
|---|---|---|
| 20ヤールのリネン | ＝ | 1着の上着 |
| 20ヤールのリネン | ＝ | 10ポンドのお茶 |
| 20ヤールのリネン | ＝ | 40ポンドのコーヒー |
| 20ヤールのリネン | ＝ | 1クォーターの小麦 |
| 20ヤールのリネン | ＝ | 1オンスの金 |

ところで、もしマルクスが、自分の思考に忠実にこの「貨幣形態」（Z）を認めたらどうなるでしょうか。そのときは、もちろん、「労働価値論」が破綻してしまいます。なぜならば、すでに「貨幣の進化」論文を解説したところで述べたように、どんなモノであれ、「自己循環論法」によって貨幣として使われることになっ

たときには、その貨幣としての価値はそれがモノとして持っている価値を必ず上回ってしまうからです。貨幣の貨幣としての価値を、モノとしての価値に還元することは不可能なのです。ということは、少なくとも貨幣の価値に関しては、労働価値論は絶対に成立しません。ここに、マルクス自身の理論的枠組みの中で、マルクスの大前提であった労働価値論と本質的に矛盾してしまう存在が見いだされてしまったのです。それは、皮肉なことに、マルクスが、「価値形態論」によってその「謎」を解き明かそうとした、まさに「貨幣」です。

「労働価値論」にとどまるか、「貨幣の自己循環論法」へと飛翔するか——これが、みずからの意図に反して、マルクスが価値形態論において直面してしまった問題であるのです。

もちろん、マルクスは、「一般的価値形態」(C)を「全般的価値形態」(B)へと逆転させることはしませんでした、いや、できませんでした。その代わりに、「貨幣自身の価値は、貨幣の生産に必要な労働時間によって規定されていて、それと同じだけの労働時間が凝固しているほかの各商品の量で表現される」と突如宣言して、議論を打ち切ってしまいます。そして、みずからの価値形態論が必然的に導いてしまう自己循環論法から逃れるために、価値形態の世界の中に外部へと通じる「穴」を掘り抜くことになります。

「商品の流通部面には一つの穴があって、そこを通って金（銀、要するに貨幣材料）は、与えられた価値のある商品として流通部面に入ってくる」（一三一－一三二）

言うまでもなく、この「穴」によって通じることのできる外部とは、金鉱山のことです。そして、この金鉱山において、マルクスは、本来ならば一般抽象的な法則であるべき労働価値論を、まさにむきだしの形で使わざるをえなくなります。「金は、どこかの点で商品市場に入らなければならない。この点は金の生産源にあるが、そこでは、金は直接的労働生産物として、同じ価値の別の労働生産物と交換される」（一二三）、と。一般的な交換の媒介として、資本主義社会を構成する多種多様な商品の間の関係に社会的な統一性を与えているはずの貨幣――その貨幣それ自体の価値を、マルクスは、どこか世界の遠い周縁にある金鉱山の地下坑の中で汗水を流している金鉱掘りの労働投入量によって、全面的に規定せざるをえなくなってしまったのです。

これは、労働価値論と貨幣の自己循環論法との矛盾を、別の形の矛盾に置き換えたにすぎません――一般抽象的な法則としての労働価値論を具体的な生産活動における労働投入量によって根拠づけるという、矛盾です。通常の経済学の用語を使えば、ストックの価値をフローの生産費で説明しようとする、初歩的な誤りにほかなりません（この誤りが、今までなぜほとんど指摘されることがなかったのか、本当に不思議です）。

貨幣として流通している金の量は、基本的には（多少の減耗や消失を除けば）太古から今までのすべての金生産量の総和です。その総和の価値を、なんと、日々の金生産のために投入される労働量――もっと正確には生産費用――で説明しようとしているのです。因果関係は、もちろん逆です。貨幣として流通する金全体の価値が、金鉱におけるその生産費用の上限を規定するのです。

かくして、マルクスの「価値形態論」は破綻しました。言うまでもなく、「労働価値論」は、マルクスのすべての思考を基礎づける基本公理です。「価値形態論」とは、「労働価値論」を前提として、それが資本主義においても貫徹していることを示すために展開されたものです。だが、まさにこの「価値形態論」が、それ自身が作動させた強力な論理によって、この基本公理それ自体を覆す貨幣の自己循環論法の可能性を、みずから導いてしまったのです。マルクスは、みずからのテクストの中に、みずからの意図に反して、みずからの体系が破綻していることを彫り込んでしまっている。

私が『貨幣論』で行おうとしたのは、マルクスのテクストの中から、この彫り込みをもう少しはっきりした形で彫り出してみることであったのです。

## 資本主義経済の真の危機とは

――『貨幣論』の最後の二章はそれぞれ「恐慌論」と「危機論」と題されている。岩井は、資本主義社会にとって何が本当の「危機」であるかに関して、考えを改める。

『不均衡動学』は、資本主義経済が貨幣経済であることを前提として、ヴィクセル的な不均衡累積過程理論とケインズの有効需要原理を統合する試みでした。ただ、その中では、貨幣経済それ自体については、十分な考察を与えていませんでした。どうして人びとは貨幣を使うのか。いったい何によって貨幣の価値は支えられているのか。いや、そもそも貨幣とは何なのか。

それが、「貨幣の進化」論文を書くことによって、このような問いに対して、私なりの解答を与えることができました。「貨幣とは何か？」一般的交換の媒介です。「いったい何によって貨幣の価値は支えられているのか？」貨幣とは貨幣として使われるから貨幣であるという自己循環論法によってです。人びとの欲求といった経済の実体的構造でも、外部の超越的な権力の介入でもありません。「どうして人びとは貨幣を使うのか？」物々交換が要求する欲求の二重の一致に縛られずに、自分の欲求を満たすことができるからです。したがって、貨幣の存在は、人間に経済の実体的構造から超越する「自由」を与えることによって、その交換活動の範囲を大きく拡大することになったのです。

でも、まさにこの「自由」——交換の自由——が、セー法則を破壊します。貨幣経済では、人は何かモノを売っても直ちに別のモノを買う必要はありません。手にした貨幣を保有し続けてもよい。何かモノを買うときに、同時に他のモノを売る必要もありません。手元に貨幣があれば、その貨幣を取り崩せばよい。そして、多くの人が貨幣を保有し続けたいと思っていれば、経済全体の総供給は総需要を上回ってしまい、多くの人が貨幣保有を取り崩したいと思っていれば、総需要は総供給を上回ってしまうのです。

そして、ひとたび総需要と総供給が乖離してしまうと、『不均衡動学』によって描かれた世界が現れます。もし貨幣賃金を含めたすべての価格が伸縮的であれば、実際の平均価格や平均賃金が予想された平均価格や平均賃金を追い続ける累積的インフレーションや累積的デフレーションが引き起こされ、経済はハイパーインフレーションか大恐慌へと突入してしまいます。

もし逆に、貨幣賃金が下方に硬直的であれば、累積的デフレーションは抑えられる一方、経済は非自発的失業を抱え込む不完全雇用状態で均衡化することになります。しかもその場合でも、総需要の下落があまりにも大きいと、人事部のドアの前に群がる大量の失業者を前にした企業の賃金切り下げ競争が始まってしまい、結局、経済は大恐慌に突入してしまうのです。

人間に交換の自由を与え、経済に効率性をもたらす貨幣は、同時に、その経済に本源的な不安定性をも与えてしまうというわけです。「貨幣の進化」論文を書くことによって、私は、『不均衡動学』で展開したヴィクセル的な不均衡累積過程理論とケインズ的な有効需要原理に対し、「貨幣論」的な基礎を据えつけることが、ようやくできたと思いました。

ところで、私が『不均衡動学』を書いているときに、もし誰かが、経済にとっての真の「危機」とは何かと質問したら、即座に「恐慌です」と答えたはずです。しかしながら、「貨幣の進化」論文を書き終わったとき、私は自分の考えを大きく変えました――資本主義社会にとっての真の「危機」は、恐慌ではなく、ハイパーインフレーションである、と。

ここで私は、恐慌が重要ではないなどと言いたいのではありません。一九三〇年代の大恐慌、そして二〇〇八年から始まった今回の大不況は、多くの労働者を路頭に迷わせ、多くの家計を破綻させ、多くの企業を倒産させてしまった、とても不幸な事態でした。私が言いたいのは、ハイパーインフレーションとは、資本主義社会にとってそれ以上の悲劇をもたらす事態だということなのです。その理由を説明してみましょう。

まずは「貨幣の進化」論文では、いわばマクロの視点から定式化した「貨幣の自己循環論法」を、貨幣経済の中で実際に貨幣を使っている個々の人間のミクロの視点から見直してみたいと思います。

## 『1、2、3…無限大』に再会する

なぜ私は、例えば百円玉を百円の価値を持つモノ——例えば手元にある中古本——と引き換えに他人から受け取るのでしょうか。

もちろん、モノとして使うためではありません。それは、せいぜいねじ回しかコイントスぐらいにしか使えません。また、法律で決められているからでもありません。二十一枚目以上の受け取りは拒否できることは、すでに指摘しておきました。貨幣商品説も貨幣法制説も通用しません。

ここでは、一見すると不等価交換が行われているのです。何の価値もない金属片と百円の価値を持つ中古本——まさに無と有とが交換されているように見えます。なぜ私はこの奇妙な交換を喜んで行ったのでしょうか。

それは、将来いつの日かに、誰か他人がその一枚の金属片を百円の価値を持つモノ——例えばコーヒーマグ——と交換で受け取ってくれるからです、いや、受け取ってくれると予想しているからです。モノとしては単なる金属片でしかない貨幣の価値とは、この私が与えるのではなく、私以外の「他人」が与えるもの、いや「他人」が与えると予想しているものなのです。すなわち、貨幣の価値とは、本質的に「社会的」な価値なのです。

これは、本当に重要な命題です。再びマルクスに戻ってみると、彼は、商品としての金が一般的な交換の媒介の地位を占めている「貨幣形態」（D）に到達した後、「一商品（金のことです）は、ほかの商品が全面的に自分の価値をこの一商品で表すので初めて貨幣になるとは見えず、逆に、この一商品が貨幣であるから、ほかの諸商品が一般的に自分たちの価値をこの一商品で表すように見える」と述べています。貨幣の価値が本質的に「社会的」であるということを強調しているのです。

そして、マルクスをはじめとして、これまで貨幣について論じてきた人のほとんどが、ここで話を終えてしまいます。貨幣とは物神崇拝の対象である。貨幣とは共同幻想である。貨幣とは人間と人間の関係の物象化である。……様々な言い方がありますが、言っていることは同じです。貨幣の価値は「社会的」である——ピリオド。

でも、ここで話が終わってしまうと、残念ながら、貨幣の本質を見失ってしまいます。なぜならば、そうすると、貨幣と貨幣以外の商品とを概念的に区別できなくなるからです。百円ショップで売られているコーヒーマグは、売り手自身が使うために並べられているわけではありません。それを他人（買い手）が百円の価値ある商品として（百円玉と引き換えに）受け取ってくれることを売り手が予想しているから、百円という値札がついているのです。その価値が「社会的」であるのは、貨幣だけではありません。この世に存在するどのような商品も、その価値は「社会的」であるのです。

では、貨幣と商品とはどこが違うのでしょうか。それを受け取ってくれる他人に、それぞれ「なぜ受け取るのですか？」と聞けば、たちまち違いが分かります。コーヒーマグの場合は、それでコーヒーを飲みたいからだとか、それを鉛筆立てに使いたいからだ、とかいう答えが返ってくるはずです（ただし、これは消費財の場合です。投資財の場合は同じ質問を何回か繰り返す必要がありますが、いつかはこの答えになるはずです）。

これに対して、百円玉の場合は、最初の質問に対する答えと同じ答えが返ってくるだけです。それは、将来のいつの日か、誰か他人が百円の価値あるモノと交換に受け取ってくれると予想しているからだ、と。そして、その他人の他人に同じ質問をすると、同じ答えが返り、さらにその他人の他人の他人に聞いても、同じ答えが返り、……。この予想の連鎖は将来に向かって無限に続いていくことになるのです。

貨幣が商品から区別されるのは、まさにここにおいてです。商品の場合は、人間がモノに対して持つ欲求が、その価値を究極的に支えるのに対して、貨幣の場合は、それが他人に貨幣として受け取られるという「予想の無限の連鎖」によって、その価値が支えられているにすぎません。どの人間も、それ自体をモノとして使うのではなく、さらに別の他人が受け取ってくれると予想して、他人からそれを受け取っているのです。

予想の無限の連鎖——ここで私は、小学生のときに読んだジョージ・ガモフの『1、

2、3…無限大』に再会したようです。「無限の部屋を持つホテル」に到着した新たなお客は、どの部屋も満杯でも、無事に泊まることができます。どの部屋にも今の泊まり客を受け入れてくれる次の番号の部屋があるので、前の番号の部屋のお客を順繰りに受け入れることができます。そのため、いつでも一号室を空けることができるからです。

貨幣経済に投入された百円玉も、誰もそれをモノとして欲しがっていなくても、百円の価値を持つモノと交換に受け入れてもらえます。誰もが、将来それを百円の価値として受け入れてくれる他の人が存在すると予想している限り、現在それを持っている他の人から百円の価値として順繰りに受け入れてくれるからです。モノとしては無と有との不等価交換が、価値としては百円と百円の等価交換となるのです。

このように、ガモフを思い出しながら、「貨幣の自己循環論法」を「予想の無限の連鎖」として解釈し直したとき、私は、資本主義にとって何が真の「危機」かを、考え直さざるをえなくなったのです。

## 無限の連鎖が崩壊する瞬間

一八四八年にマルクスとエンゲルスが発した『共産党宣言』以来、世の大多数の人びとは、左派右派を問わず、「恐慌」こそ資本主義の最大の危機だと見なしてきました。恐慌とは、例えば二〇〇八年のリーマン・ショックのような金融危機をきっかけとした不安心理などから、世の多くの人びとが具体的な商品よりも一般的な交換手段である貨幣そのものを欲してしまうことが、引き金になります。その結果、総需要が総供給を下回り、売り手全体が商品を売ることが困難になり、企業の生産水準が縮小し、労働者の失業が増大するのです。

もし貨幣賃金が大量の失業者に直面して下落し始めると、累積的デフレーションの引き金が引かれ、経済は恐慌に入り込んでしまうのです。一九三〇年代の大恐慌時は、第三章の図3－3が示したように、まさにそういう事態に陥ってしまったのです。幸いにも、今回の危機においては、グローバルに協調した財政金融政策によって、そのような事態はかろうじて避けることができました。

確かに、私たちの日常的な意識では、市場において商品を手にしている売り手の方が貨幣を手にしている買い手よりも、はるかに不安です。一般的な交換手段である貨幣は誰もが受け入れてくれるのに、商品は特定の用途を持つ人しか受け取ってくれないからです。商品を売ることを、「命がけの跳躍」などと大げさに言う人もいます。すべての売り手が同時に商品を売ることが困難になる恐慌に資本主義の危機を見いだしてきた伝統的な見方は、まさにこの日常意識の延長線上にあるのです。

でも、ひとたび視点を、日常意識を超えた水準まで引き上げると、結論は全く逆転してしまいます。なぜならば、貨幣とは、誰もがそれを未来永劫にわたって受け入れてくれるという「予想の無限の連鎖」によって、その価値が支えられているにすぎないからです。そして、恐慌において、人びとが商品よりも貨幣を欲しているということは、具体的なモノの有用性などよりも、まさにその「予想の無限の連鎖」の存続を信頼しているということなのです。

すなわち、それは、今貨幣として受け入れている無価値のモノをそのまま貨幣として受け入れてくれる現存の資本主義経済の永続性に対する、信頼の表明と見なすことができます。その意味で、恐慌とは、それ自体がいくら望ましくない状態であったとしても、資本主義経済にとっての真の危機とはなりえません。

真の危機――それは、貨幣を貨幣として支えている「予想の無限の連鎖」そのものが崩壊してしまうことなのです。それは「ハイパーインフレーション」にほかなりません。

ハイパーインフレーションとは何か。それは、誰もが将来、貨幣を貨幣として受け入れてくれる誰かがいなくなるのではないかと予想することによって、実際に誰もが貨幣を貨幣として受け入れてくれなくなり、誰もが先を争って貨幣から遁走し始めてしまう事態です。不安の自己実現です。その結果、貨幣を貨幣として支えていたあの「予想の無限の連鎖」が崩壊し、それまで百円玉や一万円札や百万円の電子マネーであったものが、単なる金属片や紙切れや電子信号にすぎなくなってしまうのです。

そして、そのとき、貨幣を媒介にして交換されることによって初めて価値を持つ商品それ自体も、単なるモノになり下がり、人びとは物々交換を始めるよりほかなくなってしまう。でも、欲求の二重の一致はなかなか起こりません。ハイパーインフレーションの行き着く先は、資本主義経済そのものの解体にほかならないのです。

この結論を得てから、私はマクロの経済政策に関して、純粋なケインズ主義者ではなくなりました。もちろん、マネタリストや合理的予想形成論者になったわけでは全くありません。短期的には、『不均衡動学』のケインズ的有効需要理論に従って、景気の下降が予期されるときには拡張的な財政金融政策、過熱が予期されるときには緊縮的な財政金融政策を行うべきだと思っていますし、中長期には、やはり『不均衡動学』で導いた右下がりの長期フィリップス曲線の理論およびその中で論じたアーヴィング・フィッシャーの負債デフレーション理論に従って、経済を緩やかなインフレ基調に乗せることが、失業率の長期的な低下と企業家の革新意欲の昂進に貢献すると考えています（「よいデフレ」などありえません）。

ただ、同時に、資本主義の長期的な安定性のためには、貨幣価値の信認を保つことが不可欠であることを強く意識するようになったのです。その意味で、中央銀行に対して、一方で、短期的には反循環的金融政策の積極的な担い手かつ恐慌という例外状況における最後の貸し手、他方で、長期的には通貨価値の厳格な番人――往々にして矛盾しかねないこの二つの役割を期待するようになりました。これは、中央銀行の使命に関する伝統的な立場にほかならないと思いますが、私には新しい発見であったのです。

## 遅ればせの解放

――『貨幣論』を書き終わることによって、岩井はようやくマルクスから解放される。

私が、経済学を志したきっかけになったのが、高校時代に読んだ宇野弘蔵編著の『経済学』というマルクス経済学の教科書でした。結局、大学時代に抱いたいくつかの疑問によって、マルクス経済学は専攻しませんでした。マルクス主義者にもなりませんでした。だが、その後、日本においてもアメリカにおいても、マルクスについては考え続けてきました。アメリカではいざ知らず、少なくとも日本においては、何らかの意味で知的な仕事をする人間にとって、マルクスという存在は避けて通ることができない時代でもあったのです。

実際、私はエッセイの中でマルクスをよく引用しています。「遅れてきたマルクス」は当然ですが、『ヴェニスの商人の資本論』もその題名が示唆するようにマルクスを意識して書いています。そして、今から思うと浅はかなことに、あの数学的な「貨幣の進化」論文にすら、マルクスを引用しています。

なぜ、浅はかなことだったかというと、アメリカの学界、特に経済学界は、基本的に反マルクスであるからです。それは、おそらく日本国内だけにしか通用しない私の衒学的な自己満足と引き換えに、論文が国際的な専門誌に受諾される確率を下げるだけの意味しかなかったからです。

それが、「シュンペーター経済動学」を書くことによって、マルクスの剰余価値説を相対化することができました。そして、今度は、『貨幣論』を書くことによって、マルクス体系の基本公理であった労働価値論を、イデオロギーとは無関係に、純粋に理論的に捨て去ることができたのです。『貨幣論』を構想し始めたのは、一九八九年十一月のベルリンの壁崩壊のすぐ後です。それを連載している最中の九一年十二月、ソビエト連邦が解体しました。

私自身は、そのような政治的事件を傍らに見ながら、時代に一歩遅れて、マルクスから解放されたのです。

## 【補論――貨幣論図解】

「貨幣の進化」論文の内容を、この補論では図解によって説明してみます。[*10]

上着、リネン（亜麻布）、お茶、コーヒーの四種類しかモノがないごく単純化された経済を考えてみましょう。この経済に生きている個人は、一つのモノを一単位しか作ることができず、それ以外のモノを一単位だけ欲しているると仮定します。

図5―3は、この単純化された経済に住む人びとの欲望の構造の一例です。菱形の各頂点は、それぞれ上着、お茶、リネン、コーヒーを表し、各頂点からの矢印は、その所有者の欲望を示しています。例えば、お茶からコーヒーへの矢印は、お茶の所有者がコーヒーを欲していることを示しています。逆に、コーヒーからお茶への矢印がありませんが、それはコーヒー所有者がお茶を欲していないということです。ということは、お茶の所有者とコーヒーの所有者の間には欲求の二重の一致がないことを意味しています。同じことは、コーヒー所有者とリネン所有者、リネン所有者とお茶所有者、上着所有者とお茶所有者に関しても言えます（また、上着所有者とコーヒー所有者との間には何の欲望関係もありません）。これに対して、リネンと上着の間には両方向の矢印があります。リネン所有

*10　以下の図解は、「貨幣の進化」論文の内容を拡張した二〇〇一年のほぼ同名の論文の中で使った図の一部を改良したものです。"Evolution of Money," in U. Pagano and A. Nicita eds., *The Evolution of Economic Diversity* (London : Routledge, 2001), pp. 396-431。この論文は、私の「貨幣論」の数学的構造を（マルセル・モースが『贈与論』で提示した互酬的贈与交換との関係も含めて）最もまとまった形で提示したものです。シンポジウム本の一章なので、あまり人目に触れませんが、私が書いた論文の中で一番良いものの一つだと言う人もいます。今では、私のホームページからダウンロードできます。

者と上着所有者の欲求は二重に一致しているのです。

図5－4は、この経済で物々交換が行われているときの状況です。欲求が二重に一致しているリネン所有者と上着所有者の間のみで交換が行われています。哀れにも、お茶を欲しい上着所有者も、コーヒーを欲しいお茶の所有者も、リネンを欲しいコーヒーの所有者も、お茶を欲しいリネン所有者も、ここでは誰も欲求が満たされていません（リネン所有者と上着所有者との間の両方向の矢印以外は、みな破線になっています）。

図5－5は、何らかの理由でリネンが貨幣（一般的交換の媒介）として使われている状況を図示しています。例えば、お茶が欲しい上着所有者は、上着をリネンと交換し、その

図5-3　経済全体の欲求の構造の例

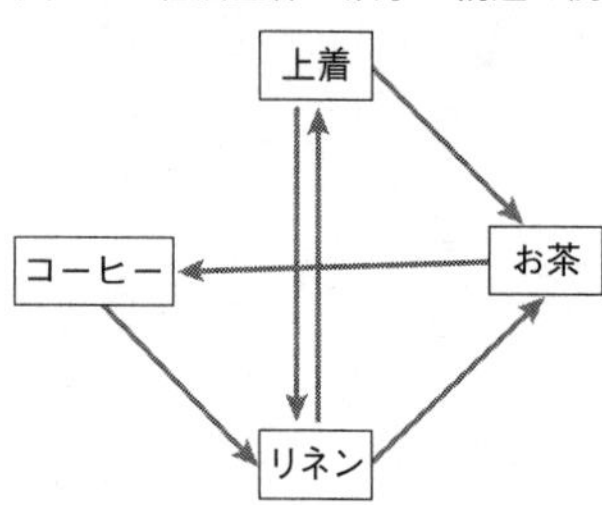


図5-4　欲求の二重の一致と物々交換経済

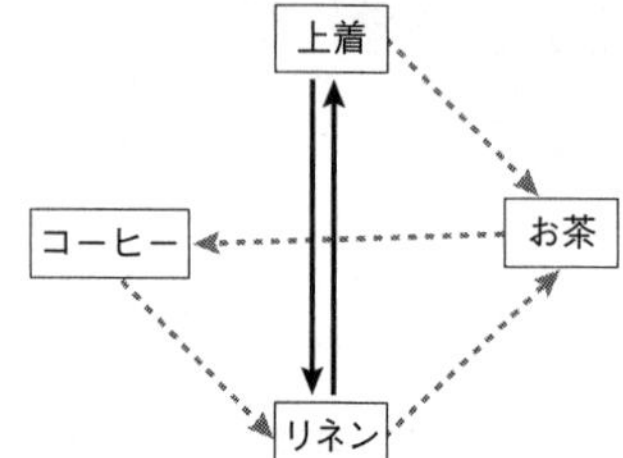


図5-5　一般的交換媒介としての貨幣：リネンが貨幣である例

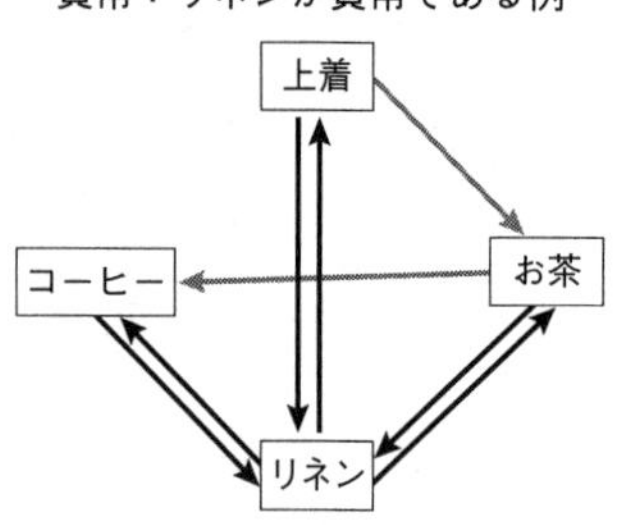

リネンをお茶と交換することによって、物々交換経済においては満たされなかった欲求を満たすことができます。事実、ここでは、どの人の欲求もリネンを間接交換の媒介とすることによって満たされているのが分かります（すべての矢印が実線となっています）。貨幣経済は効率的であるのです。

次に、メンガーの貨幣生成論がどのような理論であるのかを、図解によって説明してみましょう。

まず、図5－6で販売可能性と購買可能性の二つの概念を説明してみましょう。この図において、例えば上着からお茶に向かう矢印がありますが、それは、お茶が上着に対する販売可能性を与えられたことを意味しています。なぜならば、もしお茶を欲しがる上着の

図5-6　リネンの販売可能性・購買可能性が高くなった経済の欲求の構造

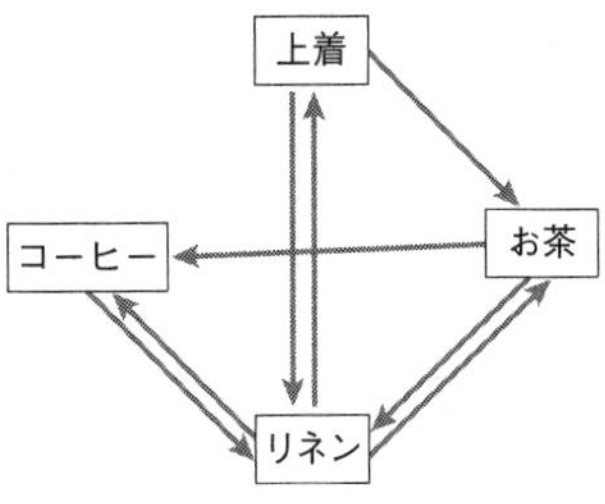


図5-7　リネンの販売可能性・購買可能性が高いときの物々交換経済

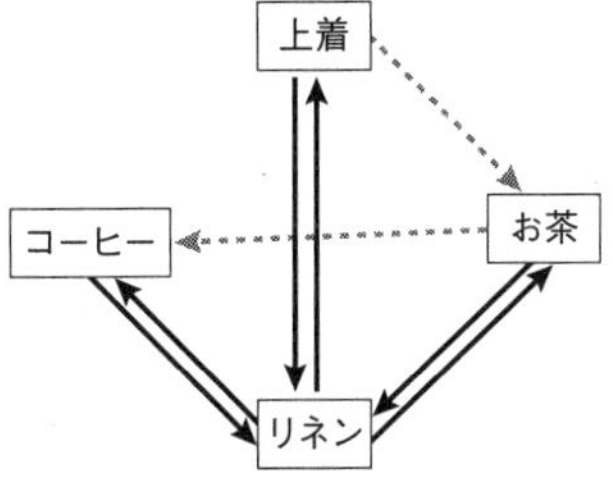


図5-8　販売可能性・交換可能性が高いリネンが貨幣となった経済

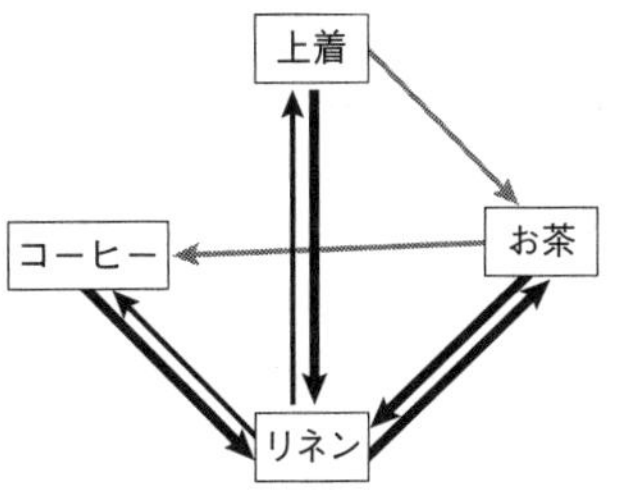

所有者がいればその人に上着と引き換えにお茶を販売することができるからです。また、お茶からコーヒーに向かう矢印がありますが、それはお茶がコーヒーに対して購買可能性を与えていることを意味しています。もしコーヒー所有者がお茶を欲しがっていれば、その人からお茶と引き換えにコーヒーを購買することができるからです。ただ、残念ながらどちらの場合も、そのようなことをしてくれる上着の所有者もコーヒーの所有者もいません。

図5－6を先に図解した図5－3と比較すると、リネンに関しては、販売可能性と購買可能性がともに高まっていることが分かります。事実、リネンと他のすべての三種類のモノとの間には、両方向の矢印が存在しているのです。

図5－7は、この経済における交換がすべて物々交換で行われたときの状況を示しています。黒い矢印は、モノの実際の動きを表しています。この場合、リネンの所有者は上着の所有者ともお茶の所有者ともコーヒーの所有者とも欲求が二重に一致していますから、両方向の黒い矢印が示すような物々交換が可能になります。ただ、不幸にも、お茶を欲しがる上着所有者もコーヒーを欲しがるお茶の所有者も、矢印が破線になっているように、物々交換である限り、その欲求は満たされないままです。

ところが、メンガーが主張するように、もしお茶を欲しがる上着所有者が合理的であれば、上着とリネンの間に交換が成立していますから、上着をリネンに交換し、次に、リネンとお茶の間にも交換が成立していますから、そのリネンをお茶に交換すれば、めでたくお茶を飲むことができるわけです。その結果、図5－8が示しているように、上着からリネンへの黒い矢印が太くなり、リネンからお茶への黒い矢印も太くなっています（上着所有者のお茶への欲求は満たされますから、上着からお茶への薄い色の矢印は破線ではなくなりました）。同じことはコーヒーを欲しがるお茶の所有者に関しても言えます。すなわち、ここでは、販売可能性も購買可能性も高いリネンが、個人の合理性に導かれて、自生的に一般的な交換の媒介である貨幣に転化したわけです。

だが、本文で言っていることを繰り返しますが、メンガーの理論は正しくありません。そのことを図解するために、図5－3の欲望構造を持つ経済に戻ってみましょう。先の図5－4は、この経済の交換がすべて物々交換経済で行われているときの状況を示していました。まず、それを見て明らかなのは、この経済においては、リネンですら販売可能性も購買可能性も低く、貨幣経済への「自生的」

図5-9　図5-4の物々交換経済で上着が貨幣と指定され、上着が間接的に求められ始めたとき

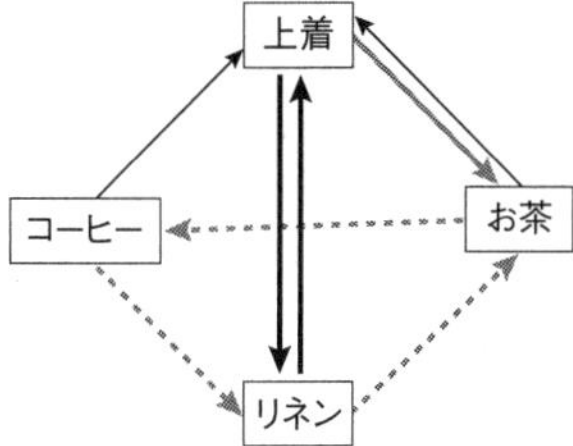


図5-10　図5-4の物々交換経済で貨幣に指定された上着が現実に貨幣に転化した経済

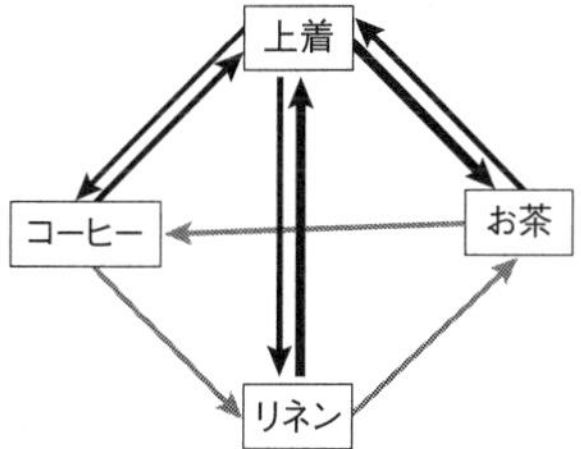


図5-11　無価値なトークンでも自己循環論法で貨幣となれる

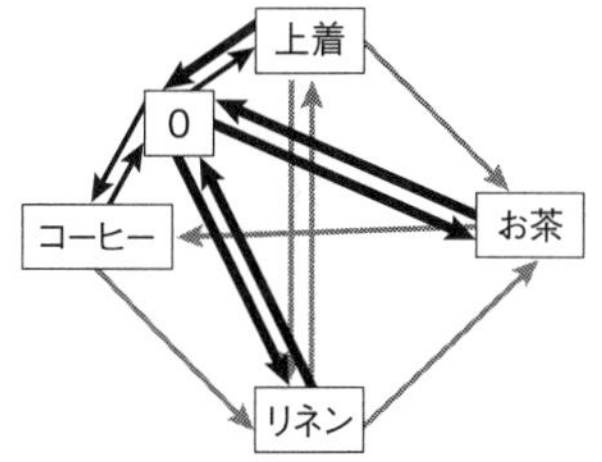

な発展は不可能であることです。残念ながら、この場合、いくら人びとが合理的であっても、メンガーの言うような「見えざる手」による貨幣生成の仕組みは働いてくれないのです。

ところが、リネンよりもさらに販売可能性も購買可能性も高くない上着が、何らかの理由――例えば国家の法律――によって貨幣として指定されたとしましょう。そうすると、上着以外のモノの所有者が上着を求め始めます。そのことは、図5－9では、上着に向けられた細い黒い矢印で示されています（すでに物々交換が成立している上着とリネンの間では、黒い矢印が多少太くなっています）。

このとき、物々交換ではコーヒーに対する欲求が満たされなかったお茶の所有者は、まずお茶を上着と交換し、新たに上着がコーヒーに対して販売可能になったので、次にその上着と引き換えにコーヒーを手に入れられるようになります。その結果、お茶から上着への黒い矢印ができるだけでなく、上着からコーヒーへの矢印が新たに生まれます。すなわち、上着のお茶に対する販売可能性が大きくなり、上着のコーヒーに対する購買可能性が新たに創られるのです。すると今度は、リネンを欲しがるコーヒーの所有者が、コーヒーを上着に交換し、次に上着をリネンに交換できるようになります。また、お茶を欲しがるリネンの所有者も、リネンを上着に交換し、次に上着をお茶に交換できます。

このようにして、図5－10のように、本来は販売可能性も購買可能性も低かった上着の販売可能性と購買可能性がともに高まり、それが正真正銘の貨幣として使われるようになるのです。メンガーが主張する「販売可能性・購買可能性の高さ→貨幣」という因果関係とは逆に、「貨幣→販売可能性・購買可能性の高さ」という因果関係が働き、暫定的な貨幣が実際の貨幣に転化しているのです。

ここで、先に示した図5－8と図5－10を比べてみましょう。それぞれの背後の欲求の構造——図5－6と図5－3——は異なっていますし、貨幣に転化した商品も、一方がリネン、他方が上着で異なっています。しかし、黒い矢印で表されている貨幣交換の全体構造を一八〇度転回すれば、両者とも図形的には同じ「扇」の形をしています。これは、一度貨幣が自己循環論法によって成立すると、その交換構造が、消費者の欲求や生産者の技術といった経済の実体的構造から独立してしまうということの図形的な表現なのです。

結局、貨幣が「自己循環論法」の産物であれば、経済の実体的構造から独立した全く無価値なトークンでも、ひとたび貨幣として使われると図5－11で図示されているように、貨幣として機能することになるのです。

# 第六章

# 再び米国へ

## ――「日本経済論」から「法人論」へ

## プリンストン大とペン大へ

――一九八八―八九年、米国のペンシルベニア大学とプリンストン大学で日本経済論を教える。米国の大学に就職するためには、バブル経済の全盛期で世界の注目を集める日本経済の講座を持つのが近道だという、必要に迫られた判断だったが、後々の研究活動に大きな影響を及ぼす転機となった。

一九八八年一月、アメリカ東部ニュージャージー州のプリンストンの町に降り立ちました。人口一万五千人、郊外を合わせると約三万人。小さな美しい町です。落ち着いた雰囲気のプリンストン大学がその中心に位置し、広大な敷地を持つプリンストン高等研究所をはじめとする多くの学術機関が点在しています。ニューヨークにもフィラデルフィアにも片道二時間以内の距離なので、どちらの都市にも通勤可能な郊外住宅地としても知られています。高級品専門のお店や洒落たレストランが建ち並ぶ通りがいくつかあり、週末には多くの観光客が訪れますが、ほんの十五分も歩いたら住宅街に行き着いてしまいます。大学のキャンパスの南側にはカーネギー湖と呼ばれる景色のよい湖があり、学生が競艇の練習をしています。後から知ったことによると、なんとカーネギー財閥の寄付によって一九〇六年に造成された人工湖であるということです。

私が到着したのは、そのほとりにある、ここだけ特別に殺風景なアパートで、プリンストン大学の教員用宿舎の一つでした。私は八九年末までの二年間、このアパートで暮らしました。そして、その間、ペンシルベニア大学とプリンストン大学の二つの大学で、客員として教えることになったのです（ペンシルベニア大学は、英語ではU－PENNと略されることが多いので、ここではペン大と呼んでおきます）。私が、この二つの大学で教えることになったのは、自分の意思というよりは、ほとんど外在的な力によってです。

水村美苗が、偶然と偶然の重なりでエール大学に編入学し、大学院のフランス文学科に進んだことは、すでにお話ししています。美苗は全く知らなかったのですが、そのときのエール大学の文学部は、全米、いや全世界における文学批評理論の中心地として、絶頂期にありました。その頂点に立っていたのが、ポール・ド・マン（一九一九－八三）でした。ベルギー出身であることは確かなのですが、アメリカにたどり着くまでの経歴は誰もよく知りません。[*1]ただ、その知性と教養とで他の教授を圧倒しており、エール大学の最高位であるスターリング冠教授に就任していました（トービンもスターリング冠教授でした）。美苗は、その講義やセミナーをいくつか履修して、実際に知的に尊敬できると思い、博士論文の主査にド・マンを選びました。

しかし、ド・マンは肝臓癌にかかってしまいます。結局、博士論文のテーマを提示する口頭試問はド・マンが死去した直後に行われることになったのです。その中で美苗は、ド・マンの最重要論文の一つといわれる「時間の修辞学」について発表しました。その直後、『エール・フレンチ・スタディーズ』という雑誌が、ポール・ド・マン追悼号を企画します。その編集を担当したショシャナ・フェルマン教授は、美苗の大学院アドバイザーで、口頭試問での発表を聞いており、そのときの発表をもとにした論文を追悼号のために書くよう依頼してきたのです。その依頼に応じて美苗が書いた論文「拒絶(リナンシエーション)」は、一九八五年に発行されたポール・ド・マン追悼号に唯一の大学院生の寄稿として掲載されました。[*2]

ところが、ここからまた偶然が作用します。この論文を、エレイン・ショーウォーターというプリンストン大学英文科の教授が読んで、感銘を受けます。彼女は、追悼号の末尾の著者紹介に美苗が日本在住と書かれていることに気づき、万葉集研究で知られる比較文学兼日本文学の教授アール・マイナーにそのことを話すと、ちょうどプリンストン大学では日本近代文学を教える人間を探していたので、マイナーが興味を示し、たまたま研究のために日本に滞在していた日本史の教授マーティン・コールカットに、美苗と面会するよう頼みます。そして、その後の様々なやり取りの末、美苗は一九八七年九月からプリンストン大学の日本文学科に迎えられることになったのです。Ph・Dを取っていなかったので、助教授ではなく、テニュア・トラックの講師としてでした。

私はどうしたでしょうか。もちろん、婦唱夫随です。

幸運にも、東大経済学部にはサバティカルという制度がありました。サバティカルとは、大学の教員が七年に一度、研究に専念するために教育を免除されることです。欧米の大学では古くから存在していた制度で、日本でも近年になって普及してきています。だが、当時の日本では公式には認められていなかったので、小宮隆太郎先生や館龍一郎先生が経済学部の中に独自に作り上げた制度です。

文部省（現・文部科学省）に正式に制度を申請したら、他の大学との公平性をはかるためなどという理由にならない理由によって確実に却下されてしまいます。そこで、経済学部の付属研究所である産業経済研究所にサバティカルの期間だけ配置換えさせるという独創的な方法を編み出したのです。経済学部の中では、したがって、「産経研入り」と称していました。

私が東大に赴任したのが一九八一年でしたので、八八年がちょうど七年目になりま

＊1　ド・マンが亡くなってしばらくすると、彼が若いときに書いた反ユダヤ主義を思わせる文章が発掘されてスキャンダルになりました。またつい最近、彼が、詐欺罪での逮捕を逃れるためにヨーロッパから脱出し、重婚罪を犯し、実の子を遺棄し、しかもアメリカに渡ってからは、経歴を詐称しながら、その知的魅力によって最終的にアカデミックな世界に入り込んでいった過程を詳述した告発本が出版され、さらに大きなスキャンダルになりました。

＊2　Mizumura, Minae. "Renunciation." *Yale French Studies* (1985) : 81-97.

す。私は「産経研入り」を申請し、幸い空きがあったので許可されました。しかも、助教授の場合、サバティカル中ちゃんと研究をやっていればさらに一年間延長できるという不文律がありましたので、それも利用させてもらうことにし、さらに講義分担を春学期に集中させることによって、八八年一月から二年間、プリンストン大学に滞在することができるようになったのです。

ただ、問題は、どのような資格で滞在するかです。

客員研究員として二年間過ごしてもよいのですが、それでは大学内部の教員との交流があまり深くなりません。そこで、プリンストン大学経済学部の学部長に手紙を書いて、客員教授の可能性を問い合わせました。「没落」後の私ですので、是非と言って招聘してくれるはずはありません。セールスマンさながらに、自分は、動学的最適化理論、経済成長論、ミクロ経済学、マクロ経済学、そして日本経済論が教えられると書きました。

特に強調したのは、日本経済論です。なにしろ、バブルの真っ最中で、日本経済論ならば需要があるだろうと思ったからです。だが、しばらくすると、残念ながら今のところ客員教授の空きがないという返事が来てしまいました。自分の市場価値がなくなったことを思い知らされただけでした。

## ここでも偶然が

だが、私にも偶然が作用します。奥野正寛君のおかげです。ある日、奥野君が教授会の後で話しかけてきました。奥野君は日本に帰る前にペン大で教えたことがあり、その後も共同研究のために何回か戻っています。一九八八年の春学期にペン大で「日本経済論」を教える約束をしたのだけれど、東大の学内業務で一月と二月は日本にいなくてはならなくなった。私がアメリカに行くと聞いたので、その間だけ「日本経済論」を代わりに教えてくれないかというのです。地図を調べてみると、プリンストン大のあるニュージャージー州とペン大のあるフィラデルフィア州は隣同士で、プリンストンから列車を乗り継ぐと二時間少しで通えるらしい。もちろん、引き受けることにしました。

一週間後、奥野君の長年の共同研究者で、そのとき経済学部長をしていたアンドリュー・ポストルウェイトから電話がかかってきました。「日本経済論」をよろしく頼む。そして、と言葉を継ぎました。できれば、同じ春学期にもう一つ別の講義を担当してくれないかというのです。通勤の大変さを考えて少し躊躇しましたが、客員講師としてちゃんとオフィスがもらえるというので、引き受けました。しばらくすると、もう一つの担当は学部の「中級マクロ経済学」に決まったという連絡が入りました。

アメリカに渡り、ペン大での一九八八年春学期の「日本経済論」は奥野君に二カ月後に無事引き渡し、「中級マクロ経済学」の講義も最終試験を残すだけになって、のんびりした気分になっていたときです。ポストルウェイトが学部長室に来てくれという。行ってみると、次の秋学期から一年間、「日本経済論」と「中級マクロ経済学」担当の客員教授に任命したいというのです。不意をつかれましたが、もちろん、喜んで引き受けることにしました。

そして、どうやらこのことがプリンストンに伝わったようです。それから一週間もたたないうちに、プリンストン大学の財政学者デーヴィッド・ブラッドフォードから電話がありました。以前イギリスのLSEでセミナーをしたときに二人で議論したことがあり、プリンストンに着くと、すぐに会いたいという連絡をもらい、彼のオフィスを訪ねたことがあります。親族の一人が新渡戸稲造の子孫と結婚していることもあって、日本びいきの紳士的な人で、そのときは日本茶をごちそうになりました。

今度もお茶のお呼ばれかなと思いながら受話器から聞こえる声に耳を傾けると、驚いたことに、九月からウッドロー・ウィルソン・スクールで「日本経済論」を教えてくれないかというのです。ウッドロー・ウィルソン・スクールとは、プリンストン出身の大統領の名前を冠した公共政策大学院で、国際関係論で世界的に有名なところです。経済関係の講義は経済学部の教員が主に兼任しています。すでにペン大で客員教授になることが決まっているというと、それは実はペン大の友人から聞いている、プリンストンに住んでいるなら負担はそれほど大変ではないだろうと、逆に説得されてしまいました。

しばらくするとウッドロー・ウィルソン・スクールの学院長から招聘状が届きました。なぜかペン大よりも降格人事で、客員准教授として任命されていました。さらに一方のペン大では八八年冬学期と八九年春学期で一年間の客員教授を終え、これでお役御免かと思っていたら、八九年秋学期も客員講師として「日本経済論」を任されただけでなく、ローダー・インスティチュートという国際関係修士課程でも、日本経済に関する少人数セミナーも教えることになりました。

このように、自分の力というよりは、まさに偶然と幸運の重なりで、ペン大の客員教授とプリンストン大の客員准教授になってしまったのです。私は、この二つの職歴を自分の履歴書に書き込むとき、経歴詐称ではないにもかかわらず、いつも多少のうしろめたさを感じます。

## 不幸な行き違い

——岩井は、この前後の数年間が、学者として一番つらいときだったと言う。

ペン大は、フィラデルフィア市にあります。フィラデルフィアは、アメリカの独立戦争のときにはアメリカ最大の都市でした。その州議事堂で独立宣言が起草されたという歴史を持っており、アメリカ独立のシンボル「自由の鐘」が市の記念館に展示されています。現在でも、周辺地区も含めると六百万人もの人口があるアメリカ七番目の大都市です。

ペン大のキャンパスは、市の中心街の西側を縦断しているスクークル川の西岸の一角を占める大学地域の中にあります。ただ、大学地域といっても市街地の中にあるので、下手にさまよい出ると、とたんに治安の悪いダウンタウンに入り込んでしまいます。エール大やプリンストン大に比べると規模が大きく、全米初のビジネススクールであるウォートン・スクールが看板なので、私が訪れたことのあるアイビー・リーグの中では、最も実学的な雰囲気のする大学でした。

私は、週二回、プリンストンのアパートからキャンパス内にある小さなプリンストン駅まで歩き、ディンキーと呼ばれるシャトル電車でプリンストン・ジャンクションという駅に向かい、そこからSEPTAという通勤電車に乗り換え、トレントンという駅で乗り継ぎをしてフィラデルフィア三十番街駅まで行き、そこで降りてからは徒歩でペン大に通いました。片道二時間ちょっとですが、アメリカの電車は遅れることが多いので、三時間以上の余裕を常に見なければなりません。通勤電車の中で講義の準備をしたりしましたが、やはり大変でした。あまりに疲れていたときの帰路は、トレントンでの乗り換えのない大都市間列車アムトラックに乗ることもありました。そのときは、ゆったりとした席に座り、少しだけ贅沢をしたという気分になりました。

ペン大に初めて到着した日、学部長室のポストルウェイトを訪ね、招聘してもらったことに対しての謝意を述べ、スタッフとともに事務的な手続きを済ませました。経済学部には、私がまだ周りから数理経済学者として期待されていた時期に知り合った人びとが何人も在籍しているので、その後コーヒーマグを片手に、その人たちに挨拶して回りました。

その一人が、宇沢先生やクープマンスとともに最適成長理論を築き上げたデーヴィッド・キャスです。キャスは経済学および社会科学の分析的研究センター（CARESS）という名の研究所の所長をしていましたが、彼の勧めで「貨幣の進化」論文をその研究所のディスカッションペーパーにすることにしました。[*3]

自分のオフィスに戻り、隣のオフィスにいた若い教員に自己紹介をしました。ランディー・ライトという名の数理経済学者でした。ライトにどのような研究をしているかを聞いて、驚きました。彼もサーチ理論を使った貨幣の研究をしている。しかも、私が以前からよく知っている宇沢ゼミ出身の清滝信宏君と共同論文を書いて、私と同じ

＊3　前章ですでに引用している以下の論文です。Iwai, Katsuhito. The evolution of money : a search-theoretic foundation of monetary economics, mimeo, *CARESS Working Paper* #88-03 (Dept. of Economics, University of Pennsylvania), Feb. 1988.

CARESSのディスカッションペーパーにしている最中だという。[*4] お互いの論文を交換して、帰りの電車の中で清滝=ライト論文を読みました。読み終わって、今から考えると愚かであったのですが、ホッとした記憶があります。

清滝=ライト理論と私の理論の最大の違いは、前者では、交換相手を探す空間は取引者全員に共通であると仮定されているのに対して、後者では、例えば上着とリネンを交換する空間とお茶とリネンを交換する空間が分離していると仮定しているところです。

私がホッとしたのは、私自身、前者と同じモデルを一度作っていたからです。そして、そのモデルでは物々交換の選択肢が常に存在しており、その選択肢を排除しうる特殊な欲望の構造を仮定しなければ貨幣の存在可能性が一般的には証明できないことを確認した、という経緯があるのです。それで私は、貨幣が実体経済の構造とは独立に「自己循環論法」の力によってのみ存在しうることを純粋に提示するため、あえて後者のモデルを選んだのです。

私はのんびりとしてしまい、専門誌に送るのを先延ばしにしてしまいました。なにしろ教えるのに忙しい。しかも「貨幣の進化」論文の最初のヴァージョンは八十ページ以上あり、専門誌が課す枚数制限以下に縮めるのに時間がかかってしまったからです。

もちろん、このときホッとしたのは全く愚かでした。学界の判断は私とは全く逆だったからです。清滝=ライト論文は、早くもこの一年後に出版され、数学的なエレガントさと応用可能性の広さから、直ちに最も引用される論文になりました。[*5] 私の論文の方はといえば、出版するのさえ苦労することになったのです。雑誌に送ると、査読者のコメントはおおむね好意的なのですが、編集者から、すでに清滝＝ライト論文があるので出版しかねるという手紙が届いたりする。

ただ、一度だけ、運が向きかけたことがありました。スタンフォード大学で青木昌彦さんの学生であった宮崎元くんの招きで、一九八九年五月、オハイオ州立大学で「貨幣の進化」論文を報告したときのことです。聴衆の中に『ジャーナル・オブ・マネー・クレジット・アンド・バンキング（JMCB）』の編集長がおり、報告が面白かった、論文を自分の雑誌に投稿しないか、と言ってきました。他の雑誌への投稿を考えていたので多少躊躇しましたが、貨幣経済学において定評のある雑誌なので承諾しました。

論文を送ると、しばらくたって詳細なコメントとともに、これに従って改訂し、再投稿するようにと言ってくる。時間をかけて改訂して、再投稿して日本に戻りました。いつか出版してくれるものとすっかり安心していました。しかし、一年ぐらいたってから

＊4　Kiyotaki, Nobuhiro, and Randall Wright. "On money as a medium of exchange." *CARESS Working Paper* #88-1 Jan. 1988.

＊5　Kiyotaki, Nobuhiro, and Randall Wright. "On money as a medium of exchange." *The Journal of Political Economy* (1989): 927-954.

です。何の音沙汰もないので、さすがに私も心配になり、私の論文はどういう状況になっているでしょうかと尋ねる手紙を書きました。

そうしたら、あれだけ詳細なコメントを書いたのに、全く返事がなかった、他の雑誌に送ったのかと思ったと、怒った手紙が来る。釈明の手紙を出すと、返事が来ましたが、まだ怒っている。そして、自分はすでに編集長職を他の人に譲り渡してしまった。申し訳ないが、もはや論文は出版できないと、書いてあるのです。

なんだか、狐につままれたような気がしました。いまだにどうしてこういうことになったのか分からないままです。改訂論文を再投稿した際に確認しなかったり、早いうちに催促の手紙を出さなかったりと、私にも落ち度があることは確かです。私が日本に戻ったことで、いくつかの手紙が誤配されてしまったのかもしれません。ただ、向こうのあまりに激しい怒り方に、腑に落ちないところがあるのです。もう少し頑張ってみればよかったのかもしれませんが、この人とはもう関わり合いたくないという気が強くて、さらに手紙を出すことはしませんでした。いずれにせよ、出版の決定権は向こうにあります。諦めました。結局、一年半以上、時間を無駄にしてしまったのです。

私は打たれ強い人間だと思いますが、このときはさすがに打ちのめされました（今でも、このことを思い出すと気分が悪くなります）。貨幣の存在問題はずっと考え続けてきました。その問題をやっと数学的に定式化できた論文によって、学問の世界に戻ることができたと思ったのに、こんなことになってしまった。映画批評などを始めて、もう学術論文は書くのをやめようかとまで考えていました。そして、「貨幣の進化」論文は、しばらくどこにも投稿せずにほったらかしにしておいたのです。

ペン大とプリンストン大にいた二年間をまたぐ数年間は、これ以外にも、私の学者人生の中で、明るい記憶がほとんど残っていない時期です。国際会議や海外のセミナーでの発表で何回も絶望するような失敗をしたりしています。だが、ここでこれらの失敗談を語るのは、紙幅の無駄になるだけですので、やめておきます。今から振り返れば、この二年の間、特に「日本経済論」を教えるために勉強したことは、その後の研究の大きな転換のきっかけになっています。ただ、このときは、そんなことも知らず、井戸の底にいるような気持ちでした。

## 二つの契機

しかしながら、時間の作用とは不思議なものです。しばらくして、気落ちしていた私を再び学問に向かわせる契機が、二つほど訪れました。

一つは、前章で解説した『貨幣論』の出版です。

一九九三年四月の最初の日曜日の朝でした。朝日新聞の読書欄を開いてみて、びっくりしました。その四月から朝日は書評に取り上げられる書物のうちの一つに他よりも大きなスペースを与えるという方針を打ち出したのですが、なんと、『貨幣論』がその最初の書物となっていたのです。書評者は、京都大学の佐和隆光さん。私の試みを理解した的確な文章でした。『貨幣論』は、その母体であった「貨幣の進化」論文のアメリカでの運命とは全く対照的に、日本で幸運な旅立ちをすることができました。大変難しい内容であったはずなのに、読者にも恵まれました。

『貨幣論』の執筆は、私が「貨幣の謎」についてそれまで考えてきたことを、初めて体系的に表現する機会を与えてくれました。そして、出版後、『貨幣論』をめぐって、対談や座談会、さらにはシンポジウムなどがいくつも開かれ、私はできるだけ出席するようにしました。その中でのやり取りを通して私は、自分の貨幣に関する思考に誤りがないことを再確認することができたのです。

そのようなことから少し自信を取り戻し、自分の貨幣に関する思考を、どんな雑誌でもよいから、日本だけでなくやはり世界にも開いておいた方がよいと思い直しました。事実、ときたま海外から、「貨幣の進化」論文を引用したいがどの雑誌で発表されたのか教えてほしい、という手紙を受け取りもしたのです。そして、思い立ったが吉日で、一九九四年、フロッピーディスクの中に眠っていた「貨幣の進化」論文を短くしたヴァージョンを「貨幣の自己循環論法理論」と改題し、『ストラクチュラル・チェンジ・アンド・エコノミック・ダイナミックス』に投稿しました。私自身、全く名ばかりでしたがこの雑誌の編集委員となっており、受諾される確率が一番高いと判断したからです。そして、一九九六年にようやく掲載されました。インターネットで何でも簡単に検索できる時代になった今となっては、出版されただけでも良かったと思っています。いずれにせよ、私は映画評論家への転身は、思いとどまりました。

私が学問に再び向かうようになった第二の契機は、「法人論」の発見です。ただし、その発見がどういう意味なのかを説明するためには、ペン大とプリンストン大で行った「日本経済論」の講義について話しておく必要があります。

## 日本経済論の講義に悩む

——ペンシルベニア大学とプリンストン大学で発展途上国からの多くの留学生に日本経済論を教えなければならないことから、岩井は日本の会社の特殊性を普遍的な枠組みで説明する可能性を模索した。

ペン大とプリンストン大で「日本経済論」を教えるまで、私はほとんど抽象的な理論にしか興味のない人間でした。プリンストン大に客員教授の可能性を問い合わせた手紙に、自分は日本経済について教えられると書きましたが、その時点では明らかな虚偽申告でした。ところが、実際に、ペン大で「日本経済論」を担当しなければならなくなりました。あわてて、日本橋の丸善に飛び込み、日本経済について英語で書かれた本を大量に買い込んで、にわか勉強を始めたのです。

ただ、最初の春学期は、奥野正寛君の講義の前座でしかなく、江戸時代から現代までの経済史を教えればよいことになっていたので、内容にそれほど悩む必要はありません。しかも中村隆英さんの名著『日本経済――その成長と構造』（東京大学出版会、一九八〇）が戦前編と戦後編に分けて英訳されており、教科書はその二冊を使えばよい。[*6]だが、秋学期からは、ペン大でもプリンストン大でも、歴史だけでなく、現代の日本経済についても教えなければなりません。

実は、「日本経済論」には、佐藤和夫先生の有名な「講義ノート」がありました。先生はいつか本として出版したいと思っていたはずですが、なぜか未公刊のままなのを幸いとして、アメリカで「日本経済論」を教える日本人の間でひそかにそのコピーがアンチョコとして流通していたのです。

私の場合は、「日本経済論」を教えることを先生にお知らせしたら、「使ってもいいよ」と直接コピーをいただきました。でも、こういうふうに正式にいただくと、そのオウム返しのような講義をするのは、いくら親しいといっても学者仁義にもとってしまいます。先生のノートを下敷きにしながらも、どうやったら自分なりに特色のある講義ができるか、悩みました。

ペン大の講義には、ほぼ定員いっぱいの六十人近い学生が聴きに来ました（プリンストン大では修士課程の学生が中心だったので、少人数でした）。一九八八年と八九年です。日本経済はバブルの最終局面で、グローバル社会の中で急激に存在感を増しているときでした。エズラ・F・ヴォーゲルの『ジャパン・アズ・ナンバーワン』（TBSブリタニカ、一九七九）がまだ一世を風靡しており、日本経済は賛嘆の的であるとともに、脅威にも感じられていた時期です。アメリカ人の学生も多かったのですが、四分の一、学期によって三分の一が発展途上国からの留学生でした。彼らは特に、日本の経済の「成功」の秘密を知りたいと、私の講義を熱心に聴いてくれました。

もちろん、日本経済のあり方は、日本の文化的な特質や日本の歴史の特異性と深い関わりを持っています。だが、そういう関心を持っている学生たちに対して、最初から、日本経済の発展の秘密は、古来の日本の文化の特殊性や近世からの日本の歴史の特異性にあるというような説明をしたら、それまで満員だった講義室が、次の週からガラ空きになってしまうことでしょう。

なぜならば、文化や歴史の差異性が日本経済の発展の秘密ならば、彼らは日本経済に

＊6　Nakamura, Takafusa. *Economic Growth in Prewar Japan*. New Haven, CT and London : Yale University Press, 1983 ; Nakamura, Takafusa. *The Postwar Japanese Economy : its development and structure*. Tokyo : University of Tokyo Press, 1981.

ついて学んでも、自国経済の発展のためには何の役にも立たないからです。

そこで、日本経済のあり方は、確かにアメリカやイギリスとは違っているけれども、それを単なる文化や歴史の差異だけに還元せずに、可能な限り普遍的な枠組みによって説明できないだろうかと、講義の準備中も講義をしている間も考え続けました。

——ここで再び、第五章で紹介した『文學界』での水村美苗との対談に戻ろう。岩井は対談の中で夏目漱石の『文学論』に触れている。漢文学に親しんできた漱石は、英文学を十分には味わえない。漢文を読む力と英文を読む力に変わりがないのに、好き嫌いが分かれるのは漢文学と英文学が異質だからだと結論づけた。その上で、漱石は、漢文学と英文学を同時に文学として理解できるような徹底的に形式化された文学理論を書こうと思い立つ。英文学も漢文学も、より普遍的な意味での文学の中の二つの固有性として位置づけようとしたのが『文学論』だという。「日本異質論」には疑いの目を向けながら日本経済論に取り組む岩井の意識は、漱石に近かったといえる。

## 企業人たちのホンネを聞く

幸い、いくつもの導きの糸がありました。

第一の導きの糸は、一橋大学の伊丹敬之さんが主宰した企業システム研究会です。確か一九八六年初春だったと思います。ペン大やプリンストン大で「日本経済論」を教えることになるとは考えてもいなかった頃です。いまだに理由が分からないのですが、それまでほとんど面識がなかったのに、伊丹さんから突然連絡があり、有無を言う前にメンバーにされてしまいました。月一回のペースで、様々な分野にわたる日本企業の若手役員や役員候補レベルの人を招いて、経営や人事、取引関係や資金調達などをどう実践しているのかを話してもらうのです。

みな最初は緊張してタテマエを話しているのですが、伊丹さんの巧みな質問でそのうちにホンネがボロボロ出てくる。経営学者とはこういうものかと、感心しました。そして、そのホンネから浮かび上がってくる日本企業の実態は、新古典派経済学の教科書に描かれている企業像とも、アメリカやイギリスの企業のあり方とも、全く違っていました。

日本企業のステレオタイプとして、次のような特徴が挙げられていることは、私でも知っていました。第一に、株主の発言力は弱く、会社の経営にはほとんど口をはさまない。第二に、企業経営者の多くは、組織の内部から昇進しており、その経営は利益率より企業組織それ自体の拡大を目標としている。第三に、従業員は、終身雇用制、年功賃金制、企業別組合に守られ、自社に対して強い帰属意識を持っている。第四に、生産や流通や開発の現場では、情報を共有した従業員の間のインフォーマルな関係が重視される。第五に、多くの企業はいくつかのグループを形成し、お互いの株式を持ち合っている。第六に、大企業は、下請け、孫請けと広がる垂直的な系列関係を長期的に維持している。第七に、多くの会社は、主として長期的な貸借関係を保っているメーンバンクから資金を調達している。

この研究会に参加する前は、このような日本の企業のステレオタイプに対して、単なる神話ではないかという疑いを持っていました。利潤の追求という資本主義的な観点から見ると、どうしても合理性を欠いているように見える。ところが、伊丹さんの研究会に招かれた日本の企業人たちが話すホンネは、この特徴づけが決して神話ではなく、当時の日本企業の実態をよく表現していることを教えてくれたのです。伊丹さん自身は、このような日本企業のあり方を、おカネではなくヒトという資本の提供者である従業員が企業の主権者となっているという意味で、「人本主義」と名づけていました。[*7]

私は、「日本経済論」の講義を準備しているとき、この研究会のことを思い起こしました。そして、いったいこのような特徴を持つ日本の企業のあり方がどうして資本主義という枠組みの中で可能なのか――それを中心テーマの一つにすれば、自分の講義に特色を出すことができるかもしれないと考えるようになったのです。

## 小宮論文に触発される

第二の導きの糸は、すでに第一章で触れた、小宮隆太郎先生の論文です。[*8] 私は、一九八六年春に箱根で開かれた日本企業に関する研究会議で、先生自身による論文報告を聴いていています。小宮先生も、日本企業、特に大企業の行動は、新古典派経済学の教科書に書かれている企業とも、アメリカやイギリスの企業のあり方とも、全く違うと力説します。そして、ツウセツヒハンのコミヤらしく、『日本は資本主義ではない』とか『脱資本主義分析』といったキワモノ的な題名の書物を著し、学界の主流からは異端視されていた商法学者の西山忠範氏の仕事を、積極的に評価するのです。[*9]

一九八一年にダイエーが高島屋の株式を買い占めしようとしたとき、高島屋側は従業員だけでなく経営者も一致団結して組織防衛に努めたため、結局、買い占めは失敗しま

*7　伊丹敬之『人本主義企業――変わる経営変わらぬ原理』(筑摩書房、一九八七)。
*8　小宮隆太郎「日本企業の構造的・行動的特徴(1)」『經濟學論集』54 (2), 2-16. (1988)
*9　西山忠範『日本は資本主義ではない』(三笠書房、一九八一)、同『脱資本主義分析』(文真堂、一九八三)。

した（時代は変わり、ダイエーは今ではイオンの子会社となっています）。この買収事件に関して、西山氏は「日本の経営者は資本主義を極度に嫌っており……資本家は『労使共同の敵』である」と述べていますが、その言葉を小宮先生は本当にうれしそうに引用していました。日本の経営者（＝使用者）が、新古典派経済学が主張するような株主（＝資本家）の代理人ではなく、従業員（＝労働者）の代表者として振る舞っていることを意味しているからです（同時に、それはマルクス経済学的な階級論に対する痛烈な皮肉でもあります）。実は私も、「日本経済論」の講義では、この西山氏の言葉を何度も引用し、最終試験に「『資本家は労使共同の敵である』という言葉について、論ぜよ」という問題を出したりしています。

小宮先生はこの論文では、日本企業は従業員一人当たりの所得の最大化を目的とする「労働者管理企業」のように行動するという仮説を提示しました（ただし、株主に対して一定比率の利潤を配分するという制約条件がついています）。それは、もちろん、伊丹さんの「人本主義」と通底する仮説です。

私は、この報告を聴きながら、一方で納得するとともに、他方で疑問も持ちました。それは、労働者管理企業の場合、従業員数を増やすと一人当たりの所得が減ってしまうので、企業規模の成長に対して激しい抵抗があることが知られています。ところが、当時は失われた二十年が始まる前です。日本企業は、世界の中で最も成長志向が高いことで有名でした。この矛盾をどう説明したらよいのか。気がついたら、箱根からの帰りのロマンスカーの中で考え始めていました。そしてすぐ、年功賃金制と組み合わせると、理論的にうまく解決できることに気づきました。

ここで年功賃金制とは、若年従業員の賃金はその生産性以下に抑え、高年従業員の賃金は生産性以上にする雇用慣行です。この制度のもとでは、企業が成長すれば、低賃金の若年従業員の数が高賃金の高年従業員の数を上回りますから、企業全体では余剰が生まれ、それが成長を促すという好循環が存在するのです（失われた二十年においては、この好循環が悪循環に転化してしまいました）。そして、そのことを「日本企業のモデルとしての従業員管理企業」という論文にしました。[*10] 思いつきだけで書いた速成論文ですが、私がその後の「法人論」に踏み出す第一歩でした。

## 『イギリスの工場・日本の工場』

第三の糸は、ロナルド・ドーア（一九二五―二〇一八）さんの『イギリスの工場・日本の工場』です。[*11] この本は一九七三年に出版された比較制度論の真の古典ですが、私は

*10 「日本企業のモデルとしての従業員管理企業」岩田規久男・石川経夫編『日本経済研究』（東京大学出版会、一九八八）。

小宮先生の論文で賞賛されていることで、遅ればせながらその存在を知りました。ドーアさんは、典型的なイギリス企業（イングリッシュ・エレクトリック）と典型的な日本企業（日立製作所）とを現地調査し、イギリス企業と日本企業の行動や構造の違いは、それぞれが内的な整合性を備えている二つの異なった「システム」――「市場志向」型と「組織志向」型――の違いとして理解しなければならないというテーゼを提示したのです。

日本においても欧米においても、それまでの支配的な見方は、欧米の企業、特にアメリカとイギリスの企業のあり方こそ、効率性を最大限に追求しうる「普遍性」を持っており、その「普遍性」を実現できていない日本企業は、非合理的でかつ非効率的であるというものです。

そして、なぜこのように日本企業が「普遍性」から「逸脱」しているかについては、一方で集団主義や権威への従順さなど日本社会に深く根ざした「文化」的特質を強調する立場と、他方で資本主義化の「後れ」という「歴史」的要因を強調する立場とが争っていました（ここでは、いわゆる「日本資本主義論争」における「講座派」と「労農派」の争いが念頭に置かれていると思います[*12]）。

これに対してドーアさんは、日本の企業システムが「組織志向的」であることは、文化的特殊性や歴史的遅れにすべては還元できない。いや、それは、日本経済が経済発展の後発国であることを逆に優位に転化したことから生まれた、優れて「効率的」な仕組みであると主張したのです。このドーアさんの本は、多くの後続研究を生み出すことになりました。グローバル化した市場による激しい競争圧力やグローバル化した情報ネットワークを通した技術や知識の急速な拡散にもかかわらず、なぜ先進資本主義国の間でさえ異なった慣行や制度が共存し続けているのか――それを解き明かそうとしていたからです。

## 青木昌彦J企業モデル

そして最後の導きの糸は、もちろん、青木昌彦さんのJ（日本）企業モデルです。青木さんとは、MITの大学院生のときにハーバード大学で教えていた青木さんのアパートに招かれてからの知り合いです。青木さんが日本に戻った後も、哲学者の散歩道にある京都の青木邸には、美苗と一緒に何度も訪れています。

ただ、青木さんの仕事をきちんと学問的に検討したのは、大学の紀要に書評を頼まれ

*11 Ronald Dore, *British Factory, Japanese Factory: The Origins of National Diversity in Industrial Relations*, U. of California Press, 1973. ロナルド・ドーア『イギリスの工場・日本の工場』（山之内靖・永易浩一訳、筑摩書房、一九八七）。

*12 「日本資本主義論争」に関しては、中村隆英「「日本資本主義論争」について」『明治大正期の経済』（東京大学出版会、一九八五）付論が参考になります。

た『現代の企業——ゲームの理論からみた法と経済』（岩波書店、一九八四）が初めてです[*13]。その中で青木さんは、株主利益の最大化を目的とする新古典派の企業理論、経営者が企業を実質的にコントロールする経営主義的企業理論、従業員集団が自主管理をする労働者管理企業——それらすべてを、企業の特殊理論にすぎないとして退けます。その代わりに、企業の一般理論として、企業組織全体の効率性の最大化を目指して経営者が株主集団と従業員集団との利害のバランスを取っていく「協調ゲーム」を提示したのです。

この株主集団と従業員集団との協調ゲームとしての企業という青木さんの定式化は、私が会社の二階建て構造論を組み立てるときに大きなヒントになりました。

その後青木さんは、J企業モデルを精力的に展開することになります。そこでは、従業員集団に関しては、広範な業務に関する知識を共有した従業員相互の調整を重視し、変化や異常への対応も「現場」の裁量にできるだけ任せる「水平的な情報構造」を持つ組織として理論化します。株主集団に関しては、メーンバンクがその利害を代理すると想定し、その経営コントロールの方式を、平常時においては「現場」の裁量に全面的に任せ、業績が悪化したときにのみ経営に介入する「状態依存的ガバナンス」として定式化しました。

そして、この水平的な情報構造を持つ雇用システムと状態依存的なガバナンスを行うメーンバンク制度との間には、お互いがお互いの効率化を促す相乗効果的な補完性があり、その結果、J企業が株式価値のみの最大化をはかる新古典派的企業よりも、企業全体としてより高い経済価値を実現する可能性があることを示したのです。[*14]

私は英文で利用可能なドーアさんと青木さんの仕事を中軸にし、さらに雇用関係については小池和男さん、下請け関係については浅沼萬里さんなどの論文を基本文献に指定して、「日本経済論」を教えることにしたのです。

---

＊13　この本は以下の本の日本語版です（Aoki, Masahiko. *The Co-operative Game Theory of the Firm.* Oxford : Clarendon, 1984）。私の書評は「青木昌彦『現代の企業――ゲームの理論からみた法と経済』」『経済学論集』51（4）（1986.1）。

＊14　M. Aoki, "The Japanese firm in transition," pp.263-288 in K. Yamamura and Y. Yasuba (eds.), *The Political Economy of Japan*, Vol. I : The Domestic Transformation, Stanford University Press, 1987 ; Aoki, Masahiko. *Information, Incentives and Bargaining in the Japanese Economy: a Microtheory of the Japanese Economy.* Cambridge University Press 1988 ;（邦訳：青木昌彦『日本経済の制度分析』永易浩一訳、筑摩書房、一九九二）; Aoki, Masahiko. "Toward an economic model of the Japanese firm." *Journal of Economic Literature* (1990) : 1-27. ただし、状態依存型ガヴァナンスはこの時期にはそれほど明示的ではありませんでした。青木さんはその後、「制度的補完性」の概念を中軸にした、壮大な比較制度分析の体系を展開します。それは、多様な経済システムを、限られた合理性しか持たない多数の個人が参加する進化的ゲームの複数均衡として提示するものです。Aoki, Masahiko. *Toward a Comparative Institutional Analysis.* MIT press, 2001（邦訳：青木昌彦『比較制度分析に向けて』瀧澤弘和・谷口和弘訳、ＮＴＴ出版、二〇〇一）。

## 日本経済は逸脱した存在なのか
### ——岩井は、「法人」を発見した。

ただ、熱心に聴いてくれている学生には申し訳なかったのですが、私は「日本経済論」の講義を多少の違和感を覚えながら進めていました。それは、日本型の企業システムと株式会社制度との関係、いやもっと一般的に言えば、日本型の企業システムと資本主義との関係をどうとらえたらよいのか、自分でも十分に納得がいっていなかったからです。

伊丹さんは、日本の多くの企業は「本来の株式会社の理念から逸脱した存在になっている」という認識から出発し、日本企業の主権者は、おカネという資本の提供者としての株主ではなく、ヒトという資本の提供者である従業員であるという意味で「人本主義」を提唱しています。

小宮先生も、日本の大企業は「会社法の法律的なタテマエから大きく乖離している」と述べ、かつての社会主義国ユーゴスラヴィアで実践されていた「労働者管理企業」に近い存在と見なしています。さらに、小宮先生が引用していた西山忠範さんは、はるかにラディカルに、日本では株式会社制度は完全に崩壊し、日本はもはや資本主義社会ではないとさえ主張しています。

そして、ドーアさんも、『イギリスの工場・日本の工場』以後、英米の企業システムと日本の企業システムをそれぞれ「会社法モデル」と「共同体モデル」と呼ぶようになり、英米企業は会社法に従っているが、日本の企業システムはそうではなく、それは「単に社会的な慣習の産物」であると述べるようになっています。[*15]

青木さんの場合は、株主の利害を明示的に考慮することによって、日本企業を従業員主権企業や労働者管理企業や従業員共同体に還元してしまうことは慎重に避けています。でも、その青木さんですら、そのJ企業モデルを企業組織全体の効率性を最大化する協調ゲームの均衡として正当化しており、はたしてそのような協調ゲームのルールそれ自体が株式会社という制度と整合的であるかどうかは不問に付しています。

もちろん、伊丹さんの人本主義的企業も、小宮先生の労働者管理企業仮説も、ドーアさんの共同体モデルも、青木さんのJ企業モデルも、新古典派的な企業モデルに比べると、圧倒的なリアリティがあります。それだからこそ、私は「日本経済論」で教えたの

＊15　Ronald Dore, *Taking Japan Seriously, a Confucian Perspective on Leading Economic Issues*, Anthlone Press,1987 ; *Stock Market Capitalism : Welfare Capitalism*, Oxford University Press, 2000)。後者の日本語訳はロナルド・ドーア『日本型資本主義と市場主義の衝突――日・独対アングロサクソン』(藤井眞人訳、東洋経済新報社、二〇〇一)。

です。

ただ、第二次大戦後の日本経済は、まがりなりにも、アメリカやイギリスと変わらぬ資本主義経済です。確かに、かつて日本経済が華やかなりしころ、当時の官僚制度の強さを皮肉って、「日本は世界で最も成功した社会主義国である」と言われたことがありました（ただし、「失われた二十年」以降は、「最も成功した」という修飾語が落とされることも多いのですが）。でも、皮肉は皮肉でしかありません。少なくとも「私有財産制」を基本にしているという意味では、日本も資本主義国であることは間違いありません。そして、日本の大部分の企業は、英米の企業と同様に、私有財産制度を前提とした「会社法」に従って運営されていることも間違いありません。私は、日本の企業全体が会社法違反をしたとして訴えられたという話は聞いたことがありません（もっとも、一九八〇年代末から始まった日米構造協議では、アメリカ側からそれに近い議論が提示されたかもしれません）。

それなのに、結局、その日本型の企業システムが本来の株式会社の理念から乖離していると見なされ、日本経済それ自体も本来の資本主義からの逸脱であると見なされてしまっている。ドーアさんが排除しようとした「普遍」に対する「逸脱」というかつての日本企業に関する見方が、舞台の裏口からいつのまにか忍び込んできているのです。そのときははっきりとは分かっていませんでしたが、そこに、私の違和感があったのだと思います。

## 「法人」に驚く

一九八九年秋学期だと思います。プリンストン大学の東洋学の図書館に立ち寄りました。小さな図書館で、ちょっと歩き回れば、日本関係の文献は一通り見ることができます。江戸時代の絵地図とか戦前の古い雑誌などがあって、眺めてみるのが結構面白い。経済学の棚も一応訪問し、その隣にある法律学の棚の前を通り過ぎようとしたとき、自分でも不思議なのですが、古色蒼然とした本がふと目にとまりました。戦前の『法律学辞典』です。その本を取り出し、前から気になっていた「法人」という言葉に関する項目を探してみました。そうすると、末廣巌太郎（すえひろいずたろう）（一八八八―一九五一）という民法の大先生が書いた次のような定義が見つかりました。

「法人とは自然人にあらずして法律上〈人〉たる取扱いを受くるものを言ふ」

私は、この言葉を目にしたとき、驚きのあまり、思わず『法律学辞典』を落としそうになりました。

なぜならば、近代社会の大前提は、ヒトとモノとをきちんと分けるということであるからです。ヒトは主体として、モノを所有し支配します。モノは客体として、ヒトに所有され支配されます。小学校以来の社会科の授業で、近代社会とは何かということを教わってきましたが、そこで学んだことは、近代社会とはヒトをモノとして扱ってはいけないという主張から始まったということです。

フランスの人権宣言やアメリカの独立宣言は、すべて、ヒトはモノではない、ヒトは他のヒトに支配されない存在であることを宣言しています。福沢諭吉のあの「天は人の上に人を造らず、人の下に人を造らず」という言葉が、まさにこの近代社会の本質を言い表しています。それに対して、一部のヒトを全面的にモノとして扱うのが奴隷社会であり、半数のヒト、つまり女性を一人前のヒトとして扱わないのが家父長制社会であるというわけです。近代以前の社会では、ヒトとモノとの区別がちゃんとついていなかったのです。

ところが、ヒトとモノをきちっと分けたことから出発したはずの近代社会において、その大前提と矛盾する存在がある。それが、「法人」なのです。末廣巌太郎による定義を、もう少し現代的に言い直すと、「法人とは、本来はヒトではないのに、法律上ヒトとして扱われるモノである」ということです。すなわち、それは、モノとヒトとの両義性を持っている。モノであるのにヒトとして扱われ、ヒトとして扱われているのにモノでしかない――こんな不思議な存在がこの世にあることに、なぜ今まで気がつかなかったのだろうか。

もし私が、学生時代に民法や商法を学んでいたならば、こんなには驚かなかったと思います。講義で法人という概念についての解説を聴いており、すでにある程度の予備知識を持っていたはずだからです。だが私は、法律が——というよりも法学部が——好きではありませんでした。その当時は僭越にも、法律などという権力の道具にすぎないものを勉強するなんてとんでもないと思っていましたから、経済学部にいながら法律に関する講義は一度も取ったことはありませんし、その後も、このときまでは法律に関する本は一度も開いたこともありません。

もちろん、日常生活ではしばしば法人という言葉には触れてはいましたが、その意味について意識的に考えたことは一度もありません。それだからこそ、「法人」という概念に関しては、全くの白紙状態のまま接することになったのです。そして、法人とは本来はヒトではないのに法律上ヒトとして扱われるモノという定義に、本当に驚いたのです。

私はすでに四十二歳になっていました。だが、この驚きをきっかけとして、「法人論」というこれまでとは全く違った分野の研究を始めることになりました。しかも、皮肉なことに、学生時代に一番敬遠していた法学という分野です。文字通り、一から始めなければなりません。ペン大やプリンストン大の図書館で、法人論や会社法関係の文献を借り出して、読み始めました。

帰国後、日本経済新聞から「やさしい経済学」への寄稿を頼まれたのを幸いに、法人に関するそれまでの思考をまとめてみました。そして、「ヒト、モノ、法人」と題したエッセイを、一九九〇年三月一日から五回にわたって連載しました。[*16]

## 企業と会社の違いとは

——岩井は帰国したが、研究テーマは大きく変化していた。ここで「法人論」の概略を解説してもらおう。

私が「法人論」に取り組むようになったきっかけは、日本型の企業システムは本来の「会社」の理念から本当に逸脱しているのかという疑問を抱いたことでした。

ここで、改めて問いかけてみます。「会社」とは何なのでしょうか。

答えは簡単です。会社とは「法人企業」の別名です。会社＝企業＋法人。つまり、「会社」とは「法人」である「企業」のことなのです。

では、「企業」とは何でしょうか。その答えも簡単です。企業とは「営利を目的として経済活動をする組織」のことです。ですから、街角の青果店も、世界に冠たるトヨタ自動車も、ともに同じ企業です。実際、青果店は、果物や野菜を卸売りや産地農家から買ってきて、洗ったり磨いたりして店先に並べ、商品としてお客に売っています。トヨタは、多種多様な部品を多数のサプライヤーから購入し、工場で従業員やロボットを使って組み立て、完成された車体を販売会社に売っています。ともに、投入のための費用と産出からの収入の違いによって利潤を生み出しています。

もちろん、同じ企業といっても、青果店とトヨタは違います。第一に、規模が桁外れに違う。だが、違いはそれだけではありません。青果店は法人化されていない単なる企業であるのに対し、トヨタは法人化された企業、すなわち会社であるのです。では、単なる企業と会社とではどこに違いがあるのでしょうか。

町はずれの小さな青果店を考えてみましょう。その店主がおなかを減らして店先のリンゴをがぶりとかじったとします。何が起こるでしょうか。

何も起こりません。店先の品物はすべて店主の私有財産です。店主は、リンゴをどのように処分してもいい。食べてもいいし、捨ててしまってもいい。すべて自由です。ただ、通常は、生活のためにお客に売ってお金を稼いでいるわけです。

青果店という企業は、すべてその店主のものなのです。そして、実は、会社は株主のものでしかないと主張する株主主権論とは、青果店の店主とその店先のリンゴとの間の関係を、そのまま会社の株主と会社の資産に当てはめてしまった理論的誤謬なのです。実際、会社の株主がこの株主主権論をまともに信じてしまったら、とんでもない目にあ

＊16　『二十一世紀の資本主義論』（筑摩書房、二〇〇〇、ちくま学芸文庫、二〇〇六）に所収。

ってしまいます。

街角の青果店の店主が、貯金をして、トヨタの株主になったとしましょう。ある日たまたまトヨタの工場の前を通りました。そのとき、この店主が工場内に入り、「会社は株主のモノだ」と叫んで、製造されたばかりの車に飛び乗って道に走り出したとします。何が起こるでしょう。

この株主はお縄にかかってしまいます。

なぜなのでしょうか。それは、会社の株主は、会社資産の所有者ではないからです。では、いったい誰が会社資産の所有者なのか。答えは、「法人」としての会社です。ここで、私が『法律学辞典』を取り落としそうになったあの「法人」という言葉が登場してきました。

会社とは法人となった企業です。その法人としての会社が、法律の上では、会社資産の所有者であるのです。ですから、いくら青果店の店主が会社の株主様だといっても、法人としての会社の資産である自動車を工場から直接運び出してしまうと、それはよその様のモノを盗んだことになってしまい、窃盗罪で逮捕されてしまうのです。

## モノでありヒトであり……

会社の資産は株主のものではありません。では、株主とはどういう存在なのでしょうか。株主とは、読んで字のごとく、株式の持ち主です。では、株式とは何でしょう。法人とは、本来ヒトではないが、法律上、ヒトとして扱われているモノである、という定義を思い出してください。つまり、法人としての会社とはヒトであるだけではなく、同時にモノでもあるのです。そして、多少大ざっぱな言い方になりますが、通常「株式」と呼ばれるのは、この「モノとしての会社」の別名です。したがって、株主とは、モノとしての会社の所有者にほかなりません。

資本主義経済では、モノであれば、すべて売り買いの対象になります。株式もモノですから、当然、売り買いされます。そして、株式をモノとして売り買いする市場を、株式市場と呼びます。経済学や金融論の教科書の中には、株式市場を会社資産を直接売り買いする市場であるかのように説明しているものがたくさんありますが、これは間違いです。株式市場とは、会社資産とは独立に、株式をモノとして売り買いする市場のことなのです。

街角の青果店のような企業は、図6―1のように単純な構造をしています。青果店で売るリンゴやナシ、青果店で使うレジや自転車を直接に所有しているのは店主です。しかも、青果店が仕入れ先やお客やアルバイトや信用金庫と結ぶすべての契約も、店主が個人で結んでいます。さらにその企業活動によって裁判沙汰に巻き込まれたときも、店主が原告や被告になります。法人化されていない単なる企業は、平屋建ての建物である

図6-1　単なる企業の平屋建て構造

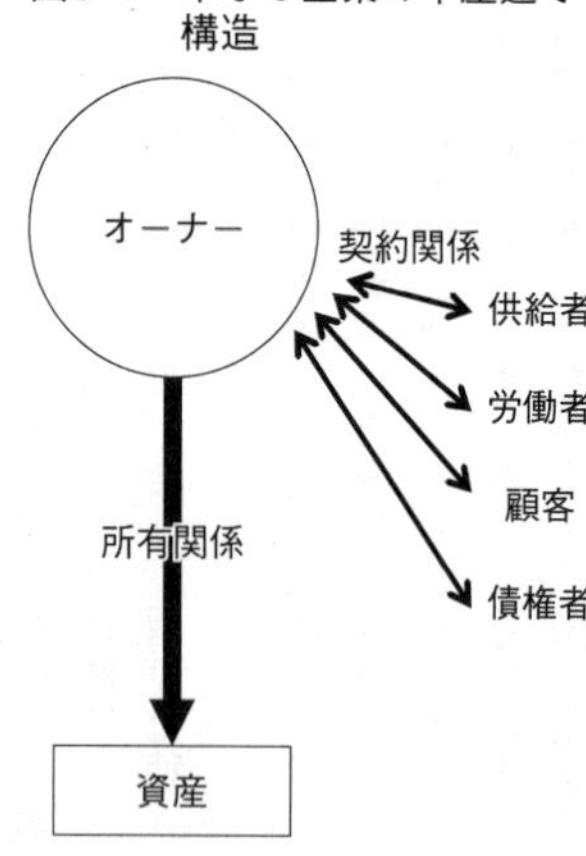


のです。

これに対して、法人化された企業である会社は、図6－2で示してあるように、二階建ての構造をしています。まず、株主が会社をモノとして所有しています。具体的には株式を所有しているわけです。これが二階にあたります。そして一階部分では、その株主に所有されている会社が、今度はヒトとして、機械や設備、建物や土地、製品や中間財や原材料の在庫といった会社資産を所有しているのです。しかも、会社が企業活動のために供給者や購買者や従業員や銀行と結ぶ契約は、すべて法人としての会社が結んでいます。さらに会社がその企業活動によって裁判沙汰に巻き込まれたときも、法人としての会社が原告や被告になります。

ここで強調しておきたいのは、この会社の二階建て構造において、モノでありヒトであるという法人の両義性が、うまく分業されていることです。二階においては、会社はモノとして株主に所有される客体としてふるまっています。そして、一階においては、会社資産を所有する主体としてふるまっています。さらに外部のヒトと契約し、裁判での係争の主体としてもふるまっているのです。本当に驚くべき巧妙な仕掛けです。

このようにして、ひとたび会社が二階建ての構造をしていることを把握すると、会社という存在に関する数々の疑問が、面白いように、おのずと解けていきました。

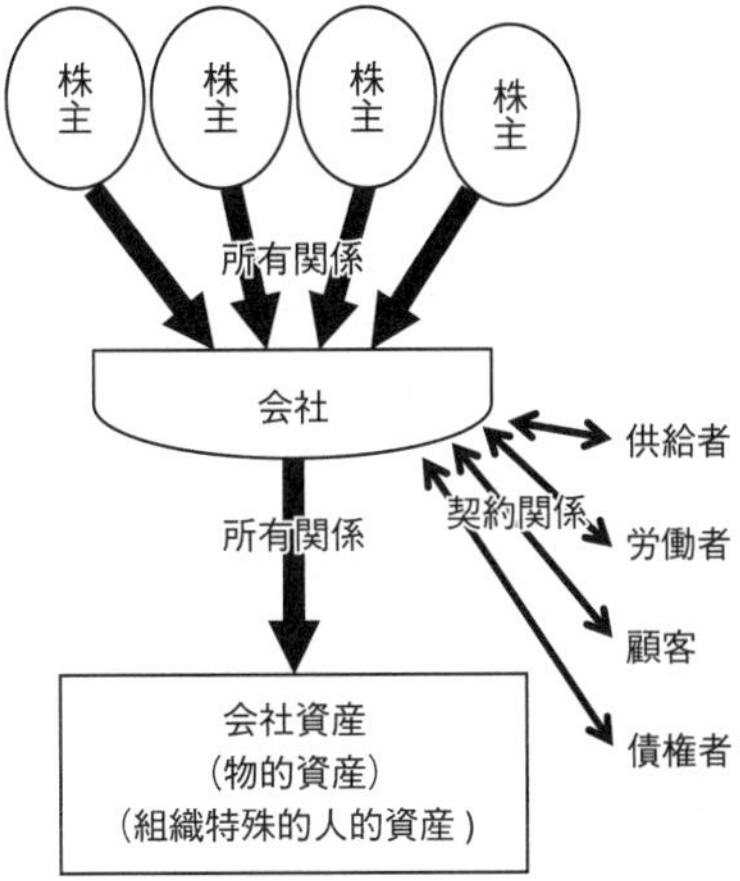

例えばこのことから、これまでいろいろ小難しい正当化がなされていた株主の有限責任制が自動的に導かれます。単なる企業のオーナーの場合は、無限責任を負っています。契約はすべてオーナーの名で結ばれていますから、企業が倒産した場合、債権者はオーナーの個人資産も差し押さえられます。これに対して、会社が倒産した場合、契約はすべて法人としての会社の名で結ばれていますから、債権者が差し押さえられるのは、会社名義の資産だけです。株主は株式投資額だけは失いますが、他の個人資産を債権者に差し出す必要はありません。すなわち、有

図6-2　会社は二階建て構造

限責任であるのです（したがって、会社に対する株主の権利も、当然有限であるはずです）。

また、会社の経営者が単なる企業の経営者とは全く異なる存在であることも直ちに明らかになりますが、それに関しては、次章で論ずることにします。

最も重要であったのは、この会社の二階建て構造論に行き当たることによって、日本の会社とは、決して資本主義と矛盾しているわけでも会社法の論理と矛盾しているわけでもないということを、ようやく自分でも納得できる形で示すことができたことです。すなわち、会社という制度そのものの中に、アメリカやイギリスの「株主主権」的な会社だけでなく、日本の「人本主義的／労働者管理企業的／共同体的」な会社、さらにドイツにおける「労資共同決定」的な会社も、イタリアや韓国、戦前の日本のような「財閥システム」も、すべて可能にしてしまう仕掛けが仕組まれているということを見いだしたのです。

このことを示してみる前に、少し回り道になりますが、法人とは何かという問題を、もう一度振り返ってみたいと思います。

## 法人が成立する条件とは

――岩井は、いわゆる「法人論争」に入り込む。岩井は法人が成立するには社会的承認が不可欠であるとの見方を示す。米国の主流派経済学者やその影響を受けた法学者は、法人とは単なる契約の束にすぎないと主張するが、どんな契約書を作っても、他の人たちが独立の団体であると認めなければ法人としての機能を果たせない。法人という制度には他人による承認、社会的な承認が必要だと岩井は言う。岩井の「法人論」は、法人の多様性を解明する統一理論なのである。

法人とは本当に不思議な存在です。それは、本来モノであるのに法律上ヒトとして扱われるモノとして、まさにヒトでありモノであるという二重性を持っているからです。もちろん、それは、まぎれもなく人間が生み出した制度です。だが、大袈裟に言えば、人間は自分が生み落としたこの法人という制度をいったいどう理解してよいのか、その誕生のときから大いに戸惑ってきました。事実、法学者は、古代ローマ時代から「法人の本質とは何ぞや」という問いを発し、その答えに関して大論争を繰り広げてきたのです。それが、法学の歴史中での最大の論争の一つだと言われている「法人論争」です。

この論争は、基本的には、「法人名目説」と「法人実在説」と呼ばれる二つの立場の間で争われてきました（歴史的には、「法人擬制説」という三つ目の立場があり、私は後で触れる英文論文ではその現代化を試みたのですが、ここでは話を簡単にするために無視します）。

法人名目説とは、法人というのは、人間の集まりに対して与えられた単なる名前にすぎないという説です。人間がたくさん集まって団体を作ったとき、集まった人間の名前を全部書くのは大変なので、その集まりに対して付けた名前が法人にすぎないという主張です。したがって、どのような法人でも、究極的には、それを構成する個人の間の関係に還元することができることになります。

法人実在説とは、法人というのは、それ自体社会的な実体であるという主張です。法人は、構成員である個々の人間を超越する実体性を持っていて、社会の中でそれ自体が意思と目的とを持ってあたかもヒトのように行動していることになります。法人が法律上でヒトと扱われるのは、それが社会において実際にヒトとして行動していることの反映にすぎないのだというのです。

悠久千年にもわたるこの大論争は、まだ決着がついていないと言われていました。

実は、法人名目説と法人実在説との論争は、中世スコラ哲学以来、哲学者を悩ませてきた「普遍論争」と正確に対応しています。一方にあるのは、普遍概念とは単なる名前でしかなく、それを構成する個々の事物と独立には実在していないという「唯名論」、あるいは「名目論」（英語では「ノミナリズム：Nominalism」）。他方にあるのは、普遍概念とは個々の事物とは独立のれっきとした実在であって、単なる名前以上のものであるという「実念論」、あるいは「実在論」（英語では、「リアリズム：Realism」）。その二つの立場の間の論争です。そして、この哲学上の大論争も、いまだに続いているのです。その意味で、法人論争とは、本当に底の深い論争であるのです。

しかしながら、会社の二階建て構造論は、この法人に関する大論争に一つの「決着」をつけることができるのです。ただし、それはどちらか一方の説に軍配を上げることによってではありません。両方の説に同時に軍配を上げることによってです。

ここで、会社の二階建て構造を描いている図6－2をもう一度見てください。その二階の部分だけ見てみると、会社という法人は、株主に所有され支配されている単なるモノにすぎないように見えます。そして、会社という法人が株主に支配されている単なるモノでしかないならば、それはたとえ会社資産を所有しているとしても、それはあくまでも名前の上でしかありません。すなわち、法人名目説が正しいように見えるのです。だが、今度は一階だけを見てみると、会社という法人は、会社資産を所有し、契約や裁判の主体となるれっきとしたヒトであるように見えます。すなわち、法人実在説が正しいように見えるのです。

このように、法人論争を会社の二階建て構造から眺め直してみると、それは、法人がヒトでありモノであるという二重性を持った存在であることから必然的に生み出されてきた論争であったということが分かります。法人のヒト性を忘れ、モノ性のみを強調したのが法人名目説であり、法人のモノ性を忘れて、ヒト性のみを強調したのが法人実在説であるというわけです。

しかしながら、これだけでは、完全には法人論争に決着をつけたことにはなりません。なぜならば今度は図6－2を全体として眺めてみれば、会社はモノであるといっても、会社資産を所有していますから、ヒトという性質を完全には失っていないことが見て取れます。会社はヒトであるといっても、株主に所有されていますから、モノという性質を完全には失っていないことも見て取れます。会社という法人は、モノとしてもヒトとしてもまだ不純なのです。

だが、会社という制度の中には、会社という法人を純粋にモノにする仕組みと、会社という法人を純粋にヒトにする仕組みが、ともに仕込まれているのです。

## 乗っ取り屋と持ち株会社
### ――岩井は「法人論争」に最終的な「決着」をつける。

最初は、会社を純粋にモノにする仕組みを見てみましょう。

会社を純粋にモノにしてしまう方法は、誰でも知っています。誰か個人あるいはグループが会社の株式を五〇％以上買い占めてしまうことです。会社の株式を五〇％以上所有した株主を「支配株主」と言いますが、支配株主は株主総会の議決を完全に支配でき、会社資産をあたかも自分自身の資産であるかのように処分することが可能です。すなわち、図6－3に示されているように、支配株主は街角の青果店の店主と、ほとんど同じ立場に立つことができるわけです。それによって、会社は、支配株主の意のままになるモノとして、単なる名前だけの存在になってしまうのです。法人名目説の実現です。

この会社を純粋にモノにしてしまう方法を商売のタネにしているのが、「会社乗っ取り屋（コーポレートレイダー）」です。

図6－2に示された会社の二階建て構造をもう一度眺めてみると、会社には二つのモノが共存していることが分かります。会社資産と株式（モノとしての会社）です。資本主義では、すべてのモノに価値がつきますから、それは同時に、会社には二つの価値が共存していることを意味します——会社資産の価値と株式市場での価値です。会社乗っ取り屋の仕事とは、会社資産の（潜在的な）価値が株式価値を大幅に上回っている会社を見つけ出すことにあります。そのような会社をうまく探し当てると、株式公開買付（TOB）などによって、五〇％以上の株式を買い占め始めます。首尾よく、支配株主になると、株

図6-3　法人名目説的な会社

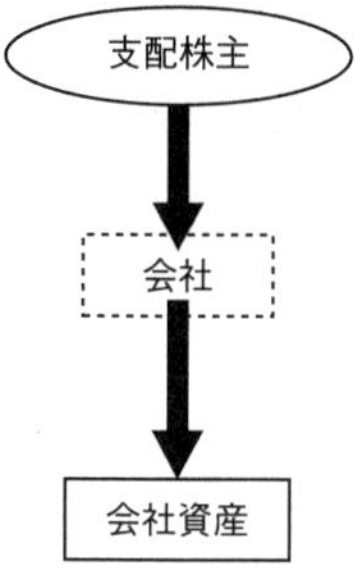

図6-4　M&A活動の国際比較

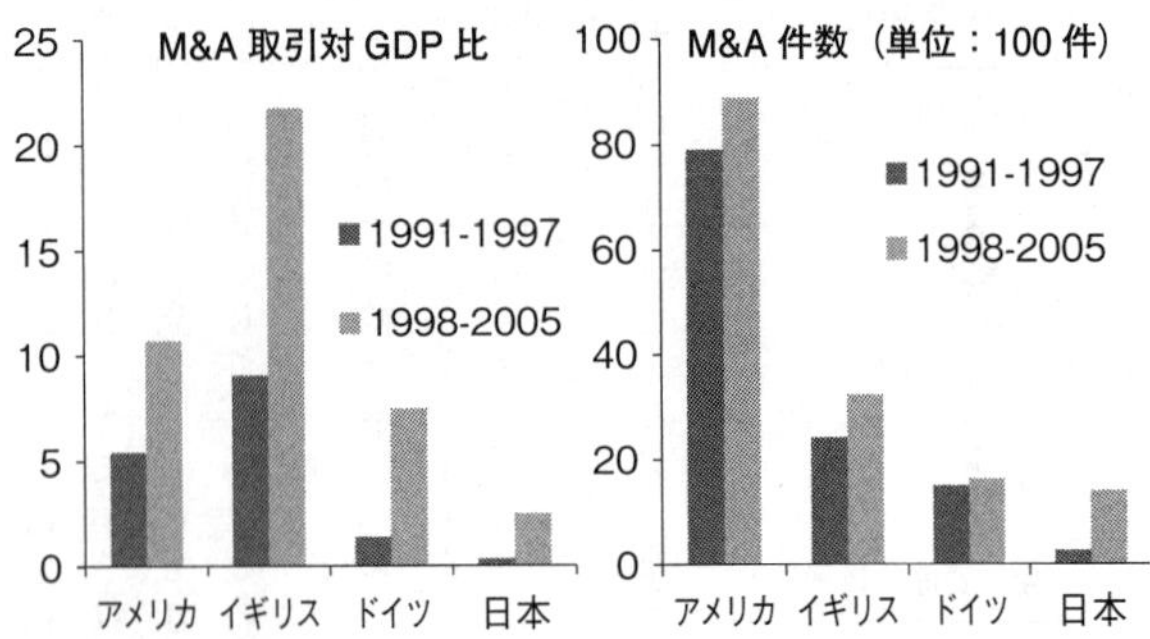


出所：宮島英昭「日本のM&Aの経済分析：その国際的特徴と経済的役割」*RIETI Discussion Paper* 07-J-026, 2007.

価の最大化を目指す新経営陣を送り込み、株価が潜在的な資産価値を反映するまで上昇したときに買収した株式を売るのです。会社の潜在的な資産価値と買収時の株式価値との差異からさらに買収のための費用を差し引いたものが、会社乗っ取り屋の利潤となるわけです。

　このような会社乗っ取り屋の活動は、安く買って高く売るという商業資本主義の原理そのままです。そして、その活動の客観的な結果として、世界的に法人名目説的な株式会社が広がっていくことになるのです。いや、単に株式市場の中で乗っ取り屋が活発に活動しているという事実だけで、会社の経営者に対して、株価の最大化を目指す経営をするよう、無言の圧力をかけることになります。

　図6－4は、会社買収活動を国際比較したものです。[*17] これから直ちに、アメリカとイギリス

の活動が日本やドイツに比べてはるかに活発であることが分かります（ドイツの買収活動は一九九八年から二〇〇五年にかけて活発化しますが、EU成立に刺激された一時的なものです）。それは、アメリカとイギリスの会社システムが、法人名目説をある程度現実化したシステムになっていることを間接的に示しているのです。

では、このような会社乗っ取り屋の活躍によって、法人論争は法人名目説の勝利に終わってしまうのでしょうか。

答えは「否」です。なぜならば、同じ会社法の枠組みの中に会社を純粋にヒトにする方法があるからです。ただ、そのことを示す準備として、「持ち株会社」なるものについて説明してみましょう。出発点は、やはり法人の両義性です。

ヒトはヒトを所有できず、ヒトはヒトによって所有されない――これは、近代社会の原則です。ヒトがヒトを所有していれば、それは奴隷社会にほかなりません。だが、ひとたび法人という制度が生まれてしまうと、ヒトである法人がモノである法人を所有するということが、少なくとも原理的には可能になってしまうのです。

欧米において、とりわけ個人主義的な色彩の濃いアングロ＝サクソン文化において

＊17　宮島英昭「日本のM&Aの経済分析：その国際的特徴と経済的役割」*RIETI Discussion Paper* 07-J-026, 2007の中の表を見やすいように図示しました。

は、本来ヒトでないモノをヒトとして扱う法人に対して、近代の精神に反した気持ちの悪い概念であるとして、強い抵抗がありました。だが資本主義の勢いには勝てません。近代的な会社法を最初に設置したのは、アメリカのニューヨーク州でした。そして、それをきっかけに、株式会社が世界的に普及したのです。

法人という概念が気持ち悪いものならば、法人が他の法人を所有するなどということは、もっと気持ち悪いことです。それで、株式会社という制度が広く普及した後も、会社が会社を所有することには長い間抵抗がありました。だが、やはり資本主義の力は強く、一八八九年、今度はニュージャージー州が「持ち株会社」を許す法律を通します。

持ち株会社とは、他の会社を所有することを目的に設立された会社のことです。これで、ヒトとしての会社がモノとしての会社を所有することが、現実にも可能になったのです。そして、ひとたび持ち株会社がこの世に生まれると、それは会社という制度の応用可能性を一気に広げることになり、あっという間に資本主義世界全体に普及することになりました。

最初に、持ち株会社の仕組みは、所有の連鎖を生み出します。ある会社がヒトとして別の会社をモノとして所有しているとき、今度は、その別の会社もヒトとしてさらに別の会社をモノとして所有することができるはずです。そして、そのさらに別の会社も……というふうに、会社が会社を順繰りに所有していくことが可能になってしまいま

図6-5　所有と支配のピラミッド

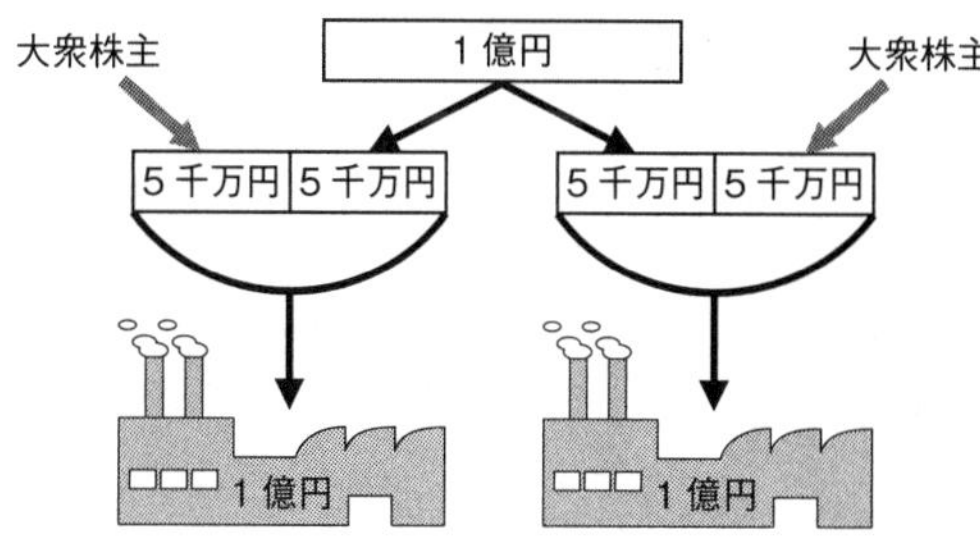


す。このようなことは本物のヒトに関してはありえません。

次に重要なことは、モノとしての会社に対する支配は必ずしも一〇〇％の所有を必要としないということです。なぜならば、株主総会は多数決を原則としているので、会社をモノとして支配するためには、五〇％以上の株を持っていればよいからです。すなわち、五〇％強の所有で、一〇〇％の支配が可能になるのです。そして、このような所有と支配のギャップをうまく利用したのが、ピラミッド型の階層支配の構造です。

図6－5を見てください。一億円を多少上回る資本金を持っている持ち株会社を考えましょう。その一億円を五千万円と五千万円に分けて、それぞれ一億円の資本金を持つ会社の株式の五〇％を買い取れば、その一億円の資本金の会社を二つ支配できます。次に、その二つの会社の資本金を再び二つに分け、それぞれ一億円の資本金の会社の株式を五〇％買い取れば、一億円の資本金の会

図6-6　1937年の三井財閥のピラミッド型支配構造

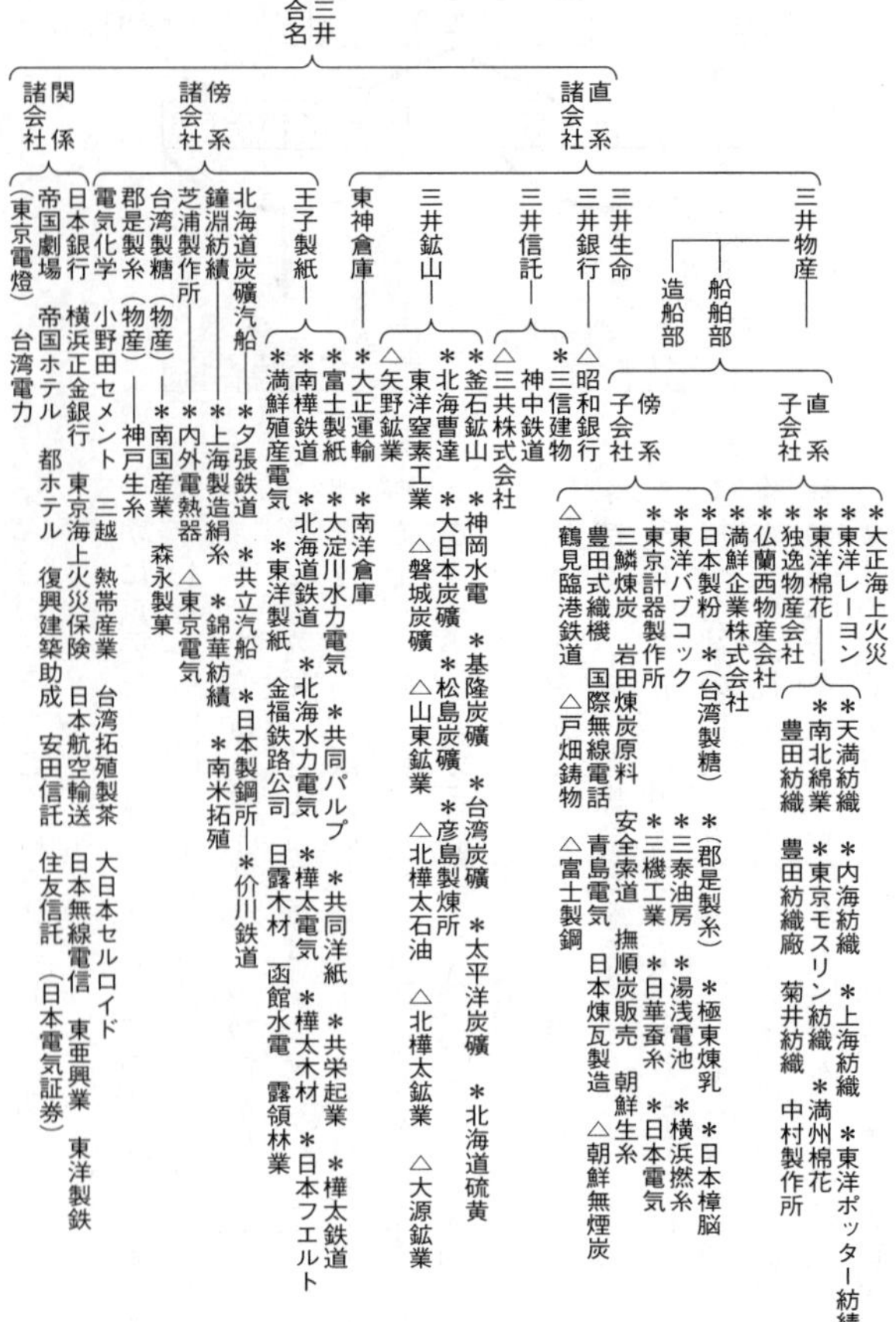


＊：支配が決定的、無印：準支配、△：支配がそれほど強くない関連会社
出典：高橋亀吉、青山二郎『日本財閥論』（日本図書センター、1938）

社を四つ支配できることになります。

このように、所有の連鎖を二重から三重、三重から四重へと繰り返していくと、それに応じて、一億円の資本金によって支配できる資本金の大きさは、二億円、二×二＝四億円、二×二×二＝八億円……というふうに増大していきます。つまり、このような所有と支配のピラミッド構造を作り上げることによって、最上層の持ち株会社は、みずからの資本金の何倍、いや何十倍もの価値を持つ機械や設備、建物や工場や土地などの資産を支配することができるようになるのです。

十九世紀の後半からいわゆる第二次産業革命が始まりました。資本主義が急速に重化学工業化し、高価な機械や巨大な設備を必要とするようになったのです。そのような時代状況に対応するために、所有と支配のピラミッド構造をうまく利用したのが、戦前期における、アメリカのトラストであり、ドイツのコンツェルンであり、日本の財閥であったのです。図6－6は、一九三七年の三井財閥の支配関係を描いた図です。現代においても、同様の構造は、サムスン、現代、ＬＧなどの韓国財閥、フィアットやピレリやファルクなどのイタリア財閥に見られます。

## 法人という制度の離れ業

持ち株会社とは、ヒトである会社が、他の会社をモノとして所有することです。だが、この持ち株会社といえども、まだ一〇〇%ヒトになりきっているわけではありません。なぜならば、例えば図6－6のピラミッド型支配構造においても、純粋持ち株会社である三井合名の上には、三井一族が控えており、彼らが支配株主として三井合名を支配しているからです。

しかしながら、法人という制度は本当に不思議です。この持ち株会社の仕組みをうまくワープさせると、会社を純粋にヒトにするというさらなる離れ業が可能になるのです。

なぜならば、会社がヒトでありモノであるということは、原理的には、会社が、他の会社だけでなく、自分自身を所有することを可能にするはずだからです。すなわち、ヒトとしての会社が自分自身をモノとして所有するのです。それによって、会社自身が株主総会の議決権を一〇〇%支配することができるならば、図6－7のように、会社は自分自身の支配者として、株主などの他のヒトの支配から全く自由な存在となってしまいます。近代社会において、人間とは自分以外の何人にも支配されない自立した存在として定義されています。その意味で、図6－7で描かれているような会社とは、少なくとも法律の上では、純粋なるヒトにほかならないのです。

図6-7　会社の自己所有＝純粋な法人実在説的会社

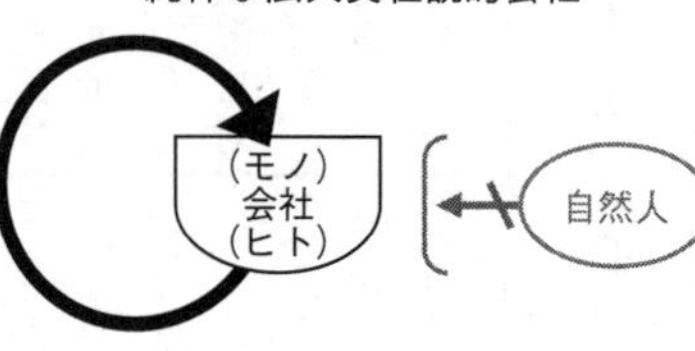

残念ながら、現実には、これは不可能です。いくつかの国の会社法では、自社株買い、すなわち会社が自社の株式を買うことを禁じています。そして、自社株買いが可能な国においても、自社株は「金庫株」と呼ばれ、株主総会のときには金庫に留め置かれ、議決権を行使できないという規定を採用しています。すなわち、自社株に関しては、所有は支配に結びついてはくれないのです。

図6-8　一方の手が他方の手を描く

写真提供：AGE/PPS通信社

では、会社が自分自身を支配する純粋のヒトとなるという話は、現実を知らない学者のタワゴトにすぎないのでしょうか。このとき私は、エール大時代に読んだホフスタッターの『ゲーデル、エッシャー、バッハ』の中に、図6－8で掲げたようなオランダの抽象画家M・C・エッシャーの絵があったことを思い出しました（版権の関係で、実際の絵ではなく、その模倣で我慢して下さい）。

右手が左手を媒介として自分自身を描

き、左手が右手を媒介として自分自身を描いている。まさに間接的な自己言及性です。

図6－9は、エッシャーの絵と同じことが、会社に関しても可能であることを示しています。A社とB社がそれぞれ相手の株式を五〇％以上所有しています。いずれの会社も自社株を全く所有していませんが、相手の会社を媒介として実質的に自社株を五〇％以上所有していることになるのです。お互いに団結すれば、外部のどのような個人や法人が買収を仕掛けてきても、A社とB社を支配することはできません。A社とB社はグループとして、他のヒトの支配から自由な存在になるのです。

図6-9　2社間の株式相互持ち合い

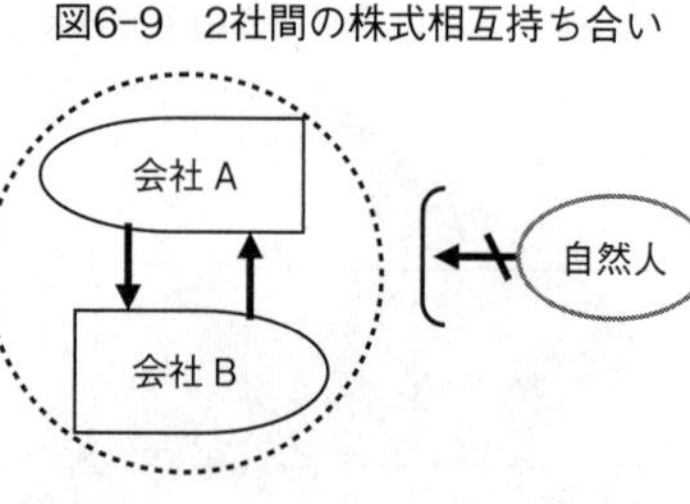


ただ、以上の議論もまだ学者のタワゴトにすぎません。なぜならば、例えば日本の会社法には、子会社は親会社の株式を所有できないという規定があります。さらに、日本の独占禁止法には、銀行は他の会社の株式を五％以上所有できないという規定がありますし、似たような規制がある国はたくさんあります。

これでは、エッシャーの絵の魔力も法律の威力によって押しつぶされてしまうように見えます。だが、さらなる方法があるのです。

図6-10　12の系列会社による株式の相互持ち合い

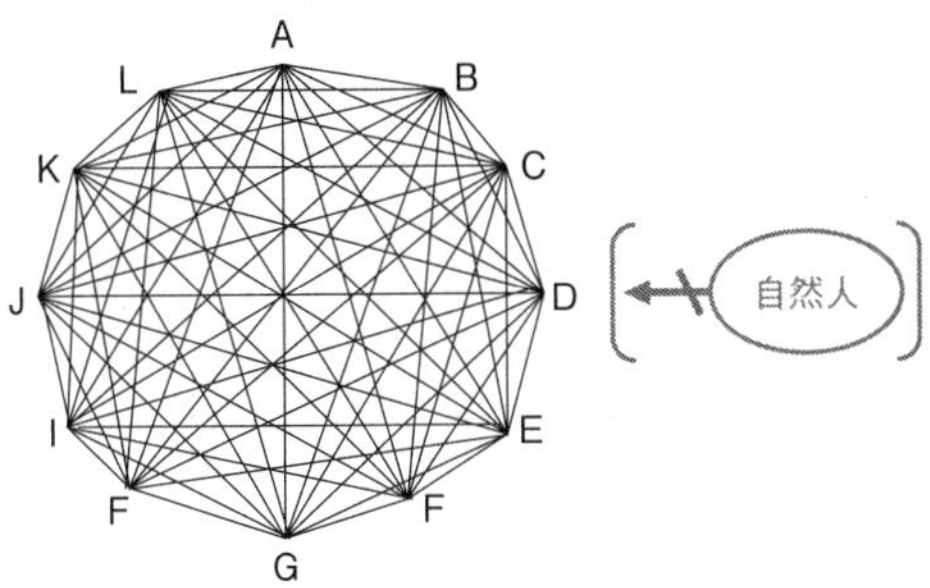


例えば図6－10のように、会社が十二社集まってグループを作り、それぞれの株式を五％ずつ所有する。そうすると、自分の会社の株式は残りの十一社が所有してくれますから、全部合わせると十一×五％＝五五％で、過半数を超えます。これによって、グループ全体として、他のヒトの支配を受けない所有構造を作ることが可能になるのです。図6－7よりも弱い形ですが、ここでも会社がやはりヒトとなっているのです。これが、「株式の持ち合い」と言われている仕組みです。

## 株式持ち合いの本当の意味

ここで、現実が突然目の前に現れます。なぜならば、すでに述べたように、戦後の日本型会社システムの最大の特徴の一つが、この株式持ち合いであるからです。ごく最近まで、三井、三菱、住友、第一勧銀、富士（芙蓉）、三和という六大会社グループがありました。さらに、それらに加えて、数多くの中小規模の会社グループがありました。それらは、メーンバンクを中心としてお互いに株式を持ち合い、会社乗っ取り屋などの外部からの支配を極力排除してきたのです。それによって外部の株主の影響力から大きく自由になった日本の多くの会社は、人本主義的／労働者管理企業的／共同体的と呼ばれるに相応しいあり方を実現することができたというわけです。図6－11には、一例として一九九三年における住友グループの株式持ち合い構造が表示されています。

ただ、現在、日本の株式持ち合い制度は大きく崩れつつあります。第一に、銀行合併をきっかけとして、六大グループが三大グループに大きく再編されました。三菱系と東京銀行が一緒になり、さらに東海銀行と三和系が加わって三菱ＵＦＪグループが生まれ、三井系と住友系が一緒になって三井住友グループとなり、富士系と第一勧銀系に日本興業銀行系が加わってみずほグループができあがりました。

第二に、それぞれのグループ内の会社の株式持ち合い比率が低下し、さらにグループを超えた会社同士の提携や合併も頻繁に見られるようになっています。そして第三に、これらのグループに属する会社が日本経済全体に占める割合が、資本、売り上げ、雇用など、どの指標を取ってみても大きな下落傾向を示しています。例えば、上場会社の間の持ち合い比率は一九九二年に四九・六％であったのが、二〇一二年には一六・八％まで下がっています。

図6-11　住友グループの株式持ち合い構造（1993年、%）

| 被所有者＼所有者 | 住友銀行 | 信託銀行 | 生命 | 海上火災 | 商事 | 石炭鉱業 | 建設 | 林業 | 化学工業 | ベークライト | 日本板硝子 | セメント | 金属工業 | 金属鉱山 | 軽金属工業 | 電気工業 | 重機工業 | NEC | 不動産 | 倉庫 |
|---|---|---|---|---|---|---|---|---|---|---|---|---|---|---|---|---|---|---|---|---|
| 住友銀行 |  | 2.8 | 6.1 | 1.8 | 1.7 | 0.0 | 0.0 | 0.1 | 01.1 | 0.2 | 1.1 | 0.2 | 01.3 | 0.4 | - | 0.9 | 0.2 | 1.1 | 0.1 | 0.2 |
| 信託銀行 | 3.4 |  | 4.2 | 1.5 | 2.5 | 0.0 | 0.0 | 0.2 | 01.2 | 0.5 | 1.4 | 0.5 | 02.3 | 1.2 | 0.0 | 1.7 | 0.4 | 2.8 | - | 1.5 |
| 生命 | - | - |  | - | - | - | - | - | - | - | - | - | - | - | - | - | - | - | - | - |
| 海上火災 | 4.4 | 6.3 | 4.6 |  | 2.3 | 0.1 | 0.1 | 0.1 | 01.2 | 0.3 | 1.2 | 0.3 | 01.0 | 1.0 | - | 0.9 | 0.6 | 1.8 | 0.1 | 0.8 |
| 商事 | 4.8 | 5.8 | 5.1 | 2.9 |  | 0.1 | 0.0 | 0.3 | 01.6 | 0.3 | 1.0 | 0.4 | 02.7 | 1.7 | - | 1.0 | 0.8 | 3.7 | 0.1 | 0.4 |
| 石炭鉱業 | 4.8 | 4.0 | 2.5 | 2.4 | 3.4 |  | 0.8 | - | 02.5 | - | 0.4 | 1.0 | 04.9 | 2.1 | - | - | 1.7 | 4.2 | - | 0.2 |
| 建設 | 4.4 | 2.9 | 5.8 | 1.4 | - | 3.1 |  | 0.6 | 01.1 | - | 0.6 | 2.3 | - | 3.3 | - | 1.0 | - | - | 0.4 | 0.2 |
| 林業 | 4.3 | 7.0 | 7.2 | - | 2.6 | 0.1 | 0.4 |  | - | 0.4 | - | 0.3 | - | 7.3 | - | - | 0.2 | 1.4 | - | - |
| 化学工業 | 4.7 | 5.3 | 8.9 | 0.4 | 1.3 | 0.0 | 0.1 | 0.1 |  | 0.1 | 0.3 | 0.3 | - | 0.2 | - | 0.3 | 0.2 | 0.5 | 0.0 | 0.2 |
| ベークライト | 4.8 | 7.1 | 5.9 | 1.3 | 2.1 | - | 0.3 | 0.4 | 21.6 |  | 1.3 | 0.5 | 00.9 | - | - | 0.3 | - | 1.3 | 0.4 | 0.1 |
| 日本板硝子 | 5.0 | 6.8 | 5.5 | 2.3 | 1.6 | - | 0.1 | 0.1 | 01.2 | 0.5 |  | 0.8 | - | 0.3 | - | - | 0.6 | - | 0.5 | 0.2 |
| セメント | 4.6 | 5.4 | 8.5 | 1.0 | 2.3 | 1.9 | 0.6 | 0.4 | 01.1 | 0.4 | 0.8 |  | 01.0 | 1.1 | - | 0.3 | 2.2 | 0.8 | 0.2 | - |
| 金属工業 | 4.0 | 6.2 | 5.5 | - | 1.6 | 0.0 | 0.0 | - | - | 0.1 | 0.1 | 0.1 |  | 0.5 | - | 0.3 | 0.2 | 0.6 | 0.0 | 0.1 |
| 金属鉱山 | 4.6 | 10.0 | 4.8 | 1.5 | 2.5 | 0.1 | 0.2 | 0.3 | - | - | 0.3 | 0.7 | 00.8 |  | - | 1.0 | 0.3 | 2.4 | 0.1 | 0.1 |
| 軽金属工業 | 4.7 | 5.8 | 4.0 | 1.4 | 4.0 | - | - | - | 01.3 | - | - | 0.4 | 23.4 | 0.9 |  | 0.8 | 0.6 | 0.8 | - | 0.2 |
| 電気工業 | 3.8 | 5.4 | 7.0 | - | 0.8 | 0.0 | 0.0 | - | - | - | - | 0.1 | - | 0.8 | - |  | 0.1 | 2.4 | - | 0.1 |
| 重機工業 | 4.6 | 6.4 | 7.8 | 2.5 | 3.0 | 0.1 | 0.1 | 0.1 | - | - | 0.5 | 1.3 | - | 0.7 | - | 0.7 |  | - | - | 0.3 |
| NEC | 5.0 | 4.8 | 6.8 | 2.6 | 2.2 | 0.0 | 0.0 | 0.1 | 00.4 | 0.1 | 0.2 | 0.1 | 00.7 | 1.0 | - | 2.2 | 0.1 |  | 0.0 | 0.2 |
| 不動産 | 3.4 | 5.1 | 2.3 | 1.6 | 0.5 | 0.0 | 0.2 | - | 00.4 | 0.2 | 0.7 | 0.1 | 000.5 | 0.3 | - | 0.5 | - | 0.7 |  | 0.5 |
| 倉庫 | 4.7 | 6.7 | 8.4 | 5.4 | 2.4 | - | 0.3 | - | 01.5 | 0.1 | 0.8 | - | 2.2 | - | - | 0.9 | 0.9 | 3.9 | 0.3 |  |

だが、ここで重要なことは、少なくとも戦後五十年間、この株式持ち合いという仕組みが日本型の会社システムを支配してきたという歴史的な事実です。それは、会社それ自体が純粋にヒトとしての役割を果たす法人実在説的な会社が、現実に可能であるだけでなく、少なくとも一定の期間、経済効率性の高いシステムとしても機能していたことを示しているからです。

いずれにせよ、どうやらこれで、悠久千年も続いてきたあの法人論争に一つの「決着」をつけることができたように私は思いました。それは、どちらか一方の説に軍配を上げることによってではなく、両方の説に同時に軍配を上げることによってです。会社という制度の中に、会社を純粋にモノにするという法人名目説的な仕組みと、会社を純粋にヒトにする法人実在説的な仕組みが、ともに仕込まれていることを示すことができたのです。

しかも、それは同時に、一方で、アメリカやイギリスの資本主義は、活発な会社買収活動を通じて、法人名目説を現実化し、株価の最大化を経営目標とする会社システムを作り上げてきたこと。そして他方で、日本の資本主義（そして、ここでは議論しませんでしたが、ドイツの資本主義）は、株式の持ち合いなどを通じて、少なくとも戦後の五十年間、法人実在説を現実化し、従業員組織の自律性を重視する会社システムを作り上げてきたことをも、明らかにしたのです。

――岩井は法人論争に決着をつけ、会社という制度それ自体が本質的に会社システムの多様性を促すことを、示すことになった。

「ヒト、モノ、法人」というエッセイを書いてから十数年たったときです。私はある会合に招かれて「法人論」に関するセミナーを行いました。証券会社関係の団体が主催しており、出席者の中の何人かは日本で実際に会社の買収を手がけている人たちでした。会社の二階建て構造について説明し、それは株価を目標とする会社だけでなく、組織の自律性を追求する会社も可能にするという話をしたのです。セミナーが終わった後、参加者の一人が私のところにやってきました。少し怒った顔をして、こう切り出しました。「岩井さん、セミナーの中で株主主権を批判しましたが、あなたは社会主義者ですか？」私は、一瞬たじろぎました。だが、今から思うとひどく大げさであったかと思うのですが、こう答えました。

「いや、とんでもない。逆に私は、資本主義の救世主ですよ」

もう一度図6－2を眺めてください。そうすると、そこに描かれている会社の二階建て構造が、資本主義の大前提である私有財産制から一つも逸脱していないことが分かります。いや、逸脱していないどころではありません。この二階建て構造は、「法人」のヒトとモノの両義性を媒介として私有財産制を〈二重〉に組み合わせているのです。

株主がモノとしての会社を所有し、その会社がヒトとして会社資産を所有している。それによって、株主利益至上主義的な会社から、株主利益は最低限しか確保せずにほとんど労働者自主管理やＮＰＯに見えるような会社まで、資本主義の中で可能にしているのです。

それは私有財産制の否定などではありません。逆に、その〈二重〉の活用であるのです。そして、このようにまさに会社という制度それ自体の中に多様な組織のあり方を生み出す仕掛けが仕組まれていることによって、その会社制度に全面的に依存している資本主義という経済システムが、良きにせよ悪しきにせよ、歴史の変革も文化の違いも超えて、これだけ大きく発展することになったのです。

## 株主主権論を論破

――「会社」という仕組みが誕生すると、法人が人であり、モノであるという両義性のもとで私有財産制の守備範囲が大きく広がったと岩井は指摘し、「組織としての会社の重要性を論じることで、資本主義の枠組みの中でも株主主権論を否定できたのが自分にとって一番面白かった」と振り返る。株主主権論は会社のほんの一つの事例にすぎないと、私有財産制を前提にした議論の中で立証したところに岩井理論の意義がある。

会社は株主のモノでしかないという株主主権論とは、組織のあり方の多様性を可能にする仕組みとしての会社制度の本質を見損なった、まさに理論的な誤謬にすぎないのです。

図6－12は、吉森賢横浜国立大学名誉教授が一九九一年にアメリカ、イギリス、ドイツ、日本の経営者に対して行ったアンケート調査の結果を拝借したものです（ですから、「ヒト、モノ、法人」を書いた後に目にすることになったデータです）。

最初の「会社は誰のために存在するのか」という質問に対して、アメリカとイギリスの経営者と日本とドイツの経営者とで答えが見事に分かれています。英米の経営者のほぼ四分の三は「株主のため」と答えているのに対して、日独の大多数の経営者は「すべての利害関係者のため」と答えています。さらに、不況下で雇用の削減か配当の削減かの選択に迫られたとき、「配当か雇用どちらを優先するか」という第二の質問に対しては、英米の大多数の経営者は「配当優先」と答えました。これに対し、日本の経営者にいたっては一〇〇％近くが「雇用優先」と答えています。ドイツの経営者の場合はそれほど極端ではありませんが、それでも過半数は「雇用優先」と答えています。

この表は、私のこれまでの議論をきれいに支持してくれています。アメリカとイギリスの経営者は、会社の目的は株主利益の最大化であると考え、日本とドイツの経営者は、会社組織それ自体の維持、特に従業員の雇用の確保を経営の重要な目的と考えてい

図6-12　日独英米の経営者の経営目標（1991年、%）

会社は誰のために存在するのか。

| | 米 | 英 | 独 | 日 |
|---|---|---|---|---|
| 株主のため | 75.6 | 70.5 | 17.3 | 2.9 |
| 全利害関係者のため（従業員・株主・顧客・仕入先など） | 24.4 | 29.5 | 82.7 | 97.1 |

配当か雇用か－不況時にどちらを優先するか。

| | 米 | 英 | 独 | 日 |
|---|---|---|---|---|
| 配当優先（従業員解雇） | 89.2 | 89.3 | 40.9 | 2.9 |
| 雇用優先（配当削減） | 10.8 | 10.7 | 59.1 | 97.1 |

出所：吉森賢「日本型会社統治制度への展望—日米欧比較の視点」『組織科学』27（2）、1993。回答者はINSEAD卒業生（経営者。回答数は：米82、83；英78、75；独110、105；日68、68。（仏は省略）。

図6-13　経営目標の日米比較（2001-2002）

「あなたにとって何が重要ですか。」
（1＝重要ではない…4＝重要である）

| | 日本の取締役1992年 | 日本の人事部取締役2001年 | 米国の人事部取締役2001～12年 |
|---|---|---|---|
| 株価 | 2.0 | 2.3 | 3.3 |
| 雇用の維持 | 3.3 | 3.2 | 2.1 |

出所：サンフォード・ジャコービィ『日本の人事部・アメリカの人事部—日本企業のコーポレート・ガバナンスと雇用関係』（東洋経済新報社、2005）

るのです。まさに会社システムの多様性です。

ただし、これは一九九一年の調査です。そして、このときから、日本経済は失われた二十年を歩み始め、ドイツ経済も東西統一による混乱期を迎えることになります。その両国の長期停滞を尻目に、自由放任主義思想の信奉者であったアメリカのレーガン大統領とイギリスのサッチャー首相の指導下に始まった資本主義のグローバル化の波に乗って、アメリカ経済もイギリス経済も一九九〇年代においては未曾有の高成長に沸き立っていました。

それに勢いづいて、法学における経済学アプローチのリーダーであったエール大学法学院のヘンリー・ハンズマン教授とハーバード大学法学院のレイニアー・クラークマン教授は、二〇〇一年に「会社法の歴史の終焉」という大胆なタイトルの論文を発表し、大きな反響を呼びました[*18]。

その中で二人は、おおよそ次のようなことを述べています。これまで、会社システムの多様性などということがまことしやかに喧伝されていた。だが、アメリカ経済とイギリス経済の輝かしき成功によって、事態は大きく変わってしまった。アメリカとイギリ

*18　Hansmann, Henry, and Reinier Kraakman. "The end of history for Corporate Law." *Georgetown Law Journal* 89 (2001) : 439.

スだけでなく、ヨーロッパでも日本でも、会社システムのあり方は一つの「標準モデル」に収束し始めている。それは、新古典派的な株価最大化のモデルである。このモデルに関しては「もはやまともな挑戦者はいなくなった」——そう宣言したのです。日本型の会社システムもドイツ型の会社システムもすでに死んでいる。会社システム間の争いの歴史は終わった、というわけです。

でも、この「歴史の終焉」宣言にもかかわらず、その後も各所で続けられてきた会社目標に関する国際比較研究は、各国の会社システム間にそれほど強い「収束」傾向が見られないことを繰り返し示してきています。図6－13にそのような研究の一つを引用しておきます。サンフォード・ジャコービィ、エミリー・ネーソン、佐口和郎さんが一九九二年と二〇〇一－〇二年に日米の経営者に行った調査です。[*19] 確かに、株主利益の重要性が高まっている徴候がありますが、日本の多くの会社の経営者は依然として株主利益よりも組織の自律性や従業員の雇用を重要視していることが示されています。

ここで、疑問を抱く人もいると思います。私が紹介した研究はアンケート調査でしかない。それに答えている経営者は、ホンネではなく、タテマエを話しているだけなのではないか。

ところが、二〇〇八年のリーマン・ショックに始まった今回の世界経済危機は、（不幸にも）その疑問を検証するための理想的な実験の場を提供してくれたのです。図6－

14は、私自身が数年前に作ってみたグラフです。今回の経済危機において、日本、ドイツ、イギリス、アメリカの工業部門における単位費用の推移を四半期ごとに追ってみたものです。単位費用とは、総労働費用を生産量で割った値で、労働への分配率と近似しています。ただし、各国間の比較がしやすいように、リーマン・ショックが勃発した二〇〇八年の第三四半期の値がどの国も一〇〇になるように調整しています。

私もこのグラフを作ってみて驚いたのですが、アメリカにおいては、一時的には単位費用の上昇が見られましたが、すぐに利潤を優先するために単位費用を抑え始めています。具体的には従業員の首切りです。その結果、アメリカの失業率は二〇〇九年十月には一〇%にまで達しました。これに対して、ドイツも日本も、リーマン・ショック後の単位費用は二〇%以上上昇しています。生産量が大幅に落ち込んだにもかかわらず、利潤は犠牲にして、組織内の雇用の確保に努めたからです。失業率は上昇しましたが、アメリカに比べたらその上昇率ははるかに少ない。そして、生産の回復とともに単位費用も徐々に以前の水準に戻っています。

これは、何を意味しているのでしょうか。もちろん、アメリカの会社もドイツの会社

---

＊19　Jacoby, Sanford M., Emily M. Nason, and Kazuro Saguchi. "The role of the senior HR executive in Japan and the United States : Employment relations, corporate governance, and values." *Industrial Relations : A Journal of Economy and Society* 44,2 (2005) : 207-241.

図6-14　リーマン・ショック（2008年9月15日）前後の「単位労働費用」の推移

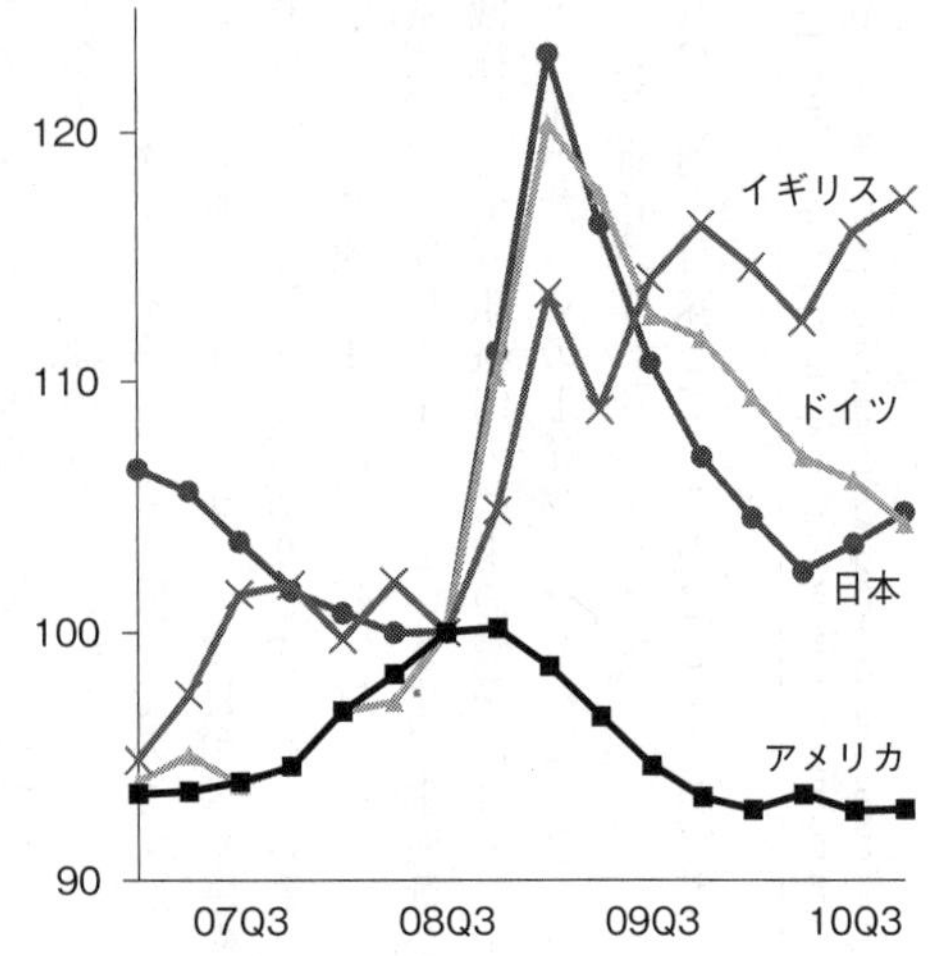


単位費用＝総労働費用÷生産量
出所：OECD iLibrary, 季節調整
比較のため2008年第3四半期（Q3）を100とした

も日本の会社も、危機に直面したとき、まさに図6－12に示した吉森賢さんの二番目のアンケート調査通りの反応をしたということです。あの答えは、タテマエではなかったということです。イギリスの会社の反応は予想とは違っていますが、それはイギリスが金融立国であることと関係しているのではないかと思っています。いずれにせよ、失業率は日独より大きく上昇しました。

すなわち、二つの対立する会社システムが、今でも存在し続けているのです。一方は、会社は株主のためにのみ存在するという「株主主権的」な会社です。他方は、会社の中核には従業員と経営者によって構成される人的組織があり、それは必ずしも株主だけのものではないとする「組織自律体的」（または人本主義的、労働者管理的、共同体的）な会社です。そして、後者の会社システムの中に、日本だけでなく、ドイツも入っているのです。

会社システムは本質的に多様性を持っているのです。

## 法人の歴史的起源とは

法人という制度が歴史的に最初に登場したのは、おそらく古代ローマの時代だろうと言われています。しかも、最初にそれを採用したのは、資本主義とは直接関係がない自治都市や植民地でした。そして中世になると、ヨーロッパにおいて、僧院や大学やギルドといった団体が法人という形態をとるようになりました。

では、なぜ、これらの団体は法人になる必要があったのでしょうか。

例えば、偉いお坊さんがいて、心酔した周りの人がそのお坊さんに土地や建物を寄進して僧院が設立されたとしましょう。寄進された土地は畑として耕され、僧院で修行する多数の僧侶の生活が支えられることになります。幸い、その土地の世俗的な支配者である封建領主もこのお坊さんに心酔しており、自分の天国行きを確保するために、寄進された土地に免税の特権を与えたとしましょう。

でも、その偉いお坊さんが死んでしまったらどうなるでしょうか。もし土地の寄進が亡くなったお坊さん個人に対してなされていたのならば、新たに僧院長となったお坊さんは、免税特権を更新してもらうために、封建領主と改めて交渉しなければならなくなります。交渉はうまくいくとは限りません。お坊さんには子供は当然いませんから、最悪の場合、土地そのものを没収されてしまうかもしれない。

そういう事態を避けるために考え出された制度が、「法人」にほかなりません。僧院を単なる個々のお坊さんの集合としてではなく、それ自体がヒトとしての資格を持つ存在と見なしてしまうのです。僧院長が封建領主から受け取る免税特権は、僧院長個人として受け取るのではなく、法人としての僧院を代表する存在として受け取ることにするのです。そうすると、法人としての僧院は、個々の僧院長、いや個々のお坊さんの生命を超えた存在となりますから、いくら僧院長が交代しても、いくら領主が代替わりしても、免税特権は継続され、お坊さんたちの食い扶持が確保されることになるわけです。

このように、法人という仕組みは、初めは企業活動とは全く縁のないところで使われていたのですが、資本主義の発達につれて、企業活動と結合するようになります。決定的なのは、十六世紀の後半から十七世紀の初めにかけて、グローバルな遠隔地貿易を進めていったオランダやイギリスが国王の特許によって設立した東インド会社です。法人企業としての会社が成立したのです。ただ、最終的に、現代にもそのまま通じる準則主義的な会社制度がきちんと法制化されたのは一八一一年、アメリカのニューヨーク州が最初でした。

## 株式会社の「社会」性

ところで、いま説明した法人の歴史的起源が教えてくれるのは、法人とは本質的に「社会的」な存在であるということです。僧院が法人となるのは、内部のお坊さん同士の関係を維持するためではなく、外部の封建領主との関係を簡素化して安定させるためでした。

例えば十人のヒトが集まって、一つの企業をつくったとしましょう。その企業が「法人」になるとは（すなわち「会社＝法人企業」になるとは）、もとの十人に加えて、企業そのものが十一人目のヒトとなるということです。その時、この十一人目のヒトは、もとの十人のヒトとは独立に資産を所有し、独立に外部のヒトと契約し、独立に外部のヒトと裁判で争うことになります（もとの十人は、この十一番目のヒトとなった企業の株主と呼ばれることになります）。

重要なことは、もとの十人がお互いの間でいくら精妙な契約書を作成しても、それだけではその企業は十一人目のヒトとして振る舞うことはできないということです。そのためには、他者による承認が絶対に必要となります。当たり前のことですが、企業自体がもとの十人とは独立した権利を持ち独立した義務を果たす存在であることを、十人以外の人びとが事前に承認していなければ、その企業は十人以外の人々との関係を独立に結ぶことはできません（このことは、事故に対する賠償義務を例にすると、鮮明になります。なぜならば、事故の被害者とは、事前に特定できないから事故の被害者であるのです。もとの十人がどのように工夫しても、自分たちとは独立した十一人目のヒトとしての企業それ自体に不特定の事故被害者に対する賠償責任を負わせてしまう契約書など、絶対に作成できません）。

すなわち、一つの企業が単なるヒトの集まりとしてではなく、それ自体が一人のヒトとして機能できるためには、他者による事前の承認、もっと一般的には「社会による承認」が不可欠であるのです。ただ、他者は気まぐれです。社会による承認は、いつなんどき消えてしまうかもしれません。法人という制度は、まさにこのような社会による承認を安定させるために、国家がそれを法律によって制度化したものにほかなりません。

それゆえ、法人企業としての会社とは、株主と株主との間の契約によって作られた単なる「私的」な存在ではありません。[20] それは社会の承認にその存在を負っているという意味で、本質的に「社会的」な存在であるのです。

そして、このことは、「社会的」な存在としての会社には、当然、「社会的」な責任が伴なうことを意味します。だが、この「会社の社会的責任（Corporate Social Responsibility）」というそれだけで一冊の本が必要となる主題に関しては、本書ではもはやこれ以上議論する余裕はありません。

## 「ヒト、モノ、法人」を英文で問う

——岩井は「ヒト、モノ、法人」という日本語のエッセイを、時間をかけて同名の英語論文に仕上げる。

「ヒト、モノ、法人」は、三カ月という短い時間で書かれたエッセイです。十分に文献を網羅していないと感じていましたので、書き終わった後も「法人論」の研究を続けました。再び丸善を訪れ、今度は法律関係の棚を探し回り、関連文献を大量に購入しました。また、何度も法学部の図書館に通って、法人に関する論文をたくさん——本当に、たくさん——コピーして、読み続けました。

英米の法律の教科書や判例集は、千ページ以上の分厚いものが多いし、法学関係の論

*20　新古典派経済学においては、一九三七年のロナルド・コースの論文「企業の本質」以来、「企業」、さらに「会社」を「契約の束」と見なすようになりましたが、この主流派の企業理論・会社理論がこのような会社の「社会性」を無視した理論的誤謬であることは明らかでしょう。Coase, R. H. "The nature of the firm," *Economica* (1937), pp. 386-405. 他に Alchian, A. and H. Demsetz, "Production, information costs, and economic organization," *American Economic Review*, 62(5)(1972) や Jensen, Michael and W. Meckling, "The theory of firm : managerial behavior, agency costs and ownership structure," *Journal of Financial Economics*, 3 (1976) などが主流派の代表的な文献です。

文は経済学の論文に比べてはるかに長く、議論の立て方も経済学とは全く異なります。しかも、どちらも小さな字でぎっしりと印刷されている。一九九六年に左目が黄斑円孔という病気になり、中心部分の視力を失うのは、この法人論の研究が一つのきっかけだったと思います。

このような研究の中で、いわゆる「会社統治（コーポレートガバナンス）」の問題を考えていくうちに「信任論」というさらに新しい研究テーマに行き当たることになります。この信任という概念については、次章で解説することにしましょう。

そして私は、数多くの文献をあさっていくうちに、会社の二階建て構造論はこれまで誰も提示したことのない理論であるということを意識するようになりました。そこで、何とか英文で論文を書かなければならないと思い立ちました。法学という自分にとっては全く新しい領域ですので大きな冒険です。なにしろ法学的な論文の書き方など全く知らないのです。でも、国立大学の法人化が始まる前のことです。私は、査読論文の数で就職や昇進が決まるというアメリカ的な業績主義にまだ支配されていなかった日本の大学に籍を置いています。その幸運を最大限利用させてもらうことにしたのです。

長い試行錯誤を経て一九九四年に書き始め、やっと最初の原稿を書き上げることができたのは九七年。私は五十歳になっていました。論文の題名は、日本語のエッセイと同じ「ヒト、モノ、法人」です。ただ、「法人論争と比較会社統治論」という副題をつけておきました。六十ページを超す長い原稿になってしまいましたし、とても経済学界には受け入れてもらえない内容だと思ったので、経済学の雑誌に出すのは最初から諦め、法学関係の雑誌に投稿しました。そして、最終的に『アメリカン・ジャーナル・オブ・コンパラティヴ・ロー』というアメリカ比較法学会の機関誌に受諾されました。出版は一九九九年秋でした。[*21] その経緯については次章で述べてみます。

出版からほぼ一年たった二〇〇〇年秋、アメリカ比較法学会幹事のクーラン教授からメールが届きました。こういう書き出しでした。「あなたの最近の論文にヘッセル・イェンテマ賞を与えることを考えている」。イェンテマ賞とは、アメリカの比較法学の大家ヘッセル・イェンテマ教授（一八九六―一九六一）の名にちなんで創設された賞であることが、のちに分かります。賞金は千五百ドル。一瞬喜びましたが、メールの先を読むと、失望に変わります。「ただし、賞の規定により、受賞者は投稿時に四十歳以下でなければなりません。あなたが、その条件に合っているかどうかお知らせください」。

私の返事は日本語に訳すと、以下の通りです。

「拝啓。クーラン教授どの。Eメールをありがとうございました。私の論文がヘッセ

---

*21　Iwai, Katsuhito. "Persons, things and corporations : The corporate personality controversy and comparative corporate governance." *The American Journal of Comparative Law* (1999) : 583-632.

ル・イェンテマ賞に指名されたこと、大変名誉なことと思っています。ただ、残念ながら、私は法学という分野では全くの新人ですが、四十歳という年齢はとっくに過ぎております。……あなたの学会による評価それ自体を、私に授与された賞として、大切に記憶にとどめておきます。敬具。岩井克人」

## おカネが支配力を失っていく時代

──二〇〇三年、「法人論」と「資本主義論」とを組み合わせた『会社はこれからどうなるのか』（平凡社）を出版した。

この本を私が書くことになったきっかけは、二〇〇一年春、西田裕一さんによって、平凡社のPR誌『月刊百科』のために「会社はどこへいくのか？」という題名のインタビューを受けたことです。[*22]西田さんに関しては第四章で触れてあります。その後『現代思想』をやめて、日本で最初のデジタル百科辞典作成にかかわり、その関係から平凡社に入社していたのです。このインタビューで西田さんが次から次へと繰り出してくる質問に答えていく中で、私は自分がずっとテーマにし続けてきた「資本主義」論と、経済学から法学へと越境して研究してきた「法人」論とには、これまで私が考えてきた以上に深い関連があることを発見したのです。

それだけではなく、私は西田さんに、私の法人論が単なる学者向けの理論的考察としてだけでなく、二十一世紀において日本の会社の中で働いていくサラリーマンやサラリーウーマン、さらにはその予備軍である学生にとっても意味のある内容を持っているということを説得されたのです。その夏、週末で冷房が止められた蒸し暑い研究室で、私はさらに三回、のべ十四時間にもわたる長いインタビューを受けることになりました。

当初は、この原稿をもとにして、手短に本を作り上げるつもりでしたが、手直しに思いのほか時間がかかる。しかも私はその年の十月から経済学部長になってしまいました。日本の国立大学が、皮肉なことに「法人化」に向けて動いている最中で、公務がずっしりとのしかかります。しかも、先ほど述べたように、左目の中心の視力を失ってしまい、それを部分的にでも取り戻す手術もしなくてはなりません。私は腹をくくって、他の仕事を断り、公務から解放される週末や休暇期間に、ゆっくりと時間をかけてインタビュー原稿を書き直すことにしたのです。それで、結局、二年間もかかってしまいました。

『会社はこれからどうなるのか』の前半部分は、この章ですでに解説した「ヒト、モノ、法人」論の再説です。だが、その後半部分で、私は、二十一世紀の資本主義におい

*22　このインタビューは、『月刊百科』（二〇〇一年六月号、平凡社）に掲載されました。

ては、多くの人の実感とは逆に、おカネの支配力が大きく弱まっていくことになると論じました。

第四章で「資本主義」論を解説したとき、十八世紀後半のイギリスから始まった産業資本主義とは、産業革命による労働生産性の上昇と農村の過剰人口による低賃金の維持という、二つの歴史的な要因がマクロ的に作り出した「差異」によって可能になった資本主義であると述べておきました。産業資本主義時代には、どの企業も、機械制工場さえ建設すれば、労働生産性と実質賃金率の「差異」に比例した利潤率が確保できたのです。したがって、個々の企業の立場からは、機械制工場が利潤の源泉になります。

ここで重要なことは、機械制工場とは、モノであることです。かつてライブドアの創業者である堀江貴文さんが「おカネで買えないモノはない」と言い放ちましたが、全く正しい。おカネさえあれば、モノである機械制工場は買うことができます。そして、農村に過剰人口が滞留している限り、機械制工場さえ建てれば利潤を得ることができるのです。

すなわち、産業資本主義時代とは、おカネさえあれば利潤が得られるという意味で、おカネが支配していた時代であったのです。会社システムにおいて、おカネの究極的な提供者は株主ですから、産業資本主義時代に、法人名目説と親和性を持つ株主主権論が唯一正しい理論だと考えられていたのは、それなりの理由があったのです。

だが、今すべての先進資本主義国が、産業資本主義からポスト産業資本主義への大きな構造変化を経験しています。もはや農村の過剰人口は枯渇し、機械制工場を持っているだけでは、利潤を生み出すことはできなくなってしまったのです。利潤は差異からしか生まれません。ポスト産業資本主義のもとでの企業は、他の企業より効率的な技術、他の企業より魅力的な製品、他の企業が参入していない市場、他の企業とは異なった経営組織、すなわち他との「差異」を意図して導入しなければならなくなったのです。

ここに利潤の源泉に関して、大変革が起こります。なぜならば、人工知能がまだ完全には人間の能力に追いついていない現在、「ヒト」しか、もっと正確に言えば、ヒトの創造力しか「差異」を意図的に創り出すことはできないからです。利潤の源泉が、機械制工場から、ヒトの能力や知識に大きく移行しつつあるのです。

確かに堀江さんが言っていたように、「おカネで買えないモノはありません」。だが、幸か不幸か、ヒトはモノではありません。近代社会においては、「おカネはヒトを買えない」のです。もちろん、札束を切れば、多くのヒトは喜んで働いてくれるでしょう。でも、ヒトはやはりモノではありません。

特に、札束だけではヒトの頭の中の「創造性」は支配できない。意思も感情もあるヒトにヤル気を与えるには、おカネでは買えない「何か」が必要なのです。それは、例えば、自由な時間・文化的な環境・共感できる目標・社会的尊敬といった「何か」です。

いや、ヒトにとって最も価値があるものは、「おカネで買えない何か」であるという「逆説」が起こってきている。事実、今資本主義的に最も成功している会社の多くは、そのおカネで買えない何かを従業員に提供することによって、従業員の創造性を喚起してイノベーションを起こし、結果的に大きくおカネを儲けるという仕組みを組織として創り上げている会社であるのです。

ということは、ポスト産業資本主義の時代とは、おカネが支配力を失っていく時代であるということです。それは、言うまでもなく、会社の中で究極的なおカネの提供者である株主の地位の相対的な低下をもたらすことになるはずです。

## グローバル化の外見と本質

ここで反論があると思います。おカネが支配力を失っているなどとは、とんでもない。二十世紀後半から二十一世紀にかけてのグローバル化と金融革命によって、ますますおカネが強くなっている。グローバル化とは資本の国境を超えた移動の強まりだし、金融革命とは金融資本による実体経済支配の強まりなのではないか、と。

だが、外見と本質とを見誤ってはなりません。おカネが激しく動き回ったり、おカネが激しく売り買いされたりすることは、先進資本主義国の内部において、おカネが確実な投資先を失ったことの結果であるのです。

確かに、先進資本主義国は、すでにポスト産業資本主義に突入しています。農村に滞留していた過剰な人口が枯渇してしまったからです。だが、世界経済全体を見れば、まだその大部分の地域の農村では過剰人口が滞留しており、低賃金労働の供給源となっています。グローバル資本主義自体は、まだ産業資本主義の段階にあるのです。

ただし、先進資本主義国が産業資本主義であった時代においては、その国内において低賃金労働者が農村から都会の工場へと職を求めて大移動をしていました。日本の高度成長期の「集団就職」がその典型です。これに対して、グローバル資本主義には国境が存在します。移民には厳しい規制があります。国境を越えて、発展途上国の低賃金労働者が先進資本主義の工場部門に移動するのは困難なのです。これに対して、おカネ（資本）の移動の方がはるかに自由です。

そこで、先進資本主義国において確実な投資先を失った資本が、低賃金労働を求めて発展途上国や新興工業国に産業資本主義的な投資を始めたのが、グローバル化なのです。労働が資本に向けて移動するのとは逆に、資本の方が労働に向けて移動を始めたというわけです。

特に一九八〇年代以降、世界銀行やＩＭＦの強力な指導のもとに全世界的に資本移動が自由化され、グローバル化が加速されていったのです。この動きは、農村に過剰人口を抱えている地域がある限り、続いていきます。だが、それもいつか枯渇してしまうはずです。事実、すでに、グローバル化の勢いが衰え始めている兆候が見えているのです。

さらに言えば、金融革命とは、産業資本主義からポスト産業資本主義への構造変化の一つの表れにすぎません。金融とは、字義通りにいえば、資金を融通することですが、もっと広い意味では、時間やリスクや空間の「差異」を交換することです。例えば、債券とは現在のおカネと将来のおカネの交換ですし、先物やオプションやスワップとは現在の価格変動リスクと将来の価格変動リスクの交換ですし、外国為替とは一つの国のおカネと別の国のおカネの交換にほかなりません。

もはや機械制工場が利潤の源泉でなくなり、「差異が利潤を生み出す」という利潤創出の基本原理を意識的に実践しなければならなくなった時代において、どのような形の「差異」でもよいから見つけ出し、その「差異」自体をきめ細かく商品化していくこと――それが「金融革命」なのです。

私は『会社はこれからどうなるか』において、おカネが支配力を失っていくポスト産業資本主義の時代には、会社システムの中軸的な形態は、法人名目説＝株主主権的会社から法人実在説＝組織自律的会社へと変化していく傾向がある。そう論じたのです。

## 「変わらなくてもよい」が「変わらなければならない」

では、それは、日本型の会社システムの復活を意味するのでしょうか。残念ながら、そうではありません。

なぜならば、日本型の会社システムとは、産業資本主義、特に後期産業資本主義に適応した会社システムであったからです。ここで、後期産業資本主義とは、十九世紀の後半から二十世紀にかけての重化学工業化以降の産業資本主義のことです。それは、大規模な機械制工場や大規模な流通ネットワークを必要とするとともに、その機械設備やネットワークを効率的に運営するための専門的なノウハウや高度の熟練も必要とする産業資本主義です。[*23]

戦後日本の人本主義的、労働者管理企業的、共同体的な会社システムは、この後期産業資本主義にあまりにも適応した会社システムを作り上げてしまっていたのです。それは確かに個々の従業員にノウハウや熟練の習得を促す仕組みを備えています。だが、そ

＊23　これは、経営学で「チャンドラー型企業」と呼ばれる企業形態に他なりません。Chandler Jr, Alfred D. *The Visible Hand: the Managirial Revolution in American Business.* Harvard University Press, 1977、邦訳はアルフレッド・D・チャンドラー Jr.『経営者の時代――アメリカ産業における近代企業の成立〈上・下〉』（鳥羽欽一郎・小林袈裟治訳、東洋経済新報社、一九七九）。

のノウハウも熟練も、基本的には、機械設備や流通ネットワークを効率的に運営するためのノウハウや熟練でしかありません。

もちろん、それらが全く意味を失うなどということはありえません。特に、技術や市場が少しでも成熟してくると、まさにこのようなノウハウや熟練が大きな力を発揮していくことになるはずです。だが、そうはいっても、それはやはり、ポスト産業資本主義的な企業にとって最も重要な差異性を創り出していくことのできる知識や能力とは、必ずしも一致していないのです。

それゆえ、『会社はこれからどうなるか』で私は、日本型会社システムの将来に関して、「変わらなくてもよい」が「変わらなければならない」という、一見すると矛盾するメッセージを送ることになりました。

変わらなくてもよい――なぜならば、株主主権論から距離を置いてきたその歴史は、経済学界や法学界における多数派意見とは逆に、ポスト産業資本主義という新たな時代と親和性を持っているからです。

変わらなければならない――なぜならば、ポスト産業資本主義における会社の命運は、もはや機械制工場の脇役としての能力や知識の育成と発展ではありません。会社の中で、従業員や技術者や経営者がみずから率先して差異性を生み出し続けていくことのできるような人的組織――そういう組織をいかに育成し発展させるかにかかっているからです。

第七章

# 東京とシエナの間で

——「会社統治」論から「信任」論へ

## 東大シエナ大共同プロジェクト

### ――岩井は一九九六年、石川経夫が立ち上げた日本経済とイタリア経済の比較研究プロジェクトに参加するが、石川は心臓発作で倒れてしまう。

一九九七年四月十一日夜、ポンティニャーノ僧院（チェルトーザ・ディ・ポンティニャーノ）に到着しました。空を見上げると、満天の星空の中に巨大なヘール・ボップ彗星が長い、長い尾を光り輝かせていました。ポンティニャーノ僧院とは、イタリア中部のシエナの町の郊外にあるポンティニャーノの丘に十四世紀から建っている僧院です。現在はシエナ大学が所有しており、海外からの滞在者のための宿舎および国際会議場として使われています。美苗と私は、その年の九月末までの約六カ月間、この僧院のニュメロ・ウーノ、つまり第一号室の住人となったのです。

私たちがポンティニャーノ僧院に住むことができたのは、石川経夫君のおかげです。石川君はイギリスに研究留学したときに親しくなったシエナ大学のアレサントロ・ヴェルチェーリ教授に招かれて、一九九五年春にシエナ大政治経済学部の客員教授となります。そして、ヴェルチェーリと一緒に、日本経済とイタリア経済の様々な分野を比較研究する東大シエナ大共同プロジェクトを立ち上げたのです。私は「ヒト、モノ、法人」

論を英語論文にしている最中で、日本とイタリアの会社システムや会社統治（コーポレートガバナンス）の比較ならば多少は貢献できると思い、日本に帰国した石川君がプロジェクト参加者を募ったときに手を挙げました。

しかし、一九九六年三月に石川君は心臓発作で倒れます。一命はとりとめましたが、しばらくは静養が必要になりました。東大とシエナ大の共同プロジェクトは暗礁に乗り上げたかに見えましたが、石川君が心血を注いだものを無に帰してはいけないと、石川君に続いてシエナ大学に客員として滞在した吉川洋君が東大側の中心となって、プロジェクトを再建します。そして、九六年十月初旬、当初の予定通り、イタリアで一回目のコンファレンスを開催することができました。石川君は参加できませんでしたが、東大からは大学院生を含めて十人以上がイタリアに渡り、私もその一行に加わりました。

そのコンファレンス会場兼宿泊所が、ポンティニャーノ僧院だったのです。石川君からも吉川君からもその美しさについては聞いていましたが、実際のポンティニャーノ僧院は、想像以上の美しさでした。その僧院の中で、会社システム比較の共同研究者となるウーゴ・パガーノに会い、話をして、この人物となら一緒に仕事ができると、安心しました。

早いもので、二年間のペン大とプリンストン大の滞在を終えて日本に戻ってから、すでに七年になろうとしていました。私は一九九七年四月から再びサバティカル入りになるのです。研究する場所を選ばなければなりません。私は迷わずシエナ大学を滞在先にすることにしました。表向きの理由は、東大シエナ共同プロジェクトでウーゴ・パガーノという得難い仲間に恵まれたので、その共同研究に力を注ぎたいと思ったことです。だが、実際は、あのポンティニャーノ僧院で暮らしてみたいと思ったことが、大きな理由でした。本当は一年間滞在したかったのですが、八五年に父親が死んでおり、一人暮らしの母親をあまり長く放ってもおけないので、半年だけの滞在となりました。

シエナに出発する三週間前のことです。経済学部の理論グループの会合があり、驚いたことに、その会合に石川君が出席したのです。一年前に倒れ、研究教育活動が遅れてしまったことに焦りを感じていたのかもしれません。すでにその前から、われわれ友人や同僚の説得にもかかわらず、石川君は退院した後、すぐ大学に戻ってきていました。さすがに講義は休講にしましたが、それ以外は学務を含めて以前とあまり変わらないスケジュールをこなし始めていたのです。そのときの理論グループの会合の目的はこれからの人事の方針などを討議することでしたが、十分に議論が尽くせなかったので、二日後の昼休みにもう一度会合を開くことになりました。そして、その当日、会合の前に、石川君はあらかじめ用意していたメモをみなに配り始めました。

だが、会合が始まる寸前のことです。突然、椅子から立ち上がり、気分が悪くなったといって、部屋を急いで出ようとしました。数歩歩くと「ああ、目が回る」と言って近くの椅子に座り込み、緊急時に服用するためのニトログリセリンの袋を取り出そうとして上着のポケットを探ったのですが、見つからない。会合に出ていた同僚二人が、あわてて鍵を預かり、研究室に走っていって石川君の鞄を持ってきましたが、それを開けても袋は見つからない。そのうちに石川君は意識を失い、昏睡状態に陥りました。楽になるように床に寝かせ、急いで救急車を呼びましたが、なかなか到着しない。何時間もたったように感じましたが、実際は二十分ぐらいだったと思います。救急車がようやく到着し、酸素マスクをつけてもらいますが、石川君は昏睡状態のままです。担架で救急車に運び、救急車には私も酸素ボンベを持ちながら同行し、東大病院の救急病棟に向かいました。そして、それが、精神的存在としての石川君との最後の別れになってしまったのです。

## ポンティニャーノ僧院の住人に

――一九九七年四月から九月まで、イタリアのシエナ大学に滞在する。

私たちは四月一日にシエナに飛び立つ予定でしたが、万が一に備えて出発を延期しました。石川君が集中治療室から一般病棟に移されたとき、担当の医者の見立ては厳しく、覚悟をしておくように言われたのです。だが、その危機はどうやら乗り越えたようでした。昏睡状態であることは変わりませんが、病状が三週間以上安定しているのを見届けて、四月十日に日本を出発しました。そして、その翌日から、石川君が関係を切り開いてくれたシエナ大学の客員研究員として、石川君自身が二年前に滞在したポンティニャーノ僧院での暮らしが始まったのです。

僧院のニュメロ・ウーノ（一号室）は、二階の一番眺めの良い場所にあり、遠くにシエナの町の鐘楼を望むことができます。窓を開けると、視界いっぱいにトスカーナ地方の田園風景が広がります。なだらかな丘の斜面には収穫前の麦が実る緑の畑が続き、その稜線には糸杉が行儀よく並んで植えられています。

窓の下を見下ろすと、様々な色取りの草花を幾何学的に配置した庭園があります。階下に降りて、大きな重たい扉を開けてその庭園に入ると、レモンの木を植えたテラコッタの大きな鉢がところどころに置かれている。赤い花、青い花、黄色い花、紫の花の間を歩きながら先に進むと、ブドウのツタで織り上げられたアーチがあります。到着したときはまだ葉っぱもついていなかったと思いますが、そのうち小さな芽を出し、葉が生い茂り、花が咲き、半年後に出発する時分には葡萄色やマスカット色の実を房いっぱいにつけるようになっていました。そのアーチの下の遊歩道をさらに歩んでいくと、よい匂いがしてきます。それまで名前でしか知らなかった様々な香草が周りにいっぱい植えられているのです。そしてアーチを抜け出ると、菜園が目の前に広がります。そのあちらこちらに様々な種類の果樹も植えられている。はじめのうちはスモモや桃やナシの花が満開でした。しばらくすると桜が咲き出し、初夏から盛夏にかけては、そのスモモや桃が実をつけ、そのうち、サクランボやナシやイチジクも次々と実をつけていきました。果物は取り放題です。僧院に滞在している私たちが採らなければ、鳥がついばんでしまうだけなのです。

夕暮れどきには、僧院の周りを散策することを日課にしました。オリーブ畑やブドウ畑を囲む壊れかけた土壁の間を縫い、エトルリア人という古代ローマ人以前の住民が残した小さな遺跡や、日中でもいくつものロウソクが灯っているカトリック墓地を横に見ながら、小一時間ほど歩くのです。途中で農家の庭先を通るのですが、そこには一人当たりのGDPには還元できない豊かさがありました。

六月のある日のこと、普段より遅い時間に散歩を始めました。いつもの道を歩いてから、僧院に向かって丘をのぼり始めると、夕闇がどんどん迫ってくる。暗くなる前に戻ろうと急ぎました。すると、小さな光が日の前で光りました。さらに歩いていくと、光の数が増していきます。そして、その光があたり一面に飛び回っている。蛍です。しばらく立ち止まって、薄暗闇の中での光の乱舞に見とれていました。それから毎晩のように、懐中電灯を手にして、僧院の庭園の一番奥にある小さな庭を訪れました。鬱蒼とした木立に囲まれているこの庭は、蛍が一番集まっている場所です。飛び交う蛍の光で、月のない夜でもうっすらと明るい。
ポンティニャーノ僧院――それは、本当に天国のようでした。

## 天国は不便で寒かった

しかしながら、すぐに気がつくことになります――天国とは、住むにはひどく不便であることを。イタリアに来て、最初に覚えた言葉は「ノン・フンツィオーネ」。故障中という意味です。僧院にはたった一台しか洗濯機がありませんが、それも故障がちで、半年間一度も使えませんでした。だから、洗濯はすべて手でしなければなりません。食事も、最初は朝昼晩と僧院の食堂で食べていましたが、肉料理が多いので、そのうちに飽きてくる。おいしいカフェ・ラテが飲める朝食だけは食堂で食べ、それ以外は基本的に自炊することにしました。そのためにはシエナの町に買い出しに行かなければなりませんが、ポンティニャーノ僧院からシエナの町まで、バスで三十分以上かかります。しかも、一日にたった二本しか運行していない。

シエナ大学では、教員は原則的に研究室を二人で共有しなければならなかったので、同室となった計量経済学者と、お互いの仕事の邪魔をしないように、日程の調整をしました。なにしろ、大学の活動は木曜日の夜から実質的な週末に入るので、金曜日には人っ子ひとりいません(実は、月曜日もかなり閑散としていました)。そこで、私は火曜日と木曜日を通常の出勤日にするようにしました。その両日とも、朝は大きな空のリュックを持って出かけ、夕刻になると、八百屋、肉屋、魚屋、酒屋、小さなスーパーなどに立ち寄って、リュックいっぱい食料を背負ってバスに乗るのが決まりになりました。おかげで、持病のぎっくり腰が悪化してしまいました。

そして、天国は寒い。庭に面したガラス窓は近代に入ってから取り付けられたので、部屋は完全には密閉されません。到着した四月はまだ朝晩の冷え込みが厳しく、夜じゅうわずかですが、すきま風が入ってきます。中世からの石と煉瓦の床は、その美しさの代償に、氷のような冷たさを日中でも溜めています。部屋の中でじっとしていると、いつのまにか足元が冷え切ってしまう。一番見晴らしのよい部屋の窓際のベッドに寝ていた美苗は、着いてしばらくすると風邪をひき、一カ月以上咳をし続けていました。

その咳き込む音を聞きながら、あっと思いました。そういえば、石川君も、二年前にシエナに滞在して東京に戻ってから、ずっと咳き込んでいたのです。石川君の場合、一月末から四月末まで滞在していたので、私たちが滞在したときよりもっと寒い時期であったはずです。しかも客員教授として一生懸命に日本経済論を教えていました。そのときの寒さと忙しさの中で風邪をこじらせ、心臓を患い始めたのではないかと推測したのです。美苗は庭の風景を諦め、窓のない部屋で寝るようになってから、少しずつ咳が治まるようになりました。

## 一筋縄ではいかない研究者たち

——岩井はシエナで、パガーノと日本とイタリアの会社システムの比較研究をする。共同研究者にバルカとトレントが加わる。共同研究は初めての経験だった。

ウーゴ・パガーノとの共同研究は、最初は必ずしも順調とは言えませんでした。新古典派的な企業理論に批判的であることは共通しているのですが、会社システムに関しての理解が微妙に違います。その違いを調整しながら、二人が書いたものをうまく組み合わせていくのが難しかったからです。この作業は、途中でイタリア銀行のエコノミストであるファブリツィオ・バルカとサントロ・トレントが共同研究者として加わったことによって、さらに難しくなりました。でも、結局最後は、四人が書いた部分をほとんど暴力的にまとめあげて、一つの論文に仕立て上げました。[*1]

ウーゴ・パガーノは、がっちりとした体つきで、酒呑童子のような風貌をし、ドスの利いたしゃがれ声で話します。私は、それまで他人と一緒に論文を書いたことがなかったので、共同研究がうまくできるかどうか多少心配していたのですが、パガーノがあけっぴろげな性格なので何の問題もありませんでした。すらりとした体型をしたドイツ人の医者の卵と結婚しており、シエナ郊外の農家を住宅に転用して住んでいます。家を訪ねると、それまで家の横の畑で土いじりをしていたのでしょう、麦わら帽をかぶった農夫姿のまま、満面の笑みで迎えてくれるのです。

二人目の共同研究者であったバルカは、背が高く端正な顔立ちをし、立ち居振る舞いも洗練されています。同じように背が高く身のこなしの美しいアイルランド人と結婚しており、ローマ市内にあるアパートは、マンハッタンにあってもおかしくないようなモダンな内装で統一されていました。イタリアのエリートの家系の出身だということでしたが、面白いのは、そのエリートという意味が、父親がイタリア共産党の大幹部であったということなのです。

三人目の共同研究者であるトレントとは、あまり一緒に話し合う機会がありませんでしたが、中央銀行のエコノミストを絵に描いたような真面目な人で、知的に信頼できる人でした。イタリアでは、学会の中でのイタリア銀行の地位が高く、そこのエコノミストになることは、大学の教授と同等かそれ以上の尊敬を受けるということでした。

そのほかにも、シエナでは、ブルーノ・ミッコーニ、マッシモ・ディマテオ、リオネ

＊1　"The divergence of the Italian and Japanese corporate governance models : the role of institutional shocks," (with F. Barca, U. Pagano and S. Trento), *Economic Systems*, 23 (1), March 1999, pp. 35-59；その拡張版は以下の本に掲載されました。A. Boltho, A. Vercelli and H. Yoshikawa eds., *Comparing Economic Systems : Italy and Japan*, (London : Palgrave, 2000), pp.15-40.

ロ・プンツォ、ファブリオ・ペトリ、アントニオ・ニチタ、アレサントロ・イノチェントといった経済学者と親しくなりました。

みなアメリカやイギリスで出会った経済学者とは異なったタイプの経済学者です。必ずしも流暢であるとは言えませんが、英語が話せ、主としてヨーロッパ内ですが外国との研究交流も盛んで、シエナに昔から住む市民と違い、半数近くが外国人と結婚している。多くは、ケンブリッジやオックスフォードやLSEといったイギリスの大学で大学院教育を受けており、新古典派経済学を一〇〇%マスターしています。ですから、必要になれば、新古典派的な分析もできる。ただ、それにもかかわらず、アメリカで主流派となっていたシカゴ学派的な自由放任主義的経済学には違和感を持っており、それと対抗できる経済学を目指して研究しているのです。

そのため、学界の主流派を選ばなかったという自負心と主流派からは疎外されているという諦念感とが混ざり合った、一筋縄ではいかない雰囲気を漂わせています。同じ欧米といっても、英米、特にアメリカの経済学者とは異なった生き方をしようとしている経済学者もちゃんといる。その事実を知っただけでも、大きな収穫でした。

そして、さらに大きな収穫は、イタリア人の親切さに触れたことです。みな私たちが寂しく思っているのではないかと心配して、しょっちゅう夕食に招待してくれるのです。ブルーノ・ミッコーニは、ドイツ出身の夫人ギゼラ・バルキとともに、ポンティニャーノの丘のさらに奥の山の中腹にある美しい邸宅に何度も招いてくれましたが、一九九八年に亡くなってしまいました。

## パリオ祭

パリオ祭にも招かれました。パリオ祭とはシエナの町の最大の行事で、毎夏二回、町の中心にあるカンポ広場で開催される競馬祭です。二回とも、シエナの町を分割する十七のコントラーダ（自治地区）のうちの十のコントラーダが自分たちの選んだ馬と騎手で競い合うのです。パリオ祭の日のだいぶ前から、町のあちこちでラッパや笛や太鼓が聞こえてきます。当日のパレードのための準備です。その音は、パリオ祭が近づくにつれてどんどん大きくなっていきます。

当日は朝から、それぞれのコントラーダの紋章を縫い込んだ旗を先頭に、豪華な中世の衣装をまとった老若男女が晴れやかな顔をして町中を練り歩いていく大パレードが繰り広げられ、人びとの興奮は競馬の場面で最高潮に達します。でも、競馬自体はほんの一分半で終わってしまう。だが、その一分半の直後、勝利したコントラーダの人びとは喜びを爆発させ、勝者であることを誇示しながら町中を凱旋します。暗くなると屋外で夜を徹する晩餐会を開き、その後一週間以上もラッパや笛や太鼓とともに勝利の歌を歌い続けているのです。

翌日、ポンティニャーノ僧院の中ではしゃぎ回っている青年がいる。宿泊施設のスタッフでした。彼が所属したコントラーダが勝利したのです。その興奮は、次の日も次の日も次の日も続きました。一説によると、シエナの町の犯罪率、特に性犯罪率が低いのは、若者のエネルギーがこのパリオ祭によって大きく発散されることになるからだというのです。

シエナの町は、イタリア中部のトスカーナ地方のほぼ中心に位置しています。トスカーナに住む人びとは、この地方の風景は世界で一番美しい田園風景だと言いますが、その言葉が必ずしも自慢には聞こえませんでした。地中海の空の色は、深くて明るい青です。その空の下、幾重にも重なるなだらかな起伏の丘陵の斜面に、鮮やかな緑の牧草地、明るい茶褐色をした収穫後の小麦畑、黄色一色の背の高いひまわり畑、緑と茶と紫が入り交じったブドウ畑などが、入れ替わり立ち替わり広がっているのです。

夕暮れになると、稜線に並んで植えられている糸杉の影がだんだん長くなり、丘を彩っていたすべての色がその固有の鮮やかさを次第に失っていきますが、それとともに干し草の束や麦の切り株やひまわりの花弁やブドウの葉や房の一つ一つがかえってくっきりと浮き立って見えるようになる。でも、その不思議な時間は三十分も続きません。そのうちにすべてが夕闇に閉ざされてしまうのです。

私たちは車を持たなかったのですが、シエナ大学のタンパク質学の教授ヴィタリアーノ・パリーニさんと新野夏子さん夫妻が、このトスカーナの田園を案内してくれました（この二人は吉川洋君に紹介されました）。それだけでなく、週末になると、カスティリオーニ・デラ・パスカイアの海辺や古代エトルリア人の遺跡やフィレンツェでの音楽会などにも連れ出してくれる。そして、自宅や海の家で、香りの高い木の枝を薪にして一日かけて焼き上げるフローレンス風ビフテキまで振る舞ってもらったりしました。

パリーニさんは教養あふれる人で、ダンテの『神曲』の要所要所を暗記していたのみならず、日本語まで修得し、「なかんずく……」などという言葉が会話の中に混じるのです。パリーニさんはその後パーキンソン病を患ったと聞いていましたが、二〇一四年五月にとうとう亡くなってしまいました。

## 森嶋通夫先生との再会

シエナではLSE（ロンドン・スクール・オブ・エコノミックス）の森嶋通夫先生夫妻にも再会しました。シエナ大学の兼任教授もしていて、毎夏シエナに滞在するのだそうです。実は、私は一九八六年の春休みに、森嶋先生に招かれて、先生が所長をしているLSEのサントリー・トヨタ研究所に一カ月半ほど滞在しています。

オフィスに行くと、昼休みの寸前に決まってドアのそばに森嶋先生が立っている。一緒に昼食を食べないかというお誘いです。先生は本当に話し好きでしたので、日本語に飢えていらしたのだと思います。私はもっぱら聞き役で、経済学からスポーツまで、いろいろな話を拝聴しました。場所はたいがいロンドンの場末の中華料理屋です。もっとも、私が住んでいたのは、場末ではなく、森嶋夫人の計らいで、イズリントンという住宅街にある知日派のイギリス人の家の地階でした。夫人は芸術でも事務でも料理でも運転でも、どれも大変巧みにこなす。ロンドンでは自宅に何度か呼ばれましたし、シエナではその運転でモンテリジアーニやサンジミアーノといったトスカーナの古い町の見学などに連れて行ってもらいました。

ただ、日本に戻ってしばらくしてからのことです。森嶋先生が、小宮隆太郎先生を批判した文章、さらには浜田宏一先生を揶揄した文章を発表しました。私はその二つとも他者の人格をひどく踏みにじるものであると感じました。世話になったことに対する忘恩行為であると思いながら、森嶋先生との連絡を絶つことを決断せざるをえませんでした。その後しばらくすると、先生が脳梗塞になられたことを人づてに聞き、二〇〇四年には、亡くなられたことを新聞のニュースで知りました。

その年の秋に森嶋夫人が来日され、夫人を囲みながら森嶋先生を偲ぶ会が東京で開かれました。森嶋先生とは行き違いがありましたが、森嶋夫人には大変にお世話になっています。私の忘恩行為のせめてもの埋め合わせと思い、美苗と二人で参加して礼を述べました。

## ジョン・サットンとグンター・トイプナー

そのうちに夏が過ぎ、シエナ生活を切り上げて日本に帰る時期が来ました。帰りは、ロンドンのLSEに立ち寄ることにしました。一つの目的は、ジョン・サットンに会うことです。昔、エール大学で教えていた時に知り合いました。アメリカの経済学者とはタイプの違う、若い頃は演劇をやり、小説なども乱読してきた教養人で、年齢がほぼ同じなのも幸いし、一緒にビールを飲んだりする友人となりました。彼が日本に来るたび、そして私がロンドンに行くたびに会うようにしていました。

経済学者としてのサットンは、ゲーム論や産業組織論で重要な仕事をし、ちょうどその頃、森嶋通夫先生の後任として、LSEのジョン・ヒックス冠教授に任命されました。さらに近年ではイギリス経済学会の会長にまでなっています。[*2]

もう一つの目的は、LSEの法社会学の教授であるグンター・トイプナーに会うためです。シエナに向けて出発する寸前まで、私は「ヒト、モノ、法人」論の英語版を書き上げるのに必死でした。シエナ大学に滞在している間にいくつかの研究会に呼ばれるこ

*2　サットンの著作の一つは日本語訳になっています。ジョン・サットン『経済の法則とは何か――マーシャルと現代』(酒井泰弘・堀出一郎監訳、麗澤大学出版会、二〇〇七)。

とになるだろうと思って、そこで発表できる形にしておきたかったからです。実際、シエナ大学でもその周辺での研究会議でもイタリア銀行でも論文を発表することになりました。ただ、この論文は経済学の論文としてではなく法学の論文として書きましたが、私自身は法学の訓練は全く受けたことがない。ですから、これが本当に法学の論文として通用するかどうか、専門家のアドバイスを受けた方がよいと思っていました。

問題は、私の論文が扱っているのが、「法人論争」という中世以来の論争だということです。私が読んで面白いと思った論文や本の著者のほとんどは、はるか昔、場合によっては五百年も六百年も前にこの世を去っている。そして、私が発見できた唯一の例外が、一九八八年に『アメリカン・ジャーナル・オブ・コンパラティヴ・ロー』に発表された「企業コーポラティズム：新産業政策と法人の〈本質〉」という論文でした。その著者がグンター・トイプナーだったのです。[*3]

そこで、シエナに着いてしばらくしてから、思い切って論文を送ってみることにしました。論文の概要とともにその執筆に際してトイプナーの仕事に大いに啓発されたことを感謝した手紙を同封しました。私はすでに五十歳になっていましたが、そのときの心境は、生まれて初めて専門的論文を書いた二十五歳の大学院生のようでした。

## オートポエーシス

――ここで、社会学の概略を解説してもらおう。

「社会学」という学問は、十九世紀前半のフランスにおいて「実証哲学」を提唱したオーギュスト・コント(一七九八―一八五七)にさかのぼることができます。だが、社会学が近代的な学問として哲学や他の社会科学から独立するのは、十九世紀後半から二十世紀前半にかけてフランスのエミール・デュルケーム(一八五八―一九一七)、ドイツのゲオルク・ジンメル(一八五八―一九一八)、同じくドイツのマックス・ウェーバー(一八六四―一九二〇)といった「第一世代」の巨人たちが登場してからです。

教科書的な説明になりますが、デュルケームは社会的な事象を一つの不可分な全体として扱う方法論的全体主義(社会実在論)にもとづく社会学の構築を目指し、ジンメルそしてウェーバーは社会的事象を個々のメンバーの振る舞いの相互作用と見なす方法論的個人主義(社会名目論)に従った社会学を創始した、ということになっています。こ

＊3 Teubner, Gunther. "Enterprise corporatism : new industrial policy and the "essence" of the legal person." *The American Journal of Comparative Law* (1988) : 130-155.

こでも、あの実在論と名目論との対立があるのです。

二十世紀の中盤には、社会学の中心はアメリカに移ります。タルコット・パーソンズ（一九〇二－七九）やロバート・K・マートン（一九一〇－二〇〇三、私がMITで出会ったロバート・マートンの父親です）らの「第二世代」が中心となって、機能分析を重視する社会学が構築されますが、その後数多くの批判にさらされるようになります。あえて体系化を目指さなかったマートンの社会学はいまだに有効性を失っていませんが、パーソンズの壮大なシステム理論は今ではその影響力をほとんど失ってしまいました。

そして、現代の社会学は「第三世代」に入っており、ドイツのニクラス・ルーマン（一九二七－九八）がそれまでの社会実在論と社会名目論との対立を止揚するために導入した「オートポエーシス」という概念を中軸にして展開していると言われています。[*4]

まだ私自身オートポエーシスという概念を十分には把握しきれていないこともあって、ここではその解説はできません。ただ、オートポエーシスとは、ラテン語で自己が自己を産出するシステムという意味です。その概念が、「貨幣の進化」論文や『貨幣論』で私が定式化した「自己循環論法」と密接に関係していることは確かです。さらにそれは、社会実在論と社会名目論とを超越する試みであるという意味では、私の法人論とも大いなる親和性を持っているはずです。

グンター・トイプナーは、ルーマン以降の社会学のリーダーの一人であり、特にオートポエーシス概念にもとづく法システム理論を最も精力的に展開してきた人です。その法システム論の一環として法人についての研究も行っていたのです。[*5]

しばらくして、そのトイプナーからEメールで返事が来ました。返事をもらうことなどほとんど期待していなかったので、うれしい驚きでした。しかも、私の論文を評価し、励ましてくれる内容だったのです。何回かのメールのやり取りの後、ロンドンに来るときにはぜひ立ち寄るようにと言ってくれ、その言葉を真に受けた私は、九月末に実際にLSEのオフィスに立ち寄り、議論する機会を得たのです。三時間半程度でしたが、大変に有意義な時間でした。

その中でトイプナーは、私の論文が法学者向けの論文として書かれたことを残念だと言っていました。主流派経済学の会社統治論が理論的な誤謬であることを示したその中心命題に対して、主流派経済学がどのように反応するかを、ぜひ知りたかったというの

＊4　例えば、佐藤俊樹『社会学の方法――その歴史と構造』（ミネルヴァ書房、二〇一一）を参照。また、オートポエーシス概念については、河本英夫『オートポイエーシス 2001――日々新たに目覚めるために』（新曜社、二〇〇〇）などを参照のこと。

＊5　トイプナーの代表作の一つは Gunther Teubner. *Recht als autopoietisches System.* (Suhrkamp Verlag Frankfurt am Main 1989) で、邦訳があります。グンター・トイプナー『オートポイエーシス・システムとしての法』（土方透・野崎和義訳、未来社、一九九四）

です。
私はその後、だいぶたってから「ヒト・モノ・法人」論の経済学者向け英語版を書き、『ジャパニーズ・エコノミック・レビュー』という日本経済学会の機関誌で発表しました。しかし、雑誌の国際的な知名度が低いこともあって、結局、経済学者の間では何の反響もありませんでした。[*6]
「ヒト・モノ・法人」論の英語版の方は、順番に三つの英語圏のロー・レビュー（Law Review）に投稿してみましたが、いずれもボツにされました。落胆しましたが、トイプナーとLSEで会ったとき、私が法学界のことを何も知らないのを危ぶんで、出版で何か問題があったら相談してくれと言ったことを思い出しました。
メールで助言を仰ぐと、すぐに返事が来ました。ロー・レビューはロー・スクール（法科大学院）の紀要であって、その編集委員はロー・スクールの教員ではなく学生である。彼らはいくら優秀であっても、学者としての訓練はまだ十分に受けておらず、学問的な判断基準を持っていない。したがって、すでに実績のある法学者の論文や既存の学説の実証といった無難な論文を選びがちであり、理論的に新しい内容を持つ論文が採用される確率は非常に低い。私のこの論文は、専門的な法学者が査読する雑誌に投稿した方がよい。そしてメールの末尾には、推薦する雑誌の名前がいくつか書かれていました。その一つが、トイプナー自身の法人に関する論文が掲載されていた『アメリカン・

ジャーナル・オブ・コンパラティヴ・ロー』というアメリカ比較法学会の機関誌だったのです。

一九九九年秋に、私の「ヒト・モノ・法人」の英語版がこの雑誌に掲載されたこと、そして二〇〇〇年秋には、イェンテマ賞という賞をもらい損なったことは、すでに前章で述べておきました。

## 『二十一世紀の資本主義論』

私がシエナに滞在していた一九九七年夏、通貨危機が突如としてタイのバーツを襲い、またたく間にほかのアジア諸国に広がり、さらに全世界に拡散していきました。アジア通貨危機の勃発です。シエナでは海の向こうの遠い出来事として眺めていただけであった私も、まさにその渦中にある日本列島に戻ると、いやでもその重大さを認識せざるをえなくなりました。アジアに生きる経済学者として、この金融危機について何か書かなければならないと考えるようになったのです。

＊6　Katsuhito Iwai. "The nature of the business corporation - its legal structure and economic functions," *Japanese Economic Review*, 53 (3), Sept. 2002, pp. 243-273. 以下はこの論文の日本語版です。岩井克人「株式会社の本質――その法律的構造と経済的機能」大塚啓二郎・中山幹夫・福田慎一・本多佑三編『現代経済学の潮流２００２』（東洋経済新報社、二〇〇二）pp.73-105.

そこで、断続的に一年近くかけて、「二十一世紀の資本主義論――グローバル市場経済の危機」と題した長編論文を書き上げました。『貨幣論』と『不均衡動学』とを組み合わせ、通貨危機、金融危機の背後に働いている基本原理を明らかにすることに主眼を置いた論文です。

そして、二〇〇〇年三月に、この論文を巻頭論文としたエッセイ集『二十一世紀の資本主義論』を、筑摩書房から出版しました。編集はもちろん間宮幹彦さんです。文学や芸術を素材にして貨幣や資本主義について語った「西鶴の大晦日」「美しきヘレネーの話」「ボッグス氏の犯罪」「マルジャーナの知恵」などが収録されています。いずれも楽しみながら書いたエッセイなので、私にとっては思い出深い本となりました。

## 再びシエナへ

――岩井はシエナから日本に戻り、石川経夫を見舞う。たびたび病室を訪れたのは、自分自身が感じていた負い目によるところが大きいという。

日本に戻って、東大病院を訪ねると、石川君の容態は出発前と変わっていません。それからは、時間を見つけては病室を見舞うようにしました。奇跡を信じていたわけではありません。病状は詳しく聞いていたので、いくら見舞っても、石川君との精神的な交流は不可能であることも承知していました。だから、それはまずは、私自身のためでした。石川君と私は、一九六八年四月に小宮隆太郎先生のゼミに同時に入って以来、経済に関する考え方は大きく異なりますが、お互いの軌跡を交差させながら三十年近く一緒に学問の道を歩み続けてきたのです。ところが、突然、二人は全く異なる運命のもとに置かれるようになった。一方の石川君は病室の中に横たわり、私はこうして研究を続けられている。そのあまりもの不公平さに対する私自身の負い目に突き動かされていたのだと思います。

だが、それだけではありません。石川君が病室を専有していることは、他の患者一人が入院できないことを意味しています。私はそのことに関しても、今度は社会に対して、より直接的には病院のスタッフに対して負い目を感じていました。石川君には数多くの見舞客がいることを示すことによって、その冷酷な事実を多少なりとも正当化したいという気持ちも働いたのです。なにしろ、石川君の病室は私の研究室から歩いて十分もかからない距離でしたので。

そして、秋が過ぎ、冬が過ぎ、再び春が過ぎ、季節は夏に入ろうとしていました。

一九九八年六月、私はまたシエナに向かって飛び立ちました。シエナ大学経済学部は毎夏、ＩＳＥＲワークショップという名の国際ワークショップを開催しています。一つのテーマを選び、そのテーマの研究者を世界中から招き、同じく世界中から募集した若手研究者に向けてセミナーをしてもらうという企画です。ワークショップ会場があの美しいポンティニャーノ僧院なので、招待されるとみな喜んでセミナーをしに参加します。もちろん、シエナ大学の教員と大学院生は自由に参加できますから、地元を離れることなく世界標準の最先端研究に触れることができる。景観はそれだけで大きな資産たりうるのだと、つくづく思いました。

前年の一九九七年のワークショップは、「経済システムの多様性の進化」というテーマが選ばれました。私はちょうどポンティニャーノ僧院に滞在していたのでセミナー要員に駆り出され、「貨幣の進化」論文を拡張した論文を発表しています。[*7] 九八年は「循環、成長、構造変化」がテーマとなり、再び私は参加を要請され、「シュンペーター経済動学」の内容を要約した論文を発表することにしたのです（これで終わりかと思っていたら、イタリア人は日本人以上に人間関係を大切にする。さらに翌年の「法的秩序と経済制度」というテーマのワークショップにも招かれてしまいました。そのときには「ヒト・モノ・法人」論の要約版を発表しました）。

そのときのことでは、奇妙な記憶が残っています。私がセミナーをしているとき、最前列に、同じく招待されたミネソタ大学（当時）のエドワード・プレスコット教授が陣取っていました。新古典派マクロ経済理論の最も過激なヴァージョンであるリアル・ビジネス・サイクル（実物景気循環）論を創始したことで有名です。セミナーの途中で、その彼が、突然「お前のモデルはパレート最適性を満たしているのか」という質問をしました。私は「いや、そうではない。企業間の模倣を明示的に組み入れているので、パレート最適ではありえない」と答えました。するとプイと横を向き、それ以降、私の話を聞かずに、他の人の論文に目を通し始めました。そして、しばらくすると部屋から出て行ってしまいました。

## 石川君の死

この年のISERワークショップには、吉川洋君も招かれていました。東京からシエナには、飛行機でローマまで飛び、そこで一泊した後、列車を乗り継いで行かなければなりません。二人でローマの空港に降り立ち、一緒に予約したホテルに着くと、日本からメッセージが届いていると言われました。いやな予感がしましたが、まさに予感通りでした。メッセージを開くと、石川経夫君が亡くなったという知らせでした。続いて私宛てに、数日後に行われる予定の告別式のために弔辞を書いて送ってほしいという新たなメッセージが送られてきました。ローマからシエナに向かう列車の中で文章を考え、シエナに着いてから急いで書き上げて、東京に送りました。そのときの文章を、以下に

＊7　第五章の注10の論文です。

記しておきます。

「石川君、出発前にお見舞いした時が、君を見る最後になってしまいました。君がこの世を去ったとき、僕は飛行機でイタリアに向かっている最中でした。そして今、君と君のご家族があんなに愛したシエナの丘の、あの古い中世の僧院、ポンティニャーノの一室でこの文章を書いています。

あたりの美しさがますます僕の心を沈めます。君とは本当に長い付き合いでした。思い出が次から次へ湧き起こります。

例えばあれはもう二十年以上も昔。ハーバードで教えていた君のところに遊びに行ったときのことです。君のアパートの壁には、何枚もの写真が飾られていました。自慢ということをしない君でしたが、幹子さんから聞けば、君は写真が好きでいくつも撮っていたという。あの写真も君が撮ったものに違いない。美しい写真でした。

講義の準備が忙しい中、君はアパートの台所にひきこもり、一日かけて七面鳥をローストしてくれました。それだけではありません。翌日ボストンの駅まで見送ってくれ、別れ際に紙包みを渡してくれました。列車が出発してからその包みを開ければ、なんと僕らが車中で食べるためのおにぎりが入っていたのです。

そうです。君と付き合っていると、君が与えてくれることばかりでした。君と僕との関係は、僕の方が赤字続きで、会えば会うほど借金が貯まってしまうのです。

僕との関係だけではありません。同僚として、研究仲間として、学生として、君と付き合った人はすべて同じ気持ちを抱いています。君ほど丁寧に講義を行い、真剣に学生の研究指導にあたった教師を、僕は知りません。君ほど一生懸命に、研究会を組織し、論文集の編集を行った研究者を、僕は知りません。本当に君ほど、人からもらう以上に与えようとした人間を、知らないのです。君の周りの人はすべて、君に対して借金だらけです。

それなのに君は、この世を去ってしまった。僕らには、君から受けた借金を返すことができなくなってしまった。

本当に不公平です。

君は大変な家族思いでした。その君が、幹子さんと三人のお子さんとご両親を残して、この世を去ってしまった。

本当に不公平です。

君は学問の上では所得分配の研究に打ち込んできました。時流に抗して、自分が正しいと信じる道を進んでいった君の姿には、みな頭が下がりました。その君が学問の道半ばにしてこの世を去ってしまった。

本当に不公平です。

そして、僕らはこの不公平に対して何もすることができない。本当に悲しいことです。

だが、この僕たちの悲しみこそ、君がこの世の中へ残した最も大きな贈り物です。君の与えてくれたものを君には返せない。だから、僕たちはそれを世の中に返すしかないのです。三人のお子さんたちも、幹子さんとご両親の愛情に助けられて、立派に成長なさるでしょう。若い人たちは君の切り開いた学問分野をさらに押し進めて行くことでしょう。僕たち友人は、これらの新しい力が、君の後を継いで行くのをお手伝いすることを誓います。

先ほどまで強い夏の日射しに輝いていたチェルトーザの鐘楼も、もうすっかり夜のとばりに覆われています。その下で、シエナの多数の友人たちと共に、君の冥福を静かに祈りたいと思います。

さようなら。」

東京での告別式では、奥野正寛君がこの文章を代読してくれました。

一九九八年秋、奥野君と私が事務局となり、石川君と親しかった尾高煌之助さん、清川雪彦さん、橘木俊詔さん、それに石川ゼミ出身であった玄田有史君を中心にして、石川経夫基金を立ち上げました。石川君の主著である『所得と富』の英語版の出版、石川君の英語および日本語の論文集の刊行、石川君の研究に関連する分野の学術奨励という三つの目的を掲げた基金です。基金を立ち上げたとたん、驚くべきほど多くの人が賛同の意を示し、最終的にはなんと四百七十五人から一千四百二十七万円もの寄付金が集まったのです。二〇〇六年、基金は三つの目的をすべて達成して、解散しました。

## 企業統治の問題は単純

### ――岩井は、「ヒト・モノ・法人」論にもとづく「会社統治」の理論を構想していく中で、「信任関係」という概念に出合う。

私は、「ヒト・モノ・法人」論の英語版を構想していたときは、会社の二階建て構造論を提唱し、法人論争に決着をつけて終わりにするつもりでした。だが、書き出してみると、新たに解かなければならない問題が次々と出てきました。その一つが「会社統治」の問題です。

「会社統治」とは英語の Corporate Governance の日本語訳です。残念ながら、英語をそのままカタカナにした「コーポレートガバナンス」という醜い言葉の方が定着してしまったようですが、ここでは「会社統治」という言葉で統一しておこうと思います。

そもそも「会社統治」とは何を意味するのかについては意見が大きく分かれていますが、ここでは、会社において経営者の行動はどのように制御されるべきか、という問題であると定義しておきましょう。曖昧な定義であることは百も承知ですが、これまでの会社統治論それ自体が混乱しているので、いたしかたありません。

第一に強調すべきなのは、会社統治とは「会社」の統治の問題であって、「企業」の統治の問題ではないということです。第六章で、同じ企業でも、法人化されていない単なる企業が平屋建てであるのに対し、法人化された企業としての会社は二階建て構造をしていることを指摘しました。これだけ構造が違うのですから、その「統治」の問題も異なって当然です。

実際、法人化されていない単なる企業の場合、その経営には必ずしも経営者は必要ありません。原則的には、オーナー（所有者）自身が経営に携わることになっているからです。企業経営に必要な資産はすべてオーナー個人の資産です。企業経営のために仕入れ先や顧客や従業員や信用金庫と結ぶ契約もすべてオーナー自身の名で結ぶ契約です。どのように資産を使い、どのような契約を結ぶかは、すべてオーナーの自由なのです。

もちろん、オーナーが忙しくなったり、ヤル気を失ったり、病気になったときには、自分の代わりに経営をしてくれる経営者を雇います。この場合、オーナーと経営者は、通常、「エージェンシー（代理）契約」（日本の民法では「委任契約」）を結ぶ必要があります。この契約によって、オーナーは経営者に自分の代理人（エージェント）として企業を経営する権限を与え、経営者はオーナーの代理人（エージェント）として企業を経営する義務を負うことになるのです。

ここで重要なのは、このような単なる企業の場合、オーナーと経営者との関係が「契約関係」であるということです。なぜそれが重要かというと、民法には「契約自由の原則」があるからです。契約を結ぶか結ばないかは、当事者の自由に任せるという大原則です。ということは、人びとが契約を結ぶのは、それが何らかの意味でお互いの利益となるからということになります。すなわち、契約とは「自己利益追求」の手段にほかなりません。意図通りの結果が出れば、どちらの当事者も、契約を結ぶ以前よりも大きな利益を手にすることになります。もちろん、意図に反して損をしたら、その損は自分が引き受けるという「自己責任」の原則も付随します。

このように相互の自由意思にもとづいて結ばれた関係の中に、基本的には政府や司法が介入する余地はありません。その意味で、契約という制度は、私有財産制とともに、アダム・スミスの「見えざる手」の骨組みそのものをなしていることになるのです。

したがって、企業統治の問題は単純です。オーナーがいかに最適な契約を設計できるかに帰着します。経営者をアメで誘い、ムチで脅し、その行動を可能な限りオーナーの利益に貢献するよう誘導する契約です。アメとは、経営者のヤル気を引き出すために、その報酬を企業の利益と連動させたりするボーナス制度などのことです。ムチとは、経営者が自分勝手な行動をしないように、その仕事ぶりを監視する方法や不満足な成果しかあげられなかったときの罰則などのことです。これは、ミクロ経済学における不完全情報下の契約理論、その中でも「エージェンシー（代理）理論」と呼ばれる理論が取り扱ってきた問題にほかなりません。

## 混乱の元凶

だが、会社制度をめぐるすべての混乱は、このエージェンシー理論が、「企業統治」に対してではなく、「会社統治」に応用されてしまったことから始まりました。その元凶は、マイケル・ジェンセンとウィリアム・メックリングが一九七六年に出版した「企業の理論――経営者行動、エージェンシー費用、所有構造」という題名の論文です。[*8] 経済学の中で最も引用数の多い論文（少なくとも、その一つ）として知られています。この論文の出版以来、会社統治論の名のもとに書かれてきた膨大な論文や書物のほとんどは、会社の株主と会社の経営者との関係を、企業のオーナーと企業の経営者との契約関係と同一視し、その関係の分析にエージェンシー理論を応用したものとなりました。

このような研究の中から、経営者へのアメとしてのストックオプション制度などが登場してきたのです。経営者の行動を株主の利益に貢献するように誘導する一番の早道は、経営者も株主にしてしまうことです。そうすれば、経営者の自己利益の追求は、当然に株主の利益の最大化をもたらすはずだというわけです。また、経営者へのムチとして、前章で論じたように、株式市場における会社買収（M&A）活動が奨励されました。会社買収が活発になれば、株価が十分に高くない会社が買収され、経営者の首がすげ替えられてしまう確率が高くなる。その恐怖から、自己保身のためにも経営者は株価の最大化に邁進するはずだというわけです。ここでは、経営者もホモ・エコノミカス（経済人）として「自分の安全と利得」の最大化のみを目的に行動することが、当然のこととして前提されています。

でも、論文の引用数の多さはその正しさを保証してはくれません。実は、エージェンシー理論を「会社統治」に当てはめることは、完璧な理論的誤謬なのです。

なぜでしょうか。

それは、会社の経営者は企業の経営者とは全く異なった存在であるからです。

なぜでしょうか。

それは、会社が法人でしかないからです。前章で定義したように、法人とはヒトではないのに法律上ヒトとして扱われるモノのことです。そこでは、法人が法律上はヒトであることに強調が置かれていました。それに対して、ここでは、法人は現実にはモノでしかないことを強調してみましょう。事実、法人としての会社には、意思決定をする頭

＊8　Jensen, Michael C., and William H. Meckling. "Theory of the firm : managerial behavior, agency costs and ownership structure." 第六章注20に前掲。

脳も、資産を管理する目も、従業員に指示を与える口も、法律家の助言を聞く耳も、取引先を訪問する足も、契約書に署名する手もありません。

このように単なるモノでしかない会社が、法律の上だけでなく、現実の資本主義社会においてヒトとして経営を行うためには、会社の代わりに、意思決定し、資産を管理し、従業員に指示を与え、法律家に助言され、取引先を訪問し、契約書に署名する生身の人間——法律用語では「自然人」——が、絶対に必要であるのです。法人としての会社に代わって経営を行う生身の人間——それが「経営者」にほかならないのです。会社法の用語では「取締役」ですが、取締役にも様々な種類があり、呼び名もいろいろで混乱しているので、以下では「経営者」という言葉で統一しておきます[*9]（さらに、法人には、会社以外にも、様々な非営利法人があります。一般社団法人、一般財団法人、公益法人、学校法人、宗教法人、医療法人などです。これらの法人の場合、法人に代わって経営を行う生身の人間は、通常、取締役ではなく、理事と呼ばれます。英語では、どちらの場合もDirectorsです）。

すなわち、会社には経営者の存在が不可欠なのです。事実、会社法には、株式会社は取締役を置かなければならないと記してあります[*10]。すなわち、経営者を持たない企業は存在しますが、経営者を持たない会社は会社ではないのです。これは、株主の意向とは全く無関係です。単なる企業の場合、経営者を持つかどうかはオーナーの意向によって決まりますが、会社の場合は、株主がどう考えていようとも、経営者を持たなければならないのです。確かに、株主は総会の決議で既存の経営者を首にできます。でも、経営者それ自体をなくすことはできません。新たな経営者を見つけてくるか、株主のうちの誰かが自分で経営者にならなければならないのです。

ということは、経営者は株主の代理人などではないということです。企業の経営者が企業のオーナーの代理人であるのと、大違いです。実際、株主と経営者との間の委任契約書など、どこを探しても——株主の書類入れの中にも、社長室の机の引き出しの中にも、会社の金庫の中にも——見つかるはずはありません。

では、会社の経営者とはいったい何ものなのでしょうか。

会社と「信任関係」にある人間である——これが、この問いに対する答えです。

＊9　会社法では、会社に代わって経営する権限を、対外的に会社を代表する権限と、対内的に会社業務を執行する権限とに分けています。この二つの権限は通常は分業され、多くの場合、代表権は代表取締役のみが有し、実際の会社業務は執行役員（ＣＥＯ）が行っています。ただ、他にも様々な分業体制があり、さらに会社ごとに呼称が異なっていることも多く、用語が混乱しています。

＊10　小規模会社向けの有限会社という制度を廃止した二〇〇六年の会社法改正は、取締役「会」の設置は任意としましたが、取締役会がない場合でも、取締役の存在は必須です。

## 「信任関係」とは何か

——岩井は「会社統治」論を研究する中で、資本主義経済の中核に、主流派経済学の「敵性語」であった「倫理」を見いだす。法人によって資本主義は便利になったが、その中心には、自己利益を追求するシステムである資本主義とは相容れないように見える「倫理性」が鎮座していることに気づいたのである。会社の二重構造論をもとに株主主権論を批判した岩井は経営者の信任論へと議論を発展させ、「ポスト産業資本主義」における利潤の源泉はヒトであるという主張につなげていく。

ここで突然登場した「信任関係」という言葉は、英語の Fiduciary Relationship にあたる日本語です。ここでは、「一方の人間が他方の人間のために一定の仕事を行うことを信頼によって任されている関係」と定義しておきましょう。日本の法学者の間ではもっぱら「信認関係」という言葉が使われていますが、ここでは意味に忠実に「信任関係」という言葉を使ってみます。一方で、信頼によって仕事を任せられる側の人間は信任受託者と呼ばれ、他方で、信頼によって仕事を任せる側の人間は信任預託者または信任受益者と呼ばれます。

では、この信任関係とは、いったいどのような関係なのでしょうか。

小さな病院の救急病棟に一人で夜勤をしている医者を考えてみましょう。救急患者が運ばれてきました。意識が全くありません。当然この患者は、医者と契約を結ぶことができない。だが、それにもかかわらず、医者は患者のために緊急手術を行います。ここでは、意識のない患者は、事実上の信頼によって救急病棟の医者に自分の生命を救う仕事を任せているわけです。すなわち、医者は患者と信任関係にあるのです。

この無意識の患者とその医者の例を最初に出してきたのは、実は、それとは全く関係がないように見える、会社とその経営者との関係と、同じ構造をしているからです。

先ほど述べておいたように、法人としての会社は法律上はヒトですが、現実にはモノでしかない。無意識の患者と同様に、自分自身では資産を管理することも契約を結ぶこともできません（それだからこそ、会社には経営者の存在が不可欠であるのです）。したがって、それ自体は意識のない会社も事実上の信頼によってみずからの資産や契約を経営者に任せざるをえないのです。非営利法人とその理事との関係も同様です。

このほかにも、法律上あるいは事実上、契約の主体や資産の所有者になりえない人が存在します。未成年や精神障害者や認知症患者などです。そのような人たちのために、身の回りの世話や財産の管理をする人間は後見人と呼ばれています。未成年や精神障害者や認知症患者と後見人との関係も信任関係です。

実は、信任関係という概念は、歴史的には、英米で独自の発達をとげた信託（Trust）という法制度から派生したものです。信託とは、例えば親が子供のために残しておきたい財産を、子供が一定の年齢になるまで第三者の名義にして、その第三者に管理運営してもらう仕組みです。この場合、子供の将来の収益源である信託財産は、名義上は子供の財産ではなく第三者の財産になっています。ですから、子供は信頼によって運用や管理をその第三者に任せざるをえないのです。

信任関係は、さらに大きな広がりを持っています[*11]。

今度は通常の患者と医者の関係を考えてみましょう。たとえ、ちゃんと意識があり合理的な判断ができたとしても、患者は患者です。患者と医者との間には、医療の専門的な知識や情報に関して絶対的な非対称性が存在するのです。

経済学において知識や情報の非対称性というとき、それぞれの人間は他人のことは自分のことほどは知らないということを通常は意味します（契約理論では、他人の行動を知らない場合はモラルハザード問題、他人の能力や選好などを知らない場合は逆選択問題と呼びます）。

ところが、患者と医者の場合は違います。患者の身体の状態は、他者である医者の方が患者自身よりもよく知っている。医者が患者の身体を直接手術しているときなどは、特にそうです。この場合、たとえ両者の間でインフォームド・コンセントという形で契約書が交わされたとしても、医者が行う治療や手術の内容を患者が理解できる形ですべて特定化することは不可能です。仮に特定化できたとしても、それがちゃんと契約通りに実行されたかどうかを、治療や手術が行われた後になって患者の側が確認することは原理的に不可能であるのです。すなわち、意識がある患者の場合でも、少なくとも部分的には、信頼によって自分の身体や生命を医者に任せざるをえないのです。

同じことは、依頼人と弁護士、投資家とファンドマネージャー、生徒と教師、技術ユーザーと技術者といった、非専門家と専門家との関係においても言えるのです。たとえ契約関係であっても、専門的な知識や情報が必要な分野では、非専門家と専門家の間には、必然的に信任関係が入り込むことになるのです。

契約関係とは、原則的には対等な人間同士の関係です。それは、すでに述べたように、それぞれの当事者の自己利益の追求によって維持され、結果に関しては自己責任の原則が貫かれます。これとは対照的に、信任関係とは、対等性を全く欠いた人間関係です。一方が他方に信頼によって仕事を一方的に任せている。それは、全く危なっかしい関係です。では、このように一方的な人間関係は、いったいどのようにして維持される

*11　実は、英米法では、経済学では「契約関係」の代表のように扱われている「代理人関係」も「信任関係」として扱われています。*Restatement Third, Agency*, §1.01 (2006)。ここにも二つの学問の立場の違いがよく表れています。私はもちろん、代理人関係の中には信任関係が必然的に含まれるという立場です。

のでしょうか。

もちろん、同情や共感ではありません。救急病棟の医者にとって、例外的状況を除けば、そこに運び込まれる患者はすべて見知らぬ人間です。経営者にとって、いくら会社に愛着があっても、会社自体は単なるモノにすぎません。他の信任受託者にとっても、信任預託者の大多数とは個人的なつながりはないのです。

## 忠実義務が中核

信任関係とは、信任受託者が、信任預託者に対して「忠実義務」を負うことによって維持されているのです。ここで言う「忠実義務」とは、一般に、「一方の人間が他方の人間の利益や目的のみに忠実に一定の仕事をする義務」として定義されています[*12]（このほかにも「注意義務」などの義務がありますが、信任関係に固有の義務ではありませんので、以下では無視しておきます。それから日本では「忠実義務」と「注意義務」との関係に関する論争がありますが、この論争も省略しておきます）。

例えば、救急病棟の医者の場合、新しい手術法を考案している最中かもしれません。目の前にいる患者は無意識です。幸い、病棟には他に誰もいません。今がその手術法を試す絶好のチャンスです。それでも医者は、自分がしたい手術は諦めて、患者の生命を救うことを最優先した手術や治療をしなければなりません。それが忠実義務です。

また、経営者と会社の関係で言えば、経営者は報酬を引き上げたいとか財界での地位を高めたいとかいう望みを持っているかもしれません。しかも、経営者は秘密裏に行われている合弁活動の案件や大型投資の企画などの会社の内部情報を他の誰より詳しく知っており、情報操作によって簡単に自分のストックオプションの価値を高めることができる。それでも、経営者は、自己利益の追求は必要最小限に抑えて、会社の利益向上に忠実な経営を行う義務を負っているのです。それも忠実義務です（ここで注意しておきたいのは、会社の二階建て構造論から明らかなように、経営者が追求する会社の利益は、法人名目説的な会社と法人実在説的な会社とでは大きく異なっていることです。特に法人実在説的な会社の場合、それは株主の利益とは必ずしも一致していません。また、経営者は報酬を得たり地位を求めたりしてはいけないと言っているのではありません。その労力に応じた報酬や結果としての地位の向上は、当然のこととして許されます）。

そして、後見人や信託受託者など、様々な専門家すべての信任関係の受託者は、信任預託者に対する忠実義務を負って仕事を行っているのです。

＊12　例えば、*Restatement Third, Trusts*, §78（1）。これは信託法における定義ですが、「忠実義務」の内容に関しては、どの信任関係も同様の定義を与えています。

しかも、この忠実義務は、救急病棟や会社の会長室の壁に貼ってある単なる「お題目」ではありません。それは、法律によって強制される法的な義務なのです。実際、忠実義務を怠ると、背任罪として、刑務所に送られたり巨額の罰金を支払ったりしなければなりません。このように、信任受託者に忠実義務（および注意義務など他の義務）を課すことによって信任関係をコントロールする法律は、一般に「信任法」と呼ばれています。英米においては、契約法や不法行為法に匹敵しうるほど大きな領域を占めている法律体系です。[*13]

こうして私は、信任関係という概念を百年前から知っているかのような書き方をしていますが、白状しますと、「ヒト・モノ・法人」論の英語版を書き始めるまでは、全く知らなかった概念です。もちろん、私の勉強不足が一つの理由です。だが、同時にそれは、経済学という学問のあり方に本質的に関わっている、もう少し構造的な理由もあったのだと思います。

事実、私が会社統治について考え始めたとき、最初は経済学関係の文献を中心に研究を進めていましたが、その中で信任関係という言葉に出合ったことはほとんどありません。だがその後、次第に法学を勉強する必要を感じ、英米の会社法の文献、特にエージェンシー理論が席巻する以前に書かれた会社法関係の文献を読み始めると、この信任関係という言葉にたびたび行き当たるようになる。そこで、いったいこれはどういう意味なのかを調べたのです。

そして、それが、その中核に「忠実義務」という義務が置かれている人間関係であること――それを知ったときは、本当に驚きました。その驚きは、以前プリンストン大の図書館で末廣巌太郎による「法人」の定義を読んだときに、ほぼ匹敵するものでした。

なぜそんなにも驚いたかというと、忠実義務とは「倫理」性の要求にほかならないからです。

イマヌエル・カント（一七二四－一八〇四）は、最晩年に出版した道徳論の主著『人倫の形而上学』（一七九七）において、人間の「倫理」的義務の一つとして「他者の幸福の促進を自己の目的とすること」を挙げています。[*14] 信任関係における忠実義務とは、他方の当事者の利益の向上を目的として行動するという意味で、まさにこの倫理的義務にあたるのです。

＊13　ただし、残念なことに、日本では英米法ほどは発達していません。会社経営者、後見人、信託受託者、管財人、そしておそらく弁護士に関する法理には、信任法の原理が一定程度含まれていますが、医者と患者、ファンドマネージャーと投資家などの関係は、通常「契約関係」として処理されています。これは将来の日本社会のあり方にとって重大な意味を持ってくるはずで、今後、改革が必要だと思っています。

＊14　イマヌエル・カント『人倫の形而上学』「法論」（加藤新平・三島淑臣訳）および「徳論」（森口美都男・佐藤全弘訳）。『世界の名著32・カント』（中央公論社、一九七二）。

## 経済学は倫理を葬った学問

でも、経済学という学問は、その理論体系から倫理を葬り去ることによって成立した学問であったはずです。

「通常、個人は自分の安全と利得だけを意図している。だが、そうすることによって、彼は〈見えざる手〉に導かれて、自分の意図しなかった社会の利益を促進することになる」

これは、すでに何度も引用したアダム・スミスの『国富論』の中の言葉です。資本主義社会においては、市場さえ円滑に機能していれば、自己利益の追求こそが社会全体の利益を増進するのだと言っています。すなわち、スミスを父といただく経済学は、社会全体の利益のためには自己利益を追求する利己心しか必要ないとして、その理論体系から倫理を葬り去ったのです（もう少し正しく言うと、倫理性の考慮を所得分配の問題にのみ限定することによって成立したのです。もっとも、シカゴ学派であれば、それも拒否することになります）。

実際、『国富論』の中でスミスはこう続けます。「社会のためにと称して商売している徒輩が、社会のために良いことを沢山したというような話は、未だかつて聞いたことがない」。スミスの先駆者であったバーナード・マンデヴィルの言葉を借りれば、「私的悪こそ公的善」というわけです。

だが、考え進んでは新たな疑問に次々とぶつかるうちに、経済学が葬り去ったはずの倫理を、私は再び掘り起こしてしまいました。しかも、それは、救急病棟といった資本主義社会にとって周縁的な領域においてだけではありません。資本主義的な経済活動の中で最も中心的な役割を果たしているのは、いうまでもなく会社です。その会社をいかに統治するかという大問題の核心にも、「忠実義務」という呼び名で厳然と「倫理」が置かれていることを私は発見してしまったのです。資本主義のまさに真っ只中に倫理がある。私は驚き、とまどいました。

そして、それとともに、なぜ経済学関係の会社統治論の文献を調べているときには「信任関係」という言葉に出合わなかったかも理解しました。それは、経済学、特に自由放任主義の唱道者としての新古典派経済学にとって、いわば「敵性語」であるからなのです。事実、法学の領域に経済学的なアプローチを導入している「法と経済学」という研究分野がありますが、その分野の代表的な研究者の何人かは、会社と経営者との信任関係を、株主と経営者との契約関係に還元することに躍起になっています。会社統治の問題を、自己利益追求を前提とするエージェンシー問題に還元し、アダム・スミスに忠実に、その中から倫理性としての忠実義務を排除しようとしているのです。[*15]

私は「ヒト・モノ・法人」論の英語版の後半部分において、このような動きに対抗することにしました。経営者は会社に対して「信任関係」にある存在であることをもう一度確認し、会社に対する経営者の「忠実義務」を中核とした伝統的な会社統治論を再興することを試みたのです。そして、そのことを示唆するために、「法人論争と比較会社統治論」という副題をつけておきました。

ただ、会社という仕組みは大変に複雑ですから、その統治の問題を経営者の忠実義務だけに頼るのは、非現実的です。会社統治を効率的にするためには、株主、銀行、従業員、顧客、仕入れ先といった会社の様々な利害関係者にもそれぞれ役割を分担してもらう必要があります。

私は、どの利害関係者の関与がより効果的であるかについて検討し、それは会社のあり方が法人名目説的であるか法人実在説的であるかによって大きく異なることも示してみました。副題の後半を、単なる「会社統治論」ではなく、「比較会社統治論」としたのは、そのためです。

これで私の法学への越境活動は一段落したと思っていたら、また思いがけない展開が待っていました。

## 信任関係の統一理論づくりは可能か

――岩井は「信任関係」に関しては、いまだに統一理論が存在しないことを知り、統一理論づくりを試みる。

信任関係を法律的に律する信任法の歴史は古く、イギリスの中世にまでさかのぼることができます。その原型は、現在の「信託（Trust）」制度の古い形である「ユース（Use）」という制度にあります。最初は、信託受託者の非良心的な行動を制御するための一連のルールとして導入され、その後、後見人、会社の取締役、契約の代理人、共同経営者、弁護士、牧師、医者、銀行家など、信託受託者と似た立場にある人びとに対しても次々と応用されるようになり、法律体系として整備されていきます。

そこで、狭い意味での信託に関する法と区別するために、それと類似の意味を持つ「信任法（Fiduciary Law）」という言葉で総称されるようになったのです。今では、英米においては、契約法や不法行為法、さらには物権法と並ぶ私法の重要な一領域としての位置を確保しています。

だが、私は研究を進めていくうちに、その長い歴史にもかかわらず、「信任関係とは何か」という問いに関して、法学者や法律家の間には意見の一致がないことを知るよう

＊15　例えば、以下の文献です。Easterbrook, Frank and Daniel Fischel. *The Economic Structure of Corporate Law.* (Harvard University Press 1991)；Langbein, John H. "The contractarian basis of the law of trusts", *Yale Law Journal* 105 (1995)：677.

になりました。一致があるとしたら、それは信任関係に関する「統一原理」はまだ存在していないということだけです。

事実、信任法の専門家の多くは、統一原理を探し求めることは諦めるべきだとすら主張しています。例えば、ケンブリッジ大学法学部のレン・シーリー教授が一九六二年に著した信任関係についての古典的な論文。[*16] 私はそれから多くを学びましたが、その論文の中でシーリー教授は、「信任関係の一般的な定義の探求が不可能であることは明白であるから、われわれは個別の種類ごとに定義し、それぞれの種類に応じたルールを見いだす必要がある」と言っています。近年における信任法研究のリーダーの一人であるデューク大学法科大学院のデボラ・デモット教授は、「信任義務に関する法律は状況特殊的（situation-specific）であるという認識こそ、さらなる分析のすべての出発点であるべきである」と述べています。[*17] そして、このような主張は、決して例外ではありません。関連する文献を渉猟しているうちに、私は同様の文章を、それこそ何十も見いだすことになったのです。

とりわけ極端なのは、「法と経済学」の分野の研究者です。例えば、この分野の最も戦闘的な唱道者であるフランク・イースターブルック判事（米国第七控訴審）とダニエル・フィッシェル教授（シカゴ大学法科大学院）などは、「信任関係の統一原理」など探すのは「絶望的だ」と宣言しています。なぜなら、「信任関係」は「契約関係」の特殊ケースにすぎない。「取引費用がある水準を超えると、一部の人びとは契約関係を〈信任関係〉と呼び始める。だが、その言葉で両者の間の連続性を覆い隠してはいけない。契約法の中には〈信義則〉が含まれており……その信義則を延長すると信任義務に融合していく」。そう言って、「信任関係」などという独自の法律的概念としては存在しないと言い切るのです。[*18]

## シェリングの衝撃

だが、私は、「ヒト・モノ・法人」論の英語版の中の「会社統治論」の部分を書いているうちに、一見するとばらばらに見える様々な信任関係には、それを統一しうる「基本原理」があるのではないかと考えるようになっていました。その一つのきっかけは、ゲーム論の先駆者の一人トマス・シェリング（ハーバード大学教授）の次のような文章を読んだことです。

「人は自分とは契約できない――これは、社会組織や法哲学における衝撃的な原理であ

＊16　Len S. Sealy, "Fiduciary relationships," 20 *Cambridge Law Journal* 69 (1962).
＊17　Deborah DeMott, "Beyond metaphor : an analysis of fiduciary obligation," 1988 *Duke Law Journal* 879 (1988).
＊18　Frank Easterbrook and Daniel Fischel, "Contract and fiduciary duty," 36 *Journal of Law and Economics* 425 (1993).

る」

シェリングは続けます。「人は自分自身に対して法的強制力を持った約束をすることができない。いやこう言うべきだろう。……私が私自身に対して決してタバコを吸わないと約束しても、私がタバコを吸おうと思ったら、〔二番目の〕私はいつでも〔一番目の〕私をその約束から法律的に解放することができる。……チャールズ・フリード（ハーバード大法学院教授）は、この法的効力を欠いた約束に名前を提供してくれた。それは〈誓い（Vow）〉である。……誓いにはどんな法的強制力もない[*19]」

私もシェリングと同様に衝撃を受けました。いや、シェリング以上に受けたと言った方が正しいでしょう。実は、「自己契約」は契約ではないという原則は、どの民法の教科書にも載っている契約法の大原則です。ただし、この「自己契約」という言葉を、字義通りの自己との契約として解釈している限りは、それほど衝撃的なことではありません。それは、元旦の禁煙や禁酒の誓いを守る人など誰もいないという、些末な話になってしまいます。

だが、二人以上の人間同士の関係において、もしその関係を契約によって維持しようとすると、必然的に一方の当事者の自己契約になってしまう場合――そのような場合が存在すれば、この原則は本当に衝撃的な意味を持ちます。なぜならば、その場合は、「契約によって維持することが絶対的に不可能な人間関係」の存在を示してしまうことになるからです。「契約不可能性の領域」の存在——そう言ってもよいでしょう。

そして、実際、私たちの生きている社会において、そのような人間関係は、それこそ無数に存在します。それがまさに、私が前節で列挙しておいた様々な「信任関係」にほかならないのです。

もし無意識の患者と救急病棟の医者とが契約書を交わすとしたら、その契約は実質的にはすべて医者が一人で書き入れたものになってしまいます。法人としての会社とその経営者が契約書を交わすとしたら、会社を代表して契約書に署名をするのはまさにその経営者ですから、それも経営者の自己契約になってしまいます。同様のことは、未成年・精神障害者・認知症患者などとその後見人との契約についても、信託受益者と信託受託者との契約についてもいえます。さらに、通常の患者と医者、依頼人と弁護士、投資家とファンドマネージャーなど非専門家と専門家との間の契約でも、専門知識や能力に関わる部分は、やはり専門家の自己契約になってしまうのです。

ということは、これらの信任関係を契約法によって律することは絶対的に不可能だということです。事実、一方の当事者である医者や経営者や後見人や信託受託者や様々な

＊19　Thomas Schelling, "Ethics, law, and the exercise of self-command," in *Choice And Consequence*, 83-112, Harvard University Press (1984), p.99.

分野の専門家が自己利益の追求を全面的に許されたら、契約書の内容をいくらでも自分にとって都合の良いものにしてしまうでしょう（そして、その内容があたかも信任預託者の利益に忠実なものであるように見せかけることができるでしょう）。[*20] その結果、他方の当事者である患者や会社や被後見人や信託受益者や非専門家は一方的に搾取されてしまうことになるのです。

言うまでもなく、私がこれまで列挙してきた様々な信任関係は、いずれも欠かすことができない人間関係です。それは、個人が尊厳ある一市民として生活を送るためという義務論的な立場からも、あるいは市民社会全体の福祉向上のためという功利主義的立場からも、その存在が正当化されるはずです。だが、契約法しかない世界の中では、そのような人間関係は搾取の危険によって崩壊してしまいます。私たちが生きている市民社会が貧しいものになってしまわないためには、一方の当事者が自己利益の追求を抑え、他方の当事者の利益を優先して仕事をすることをみずからに義務づけることが必要になるのです。それが、「忠実義務」にほかなりません。

理想は、この忠実義務を社会の中の個々人の倫理性によって維持することです。だが、私は経済学者です。倫理性とは、残念ながらこの社会においては最も希少な資源の一つであることを知り抜いています。事実、古今東西、いわゆる専門家集団は、職業倫理を広めることによってそのメンバーに忠実義務を守らせるように努力してきました。

一番有名なのは医者の「ヒポクラテスの誓い」ですが、同様の倫理綱領は法律家や学者や宗教家など多くの職業団体にも見られます。

しかし、やはり残念ながら、歴史はこのような職業倫理も一部の心なき専門家が非専門家を搾取することを防ぐには十分ではないことを教えています。それに、経営者や後見人や信託受託者などの場合はそもそも、職業団体を作ることすら困難な場合が多いのです。

それゆえ、信任関係を、個人の倫理性という希少資源に頼らずに維持していくために、法的な強制を導入せざるをえません。すなわち、信頼によって仕事を任されている信任受託者に対して、信頼によって仕事を任せている信任預託者への忠実義務を法的に義務づけなくてはなりません。それが、「信任法」です。事実、英米においては、十二世紀からの長い歴史の中での判例の積み重ねによって、まさに信任関係を維持し発展させるための法体系として信任法が発展してきたのです。

私はここに、すべての信任関係とそれを律する法体系としての信任法を基礎づける「統一原理」を見いだしたと思います。「信任関係」とは何か。それは、次のように統一

*20　私はこの主張を数学的に証明することができましたが、まだ論文としては未完です。Katsuhito Iwai, "A model of doctors and other professionals as fiduciaries- why contractual apparatus cannot cope with professionals' informational dominance over clients," *Mimeo.*

的に定義できます。「当事者の間の関係を契約によって結ぼうとすると、少なくともその一部が必然的に一方の当事者の自己契約になってしまう関係」。「信任法」とは何か。それは、「信任関係を維持することを目的として、一方の当事者に他方の当事者に対する忠実義務を法的に義務づける法体系」にほかなりません。そして、この「統一原理」の「基礎」には、「自己契約は契約ではない」という契約法の大原則——トマス・シェリングの言う「社会組織や法哲学における衝撃的な原理」——が控えているのです。信任関係は、契約関係には、絶対に還元できない。

私は時間をかけて、これまで提唱されてきた信任関係に関する様々な定義と信任法に関する様々な規定を検討し、それらがすべてこの統一原理に吸収されることを確認し、ホッとしました。[*21]

だが、ホッとするのはまだ早かったのです。

## カントの否定

——カントは信任法の可能性を否定していた。岩井は、その否定にもかかわらず、「信任法」が理論的にも実践的にも可能な法体系であることも示さなければならなくなる。

よく知られているように、イマヌエル・カントは『人倫の形而上学の基礎づけ』（一七八五）という小冊子の中で、人間の道徳（人倫）的義務を「定言的命法（Categorical Imperative）」として公式化しています。三つの公式を提示していますが、そのうち最も有名なものは、他人の人格も、自分自身の人格も、単に自己の利益のための手段としてのみ使ってはいけないという公式です。[*22]そして、みずからの道徳論を集大成した晩年の『人倫の形而上学』（一七九七）においては、その道徳的な義務を、さらに「倫理」的義務と「法」的義務とに二分しています。[*23]

前者の「倫理」的義務には、すでに述べておいた「他者の幸福の促進を自己の目的とすること」のほかに「あらゆる目的に備えて自己の能力を完成すること」が加わります。後者の「法」的義務には、例えば「他者の身体に危害を加えない」「他者の所有権

---

＊21　これまで提唱された様々な定義については、例えば J. C. Shepherd, *The Law of Fiduciaries*, Carswell (1981) が参考になります。

＊22　『人倫の形而上学の基礎づけ』（野田又夫訳）、注14の『世界の名著32・カント』所収。これは、定言的命法の第二の公式の簡略版です。正式には、「自己自身と他のすべての者とを決して単に手段としてのみ扱わず、常に同時に目的それ自体として扱うべし」となっています。第一の公式は「あなたの行為の格率が普遍的法則となりうるように行為せよ」であり、第三の公式は「あらゆる格率は、みずからの立法にもとづき、相互に調和して一つの可能な目的の国――一つの自然の国――をなすべきである」です。

＊23　前掲『人倫の形而上学』「徳論への序論」。

を侵害しない」「他者との契約は守る」といった義務が含まれます（そうです。カントは、民主主義の擁護者であるだけでなく、市場経済の擁護者でもあるのです）。

いずれの義務も定言的命法を満たしていますが、倫理的義務の方は、自分で自分自身に義務づけるよりほかない「内面的」な道徳的義務（定言的命法）であるのに対し、法的義務の方は、裁判所や規制官庁や共同体的制裁などによって「外部」から強制することが可能な道徳的義務（定言的命法）であるのです。

ところで、すでに述べたように、信任法の中核にある忠実義務それ自体は、カントの言う意味での倫理的義務にほかなりません。でも、信任法とは、その倫理的義務を、やはりカントの言う意味での法的義務として強制する法体系です。ということは、まさに内的な義務としての「倫理」と外的な義務としての「法」というカントの二分法を壊しているのではないか。

事実、カント自身、信任法の可能性を否定しています。イギリスにおいては十九世紀末まで、信任関係をめぐる争いを裁く裁判所は「衡平（エクィティ：Equity）裁判所」と呼ばれ、所有権・契約・不法行為などに関する案件を裁く「コモンロー（Common Law）裁判所」とは独立に存在していました。カントは、この衡平裁判所というものが「それ自身ある矛盾を含んでいる」と主張しています。なぜならば、倫理性としての忠実義務違反は「良心の法廷〔天の法廷〕」にだけ訴えられるものであるのに、これに反してあらゆる法律的問題は市民の法廷〔地の法廷〕に提出されなければならないからである」というのです。つまり、倫理は個人の良心の問題であり、法によって外的に律することができないというわけです。[*24]

信任法に関する統一原理を見いだしてホッとしているわけにはいきません。信任法が、れっきとした法体系として実践可能なことを、カントの主張に抗して示さなければならなくなったのです。私が最も尊敬する哲学者は、アリストテレスとカントです。畏れ多くも、そのカントが相手です。そんなことができるでしょうか。

## 「無意識の解決」を意識化する

——岩井はカントの『実践理性批判』や『人倫の形而上学』を「純粋に抽象的・形式的な原理として倫理を提示しているところが面白い」と評価する。不安定さを増すグローバル資本主義に抵抗する動きはいろいろある。しかし、その方法が、コミュニタリアニズムや地域通貨など、何らかの意味で実体的な根拠を示そうとする運動である限り、ローカルな効果しか持てない。貨幣も資本主義も純粋に形式的な論理で動いているからだ。純粋に形式的な倫理、自己循環論法として

＊24　『人倫の形而上学』「法論の序論に対する付論」。翻訳は多少手直ししています。

定式化されているカントの論理は、資本主義の論理に唯一、対抗できる可能性があると、岩井は見ている。

幸いなことに、まさに長い歴史を経た英米における判例の積み重ねとその後の多くの国における経験が、信任法が「天の法廷」ではなく「地の法廷」においても実践可能な法体系であることを証拠立てているのです。ただし、そのために信任法は、例えば契約法とは大きく異なった構造を持つようになっています。

どのような法制度においても、他人を相手どった訴訟をするためには、その訴訟が正当である「理由（Cause）」を法廷で示さなければなりません。契約違反の場合には、訴訟を起こす原告自身によって、被告が違反したことが訴えられ、違反の事実が法廷で証明されなければなりません。しかも、損害賠償を受け取るためには、原告が被告から被った損害額を裁判官に「十分な明確性」をもって示さなければならないのです。すなわち、原告側がすべての「立証責任」を負っており、法廷がそれを「認定」することになるのです。

でも、このようなことは信任関係では不可能です。そもそも信任関係においては、信任預託者は、法律上あるいは事実上、契約の主体になれない存在です。信任受託者の忠実義務違反を証明できるどころか、違反の事実さえ認識できない場合が多い。無意識の患者は無意識ですし、法人はモノでしかありませんし、未成年や精神障害者や認知症患者は主体としての能力を欠きがちです。信託受益者については、まだこの世に生まれていない可能性すらある。そして、患者や依頼人や投資家の場合、病気の状態や有罪の可能性や収益のリスクに関して、それが自分自身のことであるのに、他者である医者や弁護士やファンドマネージャーの方がはるかに詳しい知識や情報を持っている。

このように原告側が立証する能力を持っていなければ、法廷が認定することなど、どだい不可能です。忠実義務違反を「地の法廷」で裁くのは無理なのではないでしょうか。

ところが、信任法は、この問題を次のように「解決」しています。第一に、忠実義務を外形基準化します。「利益相反」的な行為と「不当利益」の取得です。信任受託者の「内面」を探るのではなく、「外面」から見えるその行動のみに着目するのです。そして、第二に、少なくとも英米法においては、利益相反的な行為や不当利益の取得を疑われた場合、疑われた信任受託者当人が法廷においてその事実を「十分な明確性」をもって「否定」できなければ、忠実違反として「認定」することにしたのです。すなわち、契約法における「原告側の立証責任」は、信任法においては「被告側の反証責任」に置き換えられたというわけです。まさに「李下に冠を正さず」です。あるいは「想定有罪」が原則だと言い換えてもよいでしょう（ただ、残念なことに、日本においてはこの原理は採用されていません)。もちろん、いったい誰が信任預託者の代わりに訴えるのかという問題などが残り続けますが、それは技術的な問題にすぎません。重要なことは、原告の立証責任を被告の反証責任に置き換えることによって、忠実義務違反を「地の法廷」で裁くことを実践的に可能にしているということです。

このほか、やはり英米法においては、違反者に対する制裁のあり方にも、信任法と契約法とでは大きな違いがあります。契約法では、契約違反者は原告の被害に等しい金額を賠償する責任を負います。これに対して、信任法では、いわゆる「吐き出し原理」が応用されます。忠実義務違反者は、不当に得た利益はすべて原告に支払わなければならないという原理です。

この原理のもとでは、信任預託者が自分自身の損害すら認識できない場合にも、「地の法廷」はそれなりの対処ができることになります。信任受託者が不当な利得を得ていることさえ示すことができればよいからです。面白いのは、不当利益の額が、原告が実際に被った損害額を上回ったとしても、その利益は本来預託者に帰属するものとして、預託者に支払われなければならないということです。

私は、この吐き出し原理が、功利主義的な立場からの抑止効果と、義務論的な立場からの矯正正義という、二つの異なった立場からの正当化が可能であることを論証してみました。ただ、そのことを説明し始めると、法律学の細かな議論に迷い込んでしまいますので、ここでは省略しておきます。

カントの否定にもかかわらず、信任法が理論的に一貫性を持った法体系であるだけでなく、実践的にも実行可能な法体系であること——それも私は示すことができたと思います。

第一に、信任法は、社会的に望ましいが、契約によって維持しようとすると必然的に一方の当事者の自己契約になってしまう人間関係を信任関係として認定します。その一方の当事者が信任受託者、他方の当事者が信任預託者です。第二に、信任法は、信任受託者となることに同意した人間に対し、自己利益を抑え、信任預託者の利益を最優先して仕事をするという忠実義務を、単なるお題目としてではなく、法的な強制力を持つ法的義務として課します。第三に、信任法は、その信任受託者が忠実義務違反を疑われる行動をしただけで想定有罪とし、被告となった信任受託者側に法廷におけるすべての反証責任を負わせます。第四に、信任法は、法廷で有罪とされた信任受託者に対して、違反によって得た不当利益は本来すべて信任預託者に帰属するものとして預託者に支払う義務を与えます。こうして、信任関係における権利義務の均衡の回復をはかるのです。

私は、こういう定式化ならば、カントも納得してくれると思い、ホッとしました。事実、信任法は、信任関係をめぐる様々な問題に何世紀にもわたって対処してきた歴史の中で、カントが指摘した理論的な「矛盾」を、それとは知らずに、実践的に「解決」してきたのです。私が「信任論」で行ったことは、その無意識の「解決」を、法学的に意識化することであったのだと思います。

## 法の内的観点

――岩井は、日本の伝統芸能「文楽」は、信任法の本質を表す格好のモデルだという。

まだ不満を持っている人も多いと思います。前々節において私は、信任関係という人間関係に注目することによって、主流派経済学が葬り去ってしまったはずの人間の倫理性を、忠実義務という形で再び掘り起こしたのだと主張しています。

ところが、前節から論じてきた信任法とは、まさにその忠実義務を法的に義務づけることを目的とした法体系です。それは、せっかく掘り起こしたはずの倫理なるものを、今度は、法律の世界の中に埋め込んでしまっただけではないのか。倫理を経済ではなく法によって代替しただけでは、やはり真の意味での倫理など入り込む余地はないのではないか。そういう疑問が当然生じるはずです。

実は、私自身もそういう疑問を持ち、しばらく悩みました。その悩みを解決してくれたのは、法哲学最大の古典の一つ、H・L・A・ハートの『法の概念』(一九六一、第二版一九九四）でした。[*25]

H・L・A・ハート（一九〇七－九二）とは、オックスフォード大学で長らく教えていた法学者・哲学者です。二十世紀における法哲学の分野において、オーストリア出身で第二次大戦中にアメリカに移ったハンス・ケルゼン（一八八一－一九七三）とともに、いやそれ以上に大きな影響を与えたと言われています。ジョン・L・オースティン（一九一一－六〇）やルートヴィヒ・ウィトゲンシュタイン（一八八九－一九五一）などの言語哲学の影響を受け、その主著『法の概念』において、自然法主義に対抗する実定法主義（通常は法実証主義と呼ばれています）を最も洗練された形で定式化したことで知られています。

ただ、私が影響を受けたのは、その中で提示されている「法の内的観点（Internal Point of View）」という考え方です。法とは、伝統的には、「処罰」の脅しによって「悪い人間」の行動を外部から制御するシステムと見なされてきました（ケルゼンはこの立場です）。だから、法＝悪の処罰、という等式が人びとの常識となっているのです。もちろん、ハートも、法の一つの役割は「悪人」の制裁であることは一〇〇％認めます。た

＊25　Hart, Herbert Lionel Adolphus, *The Concept of Law.* Oxford University Press, 2012.（邦訳：H・L・A・ハート『法の概念』矢崎光圀訳、みすず書房、一九七六）。

だ、それだけでなく、ハートは法の中心に、何をすべきか、どうすればよいかを教えてさえもらえば、自発的に正しい行動をする用意がある「迷っている人」や「無知な人」に対し、何をすべきか、どうすればよいかを教えるという役割を置く。すなわち、規範としての「行動指針」です。もちろん、最初から法的義務をみずからの倫理的義務として内面化している人びとの場合は、法によってどう行動すべきかを教わる理由はありません。

実際、信任法とは、この「法の内的観点」というハートの法理論が、どの法体系よりも鮮明な形で例示されている法体系であると私は考えています。それは、法によって倫理を置き換えているのではありません。いや、あらゆる信任関係の中心には、「倫理」としての忠実義務が厳然として置かれています。信任法の使命とは、悪人の行動を制御し、迷っている人や無知な人の行動に指針を与えることによって、倫理の働きを補完してあげることにあるのです。それによって、契約の主体になることができない立場の人間、信頼によって他の人間に仕事を任せることを可能にするのです。それによって、信任関係が、言葉の真の意味での「信頼によって任せる」関係となるのです。そもそも信任を表すFiduciaryという英語は、Trust（信頼）をラテン語風に言い換えた言葉であるのです。

## 文楽は信任関係の格好のモデル

図7－1で突然、文楽の写真を掲げたのは、第一章で触れたように、それが信任関係の格好のモデルであると考えているからです。

文楽とは、人形によって役を演じさせる日本の伝統芸術です。人形は、ヒトの形をしていますが、実際は単なる木偶、つまりモノでしかありません。その人形が舞台の上であたかもヒトのように演技をするためには、必ず人形遣いという生身のヒトがその人形を操らなければなりません（さらに、人形が舞台の上であたかもヒトのように声を出すためには、浄瑠璃語りという生身の人間が声を出さなければなりません）。つまり、文楽とは、人形と人形遣い（さらに浄瑠璃語り）が一体となって初めて芸術として成立する。役を演ずる人形がなくても、役を演じさせる人形遣いがいなくても、芝居になりません。

文楽における人形と人形遣いとの関係は、信任関係における信任預託者と信任受託者との関係と形式的に同じです。それが一番はっきり見えるのが、法人としての会社とその経営者（さらに非営利法人とその理事）との関係でしょう。

人形は実際にはモノなのに舞台の上ではヒトである。それと同様に、会社は実際にはモノなのに法律の上ではヒトである。そして、本来はモノでしかない人形を舞台の上で

図7-1　文楽

写真提供：共同通信社

ヒトとして演技させる人形遣い。

それに対応するのが、本来はモノでしかない会社を現実の社会においてヒトとして振る舞わせる会社の経営者なのです。同様の対応関係は、他のすべての信任関係にも当てはまります。

文楽においては一つ（いや一人）の人形に三人の人形遣いがつきます。首と右手を操る主遣い、左手を操る左遣い、足を操る足遣いです。人形遣いの使命は、もちろん、人形にその役柄を演じさせることに尽きます。そのためには、人形遣いは、自分自身の見栄を捨て、人形のために全身全霊を傾ける必要があります。ここにあるのは、まさに芸術上の「忠実義務」です。そして、人形遣いがその使命を忠実に果たすと、観客は「役そのもの」である「人形」に「人間」以上に感情移入し、涙を流すほどに感動するのです。

ところで、人形遣いは、基本的には、「黒衣（くろご）」姿になって自分の顔や身体を隠します。これは何を意味しているのでしょうか。人形遣いも人間です。特にまだ修行が足りない若手などは、舞台で自己を出したいという悪い欲望を持ってしまうかもしれません。観客席に家族や友人や恋人がいたら、そのことに気を取られて人形の扱いがおろそかになったりするかもしれません。「黒衣」姿とは、「悪い」遣い手の欲望を抑え、「迷って」いたり「無知」であったりする遣い手には、自分たちが人形の「役柄」に忠実であるべき存在であることを教える役割を果たしているのです。

これに対して、主遣いの場合は、重要な場面ではみずからの顔を出しています。その方がほかの二人の人形遣いに指示を与えやすいという理由もあるでしょう。だが、それ以前に、主遣いにまでなれば、十分に経験を積んで、自己を表現したいなどという欲望や、観客に気を取られる恐れなどから、すべて解放された境地に達していることを示しているはずだからです。すなわち、人形に対する忠実義務をみずからの内面の倫理性によって果たすことが、当然のこととして期待されているのです。

顔を出す主遣いと黒衣をまとった左遣いや足遣い——この両者が同じ舞台の中で人形を操る文楽とは、信任法における倫理と法との関係のまさに完璧なモデルとなっているのです。

## 「信任論」英文論文に苦闘

### ——岩井は、「信任論」を英語で論文にまとめようと思い立った。

二〇〇四年くらいのことです。『会社はこれからどうなるか』を出版し、学部長の任期も無事勤め上げ、石川経夫基金に関する活動もほぼ一段落した後です。前節までで述べたような私の「信任関係」を、英語で論文の形にまとめておこうと思い立ちました。それまでにも信任論に関しては、「ヒト・モノ・法人」論の英語版の中で論じていますし、『会社はこれからどうなるか』でもある程度のページを割いています。ただ、信任法とは個別のルールの寄せ集めにすぎないという専門家の間の多数意見にもかかわらず、私は「自己契約は契約ではない」という契約法の大原則の基礎の上に「統一原理」を打ち立てることができたと考えるにいたりました。そして、その考えが正しいかどうかは、学問の世界のルールに則って、専門家の判断を仰ぐべきだと思うようになりました。

ただ、大いに迷いました。「ヒト・モノ・法人」論の英語版を書くときも大変迷いましたが、そのときよりもはるかに大きな迷いでした。「ヒト・モノ・法人」論の場合も、法学という新たな領域に踏み込みましたが、それでも、会社という資本主義経済の中心的存在を対象としているという点においては、経済学と密接につながっています。ある程度は土地勘が働いたのです。

確かに、「信任論」の場合でも、その出発点は「会社統治論」ですから、経済学とはつながっています。でも、信任法は、英米の私法（民法）の中で契約法や不法行為法と並ぶ大きな分野となっています。その統一原理について書くためには、当然のこととして、信任法についてこれまで書かれた文献を網羅しなければなりません。私はすでに五十代も後半になっていました。今から新しい分野に自分の研究領域を広げていくのはあまりにも無謀なのではないかと思い、逡巡したのです。

でも、結局、「信任論」を書き始めてしまいました。そして、何度も何度も後悔しました。書き始めると、次から次へ分からなければならないことが出てくる。

信任法とは何であるかを言うためには、信任法は何でないかを言わなければなりません。ということは、信任法と境界を接している契約法や不法行為法、さらには物権法などをそれぞれ支配する法原理についても専門的な知識が必要となってきます。それぞれの分野には膨大な文献があり、その代表的な教科書を読むにも時間がかかります。まして、最先端の研究を読むのはもっと時間がかかります。

さらに、信任法において倫理と法とが重なっていることから、倫理学についても法哲学についても基本的な文献を押さえ、両者の関係についての理解を深めなければならない。どちらの分野にも、それこそ古代ギリシャ時代からの思索の蓄積がある。しかも、左目は中心の視力がないので、文字が読めません。どうしても、良い方の右目を酷使してしまう。途中で何度も放り投げようとしました。実際に、一年以上放っておいた時期も二度ほどあります。

だが、そのたびに、それまでに費やした時間と労力がもったいないという気になって、再び論文に向かうようになります。そうすると、さらにその時間と労力がもったいなくなるという悪循環が始まるのです。

最初は数学的なアプローチを採用したりしていたのですが、何回も書き直しているうちに、純粋に法学的なスタイルに収束していきました。そして、二〇一四年春、やっと一つまとまった形の論文ができあがりました。題名は、「信任関係の統一理論への基礎——人は自分と契約できない」[*26]。ただ、書き終わっても、苦労はまだ続きます。どこかの雑誌で出版しなければならないからです。私はすでに六十七歳になっていました。それなのに、「ヒト・モノ・法人」論の英語版を書いたときと同様に、生まれて初めて専門論文を書いた二十五歳の大学院生のような心境になっています。現在も、まだ出版場所は見つかっていません。ひょっとしたら見つからないかもしれません。その場合は、すでに社会科学研究ネットワーク（SSRN）というインターネット上の国際研究論文データベース（REPOSITORY）にディスカッションペーパーの形で公開しているので、将来、誰かの目に触れることに期待するよりほかはありません。

長らく私は、自由放任主義思想を唱える新古典派経済学を批判してきました。不均衡動学がそうですし、シュンペーター経済動学もそうですし、貨幣の進化論もそうですし、会社の二階建て構造論もそうです。

しかしながら、それは新古典派経済学の理論体系の中に自己矛盾があるという、あくまでも理論的な批判でした。そして、それが純粋に理論的な批判であることを強調するために、私は可能な限り倫理的な価値判断の介入を避けてきました。だが、信任論にいたって、まさにその倫理の問題を導入せざるをえなくなったのです。

もちろん、この場合でも、あくまでも理論が要請するという形で導入したにすぎませんが、それでも倫理の問題が私の研究の中で大きな位置を占めるようになったことは、確かであるのです。この論文の発表場所が見つかれば、今までとは違った心の安定が得られるような気がするのも、そのせいかもしれません。

＊26　Katsuhito Iwai, "The foundation for a unified theory of fiduciary relationships : 'one may not make a contract with oneself'", Working Paper Available at SSRN, March 2014 [http://papers.ssrn.com/sol3/papers.cfm?abstract_id=2424098]

## 『21世紀の資本』に答える

――本章の締めくくりとして、世界中でベストセラーになっているトマ・ピケティ著『21世紀の資本』をどう評価するかを聞いた。岩井の「法人論」や「信任論」には、「米国にはなぜ、巨額報酬を得る経営者が現れるのか」といった、ピケティが解明しきれていない問題を解くカギが含まれていることが分かる。

図7―2を見てください。アメリカ、イギリス、ドイツ、日本、スウェーデンにおいて、それぞれ上位一％の所得階層が全体の所得の何％を占めているかを歴史的にたどったものです。インターネット上で公開されている「世界トップ所得データベース」から作成したもので、今世界中でベストセラーになっているトマ・ピケティの『21世紀の資本』の基礎となっているデータベースです。[*27]

この図を見て最初に分かるのは、第二次大戦前、とりわけ第一次大戦前は、どの国もひどい不平等社会であったことです。トップ一％の階層の所得が全体の二〇％を占めている。驚くことに、第二次大戦後に最も平等な社会になったスウェーデンも、第一次大戦前ではトップ一％がなんと三〇％近くも占めていたことです（これは所得分配が政策によって大きく変わりうることの一つの証拠です）。

図7-2　トップ1%所得層の所得割合の歴史的変遷
(米英独日スウェーデン)

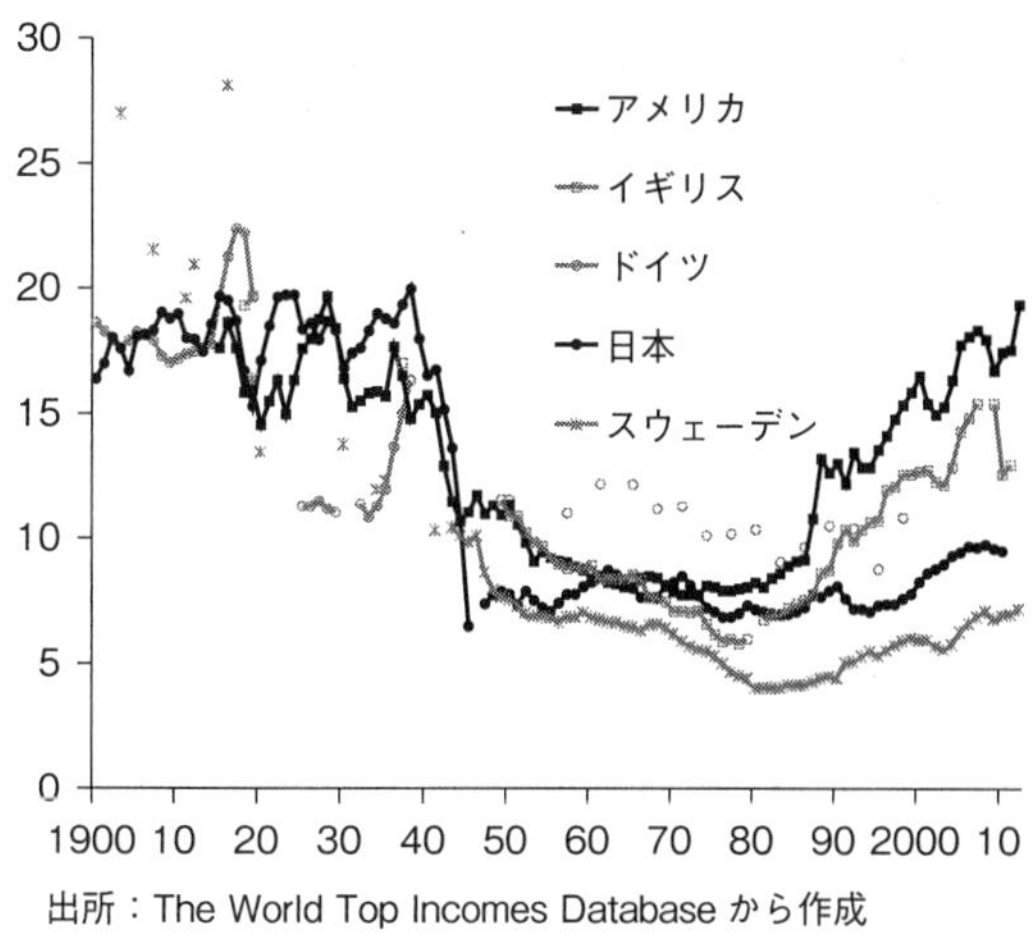


出所：The World Top Incomes Database から作成

ところが、一九三〇年代の大恐慌、そして第二次大戦によって、所得の分配は大きく平等化します。特に戦時体制下での累進課税の普及(若者は戦場で血を流し、銃後の高齢者はおカネで貢献する)と、戦争による資産の破壊が大きな理由です。そして第二次大戦後はしばらくの間、トップ一%の所得割合は(ドイツを除くと)六%から八%の水準で推移しています。スウェーデンなどは、その数字は八〇年代には四%にまで低下しているのです。

しかし、一九八〇年代後半から異変が起こります。時期的な前後はありますが、ドイツを除くどの国でも不平等が上昇傾向を見せるようになるのです。特に顕著なのは、アメリカとイギリスです。アメリカなどは、近年にいたっては戦前の不平等社会に逆戻りしており、トップ一％の所得階層が全体の二〇％近くの所得を得るようになっているのです。この数字が、二〇一一年に「われわれは九九％だ」といってウォール街を占拠した、アメリカにおける九九％運動の根拠になったのです。

例えば、日本も、英米に比べたら小規模ですが、確かに上昇傾向を示しています。だが、このような日本の不平等化のかなりの部分が、人口の高齢化によって説明できることは、少なくとも経済学者の間では常識になっています。高齢者の方が若年者よりも世代内の不平等がはるかに大きいからです。[*28] もちろん、不平等のすべてが高齢化で説明できるわけではありません。特に、「失われた二十年」の間での非正規雇用の増加や離婚率の上昇を背景として、二十代後半から三十代前半の若者とその子供の世代の貧困率が高まったことは、指摘しておくべきでしょう。それは将来にわたって経済格差が固定されてしまう可能性を示唆するからです。それに対しては、一方で景気の底上げによって雇用の質を高めるとともに、近年大きく低下している日本の社会保障制度の再分配機能を強化していく必要があることは言うまでもありません。

ただここでの問いは、一九八〇年代の後半から、なぜアメリカやイギリスにおいて、日本やドイツやスウェーデンとは比較にならないほど急激に不平等な社会が広がったのかということです。これまで経済学でなされてきた説明は、(1)グローバル化、(2)技術進歩、(3)IT化、(4)政治の保守化などです。

(1)グローバル化は先進諸国の非熟練労働者を発展途上国の低賃金労働との競争にさらすことになりましたし、(2)技術進歩は非熟練労働よりも熟練労働を必要とする方向に進んでおり、非熟練労働者の賃金を熟練労働者の賃金に比べて相対的に低下させていますし、(3)IT化はこれまでホワイトカラーが行っていた知的労働の一部を奪い、中間層の

*27 http://topincomes.g-mond.parisschoolofeconomics.eu/。ピケティの本の英訳は、Thomas Piketty. *Capital in the Twenty-first Century*. Harvard University Press, 2014. 邦訳は、トマ・ピケティ『21世紀の資本』(山形浩生・守岡桜・森本正史訳、みすず書房、二〇一四)です。

*28 大竹文雄『日本の不平等——格差社会の幻想と未来』(日本経済新聞社 二〇〇五)。上位一%ではなく、上位一〇%の所得割合を見ると、確かに日本は戦後長らく三五%以下だったのが、九〇年代から上昇し始め、二〇〇〇年代に入ると四〇%を超えるようになっています。これを見て、日本の不平等がアメリカに近くなってきたと主張する論者も多い(ピケティもその一人)。だが、「世界トップ所得データベース」における日本のデータを作成した一橋大学の森口千晶さん自身が、本書の校正中に刊行された『中央公論』の二〇一五年四月号において、このような解釈に対して疑問を呈しています。アメリカで所得が一番伸びているのは、上位一%よりさらに上の〇・一%や〇・〇一%の層であるのに対し、日本で所得が一番伸びているのは、上位一〇%から五%の層です。しかも、この層の所得は年収五百八十万円から七百五十万円。決して高額所得とは言えない数字です(森口さんも注意を促しているのは、上位何%の%は、所得を得ている人の中の割合ではなく、無収入の人も含む成人人口全員の中の割合です)。森口さんと対談している大竹文雄さんは、この層の所得上昇は、団塊世代の賃金が年功制によって上昇してきたことの結果であるという仮説を提示しています。ちなみに、この層の所得割合は、リーマン・ショック以降下落を始めているのです。

図7-3　トップ1%の所得割合の内訳の歴史的変遷
（アメリカ、1916～2011年）

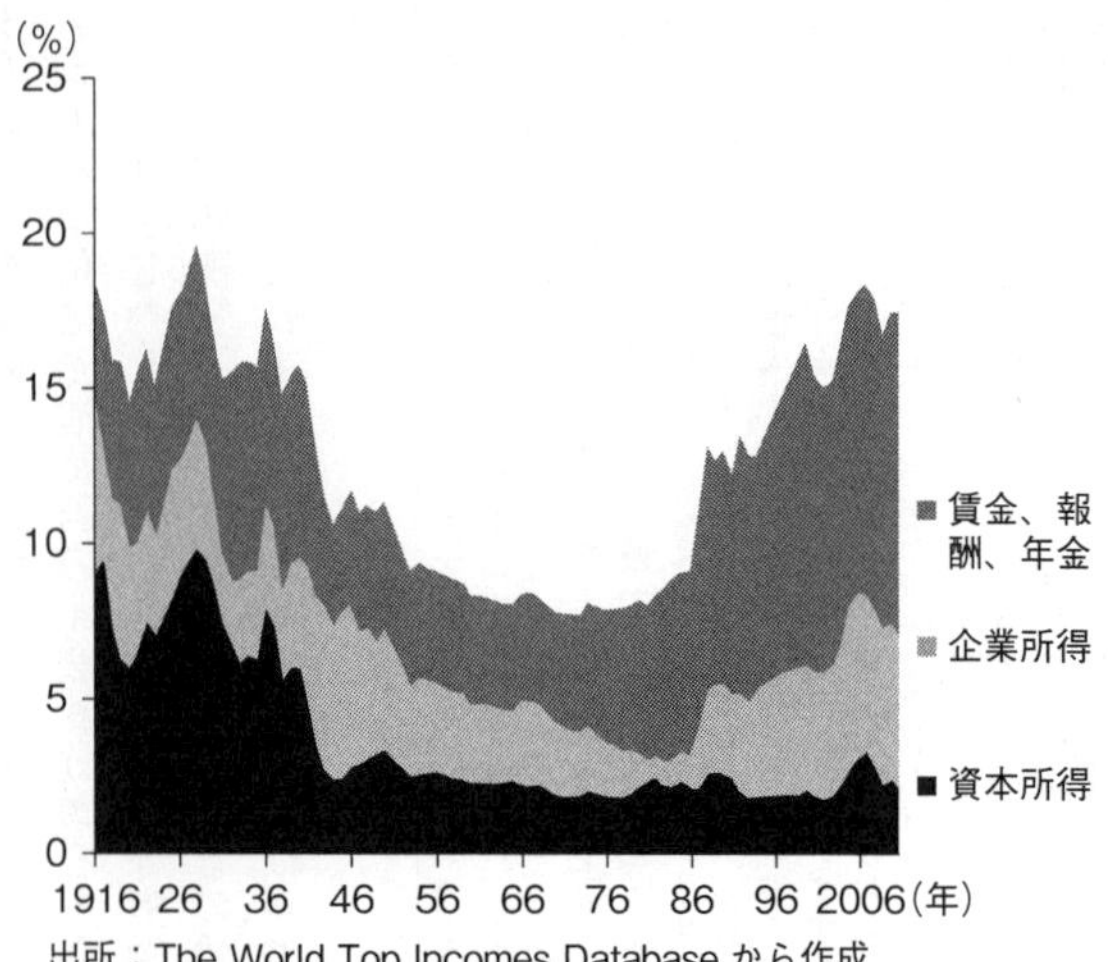


出所：The World Top Incomes Database から作成

没落を生んでいますし、(4)政治の保守化は、労働組合を弱体化させたり、最低賃金の引き上げを抑えたりして、賃金全体の上昇を抑えています。だが、いずれも、ジニ係数などで計られる経済全体の不平等度の上昇の説明にはなりますが、トップ一%の所得割合が急上昇したことの説明には使えません。

ここで図7－3を見て下さい。私が、アメリカのトップ一%所得層の所得を「資本所得」「企業所得」「賃金・報酬・年金」に分割してみたものです。資本所得とは、配当所得と利子所得と地代所得を足し合わせたもので、広い意味での資本の所有から得られる所得です。企業所得とは、基本的には自営業者の所得です。自営業者の場合、資本所得と賃金や報酬とを区別できない場合が多いので、その所得をまとめてしまうのです。そして、賃金・報酬・年金は、言葉通りの賃金・報酬・年金です。

このグラフを眺めて、すぐに気がつくのは、大恐慌以前のアメリカの所得の不平等は、まさに資本家対労働者というマルクス的な階級闘争そのものであったということです。なにしろ、トップ一%の所得の大きな部分を真っ黒に塗られた資本所得が占めていたのです。その資本所得の割合が減少したことが、そのまま一九四〇年代以降の所得の(相対的な)平等化につながっているのです。

ところが、一九八〇年代後半以降のアメリカにおけるトップ一%の所得割合の急上昇が、どの所得の上昇によってもたらされたかを見てみると、一九四〇年代以前とは全く様相を異にしていることが分かります。

第一に、資本所得の割合はほとんど上昇していません。これは、明らかに産業資本主義の衰退を反映しています。もはや機械制工場に投資する資本からは十分な利益は上がってこないのです。

第二に、薄い灰色の領域である企業所得の割合が上昇している。これは、もちろん、ポスト産業資本主義の進展によるものです。企業所得の中には、シュンペーター的な意味での「革新」――「差異」の創造――に成功した企業家の利潤や、まさに他人との「差異」それ自体を売り物にしている芸能人やスポーツ選手等の高額な報酬などが含まれているのです。

だが、私が最も注目するのは、第三の事実――図7－3の最上層の濃い灰色の領域の急膨張、すなわち、賃金・報酬・年金の割合の急上昇です。

これは何によってもたらされているのでしょうか。もちろん、経営者報酬の高騰です。例えば、アメリカのCEOの平均的報酬と生産労働者の平均的報酬との比率。一九六〇年代には二十五倍以下だったのが、二〇〇〇年代に入ると三百倍近くなったという報告があります。[*29] そして、ニューヨーク・タイムズによれば、アメリカのCEO報酬額の二〇一三年の最高値は一億四千二百万ドル、円換算すると百六十億円にもなっているのです。[*30] このような天文学的報酬を受け取る経営者を、トマ・ピケティは「スーパー経営者」と呼んでいますが、まさにこのスーパー経営者の登場こそ、現在のアメリカにおける所得不平等の最大の原因であるのです。

それでは、なぜ、一九八〇年代後半からアメリカにおいて、このようなスーパー経営者が登場したのでしょうか。確かに、ポスト産業資本主義の時代に会社経営はひどく複雑化し、それまでにない能力を持った経営者が必要になったのかもしれません。その超能力への当然の対価であるという人もいます。でも、それは、経営者の間の報酬格差の広がりなら説明できますが、一九六〇年代から二〇〇〇年代にかけて、CEO全体の報酬が生産労働者の平均賃金の数百倍にも増加したことは全く説明できません。それに、まさにそのスーパー経営者たちこそ、二〇〇八年の金融危機を生み出し、アメリカの株式市場を暴落させてしまった張本人なのです。彼らの高額報酬が能力への対価ならば、それは大幅に下がっているはずなのに、ほとんど下がる傾向はありません。

実際、これまで、なぜアメリカにおいて、そして英米圏においてのみ、スーパー経営者が突然大量に生まれてきたのかという問いに対しては、ピケティ自身も、はかばかしい答えを提示できていません。それは、一九八〇年代からの不平等の急上昇は資本主義の論理そのものによって生み出されているという、『21世紀の資本』の中心命題とは整合しない事実だからかもしれません（私はピケティがこの本の中で提示した膨大な実証データは大変に重要なものだと考えていますが、同時に、この中心命題自体には論理的な破綻があるとも考えています。ただ、なぜ私がそう考えているかという説明は、別の機会に譲らざるをえません）。

だが、この章で解説した会社統治論から見れば、その答えは明らかです。一九七六年

＊29　Economic Policy Institute, "More compensation heading to the very top : 1965 – 2009" May 16, 2011.
＊30　http://www.equilar.com/nytimes/the-new-york-times-200-highest-paid-ceos

に出版されたジェンセンとメックリングの論文以来、アメリカの経済学界やビジネス界において、会社統治問題がエージェンシー問題に還元されるようになったからです。信任関係であるべき〈会社〉とその経営者との関係と、単なる契約関係にすぎない〈企業〉とその経営者との関係とが、（意図的であるかどうかは不明ですが）混同されてしまったからです。株主主権の名のもとに、株主の賛同さえ得られれば経営者を会社に対する忠実義務から免除する可能性が開かれ、株価最大化の名のもとに、経営者にストックオプション制度などのインセンティブ報酬を与えることが奨励されるようになったからです。すなわち、倫理的かつ法的な義務がアダム・スミス的な自己利益追求に置き換えられてしまったのです。

それは、まさに経営者に「自己契約」をする自由裁量権を与えてしまうことに等しい。そして、その必然的な結果として、「お手盛り」で報酬額が決められ、図7−3に示されたような経営者報酬の急膨張を引き起こしてしまったのです。

実は、一九九九年に出版された「ヒト・モノ・法人」論の英語版の中で、私は次のように書いています。「会社法から強制条項をはずし、信任に関するルールを当事者の間で自由に選べるようにすることは、会社統治システムを破壊する最も確実な方法である」[*31]。

英米における所得の不平等、特にトップ所得層への所得の集中傾向を押しとどめる政策は簡単です。ビジネススクール、経済学大学院、法科大学院などの会社統治論の講義において、エージェンシー理論を禁止することです。そして、日本を含めてそれ以外の国々が英米資本主義の轍を踏まないための最良の政策も、全く同じです。

＊31　Katsuhito Iwai, "Persons, things and corporations : the corporate personality controversy and comparative corporate governance." *The American Journal of Comparative Law* (1999), p. 623.

# 第八章

# 残された時間

——「経済学史」講義からアリストテレスを経て「言語・法・貨幣」論に

## 経済学史講義を引き継ぐ

――岩井は東京大学経済学部で、一九九五年から一年おきに「経済学史」の講義を担当することになった。「経済学史」には決まった「型」があったが、岩井には型にはまった講義をする気はなく、「経済学史」の存在意義を問い直すところから始めた。あえて回り道をした結果、様々な問題を「発見」し、自身の研究活動の幅を広げ、厚みを増していった。ここでも、岩井が学問に取り組む基本姿勢を読み取ることができる。

第一章で、私が東京大学経済学部に入ったとき、マルクス経済学が圧倒的に優勢であったことを話しました。

一九三七年に日中戦争が始まり、日本は戦時体制に入ります。その翌年の三八年、いわゆる第二次人民戦線事件によって、マルクス経済学者の大内兵衛とそのグループの一員とされた有沢広巳と脇村義太郎の三教官が治安維持法違反容疑で逮捕され、東大経済学部から追われてしまうのです。

しかし、第二次大戦が終結すると、今度は戦争協力をした多くの教官が退任を余儀なくされ、その代わりに名誉を回復した大内、有沢、脇村の三教官が一九四六年に経済学部に呼び戻されることになります（このほかに、人民戦線事件以前に経済学部を追われた山田盛太郎と矢内原忠雄、人民戦線事件に連座させられた土屋喬雄も復帰します。さらに、私を経済学という学問に導いてくれた『経済学』の編著者であり、のちにいわゆる宇野学派の創始者となる宇野弘蔵は、やはり人民戦線事件によって当時教えていた東北大学を辞職しましたが、戦後復職し、四七年に経済学部の隣にある東大社会科学研究所に招聘されることになります）。

戦後の日本において、大内兵衛は言論界、有沢広巳は復興政策や産業政策、脇村義太郎は産業界においてそれぞれ指導的な役割を果たすことになりますが、経済学部の内部においても、この三人の知的権威のもとに多くのマルクス経済学者が寄り集まることになったのです。

ただ、戦時体制下における軍部や国粋主義者による弾圧はマルクス経済学者だけでなく、東大経済学部の自由主義者にも及んでいました。自由主義の立場から激しいファシズム批判を行っていた河合栄治郎は一九三九年、平賀譲総長によって休職を命じられますが、それに抗議して辞職します。その著作も内務省によって発禁処分になり、裁判で争いますが、結局敗訴してしまう。その裁判闘争などで過労が重なり、判決が確定した翌年の四四年に病死します。

この河合栄治郎を弟子として最後まで支えていたのが、木村健康（たけやす）先生でした。河合栄治郎が辞職したとき一緒に経済学部の助手の職を辞し、その法廷闘争においても特別弁護人として弁護を続けました。上智大学などで教えた後、一九四三年に第一高等学校の教授となり、終戦後、東大経済学部に呼び戻されることになります。

東大経済学部において、マルクス経済学を必ずしも信奉しない経済学者の系譜が細々ながらでも続いたのは、戦時中も自由主義の立場を一貫して崩さなかった木村健康先生の存在が大きかったと思います。小宮隆太郎先生は木村健康ゼミの出身ですから、私はいちおう孫弟子にあたることになります（だから、先生と呼んでいます）。

経済学部で木村先生が担当した科目が「経済学史」でした。先生は東大紛争のさなかの一九六九年に退官しましたが、その前年に最後の講義が開かれ、学部生であった私も出席しました。先生はすでに病身で、休講の方が多く、アダム・スミスの労働価値論についての解説が終わったところで講義はおしまいになってしまいました。ただ、私はその後、スミスの労働価値論を論じた文献をいくつか読んでみましたが、いまだに、このとき講義で聴いた木村先生の厚生経済学的な解釈が最も的確なものであったと思っています。

木村先生の退官後は、しばらく「経済学史」の講義は非常勤の先生が教えていましたが、私が日本に戻った一九八〇年代からは根岸隆先生が正式の担当者となっていました。根岸先生自身、一般均衡論や貿易論から、研究の主題を経済学史に移し始め、この分野でも国際的な業績をあげていたのです。その根岸先生が学部長に選出された九〇年、先生の負担軽減のため、急遽私が「経済学史」の講義を半分受け持つことになりました。そして九四年に先生が退官し、九五年以降は私が正式に担当することになったのです。ただし、「経済学史」という科目は、近代経済学の教員とマルクス経済学の教員が一年交替で教えるという不文律が残っていたので、講義の担当は原則的に隔年でした。

実は、私が「経済学史」に関連する講義を担当したのは、このときが初めてではありません。一九八一年、エール大学にいた最後の年の春学期に「異端の経済学」という題名の講義を教えています（この講義の題名は第三章でも紹介しました）。学生数は十人程度の小さなクラスでしたが、その中には経済学専攻ではないのに、驚くほど優れた理解力を持った学生が数人いたことを覚えています。そのときの講義案を引っ張り出してみると、（一章）古典派経済学、（二章）マルクス、（三章）ヴィクセル、（四章）ケインズ、（五章）経済発展と経済危機、という章立てになっています。すでに原稿を書き終えていた『不均衡動学』を下敷きにして、その学説史的な系譜をたどってみる内容だったのです。

ただ、そのときから十年以上たっています。その間に、私自身、「資本主義論」について研究し、さらに『貨幣論』を出版しています。その過程で、資本主義や貨幣に関して書かれたアダム・スミス以前の文献も読むようになり、十年前よりもはるかに鳥瞰図的な視点から経済学の歴史を眺めることができるようになっていました。私はエール大での講義とは多少とも異なったものにしようと思い、「経済学史」の講義をどのような内容のものにするかを考え始めました。

## 二つの暗黙の前提

——講義の構想を練る中で、「経済学史」という講義の存在理由について考えなければならなくなる。主流派の新古典派経済学の歴史は基本的に貨幣を忘却する、または抹殺する歴史として読むことができる、と岩井は言う。それでは自分が作り上げた「貨幣論」の起源はどこにあるのか、という問題意識をもとに経済学の歴史を見直してみたのである。

だが、講義内容について考え始めると、すぐに次のような問いを自分に発しなければならなくなりました——そもそもなぜ「経済学史」という講義が存在するのか。実際、「経済学史」という講義の存在理由は必ずしも自明ではありません。例えば、現在アメリカにおいて、ほとんどの大学には「経済学史」という科目は存在しません。その理由は単純です。「役に立たない」からです。経済学あるいは経営学では教えることは山ほどあります。私たちが生きている資本主義経済は、それこそ日進月歩で変化しています。そのめまぐるしい動きに後れを取らずに仕事や生活をしていくために必要な知識も、日進月歩で変化していくだけでなく、どんどん膨大になっていく。そういう時代に、資本主義自体が未発達であり、人々の思考も未発達であった古い時代の幼稚な経済学など学ぶ暇はないというわけです。全くもって、もっともです。「経済学史」という科目が衰退したのは、それなりの理由があるのです。

こういう考え方が、アメリカだけでなく世界中に広がりつつある時代にあって、それでも「経済学史」を講義する意義があると本当に言えるのでしょうか。私は講義ノートを作り始める前に、頭を抱えてしまいました。実際、このような「経済学史」の衰退の原因は、まさにこれまでの「経済学史」のあり方それ自体にあるからです。

例えば、その当時日本で最も定評のあった経済学史の教科書は、内田義彦の『経済学史講義』（未来社）でした。一九六一年に出版された本ですが、私が手に入れたのは八三年版で、奥付を見ると、なんと五九刷と記されているものすごいベストセラーであったのです。これは、基本的にマルクス経済学の立場から書かれた教科書で、その目次を見ると、以下のような章立てになっています（一）重商主義、（二）重農主義、（三）古典学派の成立1――アダム・スミスとその時代、（四）古典学派の成立2――『国富論』の構造、（五）古典学派の完成1――マルサス・ゴッドウィン論争、（六）古典学派の完成2——過渡的恐慌とリカード経済学、（七）マルクス経済学1、（八）マルクス経済学2。

他方、マルクス経済学ではない立場から書かれた経済学史の教科書で、その当時世界で最も読まれていたのは、マーク・ブローグの大著『経済理論の歴史』であったと思います。その章立ての一部を紹介すると次のようになっています（一）スミス以前の経済学、（二）アダム・スミス、（三）人口、収穫逓増、地代、（四）リカードの体系、……（十三）一般均衡と厚生経済学、……（十五）貨幣・利子・価格の古典派理論、（十六）マクロ経済学。[*1]

この二つの教科書の目次を眺めてみれば、その違いにもかかわらず、従来の経済学史における二つの暗黙の「前提」を直ちに読み取ることができます。第一の前提とは、「科学」としての経済学は、一七七六年、アダム・スミスの『国富論』の出版によって誕生し、それ以降ほぼ単線的に発展してきたということです。それは、マルクス経済学の立場からは、スミスが「労働価値論」を発見したことであり、近代経済学の立場からは、「見えざる手」あるいは「市場メカニズム」を発見したことにほかなりません。

そして、第二の前提は、重商主義をはじめとするアダム・スミス以前の経済学的言説は（フランソワ・ケネーによって創始された重農主義は、多くの場合例外とされますが）、経済学が「科学」として確立する以前の幼稚な言説の集まり、あるいはせいぜい時論的な政策パンフレットにすぎないということです。

この二つの「前提」自体は、マルクス経済学も近代経済学も共有しているのです。両者に違いがあるとしたら、それはアダム・スミス以降の発展がどこに向かっているかです。マルクス経済学の場合は、もちろん、マルクスの『資本論』です。近代経済学の場合は、新古典派であれば、アローとドブルーによるレオン・ワルラスの一般均衡理論の数学的完成が一つの到達点であり、ケインズ派であればケインズの『一般理論』がその到達点となるわけです。もちろん、いずれの場合も、その後の精緻化や新展開にはそれ相応の目配りをすることになります。

でも、このような「前提」に立つ限り、「経済学史否定論」には立ち向かえません。スミス以降、経済学が単線的に発展してきているのならば、まだ科学として完成していない未成熟の言説を教える必要などどこにもありません。ましてや、「科学以前」の重商主義などは全く教えるに値しないということになります。マルクス経済学ならマルクス経済学原論、近代経済学ならばミクロ経済学とマクロ経済学といったすでに一定程度の完成の域に達した理論を教えればよいはずです。

＊1　Blaug, Mark. *Economic Theory in Retrospect* (4th ed.). Cambridge University Press, 1985. 邦訳は、M・ブローグ『経済理論の歴史〈全四巻〉』（東洋経済新報社）。

## マルクス=ディズニー戦略

もちろん、逆に開き直って、古い時代の経済学は「未熟」であったからこそ意義がある、と主張することもできるかもしれません。このような立場を最も雄弁に語っているのは、他ならぬカール・マルクスです。マルクスは、「経済学批判への序説」の中で、なぜ現代人にとって、古代ギリシャの芸術がひどく魅力的であるのだろう、という問いを発しています。なぜならば、古代ギリシャの芸術は、古代ギリシャの社会が未発達であることと密接に結びついていると考えていたからです。実際、マルクスはギリシャ神話について次のように述べています。

「ギリシャ人の空想の、したがってまたギリシャ神話の根底にある自然と社会的関係との直観は、自動紡績機や鉄道や機関車や電信とともにあることが可能であろうか、ロバーツ会社(自動織機会社)が現れてはヴルカヌス(鍛冶神)はどこにいればよいのか。避雷針のまえではユピテル(雷神)はどうなるのか。クレディ・モビリエ(株式銀行)に対してヘルメス(商業神)は。……」

このように「ギリシャの芸術と叙事詩とが一定の社会的発展形態に結びついている」ということは明らかである。それゆえ、「困難は、それらがわれわれに対しても芸術的享楽を与え、またある点では規範として及びがたい模範として通用することである」

と、マルクスは言うのです。そして、その困難を次のように解きほぐしてみせます。

「大人は二度と子供になれない。なるとすれば、（もうろくして）子供じみるのである。しかし、子供の無邪気さは大人を喜ばせないであろうか。……人類が最もすばらしく発育したその歴史的幼年時代は、二度とかえらぬ一段階として、どうして永遠の魅力を与えないことがあろうか？……われわれに対する彼らの芸術の魅力は、それが生い立った基盤である未発達な社会段階と矛盾するものではない。むしろ、こういう社会段階の結果であり、そしてむしろ、芸術がそのもとで発生し、しかもそのもとでだけ発生できた未熟な社会諸条件が、決して回帰できないということと、分かちがたく関連しているのだ[*2]」

これはこれで、一つの卓越した「古代芸術論」として読める文章です。だが、換骨奪胎してしまうと、「ディズニー戦略」ということになります。ディズニー漫画の中心キャラクターのミッキーマウスが、時代を経てだんだんとその顔が大きくなり、丸くなり、目が大きくなり、さらに目の位置が下に下がっていったこと、すなわち「赤ん坊」化したことは、よく知られています。[*3]まさにその「未熟さ」を積極的に描き出すことに

＊2　カール・マルクス『経済学批判』（杉本俊朗訳、大月書店・国民文庫）。
＊3　スティーブン・グールド『パンダの親指〈上〉』（ハヤカワ文庫、一九九六）。

よって、観客層を単に子供だけでなく大人にも広げていくことに成功したのです。

このマルクス＝ディズニー戦略こそ、これまでの多くの「経済学史」の立場を代弁しているのです。科学としての経済学がアダム・スミスにおいて成立し、それ以降単線的に発達したという見方に立った上で、古色蒼然とした経済学説を取り扱うことに意義があるとしたら、それはまさにそれらの「未熟さ」に魅力を見いだしているからということになるからです。ああ、昔の経済学は、未発達な段階の社会の中に生きていた昔の人が、幼稚な頭で一生懸命思考して作り出したものなのだ。なんてかわいらしいのだろうか、というわけです。マルクスならば、昔の経済学が現代人にとって持っている魅力は、「二度と子供になれない大人」が「子供の無邪気さ」に対して感じる喜びにあると言うでしょう。

私は、マルクス＝ディズニー戦略を取る誘惑にも駆られました。ただ、そうすると、「経済学史」の講義は、ごく少数の物好きの学生の前ですればよいことになってしまいます。幸か不幸か、「経済学史」という講義は、「金融論」や「経済政策論」などと並んだ重要科目として指定され、多くの学生が聴講することが期待されています。私には、そのような自由は許されていないのです。

だが、幸いにも私は、講義を準備する過程の中で、これまでの「経済学史」の「前提」を大きく覆す二つの「テクスト」を再発見しました。発見でなく、「再」発見であると言ったのは、いずれのテクストも少なくとも一部は以前に読んだことがあったからです。そのときにはその偉大さを十分に理解することができなかったのですが、二度目に読んだとき、それが驚くべきテクストであったことに初めて気がついたのです。一つはアリストテレス（前三八四−前三二二）の『政治学』（岩波書店）、もう一つはジョン・ロー（一六七一−一七二九）の『貨幣と商業』です。まず、アリストテレスについて話し始めましょう。

## 最高の共同体を考える——アリストテレス再読

——岩井は、アリストテレスを読み直した。

アリストテレスは、ソクラテス、プラトンとともに古代ギリシャ最大の思想家の一人です。紀元前三八四年にマケドニアの支配下にあったギリシャ北部のスタギラの町に生まれ、紀元前三二二年、ギリシャ中央部のカルシスという町で亡くなっています。若くしてプラトンが主宰したアテネのアカデメイアで学び、そこで長らく教鞭も執りました。その後一時、マケドニアの王子アレクサンドル——のちに大王として世界制覇をくわだてることになるアレクサンドル——の家庭教師を務め、後半生ではアテネの郊外にリュケイオンという名の学園を創立しています。

その六十二年の生涯の中で、論理学、形而上学、神学、歴史、政治学、経済学、倫理学、詩学、心理学、解剖学、生物学、動物学、植物学、天文学、鉱物学、物理学、化学、といったありとあらゆる分野についての研究を行い、後世において「万学の祖」と呼ばれるようになります。

だが、いくら万学の祖とはいっても、なにしろ今から二千四百年も前に生きていた人物です。そんなに太古の人物の思索をこの現代に取り上げることが、どうしてマルクス＝ディズニー戦略ではないのか。それには説明が必要でしょう。

アリストテレスが残した膨大な著作あるいは講義録の中で、人間社会を論じたのは、基本的には、『政治学』と『ニコマコス倫理学』の二つです[*4]（他に、『アテナイ人の国制』がありますが、それは弟子を動員して調べた百五十八の国家体制とその歴史を記録した文書です）。

「すべての共同体は何らかの善を目的としているが……他のすべてを包括し、最大の努力をもって最大の善を目標としている……最高の共同体。それがポリスである」

アリストテレスの『政治学』は、以上のような文章から始まります。その原題は、『タ・ポリーティカ』――「ポリス」に関する様々な思索という意味です。ポリスとは、アテナイのような都市国家を意味しますが、『政治学』の目的は、そのポリスがなぜ「最高の共同体」であるのかを示すことにあるのです。『ニコマコス倫理学』はその作業に倫理学的な基盤を与えています。

そのため、アリストテレスは、まずポリスを最小単位に分解します。では、その最小単位とは何でしょうか。それは、近代社会のような個人ではありません。「共同体」としての「家（オイコス）」です。人間は「自然（ピュシス）」によって共同体の中で生きなければならない存在だと、アリストテレスは考えているからです。

ここで、アリストテレスが用いた「ピュシス（Physis）」というギリシャ語は、日本語の「自然」とはだいぶ異なる意味を持っているので、解説が必要かもしれません。アリストテレス自身が『形而上学』の中で「ピュシス」という概念に与えている説明は多岐にわたり、難しいので、ここでは簡単に、「事物がその存在の〈目的〉を自己自身の内部に含んでいること」と定義しておきましょう[*5]（アリストテレスの思考は、基本的に「目的論」的です）。これでも難しいと思いますが、その対立概念が、「法」「規範」あるいは「人為」と訳される「ノモス（Nomos）」であることを念頭におくと、その意味がも

＊4　『政治学』にも『ニコマコス倫理学』にもいくつかの邦訳がありますが、以下では岩波文庫版の翻訳（『政治学』は山本光雄訳、『倫理学』は高田三郎訳）を、他の邦訳や英訳や原文などを参照して適宜修正したものを用いました。引用はすべて、『政治学』は第一巻の一－三章および八－一〇章、『ニコマコス倫理学』は第五巻第五章からです。

＊5　『形而上学』第五巻四章。

う少し判然としてくると思います。

なぜならば、「ノモス」とは、一般的に「事物がその〈目的〉を外部から与えられていること」を指しているからです。したがって、ある事物の〈目的〉が自己自身の内部にあるということは、その存在のためには外部を（本質的には）必要としないということです。それは、その事物が何らかの意味で「自足的」な状態にあることを意味することになる。アリストテレスにとって、「自然」であるとは、「自足的」であることと同義なのです。

人間が、この「自足的」という意味で「自然」に生きていくための最小単位――それが夫婦と子供と奴隷によって構成される「家」なのです。なぜならば、アリストテレスによれば、男と女はお互いを必要とし、生まれた子供は親を必要とし、さらに（のちに奴隷制度擁護者として非難されることにもなりますが）、家事や生産に実際に従事する奴隷も、自分を支配する主人を必要とするからです。夫婦と子供と奴隷がそろって初めて、人間は日々の生活を自足的に営むことができるというわけです。

だが、人間には日々生きていく以上の目的があります。そして、その目的に応じて、共同体はより高度の自足性を求めていきます。まず、冠婚葬祭や領土防衛など日々の必要を超えた目的のためには、複数の家が集まって、「村」を形成する必要があります。その村の規模が大きく拡大すると、「王国」となります。だが、それでも、共同体の自足性は完全には達成されません。なぜならば、人間は「自然」によって「言語」を与えられた動物であるからだと、アリストテレスは言うのです。

共同体の中で生きる動物は、人間だけではありません。ミツバチもツルもそうです。だが、同じ共同体的な動物の中で、言語を持つのは人間だけです。確かに、他の動物も、快不快を仲間に伝える音声を持っている。だが、言語は、音声と異なります。それは、単に快不快を表現するだけでなく、何が善で何が悪かをみずから思考し、どうすることが正義でどうすることが不正であるかの判断を他者と共有することを可能にする。すなわち、言語によって初めて「何々である」という事実命題を超えて、「何々をすべし」という規範命題が可能になるのです。その結果、人間は単に生きるのではなく、他者とともに「善く」生きること――すなわち「正義」の実現――を、その内在的な目的とする存在になるのです。事実、「正義」とは、『ニコマコス倫理学』において、「他者との関係における善である」と規定されています。それだからこそ、「明けの明星も宵の明星もこれほどまでに嘆賞に値するものではない」と言うのです。

ただ、この目的は、村や王国では実現できません。村の長老や王国の君主は、独善的になりやすいからです。人間が、自然によって与えられた言語を媒介として、他者とともに善く生きるためには、正義にもとづく立法と公明正大な裁判を行うことを可能にする国家的な制度が不可欠となります。そのための共同体、それがポリスであると、アリストテレスは述べるのです。

ポリスとは、家、村、王国と発展してきた共同体の「終局」段階であり、その内在的な「目的」の達成という意味で、最も「自足的」で、したがって、最も「自然」で、そして最大の「善」を実現している「最高の共同体」であるというわけです。

アリストテレスはこう結論します——「人間は自然によってポリス的動物(ゾーン・ポリティコン)である」(この言葉は、その後、社会科学の中で最も有名な言葉の一つになりました)。ポリスの中において初めて人間は、自然が与えてくれた言語によって可能になった他者とともに善く生きるという目的を、最高度に実現できるからだというのです。

数年前、ハーバード大学での白熱授業を書籍化したマイケル・サンデルの『これからの「正義」の話をしよう』が世界的なベストセラーになり、それによって、アリストテレスの『政治学』や『ニコマコス倫理学』が大きく脚光を浴びるようになりました。[*6] なぜならば、この本の中でサンデルが唱える「コミュニタリアニズム(共同体主義)」とは、基本的には、「ポリスの思想家」としてのアリストテレスへの回帰であるからです。現代社会の混迷から脱却するためには、人びとが古代ギリシャのポリスの市民のように、共有できる共通善について熟慮し、積極的に自治に参加し、コミュニティ全体の運命に関心を持てるように政治を転換すべきだと、主張しているのです。

もちろん、アリストテレスへの関心が世界的に高まっていることは、大いに歓迎すべきことです。だが、同時に私は、このように、アリストテレスをコミュニタリアニズムの先駆者としてのみ読んでしまうことは、アリストテレスの偉大さを読み逃してしまうことだと思っています。アリストテレスの真の面白さとは、実は、誰よりも深くポリスを思考したことによって、単なる「ポリスの思想家」を超えた思想家となってしまったことにあるのです。

## 貨幣の思想家

――アリストテレスが、単なるポリスの思想家を超えた思想家であるとは、どういう意味なのか。

英語で経済を意味する「エコノミー（Economy）」の語源は、ギリシャ語の「オイコノミア（Oikonomia）」です。それは家を意味する「オイコス（Oikos）」と法や規範という意味だけでなく、統治や管理という意味も持つ「ノモス（Nomos）」とが合成された言

＊6　マイケル・サンデル『これからの「正義」の話をしよう――いまを生き延びるための哲学』（鬼澤忍訳、早川書房、二〇一〇年）。

葉で、家の統治すなわち「家政」を意味していました。

すでにアリストテレスの時代において、家政とは家だけでなく、ポリスも含む共同体一般の統治の意味を持っていました。はるか後の十八世紀になると、この言葉は（もちろん西欧においてだけですが）、一国経済の統治、さらには経済それ自体を指すようになったのです。私の専門である経済学（Economics）は、まさに家政学（Home economics）を出自とするのです。

「家政」とは、共同体の「自足性」の実現を目的とする活動です。それは夫婦関係や親子関係や主人と奴隷の関係、さらにポリスになると指導者とそれ以外の市民との関係をいかに統治するかに関わることです。ただ、同時にそれは、共同体における人びとの生活に必要なモノを獲得するための活動を、必然的に含むことになります。この後者の意味での活動を、アリストテレスは「財獲得術（クレマティスティケー）」と呼んでいます。

共同体が家――夫婦、親子、主人と奴隷によって構成されるオイコス――の段階にあるときの財獲得術は、牧畜、農耕、狩猟、漁労、そして（よそ者は動物と同じですから）略奪などです。自然から生活に必要なものを直接調達してくるわけですから、自給自足であることが原則です。

次に、村や王国の段階になると、物々交換が始まります。例えば、ブドウ畑を持つ家と穀物畑を持つ家とが、それぞれ余ったブドウと穀物を交換し始めます。だが、その目的は村や王国での生活に必要なモノの獲得にとどまっており、「自然」な財獲得術です。ところが、共同体がその最高の段階であるポリスにまで発展すると、「必然的に貨幣の使用が工夫されるにいたった」とアリストテレスは述べるのです。

ポリスとは、単に生きるためでなく、他者とともに善く生きるための共同体です。その中には、当然、医者も靴屋も大工も農民も住んでいます。彼らがポリスの中で生きていくためには、それぞれ自分が提供できるモノ（あるいはサービス）を「正しく」交換し合う関係を作らなければなりません。

だが、それは物々交換では難しい。なぜならば、物々交換とは、『ニコマコス倫理学』においてアリストテレスが的確に指摘しているように、「自分自身が持っているものをちょうど相手が必要とする場合、例えば相手がこちらのワインを求めていて、穀物を欲しいとしているような場合に限られる」からです。そうです。アリストテレスは、物々交換が「欲求の二重の一致」を必要とすることを、最初に定式化した人間であるのです。

したがって、ポリスの中で医者や靴屋や大工や農民といった異なった職業を持つ市民が、物々交換の困難を克服し、お互いの間で交換関係を正しく維持するためには、交換されるべき異なったモノが「等価にされる」必要があると、アリストテレスは論じます

（ここでの議論は、『政治学』ではなく、『ニコマコス倫理学』の中にあります）。しかしながら、このような交換関係が生ずるのは「二人の医者の間においてではなくて、医者と農夫との間において」です。

すなわち、ポリスには多様な人びとが住んでいるからこそ、「かえってこれらの人びとは均等化されることを要する」。そのためには、「交換されるべき事物がすべて何らかの仕方で比較可能にならなければならない」。こうした目的のために、「貨幣が発生した」と、アリストテレスは主張します。それは、「媒介（メソン：中間者）」として、「あらゆるものを…計り、したがって、何足の靴が、一軒の家や一定量の食料に等しいかを計る」ことになるというのです。

ポリスのような「共同体は、均等性なしには成立せず、均等性は通約性なしには存在しえない。もとより、かくも著しい差異のあるものが通約的になるのは、本当は不可能なのであるが、貨幣という単一の〈媒介〉によって可能になる」というわけです。

アリストテレスはさらに、「貨幣」を意味する「ノミスマ（Nomisma）」というギリシャ語は、人為や規範や法を意味する「ノモス」に由来していることを指摘します。それは、貨幣が人びとの間の「申し合わせ」によって発生したことを示唆する。「すなわち、これを変更することや、これを役に立たないものにすることは、われわれの自由」であるというのです。それは、したがって、「自然的ではなく、人為的」な存在であるというわけです。

すでに明らかだと思いますが、アリストテレスは「貨幣法制説」者です。しかし、そのことよりもはるかに重要なのは、アリストテレスが「貨幣商品説」者ではなかったということの方です。事実、『政治学』の中でも、アリストテレスは有名なミダス王に関するギリシャ神話を例にして、「もし貨幣を扱う者が別の貨幣に切り替えたならば、もとの貨幣は何の価値もなくなって、生活用品を購入するのに何の役にも立たず、たとえ貨幣をたくさん持っていても、必要な食糧さえもしばしば事欠くようになる」と述べている箇所があります。貨幣の貨幣としての価値は、素材として使われているモノの価値には決して還元できないということを、明確に指摘しているのです。

アリストテレスこそ、何の価値がないモノでも、貨幣として使われるとモノの価値をはるかに超える抽象的な価値を持ってしまうことを、歴史上最初に、しかもその二千年後のスコットランドにジョン・ローという人物が現れるまで、最も明晰な形で定式化していた人間であったのです（ジョン・ローについては、後で詳しく論じます）。

アリストテレスは、「貨幣」に関する最初の思想家であったのです。

さらに、アリストテレスは、「資本主義」に関する最初の思想家でもあるのです。

## 「資本主義」を発見

――岩井は、アリストテレスが、「貨幣」に関してだけでなく、「資本主義」に関しても最初の思想家であったと語る。

アリストテレスにとって、ポリスとは、言語の存在が人間に内在化させた目的――他者とともに善く生きること――を「自足的」に達成するために成立した「最高の共同体」です。そして、そのポリスを維持するためには、等価関係の媒介としての貨幣の使用が不可欠だ、と論じました。だが、それは同時に、「最高の共同体」としてのポリスの「自足性」それ自体を、切り崩してしまう力を持っていることを、さらにアリストテレスは論じ始めることになります。

もちろん、貨幣が工夫された当初は、それは交換の手段としてのみ使われていたはずです。ポリスの市民は、余ったモノと交換に貨幣を手に入れ、次に貨幣と交換に家政に必要なモノを手に入れる。貨幣はまさに、共同体の「目的」のための「手段」にすぎません。

しかしながら、貨幣交換が拡大していくと、その「手段」と「目的」とが混同されるようになるのだと、アリストテレスは述べます。「貨幣」とは本来「モノとの交換のために発生した」はずなのに、人びとは「貨幣それ自体を目的とする」ようになる。モノを買う手段として貨幣を手に入れるはずが、貨幣でモノを買うのは、そのモノを売って貨幣を手に入れるためになってしまうのです。「貨幣が交換の出発点であり、目的点でもある」財獲得術が生まれてしまうというのです。それが「商人術」と呼ばれる経済活動にほかなりません。

今、人びとが「貨幣それ自体を目的とする」と言いました。それは、いったいどういう意味なのでしょうか。ここで、私自身の考えを織り交ぜておきますと、貨幣とは、一般的な交換手段であることから、どのようなモノでも手に入れる〈可能性〉を与えてくれる存在です。貨幣それ自体を目的とするとは、したがって、個々の具体的なモノに対する欲望には還元できない、まさにこの〈可能性〉それ自体を欲望するということになります。

ところで、具体的なモノに対する欲望には、当然、限りがあります。人びとの生活の必要さえ満たしてしまえば、解消されてしまう。ですから、家政術の一部としての財獲得術が求めるモノの大きさは、「有限」です。これに対して、〈可能性〉に対する欲望は満たされることはありません。なぜならば、人間に想像力がある限り、人間は〈可能性〉を無限に想像することができるからです。したがって、〈可能性〉それ自体としての貨幣——その貨幣に対する欲望には、限りはありません。

## 無限への欲望

まったというわけです。

人びとが交換を行うのは、もちろん、出発点に手にしていたモノと違ったモノを目的点において手に入れるためです。だが、交換の出発点も目的点も同じ貨幣である商人術の場合、違いは量でしかありません。それは必然的に、目的点の貨幣を出発点の貨幣の量よりも拡大させることを目指すことになる（出発点より少ない貨幣を求めることはありえません）。しかも、その目的点は新たな出発点として、さらなる貨幣の量の拡大を目指してしまう。すなわち、一層大きな貨幣の量を永久に求め続ける「貨幣の無限の増殖」が始まってしまうのです。要するに、商人術とは現在では「資本主義」と呼ばれている経済活動にほかなりません。

アリストテレスは、ポリスの内部に「資本主義」を発見してしまったのです。モノの交換手段にすぎない貨幣それ自体の、まさに無限の増殖を求める経済活動としての「資本主義」です。

図8－1は、以上の解説を多少とも見通しよくするため、自給自足から貨幣の無限増殖としての商人術＝資本主義まで、アリストテレスが『政治学』において論じた「財獲

図8-1　アリストテレスが論じた財獲得術の様々な形態

(1)〈自給自足〉
自然➡モノ
(2)〈物々交換〉
モノ➡モノ'
(3)〈家政術としての貨幣交換〉
モノ➡貨幣➡モノ'
(4)〈商人術としての貨幣交換〉
貨幣➡モノ➡貨幣＋Δ貨幣（＝利潤）
(5)〈資本主義における貨幣の無限増殖〉
貨幣➡モノ➡貨幣＋Δ貨幣➡モノ'➡貨幣＋Δ貨幣＋Δ'貨幣➡……

得術」の様々な形態を図解しておきました。

結局、アリストテレスは、相対立する二種類の「財獲得術」をポリスの中に見いだしたことになります。一つは「家政術」の一部としての財獲得術です。それは、あくまでも共同体の必要を満たすための経済活動であり、たとえ貨幣が使われたとしても、共同体に必要なモノを獲得するための手段でしかありません。共同体とは自足的ですから、それによって蓄積される富も、必然的に「有限」の大きさしかないはずです。

もう一つの「財獲得術」は「商人術」それ自体です。それは、共同体の目的に反して、貨幣の増殖それ自体を目的にする経済活動です。それによって蓄積される富は、まさに「無限」に向かって拡大していくのです。

「無限」とは、近代においては、圧倒的に正の価値を持つ言葉でした。啓蒙主義者も、その末裔であるマルクス主義者も、みな人類の無限の進歩を信じていました。「無限」という言葉が必ずしも正の価値を持たなくなったのは、経済成長がもたらす環境問題が深刻になってきてからのことです。

これに対して、古代ギリシャ語で「無限」を意味する「アペイロン（Apeiron）」という言葉は、混沌や未完成や未決定といった、負の価値を持つ言葉です。アリストテレス自身も、『自然学』の中で「無限とは一つの欠陥であり、完全ではなく、限界の欠如である」と述べているのです。

アリストテレスの時代にもまだその影響力が強く残っていたピタゴラス学派に関して、次のような話が残っています。学祖ピタゴラスは、万物は「数」、それも「自然数」にもとづく調和的な秩序を持っていることを唱えたことで知られています（だから、八音階を発見したといわれているのです）。

だが、あるとき、ヒパサスという弟子が、なんと師ピタゴラスの名を冠した幾何学の定理を用いて、二の平方根（$\sqrt{2}$）は小数点以下が無限に続いていく「無理数」であることを証明してしまいます。数の世界の中にさえ「無限」という不調和が入り込んでいることを見いだしてしまったヒパサスは、しばらくして失踪してしまい、ある日海岸で溺死体となって発見されるのです。それが、自殺なのか他殺なのか、二千五百年以上たった現在でも謎のままです。

## 貨幣の逆説を直視

「ポリスの思想家」アリストテレスは、みずからがポリスの内部に発見した商人術＝資本主義を、無限性という不自然さそれ自体を求めてしまう「悪」として断罪することになります。「財獲得術には二種あって、そのうち一つは商人術で、他の一つは家政術の一部である。後者は必要欠くべからざるもので、賞賛されるべきものであるが、前者は交換的なもので、非難されてしかるべきものである」と。実際、ひとたび商人術＝資本主義が生まれてしまうと、本来ならばポリスに勝利や健康をもたらすための軍事や医術さえも、貨幣を増やすための手段になってしまうと、アリストテレスは嘆くのです。人々は「善く生きることではなく、ただ生きることに熱中する」ようになってしまう。商人術＝資本主義とは、他者とともに善く生きるという目的を最高度に実現できる「最高の共同体」であるべきポリスを、まさに内部から解体してしまう力を持ってしまうのです。

しかしながら、このようにアリストテレスが資本主義を断罪したこと自体は、それほど重要なことではありません。そのような断罪は、アリストテレスに限ったことではないからです。いや、古今東西、共同体的な視点から世界を見る人間は、ありとあらゆる形で、それこそ無限に資本主義批判を繰り返してきたのです。例えば、先ほど触れたマイケル・サンデルも、『それをお金で買いますか――市場主義の限界』と題された近著で、コミュニティの共通善に本質的に関わっているはずの健康、教育、公安、安全保障、刑事司法、環境、保養、生殖までもがおカネで売買されるようになった現代社会、特にアメリカ社会を痛烈に批判しています。[*7]

本当に意味があるのは、「ポリスの思想家」アリストテレスが、ポリスのあり方について最も深く思考したがゆえに、資本主義に対する本能的な嫌悪にもかかわらず、「資本主義の思想家」にもなってしまったということです。

しかも、ポリスと資本主義という、全面的に対立しているはずの二つのシステムの間の、本質的に逆説的な関係を見いだしてしまったのです。最高の共同体としてのポリスの自足性を維持するために不可欠な媒介として導入された貨幣が、その貨幣の無限の増殖を求める資本主義を必然的に生み出し、ポリスの自足性それ自体を掘り崩してしまう。ポリスの存立の可能性を生み出す貨幣が、同時にポリスそれ自体を崩壊させる可能性を生み出してしまうという逆説――アリストテレスは、この根源的な逆説から決して目をそらさなかったのです。

歴史上初めて全面的に貨幣化した古代ギリシャにおいて、人類はすでに貨幣と資本主義について最も本質的な思考を成し遂げていたのです。

「自由放任主義の第二の終焉」

——岩井は、二〇〇九年に参加した「貨幣」に関する国際ワークショップについて話し始めた。

二〇〇九年六月のことです。私が東大を退任する前の年にあたります。ベルリンで開催された「貨幣ワークショップ」に招かれました。ベルリン自由大学で長らく社会学を教えてきたハイナー・ガンスマン教授が主宰した会議です。近年、貨幣について社会学や思想史の立場からの研究を行っており、自身の定年を前にして、これまで貨幣に関して研究を発表してきた異分野の研究者を集めて、お互いに討議する機会を作ってみようと考えたのです。

私はガンスマンとは面識がありませんでしたので、招待を受けたときは驚きました。後に、ガンスマンの友人で、やはり貨幣について研究してきたジャン・カルトリエというフランスの政治経済学者を介して、私の仕事を知ったということを聞きました。

＊7　マイケル・サンデル『それをお金で買いますか——市場主義の限界』（鬼澤忍訳、早川書房、二〇一二年）。

そのカルトリエとは二十年以上の知り合いです。カルトリエが一九八九年にアメリカのペンシルベニア大学を訪問したとき、経済学部の談話室に展示されていた私の「貨幣の進化」論文を、偶然目にしたのだそうです。それを読んですぐ私の研究室を探したのですが、その数日前に私が日本に帰国したことを知らされます。そこで、日本の住所を事務室で聞いて、論文の内容に関するコメントを書いた手紙を送ってくれたのです。それをきっかけに、お互いの「貨幣」研究に関して連絡し合うようになり、彼が講演のために日本に来たときには、東京で何回か食事をする機会もありました。ただ、しばらく連絡を怠っており、ベルリンで久しぶりの再会を果たしました。

この「貨幣ワークショップ」は、参加人数は十五人という小規模なものでしたが、その専門分野は多岐に渡り、社会学者から経済学者、政治学者、哲学者、考古学者、さらには古典学者まで含む、大変多彩な参加者が集いました(物理学者も一人、参加していました)。当初、私は、「言語・法・貨幣」論についての論文を発表するつもりでした。

でも、二〇〇九年六月です。二〇〇七年におけるアメリカのサブプライム住宅ローン市場のバブルの崩壊から始まり、〇八年九月のリーマン・ブラザーズの経営破綻をきっかけにして、グローバル資本主義全体が「百年に一度」の危機に見舞われている最中でした。そのような「非常時」にのんびりと「言語・法・貨幣」についての哲学的な考察を発表するよりは、こういう経済危機がどうして必然的に起こってしまうのかを、「不均衡動学」の立場から説明する方が、意義があると思うようになりました。

そこで、主題を変え、「自由放任主義の第二の終焉――貨幣の自己循環論法と資本主義の必然的不安定性」と題された論文をあわてて書き上げ、なんとか発表にこぎつけました。このワークショップには経済学者は数人しか参加していないので、できる限り専門的でない言葉を使わなければならず、しかも参加者全員が学者ですから、論理性を犠牲にすることもできず、書くのにだいぶ苦労しました。「貨幣の自己循環論法」理論と「不均衡動学」理論との統合は、日本語では『貨幣論』や『二十一世紀の資本主義論』などで行ってきましたが、英語ではこれが初めての試みでした。[*8]

その後、この論文は、「貨幣ワークショップ」での発表論文を中心とした『貨幣理論への新たな接近――学際的視点から』という題名の本に掲載されましたが、一冊百二十五ドルもする本など図書館ですらなかなか買ってくれません。[*9] そこで、オープンなデータベースである社会科学研究ネットワーク（SSRN）にも、出版時に紙幅の制約で削

*8　日本語の文献としては、『貨幣論』（一九九三）、『二十一世紀の資本主義論』（二〇〇〇）の巻頭論文、「自由放任主義の第二の終焉」『日本経済新聞』（二〇〇八年十月二十四日）、「基軸通貨ドルが退位する日」『文藝春秋』（二〇〇九年一月号）などです。

*9　"The second end of laissez-faire – the bootstrapping nature of money and the inherent instability of capitalism," Chap. 14 in Heiner Ganssmann ed., *New Approaches to Monetary Theory : Interdisciplinary Perspectives* (London : Routledge, 2011), pp. 237-266.

除しなければならなかった部分を復活したヴァージョンをディスカッションペーパーとして掲載しました。[*10]

「貨幣ワークショップ」の参加者の中に、リチャード・シーフォードがいました。イギリスのエクセター大学のギリシャ古典および古代史の教授です。羊を思わせる優しい顔つきの中に知的に輝く茶色の目を持つ、年のころ七十の人で、その猫背気味の姿は、長年にわたって図書館や博物館で古い文献を読み続けてきたことを示唆していました。

## シーフォード報告に興奮
### ――岩井は「貨幣ワークショップ」で、ギリシャ古典学の権威の報告を聴く。

「まず強調しておかなければならないのは、私は経済学者ではない、ということです――もっとも、それはすぐ皆さんには見抜かれてしまうでしょうが。私は古代の詩や劇や哲学や宗教の研究者です。二〇〇四年に出版した『貨幣と古代ギリシャの精神』(ケンブリッジ大学出版局)は、このような私の研究テーマは、古代ギリシャ経済を理解しなければ理解できないという認識に達したことの帰結です[*11]」

こういう言葉とともに、シーフォードは「ギリシャによる貨幣の発見」と題する論文を読み始めたのです。[*12]

「自分は古典学者として、古代エジプトも古代メソポタミアも研究してきたが、それらの古代文明は、現代社会に住む人間にとっては『絶対的な他者』でしかない。ところが、古代ギリシャの文化はそうではない。その哲学や政治制度や芸術は、ほとんど『われわれ自身』の哲学や政治制度や芸術のように感じる。『何がギリシャ文化を中近東の古代文明から区別させるのか。何がギリシャ文化をわれわれ自身の文化にずっと近いものにしたのか。何がギリシャ文化を近代の文化の直接的な祖先にしたのか』——自分はこの問題をずっと考えてきた。そして最終的に到達したのは、『それは、紀元前六世紀のギリシャのポリス（都市国家）が、歴史上、最も早く全面的に〈貨幣化〉された社会であったからだ』という結論である。

古代メソポタミア社会も貨幣を使っていたという研究者もいるが、せいぜい価値の尺度や価値の保蔵手段として存在したにすぎない（シーフォードの報告の後、この点をめぐって、同じくワークショップに招かれていた中近東学のヨハンネス・レンゲルとかなり激しい論争がありました）。これに対して、すでに紀元前七世紀後半には、ギリシャ

＊10 http://papers.ssrn.com/sol3/papers.cfm?abstract_id=1861949.
＊11 Seaford, Richard. *Money and the Early Greek Mind : Homer, Philosophy, Tragedy* (Cambridge University Press, 2004).
＊12 Seaford, Richard. "The Greek invention of money." *New Approaches to Monetary Theory : Interdisciplinary Perspectives.* Chap.3.

る」

では一般的な交換手段としてのコインが流通し始めていた。コインを最初に発明したのは、ギリシャであるのか、それともアナトリア半島(現在のトルコ)の南端にあるリディア王国であるのかについては、古代から論争がある。だが、少なくとも小額のコインに関しては、ギリシャが最初に使用した社会であることは確かであり、それによって貨幣という存在が古代ギリシャ人の日常生活の隅々にまで入り込むようになったのである」

シーフォードは、ギリシャにおけるコインの発明の起源を、動物を生け贄にする太古からの共同体的な儀式に求める仮説を提示しました(その内容については省略します)。そして、その後、なぜ貨幣の流通が古代ギリシャ文化を「われわれ自身の文化」、すなわち「近代の文化」に近いものにしたのか――そう問いかけます。そして、それに対して、貨幣――特にコイン――が、「象徴(シンボル)」機能を持っているからだという答えを提示するのです。

「古代ギリシャでは、琥珀金(エレクトラム)と呼ばれる金銀の天然合金がコインの素材として使われていた。しかし、最初は金銀を分離する技術がなく、コインごとにその比率がばらばらであった。それなのに、どの一ドラクマのコインも、すべて一ドラクマの価値として流通する。貨幣が象徴機能を持つとは、まさにこのように、モノとしては統一性を欠いた琥珀金がすべて同一の貨幣価値を持つということである。もう少し一般化すると、具体的なモノとしての貨幣と抽象的な価値としての貨幣とが区別されることである」

私は、シーフォードの話し声を耳にしながら、自分がだんだん興奮してきているのを感じていました。

## 貨幣からの広がり――哲学、民主主義、悲劇、喜劇

シーフォードはさらに続けます。人びとが、このようなモノの次元における多様性をすべて統一してしまう抽象的な価値としての貨幣を日常的に使い続けること――それこそが、紀元前六世紀のギリシャのポリス（都市国家）において、「近代」にそのまま通じる哲学、民主主義、そして悲劇や喜劇を生み出したのだと、論じ始めたのです。

「ギリシャにおける『哲学』の起源は、これまで『アルファベット文字』の使用に求められたり、『公共空間』の存在や『自由な討議』の伝統に求められたりしてきた。だが、そのいずれも、歴史的な因果関係の観点からも地理的な対応関係の観点からも正しくない。重要なことは、近代的な意味での『哲学』は、歴史上最初に全面的に貨幣化された紀元前六世紀前半のイオニア地方（現在のトルコのアナトリア半島の南西部）――特にその商業の中心地であったミレトス――において、まさに歴史上最初に生まれているということである」。シーフォードが念頭に置いているのは、「イオニア学派」と呼ばれて

いるタレス（前六二四頃－前五四六頃）、アナクシマンドロス（前六一〇頃－前五四六頃）、アナクシメネス（前五八五頃－前五二八頃）、ヘラクレイトス（前五四〇頃－前四八〇頃）などの自然哲学者のことです。

「例えばギリシャ神話では、全宇宙が神々の王ゼウスによって一つの王国のように支配されている。そのことが示唆しているように、貨幣経済以前の社会においては、人びとは人間社会の力関係をそのまま宇宙全体に投影することによって、その秩序のあり方を理解していた。だが、紀元前六世紀前半の貨幣経済化された都市国家ミレトスにおいて初めて、客観的（非人格的）な力に普遍的に従う合理的な秩序として、宇宙全体をとらえる考え方が誕生した。

それはまさに「近代科学」の基本的な前提にほかならない。特に重要なのは、人間の感覚には雑多に見える具体的な事物の背後には、すべてを統一する抽象的な本質が存在するという、日常的な直感に反する宇宙論の登場である。だが、それは、貨幣の象徴機能、すなわち、具体的なモノとしての貨幣と抽象的な価値としての貨幣との区別に、正確に対応している思考である。そして、このような宇宙論の最も強力な表現が、プラトンの「イデア」論なのである。人びとは、コインに日々触れることによって、まさにイデア論を実践していたのだ。

また、紀元前六世紀半ばに、初めてアテナイでコインが作られた。それは、アテナイの「民主制」の起源である五百人評議会の設置と陶片追放制度の導入の年——紀元前五〇八－五〇七年——に先立っている。貨幣の登場は、親族関係や互酬性や報恩義務などにもとづく共同体的な紐帯から「個人」を解放し、一人一人が独立した一市民として議会で投票する民主制の発展を促した。マルクスが言ったように、「貨幣は主人を持たない」。

そして、古代アテネの「悲劇」は、紀元前六世紀後半に、新たな民主制の影響のもとに、アテナイのディオニュシア祭の公式のプログラムとして始まった。貨幣経済では、個人は貨幣さえ所有すれば、共同体的な紐帯を原則的には必要としなくなる。だが、それは同時に、その個人を、神からも血族からも切り離してしまう。まさにそのような個人の徹底的な「孤独」に焦点を当てているのが、ギリシャ悲劇である。それだからこそ、同じ「孤独」の中に生きているわれわれ「近代人」も、アイスキュロス、ソフォクレス、エウリピデスが創作した悲劇に対して全面的な感情移入が可能になるのである。

その個人の孤独を最も先鋭的に体現しているのが、僭主（ティラノス）である。貨幣はまさに具体的なモノに縛られない抽象的な価値であることによって、無限の蓄積を可能にし、共同体的な規範に抗って、無限の権力を求める個人を生み出してしまう。それが僭主である。

僭主は、権力それ自体を孤独に追求していく中で、自分の血族を殺し、神を冒瀆し、自らに破滅をもたらす。事実、共同体的な社会構造を反映していたホメロスの叙事詩『イーリアス』や『オデュセイア』に数多く登場する「英雄」という言葉は、ギリシャ悲劇からは消え、その代わりに、「僭主」という言葉は百七十回も登場するようになる。

ほどなく、ディオニュシア祭のプログラムに「喜劇」が加えられる。貨幣の魅力はあまりにも強烈なので、それを手に入れるためには、共同体社会の中では考えられないような奇妙なことをしでかしてしまう人間が、何人も生み出されていく。すでに貨幣経済にどっぷりつかっている「近代人」にはおなじみのこの光景を、歴史上最初に面白おかしく描いたのが、ギリシャ喜劇である。皆さんに、ぜひアリストファネスの『福の神』を読むようお薦めする」

こう言って、シーフォードは発表を終えました。私は、ほとんど震えんばかりに興奮していました。

## 「貨幣化」された社会が生み出した近代性

私は、シーフォードの議論に全面的に賛成したわけではありません。コインの発明が、貨幣の具体的なモノとしての価値と貨幣としての抽象的な価値との区別を生み出したというシーフォードの議論は、正しくありません。第五章で示したように、貨幣は、地金のままで流通していようが、コインの形をとって流通していようが、それが貨幣として流通している限り、その貨幣としての価値は具体的なモノとしての価値を必然的に上回ってしまうからです。貨幣は貨幣である限り、象徴的な機能を果たしているのです。もちろん、コインの発明によって、貨幣の流通は飛躍的に拡大しました。だが、それは偽造を困難にし、勘定を容易にしたからにすぎないのです。[*13]

さらに言えば、雑多に見える具体的な事物の背後にすべてを統一する抽象的な本質を見いだす宇宙論と、モノとしては雑多なコインがすべて同一の貨幣価値を持って流通していることとの間に対応関係を見いだすシーフォードの議論にも、私は疑問を持っています。なぜならば、コインに限らず、そもそも貨幣とは、一般的な交換の媒介として、他のすべてのモノの価値を統一する機能を果たす存在であるからです。それは、それ自体の素材に対してというよりは、多様な他のすべてのモノに対して、まさに抽象的で普遍的な価値そのものであるのです（第五章の図5－1の中の「一般的価値形態」（C）や図5－8は、そのことを図示しています）。人びとがコインを日常的に使うことではなく、多種多様なモノと抽象的な価値それ自体である貨幣とを日々交換することこそ、プラトンの「イデア論」の日々の実践にほかならないのではないか――私は、そう考え

＊13　私は「自由放任主義の第二の終焉」論文を出版する際に、シーフォードさんの論文に言及した注を付け加え、その中に以上の批判を書き入れました。

ています。

ただ、このような批判は、シーフォードが提示した基本命題をいささかも損なうものではありません。それは、紀元前六世紀以降の古代ギリシャ社会が、すでに「近代社会」と呼べる社会であったということ、そして、その「近代性」は、古代ギリシャ社会がまさに全面的に「貨幣化」された社会であったからである、ということです。

実は、「貨幣」について長らく考えてきた私自身も、以前から同じように、「近代性」の起源に「貨幣」の流通を見いだすようになっていました。ただ、経済学者の私がそのようなことを主張しても、我田引水と見なされるだけで、だれも本気に取ってくれません。ところが、経済学とは何の利害関係のない、いや、多くの場合利害が対立するギリシャ古典の権威が、みずからの古典研究や歴史研究の成果にもとづいて、それ以外の説明はありえないと断じてくれたのです。

私はリチャード・シーフォードの発表を聴いて、自分が「経済学史」の講義で行ってきたアリストテレスの読解が、的外れではなかったことを確信することになりました。アリストテレスはまさに最初の「近代社会」に生きたことによって、貨幣と資本主義について、最初に深く思考することができた思想家であるのです。しかも、その思考は、貨幣についての、そして資本主義についての最も根源的な思考ですらあったのです。

「貨幣ワークショップ」のその日のコーヒーブレークでは、私はいつにもなく饒舌になっていました。そして、日本に戻ってからすぐ、シーフォードの『貨幣と古代ギリシャの精神』を手に入れ、読み始めました。

## アリストテレスが残した二つの問題

——岩井は、アリストテレスを「読み直す」ことによって、ようやく「経済学史」の講義ノートを作り始めることができた。そして、その作業の中で、ジョン・ローを発見する。

前節で、アリストテレスは歴史上最初に全面的に貨幣化された古代ギリシャ社会の中で、貨幣に関する最初の思想家、そして資本主義に関する最初の思想家となったと述べました。あえて「最初」という形容詞を使ったのは、アリストテレスが貨幣に関して最終的な答えを与えたのでも、資本主義についての究極の理論を打ち出したのでもないことを、強調しておくためでした。事実、アリストテレスは、貨幣という存在に関して、そして資本主義というシステムに関して、いくつかの問題を思考しえないままで終わっています。

では、アリストテレスが後世に残した「問題」とは何だったのでしょうか。

第一には、なぜ貨幣という存在は貨幣として「価値」を持つのかという問題です。そして、第二には、どうして資本主義というシステムは「利潤」を生み出すことができるのかという問題です。いずれも、この本の第四章と第五章で、私自身の研究に関連させて、それぞれ詳しく論じた問題です。

実は、「経済学史」の講義の準備をする中で、私はこの二つの問題とも、一七七六年にアダム・スミスが『国富論』を出版するはるか以前に、理論的な解決が与えられていたことを「発見」します。では、いったい誰が理論的な解決を与えたのでしょうか。――「重商主義者」です。これまでの「経済学史」が、「科学」として経済学が確立する以前の幼稚な言説の担い手、あるいはせいぜい時論的な政策パンフレット書きにすぎないと見なしてきた「重商主義者」こそ、アリストテレスが残した二つの問題を理論的に解決していたのです。

最初に、「重商主義の貨幣理論」について見てみましょう。

私は先に、アリストテレスの貨幣論は「貨幣法制説」であったことを指摘しました。そして、その上で、そのことよりも重要なのは、「貨幣商品説」ではなかったことであると論じました。それは、貨幣の貨幣としての価値はその素材に使われているモノの価値には決して還元できないことを示すことによって、「貨幣とは何でないか」を初めて明確にしたからです。

だが、やはり、「貨幣法制説」であったことは無視できません。なぜならば、それは、貨幣の存在の根拠を、貨幣が流通しているという事実の外部に求めていることにおいては、「貨幣商品説」と変わらないからです。その根拠が、モノ——自然（ピュシス）——から「申し合わせ」——法や規範（ノモス）——に置き換わったにすぎない。事実、アリストテレスの権威にもかかわらず、貨幣商品説が消えることはありませんでした。いや、すでに本書の第五章で見たように、なぜ貨幣が貨幣であるのかという問いをめぐっては、アリストテレスから現代まで、貨幣商品説と貨幣法制説とが論争を続けてきているのです。

## 第一の問題の解決者ジョン・ロー

だが、私は、「経済学史」の講義を準備する作業の中で、重商主義者の一人に数え上げられているジョン・ローの著作を読み直しました。一七〇五年に出版された『貨幣と商業に関する考察ならびに国民に貨幣を供給するための提案』（以下『貨幣と商業』と略します）というパンフレットです。[*14] そして、驚きました。

十八世紀前半のヨーロッパの資本主義の表舞台に登場した人物の中で、ジョン・ロー（John Law という綴りです）ほど波瀾万丈の生涯を送り、生前だけでなく死後も激しい毀誉褒貶にさらされてきた人物はいないでしょう。

一六七一年にスコットランドのエディンバラの町に生まれたジョン・ローは、数学の天才でした。二十歳になってロンドンに出ると、カードのあらゆる組み合わせを記憶していたといわれる賭博の才能、さらには端正な容姿、機知に富む会話、万能であったスポーツによって、たちまち上流社会の寵児になります。だが、遊びに明け暮れる放縦な生活の果てに、女性をめぐる争いに巻き込まれ、決闘の末に相手を殺してしまいます。投獄され、いったんは死刑宣告まで受けますが、友人の手引きによって脱獄し、ひそかにヨーロッパ大陸に逃れ去ります。九四年のことです。

それから四半世紀たった一七二〇年、四十九歳のジョン・ローは、パリのヴァンドーム広場の大邸宅の住人となっています。そのとき、ローは、スコットランド人でありながら、フランス王立銀行の総裁、フランス・インド会社の総裁、さらにはフランスという国全体の財務大臣という地位にあり、ルイ十五世の摂政であったオルレアン公の絶大な信頼を受けていたのです。

実は、ローは一六九四年に大陸に逃亡したとき、最初の滞在地としてオランダのアムステルダムを選びました。オランダは十七世紀におけるグローバル資本主義の覇権国です。首都のアムステルダムは、十七世紀末から十八世紀半ばにかけて世界の金融センターとしての地位を独占し、特にアムステルダム銀行は、近代的な銀行業務の先駆者として知られていました。

ローは、そこのクラークとして働き、信用制度や金融問題を実地で学びます。そして、一六九九年にアムステルダムを去り、賭博で大金を稼ぎながら、ブリュッセル、ウィーン、フィレンツェ、ヴェニスといったヨーロッパの商業都市を旅します。だが、ジョン・ローは賭博だけをしていたわけではありません。賭博場を転々としながら、貨幣に関する新たな理論と貨幣供給の新たなシステムの構想を練っていたのです。そして、一七〇〇年、大金を稼いだのを機に、一度故郷のスコットランドに戻り、著述を始めます。それが、『貨幣と商業』です。

## 『貨幣と商業』を読む

### ——岩井は、『貨幣と商業』を読み直し、ジョン・ローが「貨幣の自己循環論法」をすでに提示していることを見いだした。

一七〇五年に出版された『貨幣と商業』は、「貨幣が大いに不足している国家の困難

＊14　John Law, *Money and Trade Considered With a Proposal for Supplying the Nation with Money*, Edinburgh, 1705 ; Reprint by Augustus M. Kelly, 1966. ジョン・ローに関しては膨大な文献があるが、邦語では吉田啓一『ジョン・ローの研究』（泉文堂、一九六八）（ただし、その中の『貨幣と商業』の翻訳は誤訳が多い）や中川辰洋『ジョン・ローの虚像と実像』（日本経済評論社、二〇一一）などがある。

の解決に向けていくつかの提案がある」という文章から始まります。ローは、故国のスコットランドが貧困で苦しんでいる最大の原因は、貨幣供給量が不十分なために有効需要が不足していることだという結論に達し、その解決のために新たな貨幣供給の方法を提案したのです。それが、のちに「ローのシステム（Le système de Law）」と呼ばれることになる「銀行貨幣」制度の提案です。

ただ、『貨幣と商業』は単に新たな貨幣供給方法の提案をするだけのパンフレットではありません。その提案を経済学的に基礎づける理論書でもあるのです。その第一章は次のような文章から始まります。

「財の価値は、人がこれを使う用途（Uses）から生ずる。そして、その価値の大小は、用途の重要性や必要性の大小に比例するというよりはむしろ、われわれがそれに対して有する需要に比して、その存在量が大であるか小であるかによる」

経済学に「水とダイヤモンドの逆説」があります。有用性の高い水の価値（価格）は低いのに、有用性の低いダイヤモンドの価値は高いという「逆説」です。このローの文章は、モノそれ自体の有用性と市場における需給のバランスで決まる価値との違いを指摘することによって、この「逆説」を解決しようとした最初の試みの一つであるのです。このように通常の財やサービスの価値の決定について論じた後、ローは彼自身の「貨幣論」を展開し始めることになります。そして、その中で、「価値は用途から生ずる」という命題が決定的な役割を果たすことになるのです。

実は、ローの「貨幣論」が貨幣法制説であるのか貨幣商品説であるのかに関して、経済学史の専門家の間で大きな論争があります。例えば、シュンペーターは『経済分析の歴史』（一九五四）の中で、ローを貨幣法制説者に分類しています[*15]（ただし、その判断はかなり揺れています）。実際、ローは、「われわれが銀を貨幣としているのは、単なる気まぐれや思いつきではない。それがこの用途に適当であると判断したからにほかならぬのである」と言っています。そして、ロー研究者の多くは、このシュンペーターの解釈に賛同していました。

これに対して、近年、ローを貨幣商品説者と見なす見解が登場しています。イタリアの経済学史家フィリッポ・チェザラノが一九九〇年の『ヒストリー・オブ・ポリティカル・エコノミー』に発表した論文です。[*16]例えば、ローは、銀貨の鋳造に関して、「これによって、目方や純度を調べることなくその目方や純度を知ることができるが、刻印は価値を何ら付け加えるものではない」と述べています。チェザラノは、この「刻印は価

＊15　ヨーゼフ・シュンペーター『経済分析の歴史〈上・中・下〉』（東畑精一・福岡正夫訳、岩波書店、二〇〇五）第六章「価値と貨幣」。
＊16　Filippo Cesarano, "Law and Galiani on money and monetary systems," *History of Political Economy* 1990 : 22 : 2.

値を何ら付け加えるものではない」という言葉を一つの根拠に、シュンペーターの貨幣法制説的な解釈に反対したのです。

私自身は、最初にローを読んだときは、シュンペーターの説に引きずられてしまい、一九九三年に出版した『貨幣論』の中ではローを貨幣法制説者に分類していました。だが、チェザラノの論文を読むと、貨幣商品説者のように見えてくる。そこで、『貨幣と商業』をもう一度しっかり読み直してみたのです。そして、驚きました。私の目の前に、貨幣商品説でも貨幣法制説でもない、まさに「貨幣の自己循環論法」を提示しているジョン・ローが現れたからです。

## 自己循環論法の先駆者としてのロー

確かに、チェザラノが指摘するように、ローは貨幣法制説に反対しています。「人びとの間の一般的同意が銀に想像的価値を与えることになった」という貨幣法制説者の主張に対して、「私は、いったいどのようにして異なった国々が他のすべての財貨を価値づける何らかの物、とりわけ銀に対して一つの想像的価値を与えることに賛同するようになるのか、理解できない」と批判しているからです（ここでローが使っている「想像的（Imaginary）」という言葉は、現代では、「擬制的（Fictitious）」と言い換えた方が分かりやすいでしょう）。でも、このような貨幣法制説批判は、ローが貨幣商品説者であることを意味するわけではありません。

まずローは、「銀が物々交換されていたとき」には、「それは金属としての用途に応じて価値づけられていた」と述べます。しかしながら、銀がひとたび貨幣として使われ始めると、「銀が持つことになる貨幣という付加的な用途はそれに価値を付け加えることになる」という。すなわち、銀の金属としての価値がそのまま貨幣としての価値を決定するのではないとして、貨幣商品説批判をしているのです。

だが、それと等しく重要なのは、同時にローが、「この付加的な価値は、銀が物々交換において金属として持っていた価値以上に想像的なものではない」と主張していることです。「銀が貨幣として用いられることによって受け取る付加的な価値は、それがそのような用途にかなう性質を持っていたからだ」というのです。すなわち、銀が貨幣として持つことになる価値は、貨幣としての「用途」によって生み出される価値であって、王様の命令や国家の法律によって与えられる「想像的」な価値ではないと言っている。貨幣法制説批判です。それだからこそ、ローは鋳造貨幣について、「刻印は価値を何ら付け加えるものではない」と言ったのです。

事実、以上の議論の後に、だめ押しともなる次の文章が続きます。

「もしこれらの対価のうちいずれかが想像的なものであるならば、すべての価値は想像的である。なぜならば、どのような財貨も、それが使われる用途によって価値を持つものであり、その価値はそれに対する需要と存在量との比率に対応するのである」

貨幣が貨幣として使われることによって受け取る付加価値は、まさにその「用途」から生じるという意味では、貨幣以外の商品の価値となんら変わらないというのです。それでは、貨幣の「用途」とは何でしょうか。この問いに対して、ローはこう答えます。

「貨幣とは、それに対して商品が交換される価値ではなくして、それによって商品が交換される価値である。貨幣の用途は商品を買うことである」

つまり、貨幣の「用途」とは、それが商品の交換手段となること、すなわち、貨幣として使われることにあるというわけです。ここに、貨幣商品説をも貨幣法制説をも超越した「貨幣論」が提示されているのです——私自身の言葉を使うならば、「貨幣とはそれが貨幣として使われることによって貨幣としての価値を持つ」。そうです。ローが提唱したのは、まさにあの「貨幣の自己循環論法」にほかならないのです。

ひとたび、このような貨幣の自己循環論法に到達すると、貨幣に使われるモノを、銀のような貴金属に限定する必要はなくなります。実際、ロー自身が述べているように、「貨幣に必要な性質を有するならば、……いかなる商品も……貨幣となりうる」はずです。それゆえ、中央銀行が発行する紙幣も、安全さと便宜さとが保証されれば、貨幣として流通します。この結論から「ローのシステム」への道は一直線。ローは、「銀行貨幣」制度を提唱することになるのです。それは、銀貨との交換を約束した紙幣（要求払い証券）それ自体を、貨幣として流通させる制度です[*17]。

ローは、銀行貨幣制度には必然的に不安定性がつきまとうことを、もちろん知っています。もし銀行の発行する紙幣の量が銀行の金庫の中の銀貨の量と同額であれば、銀行貨幣は一〇〇パーセント安全です。だが、その場合、金庫にしまわれた銀貨の代わりに紙幣が流通するだけですから、貨幣供給は増えてくれません。これに対して、銀行が準備金以上の紙幣を企業に貸し付けると、その超過分だけ「貨幣量が増加し、企業に利益をもたらし、人びとの雇用を増やし、外国貿易を拡大」することをローは指摘します。だが、その場合、銀貨との交換を要求する紙幣の額が金庫の中の銀貨の量を超えてしまうと、銀行は支払い不能に陥ってしまいます。いわゆる取り付け騒ぎです。

ローは、銀行貨幣制度がもたらす貨幣供給量の長期的な増大というプラス面と、銀行取り付けによる貨幣供給の短期的な枯渇の可能性というマイナス面とを比較検討し、準備金の四倍から五倍程度に銀行貨幣が流通していれば、プラスの方がマイナスよりもはるかに大きいという判断を下します。しかも、取り付け騒ぎが予想されたり、実際に起こったとしても、紙幣の発行額を大幅に引き上げたり、準備金としての銀貨の純度を大

＊17　『貨幣と商業』の後半部分では、銀貨の代わりに土地を準備金とする制度を提案しますが、明らかに荒唐無稽なこの案はのちに放棄されます。

きく引き上げたりすれば、そのような危機にもある程度対処できることすら示唆しています。これは、現在の中央銀行制度においては、緩和的公開市場操作や公定歩合の引き下げに対応する政策であるのです。もちろん、今では常識化した金融危機対策です（最後の貸し手としての中央銀行の役割は認識されていません）。

## 比類なき計画者の後半生
### ――ジョン・ローが『貨幣と商業』を出版したのちの波瀾万丈の後半生についても解説してもらった。

一七〇五年に『貨幣と商業』の出版にこぎつけたジョン・ローは、その「システム」をスコットランドの議会に提出しますが、すぐ否決されてしまいます。そこでロンドンに出て、今度はイングランドの大蔵大臣に提案しますが、拒否されます。しかも、お尋ね者のはずのローがロンドンで自由に活動していることを知った決闘相手の遺族が再告発するという噂があり、〇七年に再び大陸に渡るのです。

ローは、ヨーロッパ各地の高級賭博場を渡り歩いて、様々な国の権力者に「システム」の採用を提案します。ローが特に目をつけたのは、フランスでした。理由は明らかです。十八世紀初頭のフランスは、太陽王ルイ十四世のもとで乱費によって経済的に病弊し、まさに貨幣に飢えていたからです。国内には大量の失業者があふれ、宮廷は破産寸前であったのです。そして、以前ヨーロッパを旅したときに賭博場で親しくなったオルレアン公フィリップに銀行貨幣発行案を持ちかけます。オルレアン公は興味を示すのですが、横やりが入り、ルイ十四世に拒否されます。しかも、ローを外国のスパイと疑う警視総監ダルジャンソン卿によって、逆に国外に追放されてしまうのです。

ローは賭博で大金を儲けながら、ヨーロッパ各地の権力者に「システム」を提案して回りますが、うまくいきません。だが、一七一五年九月、突然運命が開けてきました。ルイ十四世の死去です。跡継ぎのルイ十五世はまだ五歳。オルレアン公が摂政に任命されたのです。オルレアン公は、摂政の任を果たすため、最悪の状態にあるフランスの財政を立て直す方策を考え出さなければならなかったのです。ローは「システム」の売り込みにかかります。

最初は国立銀行の設立を提案しますが、失敗します。だが、オルレアン公の強力な支持のもと、一七一六年五月、「中央銀行」と名づけられた私営の銀行をパリのヴァンドーム広場に設立する勅令をとりつけることに、とうとう成功します。「ローのシステム」の実践化です。「中央銀行券」の発行が始まったのです。

ルイ十四世が発行した鋳造貨幣は、財政事情が悪化するたびに悪鋳がなされてきましたが、ローの中央銀行紙幣の場合、悪鋳がなされても預金時の金銀の重量と品位を保証することを宣言したことによって、鋳造貨幣よりも大きな信用を得ることになります。これによって強い流通力を持つようになり、外国からフランスへの資金の流入を誘発するまでになったのです。

その結果、フランスは未曾有の好景気を経験することになります。それによって、経済の初期工業化に大きな弾みがついたと言われているのです。

さらに、一七一八年八月にローは、「西方会社」、別名「ミシシッピー・システム」という株式会社を設立します。アメリカの植民地ルイジアナ——もちろん、ルイ十四世にちなんだ名前です——との貿易と開発を独占的に請け負う特許会社です。

そして、この二年間が、「ローのシステム」の黄金の二年間であったのです。

この成功を見て、フランス王室の反ロー勢力もローにすり寄ってきます。一七一八年に、ローの中央銀行は勅令で「王立銀行」となり、ローはその総裁に任命されます。だが、それは「システム」のつまずきの第一歩となりました。なぜならば、ローの反対にもかかわらず、王立銀行券の発行は勅令によって決められることにされ、しかも、預金時の金銀の重量や品位を保証するという銀行券の交換条項も大幅に緩められてしまったからです。それは、それまでの中央銀行券の流通を支えていた「信用」の源泉を大きく失わせてしまうことになるのです。

翌一七一九年には、西方会社は、東インド会社、シナ会社、アフリカ会社と合併して、「インド会社」と改称し、ミシシッピー流域の植民地経営の資金の調達という名目で、新株式を募集します。これが未曾有の株式ブームを引き起こすことになります。悪名高い「ミシシッピー・バブル」が始まったのです。一時、株価は額面の二十倍にも膨れあがりました。

当時、証券取引所に使われていたソワソン館に隣接するカンカンポア通りは場外取引所としての役目を果たしていましたが、そのカンカンポア通りにどんな値段でもいいからインド会社の株を買おうと押し寄せてくる人びとの狂乱ぶりは、群衆心理に関する書物や金融バブルに関する書物には必ずと言っていいほど取り上げられることになります。そして、その狂乱の中、二〇年にローは、異国の人間でありながら、フランス財政の最高責任者である財務大臣に任命されることになるのです。

しかし、バブルはバブルです。いつかは必ず崩壊します。植民地経営に関する悪い噂をきっかけに、株価が暴落します。今度は、どんな安い値段でもいいからインド会社の株を売ろうとする人びとが押し寄せ、カンカンポア通りは再び大混乱となります。事態におじけづいた王室は、「人民の利益のため」という名目で、銀行券と銀貨との交換率を大幅に引き下げてしまったのです。ローが『貨幣と商業』で提唱した政策と全く逆の政策です。これが致命傷になりました。大規模な取り付け騒ぎが起こり、「ローのシステム」が崩壊してしまいます。好況であったフランス経済は、一気に恐慌に突入することになりました。

人びとの怒りを一身に集めることになったローは、ひそかにフランスから脱出せざるをえなくなります。その後、再起をはかりヨーロッパ各地を転々としますが、一七二九年、ヴェニスにおいて悪性の風邪をひき、五十八年の生涯を終えてしまいます。その墓には、次のような言葉がラテン語で刻まれました。

「名高きスコットランド人ここに眠る。／そは、比類なき計画者であり／代数学の法則で／フランスを零落に追いやった」

ローの評価は分かれます。例えば、フランスの政治思想家モンテスキュー（一六八九—一七五五）はローとほぼ同時代を生きていますが、ローを完全な詐欺師と見なしており、『ペルシア人の手紙』（一七二一）の百四十二信は、全編「ローのシステム」の風刺にあてられています。また、ゲーテの『ファウスト』（第一部・一八〇八、第二部・一八三三）に登場する悪魔メフィストフェレスは、明らかにジョン・ローを一つのモデルにしています。その第二部で、メフィストフェレスは神聖ローマ帝国の皇帝を幻惑させ、帝国財政の破綻を救う方策として紙幣を発行させることになるのです。その結果、経済は逆に混乱し、僭主の反乱を招くことになります。

これに対して、ずっと時代は下りますが、シュンペーターは『経済分析の歴史』の中で、ジョン・ローを「あらゆる時代を通して最高の貨幣理論を構築した人物」であると述べ、さらに「単独で一つの集合をなしている存在だと、ずっと感じてきた」と告白しています。ケインズは、ジョン・ローについて直接語ったことはありません。だが、金本位制を野蛮な制度と見なし、管理通貨制度を唱えたケインズが、ジョン・ローに親近感をいだかなかったはずはありません。ケインズ自身が、ミシシッピー・バブルを引き起こした人物の再来と見なされるのを恐れて語らなかったのだと思います。

このような毀誉褒貶にもかかわらず、ローの肉体が消滅した後も、「ローのシステム」のアイデア自体は生き残りました。いや、あれから三世紀近くたった今日、私たちがその中で生きている金融システムは、まさに「ローのシステム」そのものにほかなりません。

これは一方で、実体経済の効率性を大いに高める役割を果たすとともに、他方で、実体経済の不安定性も大いに高めるという、「効率性と安定性の二律背反」を本質的に背負っているシステムでもあるのです。そのシステムのまさに創始者の一人であったジョン・ロー自身、この二律背反を、ほんの五年の間にジェットコースターのような激しい起伏をもって、体験してしまったのです。

## 第二の問題の解を求めて

### ――岩井は、重商主義者トーマス・マンが、すでに「商業資本主義の原理」を定

式化していることに気づく。岩井は資本主義を「商業資本主義」「産業資本主義」「ポスト産業資本主義」に分類するが、「差異が利潤を生み出す」という原理は共通であると主張してきた。この原理を解明し、資本主義の本質に迫る考察を改めて発見したのである。

アリストテレスが後世に残した二つの「問題」のうちの第一の問題——なぜ貨幣という存在は貨幣として「価値」を持つのかという問題——は、重商主義者ジョン・ローによって理論的に解決され、実践的に試みられました。それでは、アリストテレスの第二の問題——どうして資本主義というシステムは「利潤」を生み出すことができるのかという問題——は、重商主義者によってどのようにして解決されたのでしょうか。ただ、この「重商主義の利潤論」について論ずる前に、この第二の問題自体をもう少し詳しく説明する必要があります。

実は、なぜ商人術＝資本主義が利潤を生み出すことができるのかについて、アリストテレスも多少の考察を与えています。[*18]

例えば、アリストテレスは『政治学』の中に、イオニア学派の哲学者タレスの次のような逸話を記しています。ある年、タレスは天文学の知識を使ってオリーブが豊作になることを予測し、冬のうちにミレトスの町とキオス島にあるすべてのオリーブ搾油機の独占的使用権を安く買い取りました。夏になって予測通りオリーブが豊作になると、搾油機の需要が一挙に増えたので、タレスは独占していた搾油機を高い賃貸料で貸し出し、多額の利潤を得たというのです。タレスは、これによって、タレスが貧乏であることは哲学が無用なことの証明だという世間の非難に対し、哲学者はもし望むならばいとも簡単に金持ちになれる知恵を持っていることを示したというのです。

また、シチリア島の商人に関する逸話もあります。シュラクサイの町で、ある商人は鉄工場から鉄をすべて買い占め、その後各地から貿易商人が買い付けに来たとき、鉄の独占的な売り手となりました。その結果、高い価格で鉄を売ることができ、五十タラントの元手で百タラントの儲けを手にすることになります。だが、これを聞きつけたシュラクサイの僭主ディオニュシオスは、儲けは持って行ってもよいが、これ以上シュラクサイにとどまってはならぬと、その商人に命じたと書き記しています。

この二つの逸話によってアリストテレスが示唆しているのは、商人術＝資本主義が利潤を生み出せるのは、「独占」のような「不等価交換」を行っているからであるということです。それは、「等価交換」を原則とするポリスの内部においては、本来存在すべきではない活動であることを意味します（それは、貨幣の無限の蓄積という「悪」であ

＊18　『政治学』第一巻の第十一章。

る以前の、初歩的な「悪」にほかなりません）。したがって、タレスのような哲学者は、哲学を擁護するためでない限り、商人術に携わらないし、シチリア島で鉄の販売を独占した商人は、シュラクサイの町から追放されてしまうのです。

このように、利潤の発生をなんらかの意味での不等価交換の結果と見なす見方は、アリストテレスに限らず、共同体的な立場から思考する人間に共通するものです。例えば、旧約聖書には、「われわれはエパ（度量の単位）を小さくし、シケル（貨幣の単位）を大きくし、偽りのはかりをもって欺き、乏しい者を金で買い、貧しい者を靴一足で買い取り、また、くず麦を売ろう」という商人の言葉が残されています。[*19] また、新約聖書の中にも、イエスが神殿の敷地内に入って、そこで売り買いをしていた人々を皆追い出し、両替商人の両替台や鳩売り商人の腰掛けを倒し、こう述べたことが記されています。「私の家は、祈りの家と呼ばれるべきである。ところが、あなたたちは、それを強盗の巣にしている」。[*20]

さらに、ヨーロッパ中世のスコラ哲学、特にトマス・アクィナス（一二二五頃－七四）の哲学は、天上の真理を説く聖書と地上の真理を解くアリストテレス哲学を融合させる試みと解釈することができますが、そこでは、商業を社会的分業の中の一つの「職分」と見なすことによって、それに対してなんとか一定の社会的役割を与える試みがなされています。商業活動が、社会生活の中で、すでに無視できないほど大きな役割を果たしている現実に直面していたからでしょう。しかし、それでも、アリストテレスの思考からも聖書の教えからも大きく逸脱しないように、利潤それ自体の追求に対しては、依然として強い非難を与えているのです。[*21]

## 不等価交換に依拠しない利潤

これに対し、トマス・アクィナスの時代から三世紀半後の一六三〇年に書かれた、次の文章を読んでみて下さい。

「我々が国を愛し、国に仕えるということは、他人の義務について通暁することよりも、むしろ、我々自身の義務を遺漏なく遂行することである。だから（我が子よ）、今私は商人について少しお前に話しておくのが適当であろう。やがてお前がそれを職業とすることを、私は願っているのだから」

著者は、トーマス・マン（一五七一－一六四一）。本の題名は、『外国貿易によるイングランドの財宝』。実際に出版されたのは、マンの死後二十年以上たった一六六四年で

＊19　旧約聖書「アモス書」八章四－七。
＊20　新約聖書「マタイ伝」第二十一章十二節。
＊21　トマス・アクィナスの経済論に関しては、大変古いが、上田辰之助の翻訳があります。上田辰之助『聖トマス経済学――中世経済史の一文献』（臨川書店、一九三三）。

す。[*22]トーマス・マンはイギリス人で、フランスのジャン＝バティスト・コルベール（一六一九―八三）や同じイギリスのジョサイア・チャイルド（一六三〇―九九）などと並んで、初期の重商主義を代表する人物です。若い頃地中海交易に従事して成功し、のちにイギリスに戻ってからは、東インド会社の役員やイギリス通商委員会の委員となっています。

息子に向けて書かれたという体裁を取るこのトーマス・マンの文章を読んでまず気がつくのは、自分自身が商人であることを誇り、息子がその職業に就くことを堂々と願っていることです。事実、この文章は次のように続きます。

「しかし、実に名誉高い職にお前を就けるにしても、今私の考えを述べようとするのは、全く功名心にかられてのことではないのだ。そもそも、貿易商人は、実に王国の富の管理者と呼ばれていて、他の国民と通商を営むものだ。だが、それは、責任のみならず栄誉も伴う職務であるから、すぐれた手腕と誠意とをもって遂行し、常に、私の利益が公の福祉に従うようにせねばならぬ。そしてまた、この職業が受ける栄誉は、やがてお前の希望と努力とをかきたてて、十分の伎倆を修得してそれを恥かしめまいとすることになろうから、私はここに、簡単に、完全なる貿易商人として必要な、すぐれた素養について書きとどめておこうと思う」

そして、マンは、商人に必要とされる多種多様な素養について長々と書き連ねますが、その内容は省略しておきましょう。

ここでは、商人という職業が、国家の利益に仕える「名誉ある職」として提示され、その職務は人びとの「希望と努力」をかきたてる「栄誉」を伴うものであるとされています。それは、アリストテレスとも、聖書の教えとも、さらに中世のスコラ哲学とも、なんと異質な職業観であるのでしょうか。いや、それは、新たな世界観の登場、といった方がよいはずです。

では、商人術＝資本主義それ自体を祝福するこの新たな世界観は、いったいどうして可能になったのでしょうか。

トーマス・マンは「一国の貧富は、実にもっぱら商人の貿易取引という職業によって影響される」と主張します。特に重要視するのが、「遠隔の地との貿易」です。それは、船舶や水夫に対する需要を増大させる上に、近隣の地との貿易とは比較にならないほどの大きな利益をもたらすといいます。「例えば」と、マンは計算します、「胡椒の価格が、当地で重量一ポンド当たり二十四ペンス（二シリング）のまま変わらぬとしよう。もし、アムステルダムでオランダ人からそれを買った商人が、そこで一ポンドあたり二十ペンス支払っても、この取引での儲けは十分にある」と。すなわち、二十四－二十＝

＊22　トーマス・マン『外国貿易によるイングランドの財宝』（渡辺源次郎訳、東京大学出版会、一九六五）。

四ペンスの儲けです。「しかし」と、続けます。「もしこの胡椒を東インドから求めてくると、彼が支払うのは、一ポンドにつきせいぜい三ペンスにすぎない」。今度は、二十四－三＝二十一ペンスもの儲けです。貿易にかかる諸費用を差し引いても、「これは極めて有利である」というわけです。「われわれ自身の消費にあてられる部分についてもそうだし、また、（わが国から）年々他の国々へ、より高い価格で売る大量の胡椒についてもそうである」。そして、結論します。「わが国は非常に大なる富を、これらインドの産物にもとづく利得によって作り上げることができるのであって、その大きさは、それらの産物が成長し、また国の自然の富として当然帰属するところの国民のものとは、比べものにならない」と。

すでに明らかだと思いますが、トーマス・マンがこの計算例で示したのは、まさに「商業資本主義の原理」にほかなりません。

それは、第四章で解説したように、二つの市場における価格の間の「差異」を媒介して利潤を生み出す方法です。ここで重要なのは、それが「等価交換」のみを通じて利潤を生み出すことができる方法であることです。東インドでのコショウの取引は、その地の市場価格である一ポンド当たり三ペンスで行われています。イギリスでのコショウの取引も、当地の市場価格である一ポンド当たり二十四ペンスで行われています。いずれも、原則的には「等価交換」です。それなのに、この二つの市場における価格の間に

「差異」がある限り、東インドでコショウを買い、イギリスでコショウを売れば、利潤を生み出すことができる。この例においては、コショウ一ポンド当たり、なんと二十一ペンスもの高利潤を得ることができるのです。

　このように、この利潤計算は、すべて「等価交換」を前提とする計算だから、トーマス・マンは正々堂々とそれを公表している。アリストテレスの教えに対しても、キリスト教の教えに対しても、スコラ哲学の教えに対しても、なんら恥じることはないと思っているからです。

　もちろん、イギリスがインドと行う遠隔地交易が、植民地経営という本源的な不等価交換によって支えられていることは確かです。東インドでのコショウ価格の安さの背後には、植民地的圧政のもとでの現地農業労働者の低劣な賃金が控えていたはずです。だが、そのことと、商業それ自体は不等価交換なしに利潤を生み出せるという基本原理とは、別の話です。事実、トーマス・マンは、その原理を、利潤幅ははるかに小さくなりますが、イギリスよりも先進国であるオランダからの輸入に関しても、イギリスから他の先進諸国への輸出に関しても応用しているのです。

　すなわち、アリストテレスが残した第二の問題――どうして資本主義は「利潤」を生み出すことができるのかという問題――も、重商主義者によって、しかも「不等価交換」に依拠しない形で、実践的にも理論的にも解決されていたわけです。

# 「経済学史講義」プロット

## ——ここで「経済学史」の講義全体の構成を示してもらおう。

「国民の年々の労働は、その国民が年々消費する生活の必需品と便益品のすべてを本来的に供給する源であって、この必需品と便益品は、常に、労働の直接の生産物であるか、またはその生産物によって他の国民から購入したものである」

これは、アダム・スミスの『国富論』(一七七六)の冒頭の文章です。『国富論』の原題は「諸国民の富の本質と原因に関する研究」。スミスはその出だしから、「国富」とは、「国民の年々の労働」が生産し、「国民が年々消費する……必需品と便益品」であると規定しているのです。現代語に訳すと、もちろん、国民総生産(GNP)です。国富とはGNPであると言っているのです(現在ならば、国内総生産(GDP)と言うでしょう。それは、国民の生産と消費ではなく、国内居住者の生産と消費を意味しています)。

ただ、この文章は、それが何を明示的に言っているかを「読む」だけでは、その真意の半分しか理解できません。等しく重要なのは、同時にそれが何を言っていないのかを「読む」ことです。

実際、ここには「重商主義」という言葉はいっさい出てきません（この文章に続く第一篇にも出てきません）。スミスは、あえて語らないことによって、暗黙のうちに、遠隔地交易に一国の富の重要な源泉を見いだす「重商主義」を否定している（外国との貿易について語っていますが、それはあくまでも自国民の労働によって他国民の生産物を獲得することと見なされています）。それは、二つの市場における価格の間の「差異」を媒介すれば、不等価交換なしに利潤を生み出すことができるという「商人資本主義原理」を否定している。それはさらに、「差異が利潤を生み出す」という「資本主義の基本原理」の否定に通じます。

アダム・スミスは、このように『国富論』の第一篇ではあえて語らなかった「重商主義」について、後半の第四篇（「商業主義または重商主義の原理について」）では積極的に取り上げます。ただ、その第四篇は、次の文章から始まっています。

「富とは貨幣すなわち金銀のことだという考え方は、貨幣が商業の用具として、並びに価値の尺度として、二重の機能を持つことから自然に生じた俗説である」

この文章からも明らかなように、スミスは「重商主義」を、「金銀こそ貨幣である」とする「重金主義・重銀主義」と同一視しているのです。そして、そのように規定された「重商主義」を、財サービスの交換手段でしかない貨幣それ自体に価値があると考える「俗説」にすぎないと、最初から切り捨ててしまう。そして、このようにして切り捨てられた「重商主義」の理論家の中に、ほかならぬジョン・ローが含まれていたのです。事実、スミスは別の場所で、ローの「システム」を「壮大ではあるが幻想的な考え」として退けているのです。[*23]

すなわち、「見えざる手」の働きをその中核に据えたアダム・スミスとスミス以降の古典派経済学は、まさに「重商主義」が見いだした「貨幣の自己循環論法」と「利潤の差異原理」を抑圧することによって成立したのです。

その結果、アダム・スミス以降の経済学者は、アリストテレスの第一の問題――なぜ貨幣という存在が貨幣としての「価値」を持つのかという問題――も第二の問題――どうして資本主義は「利潤」を生み出すことができるのかという問題――も、新たに解き直さなければならなくなりました。それは、さらに、アリストテレスが見いだした逆説――ポリスの存立の可能性を生み出す貨幣が、同時にポリスそれ自体を崩壊させる可能性を生み出してしまうという逆説――も、今度はポリスではなく国民経済に関してですが、新たに発見されなければならなくなったことを意味することになります。

私は、アダム・スミスの『国富論』やリカードの『経済学および課税の原理』を読み直しながら、このような考えを「経済学史」の講義ノートに書き込み始めました。

――「自己循環論法」と「利潤の差異原理」の抑圧は、実証科学としての経済学の誕生を可能にしたと岩井は見る。アダム・スミスの「見えざる手」によって経済は長期的には必ず均衡価格に戻り、秩序に向かう。人間は現実の奥底にある神秘を探すのではなく、現実のデータを集め、平均値を出せばよい。そうすれば経済法則を発見できるからだ。ミルトン・フリードマンは『実証的経済学の方法と展開』で、現実を単に観察すればよいと主張している。

アリストテレス、ジョン・ロー、そしてのちのヴィクセルやケインズはこうした見方はせず、「見えざる手」を可能にする貨幣は非常に効率的な経済システムを可能にする半面、システムそのものを覆しかねない不安定性を持つことを理解している。彼らの発想を継承する岩井の「経済学史」は、主流派経済学を基盤とする経済学史を塗り替えるものとなった。

この講義ノートの内容について、これ以上話を続ける紙幅はもはやありません。アリストテレス、ジョン・ロー、さらにトーマス・マンについて長く話しすぎてしまいました。その代わり、以下に、「経済学史」の講義の章立てを記しておきましょう。これは東京大学を退任した二〇〇九年の講義のものですが、講義全体の構成は、一九九五年か

＊23　アダム・スミス『国富論』第二篇第二章。

ら二〇〇九年まで、基本的にはそれほど大きな変化はありませんでした。

講義は、原典（大部分はその日本語訳）から抜粋したテクストをあらかじめ配布し、そのテクストを学生と一緒に「読んで」いくというスタイルを取りました。ただ、大教室での講義でしたので、実際の講義は、私が一方的にテクストを解読していくという形になってしまいました。この「経済学史」の講義は、講義ノートをもとにして、いつか一冊の本にまとめてみたいと考えています。それも、読み解くテクストを上段に印刷し、私の読み解きを下段に印刷する形式の本として、です。といっても、まだ研究や他の執筆が忙しく、その作業には当分取りかかれそうもありませんが。

## フーコー「知の考古学」アプローチ

――岩井は、「経済学史」をどのように教えるかを考える中で、思想史や科学史の分野に大きな影響を与えてきたミシェル・フーコーの「知の考古学」アプローチに対して、疑問を持つようになった。

実は、これまでの「発展史観」とは異なった視点からの「経済学史」の講義を構想していたとき、一時的にですが、採用を考えていたアプローチがありました。それは、ミシェル・フーコー（一九二六―八四）の「知の考古学」アプローチです。一九六〇年代後半から一九七〇年代後半にかけて、フランスではのちに「ポスト構造主義者」と呼ばれることになる思想家が出現し、日本を含めて世界中の思想界に大きな影響を及ぼしました。フーコーは、ロラン・バルト、ルイ・アルチュセール、ジャック・ラカン、ジャック・デリダ、ジル・ドゥルーズなどと並んで、この思想潮流を代表する思想家の一人と見なされています。

「知の考古学」とは、フーコーの初期の著作である『狂気の歴史』(一九六一)、『臨床医学の誕生』(一九六三)によって用いられ、世界的ベストセラーになった『言葉と物』(一九六六)によって世に広められ、その題名通り『知の考古学』(一九六九)によって明示化された、人間の「知」の歴史に関する方法論です。[*24]

では、なぜフーコーは自らの方法論を「考古学」と呼んだのでしょうか。その理由を理解するには、実際の「考古学」を考えてみましょう。例えば、私が今住んでいる東京は、都心、下町、山の手などの地域に分かれており、それぞれ独自の景観を持っています。だが、その土地を少しでも地下に向けて掘っていくと、すぐ完新世(沖積世)の地層が現れます。さらに掘り進んでいくと、突然に完新世が終わり、更新世(洪積世)の地層が広がります。もっと深く掘り下げていくと、再び突然に更新世が終わり、今度は鮮新世の地層が現れてくる。

すなわち、地質学的時間を逆にたどっていく考古学的な発掘が明らかにするのは、いくつかの断絶によって特徴づけられるまさに垂直方向の不連続性であるのです。そして、このような断絶と断絶の間にはさまれたそれぞれの地層は、都心の下なのか、下町の下なのか、山の手の下なのかには関係なく、同様の土質によって形成され、共通の遺跡や化石を出土することになる。すなわち、それぞれの地層の内部は、表層における地理的区分とは独立した、水平方向の連続性によって特徴づけられることになるのです。

この都心、下町、山の手を、「言語学」「生物学」「経済学」と置き換えてみましょう。現在、この三つの学問は、それぞれ言語、生物、経済をその対象とする独立した学問として成立している。だが、フーコーは、西欧の「知」の歴史において、現在、言語学、生物学、経済学と呼ばれて互いに区別されている学問の地下を、歴史的時間に沿って掘り下げていくと、西欧文化の中では少なくとも三つの「知」の地層を見いだせると主張しています。現代から十九世紀初頭までの「近代」、十八世紀末から十七世紀中盤までの「古典主義時代」、そして十七世紀初頭から中世にまでさかのぼることのできる「ルネサンス」の三つです。そして、この三つの「知」の地層の内部においては、表層における学問の区分を横断した水平方向の共通性があるという。

*24　ミシェル・フーコー『狂気の歴史』（田村俶訳、新潮社、一九七五）、『臨床医学の誕生』（神谷美恵子訳、みすず書房、一九六九）、『言葉と物』（渡辺一民・佐々木明訳、新潮社、一九七四）、『知の考古学』（中村雄二郎訳、河出書房新社、一九七〇）。

ここで重要なことは、言語学も生物学も経済学も、いずれも数学や物理学のような純粋科学とは異なった「いかがわしい」科学だということです。それらが「いかがわしい」というのは、いずれも「人間」というやっかいな代物を扱う「人間科学（Sciences of Man）」であるからです。知の考古学が、それぞれの知の地層の中に見いだした共通性とは、これらの学問の対象となっている言語や生物や経済に関してではなく、これらの学問がそのような対象について語るとき、ほとんど無意識的に従ってしまうその「語り方」に関してであるのです。以下に引用する『言葉と物』の英語版の序文で解説されている「知」の「構成ルール」とは、まさにこの学問を横断する「語り方」のことを指しています。

「私がここでしたいと思っていることは、……科学者の意識をすり抜けているが、同時に科学的言説の一部となっているような知のレベルを明らかにすることである。……古典派時代の文法学、博物学、貨幣と価値理論に共通していたものは科学者の意識には上っていなかった。しかし、彼ら自身は無意識であったにも関わらず、文法学者、博物学者、貨幣と価値の理論家たちは、彼らの研究にどのような対象が相応しいか、どのような概念を構成すべきか、どのような理論を構築すべきかという点において同一のルールを用いていた。このように、それ自体としては決して定式化されることがなかったが、大いに異なった理論や概念や研究対象を通じてのみ見いだすことができるこれらの『構成ルール』こそ、私がいくぶん任意に『考古学的』と呼んだある知のレベルを特定化することによって私が明らかにしようとしたものである」[*25]

そして、このような「語り方」としての「知」の地層は、お互いに断絶されているだけでなく、どの地層がより真理に近いということも意味しないとされるのです。

実際、フーコーは、十六世紀末まで続くルネサンス時代においては、事物とその記号――すなわち、モノとコトバ、生き物それ自体と生き物についての記述、そして商品とおカネ――とが分離しておらず、同じ世界の中に共存していたと述べます。そして、人びとは事物と記号とを「類似」によって関係づけていたと言う。例えば、当時、貨幣として用いられていた金銀は、それ自体が価値ある商品（ただし、優れて貴重な商品）であるからこそ、他の商品の価値の尺度（記号）となることができると考えられていたというのです。

だが、十七世紀の初めに西欧文化は大きな断絶を経験したとフーコーは言います。古

＊25　Forward to the English Translation, Michel Foucault, *The Order of Things - An Archaeology of the Human Sciences*, (English Translation of Les Mots et Les Choses, (1970, Random House). フーコーは、この知の構成ルールのことを、『言葉と物』の本文や『知の考古学』では「エピステーメ」と呼んでいます。ただし、フーコーは、後期の著作においては、「エピステーメ」という言葉は使わなくなり、分析の対象をその背後でミクロ的に働いている権力のあり方に集中するようになります。

典主義時代の開始です。それまで同じ世界に共存していた事物とその記号とが、突如分離を始めたというのです。記号は、他のすべての記号との相互関係によって、それ自体で自立した秩序の体系を形成するようになる。そして、事物の秩序の「表象」という中立的な役割に専念することになったというのです。

したがって、この古典主義時代においては、記号の学としての文法学、博物学、貨幣と価値の理論が特権的な位置を占めます。文法学は、すべてのモノを表象する名詞を分析し、博物学は、すべての生物を分類する外見上の特徴を分析し、貨幣と価値の理論は、すべての商品に交換価値を与える貨幣を分析したのです。

しかしながら、十九世紀の初頭、古典主義時代が突如として崩壊し、近代が始まったと、フーコーは述べます。文法学も博物学も貨幣と価値の理論も背景に退き、「人間科学」としての言語学、生物学、経済学が誕生したというのです。言語学の分析の中心には、多様な知覚や欲望や意思を表現する手段としての人間の言語活動が置かれ、生物学の分析の中心には、多様な外見上の特徴を統一的に支配する有機体としての生命活動が置かれ、経済学の分析の中心には、多様な商品の価値の共通の源泉としての人間の労働活動が置かれることになったという。この意味での「人間」の登場――いや、「知」の対象としての「人間」の「発明」といった方が適当かもしれませんが――こそ、西欧文化の歴史における最も根源的な事件であったと、フーコーは述べます。そして、現在の言語学、生物学、経済学は、まさにこのとき誕生した、語り、生き、労働する人間に関する学問としての言語学、生物学、経済学の連続線上にいまだあると、フーコーは主張します。

## このアプローチを採用しない理由

「知の考古学」アプローチは、その後の思想史や科学哲学に多大な影響を与えました。私は『言葉と物』は、英訳のペーパーバックが出た一九七三年に読みましたが、単線的な発展史観に立つ伝統的な思想史や科学哲学に大胆に挑戦するこの書物に、強い印象を受けた記憶があります。そこで、その「考古学的アプローチ」を「経済学史」の講義の方法論として使えるかどうか検討するために、もう一度読み直してみたのです。しかし、読み終わったとき、このアプローチは採用できないという結論に達してしまいました。以下がその理由です。

第一に、私自身が経済学の過去の文献を読むようになって、フーコーが行っていた経済学的な言説の読み込みの中に、納得できない点を数多く見いだすようになったからです。フーコーは哲学者として思索し、精神科医としての訓練も受けていますが、経済学に固有の思考は十分にしてこなかったように見える。そして、自身の「考古学的アプローチ」の枠組みの中に、いくつかの重要な文献を強引に押し込もうとしている。

例えば、フーコーの言う古典主義時代は、経済学史における重商主義の時代に対応しますが、重商主義の貨幣論を代表するジョン・ローが、貨幣の価値も他の商品と同じようにその「用途」から生じると論じたことは、先に述べた通りです。古典主義時代においてさえ、記号（貨幣）は、事物（商品）の中立的な表象としてではなく、（ルネサンス時代とは異なった形ですが）事物（商品）と同じ世界の中の存在であったことを示しているのです。

また、フーコーは、近代の始まりを古典派経済学による人間労働の発見に求めていますが、その規定はマルクスによる古典派経済学の解釈に全面的に縛られてしまっている。マルクス経済学がその知的影響力を失ってしまった今、アダム・スミスもデーヴィッド・リカードも労働価値論者として読み解くことは困難です。[*26]

しかも、フーコーはその後の経済学の主流派となった新古典派経済学をほとんど理解していない。マルクスの『資本論』の出版から数年遅れた一八七〇年代に、オーストリアのカール・メンガー（第五章で彼の貨幣発生論を批判的に論じました）、イギリスのスタンリー・ジェヴォンズ（一八三五―八二）、フランスのレオン・ワルラス（一八三四―一九一〇）によって、ほぼ同時に打ち立てられた新古典派経済学は、労働サービスを含むすべての商品の需給を同時に均衡させる価値の体系（一般均衡価格体系）の存在を数学的に証明し、労働価値論を特殊の仮定のもとでのみ妥当する特殊理論として葬り去ってしまいました。事実、経済学がフーコーのいう古典主義時代の「知」のあり方に最も近づいたのは、まさにフーコーにおいては近代とされているこの時期においてなのです。

第二に、私がアリストテレスを再読したからです。アリストテレスは、今から二千四百年ほどさかのぼった時代に、すでに貨幣と資本主義について最も本質的な思考を成し遂げていました。このように長大な「知」の連続性を前にすると、せいぜい数百年にしかならない経済学の歴史の中にいくつかの不連続な「地層」を掘り出すことに大きな意義を見いだせなくなったのです。

しかも、アリストテレスが貨幣に関する最初の思想家、そして資本主義に関する最初の思想家となったのは、アリストテレスが生きていた古代ギリシャがまさに歴史上最初

*26　確かにスミスは『国富論』において、「あらゆるモノの真実の価値」は「その獲得に費やされた労苦と骨折り」と述べています。さらに、「資本の蓄積と土地の占有が始まる前」の「未開の社会状態」においては労働価値論が成立するとも言っています。だが、スミスの価値理論の主要目的は、ひとたび資本が蓄積され土地も私有されると、商品の価値はその生産に投入される労働量には必ずしも比例しないことを示すことにあったのです。また、確かにリカードは『経済学および課税の原理』の中で、「商品の価値はその生産に投入された労働量に比例する」という原理を提示しています。だが同時に、「機械やそれ以外の固定資本の使用」は「この原理を大幅に修正する」ことを明記しているのです。事実、リカードは死の床に横たわるまで、労働にとって代わる「不変な価値の尺度」を探し続けていたことが知られています。

に全面的に貨幣化された社会であったからです（ただし、このことを確信するようになったのは、後にシーフォードの研究報告を聞いてからです）。

ということは、アリストテレス以来の貨幣と資本主義をめぐる言説の連続性の背後には、その言説の対象である貨幣や資本主義それ自体の連続性を見いだすことができるはずです。事実、シーフォードは、アリストテレスが生きた古代のギリシャ社会は、まさに「近代」社会であったと主張していました。

そして、このことは、私がフーコーの「知の考古学」アプローチを採用しなかった、第三の、そして最も根源的な理由につながることになります。

## フーコーを笑う

「A．皇帝に属するもの、B．香の匂いを放つもの、C．飼いならされたもの、D．乳呑み豚、E．人魚、F．お話に出てくるもの、G．放し飼いの犬、H．この分類自体に含まれるもの、I．気が触れたように騒ぐもの、J．数え切れぬもの、K．駱駝の毛のごとく細い毛筆で描かれたもの、L．その他、M．今しがた壺を壊したもの、N．遠くから蠅のように見えるもの」

これはホルへ・ルイス・ボルヘスのエッセイの中に記された、ある「中国の事典」の分類です。この分類を読んで、笑わない人間はいないでしょう。フーコーは、『言葉と

物』の序でこの分類を引用した後、それが読む人の「笑いをかきたてる困惑は、おそら

く、言語が崩壊してしまった人々がいだくあの深い困惑と無縁ではあるまい」と書いて

いています。それは「場所と名の間の〈共通なもの〉が失われたということなのだ」と言う

のです。

私は、「経済学史」の講義の準備のためにアリストテレスを読み直した後、フーコー

が『言葉と物』で論じた三つの「人間科学」の名前を次のように書き並べてみました。

「A．言語学、B．生物学、C．経済学」

そして、書き終わった瞬間、思わず笑い出してしまいました。なぜならば、「中国の事典」の分類ほどの荒唐無稽さはありませんが、この分類もまさに〈共通なもの〉を失っているからです。確かに、言語学と経済学には共通性があります。いずれも「言語」や「貨幣」といった「社会的実在」を対象とした学問であるからです（この「社会的実在」という言葉の意味は、次節で解説します）。だが、生物学は全く違います。それが分析の対象としている「生命現象」それ自体には何の「社会性」も含まれていない。それは、「社会的実在」に対立するまさに「自然的実在」でしかない。いや、多少同義反復的に言えば、「生物的実在」でしかない。そうです。フーコーは「社会的実在」を対象とする学問と「生物的実在」を対象とする学問とを同列に並べてしまうという分類上の錯誤を犯しているのです。したがって、もしこれらの学問の間に何らかの共通性があ

るとしたら、それは学問の対象に関する共通性ではありえません。これらの学問がそのような対象について語る、その「語り方」に関する共通性でしかありえない。「人間科学」を横断する「語り方」の共通性を唱える「知の考古学」アプローチは、少なくとも『言葉と物』で提示されたヴァージョンにおいては、このような分類上の錯誤の必然的な落とし子でしかないのです。

次に私は、『言葉と物』で扱われた三つの「人間科学」のうちの「生物学」を「法学」に置き換えてみました。

「A．言語学、B．法学、C．経済学」

こう書き並べたとたんに、しっくりする。この分類ならば笑えません。言語学が対象とする「言語」、法学が対象とする「法」、そして経済学が対象とする「貨幣」は、いずれも「社会的」な存在としての共通性を持っているからです。

そして、ひとたび「人間科学」をこのように分類し直すと、その「いかがわしさ」も消えてしまいます。少なくとも、その大部分は薄らいでしまいます。言語、法、貨幣――それらは、いずれも人間と人間との間で交換される意味や権利や価値の媒介として働く「社会的実在」にほかならないからです。われわれ人間は、この「社会的実在」の媒介によって「人間社会」を築き上げ、まさに「人間」として他の生物から自らを断絶することができたのです。

## 第三の科学＝人間科学

ここで、言語学、法学、経済学、そしてこの三つの学問と領域を接するいわゆる「人文社会科学」の諸分野を、新たに「人間科学」として規定し直してみましょう。それは、まさにこのような社会的「実在」を分析の対象とする学問であるという意味で、生物的「実在」を対象とする生命科学とも、物理的「実在」を対象とする物理科学とも共通の「科学性」を持っているはずです。同時にそれは、まさにこのような「社会的」実在を分析の対象とするという意味で、「生物的」実在を対象とする生命科学とも、「物理的」実在を対象とする物理科学とも区別される「第三の科学」と見なすことができるはずです。

残念ながら、このように規定し直された「人間科学」には、「知の考古学」のような先鋭さも華やかさもありません。しかも、物理科学とも生命科学とも共通する「科学性」を主張しているという意味では、方法論的にもひどく保守的です。事実、それは、「人間科学」の分析対象にはその「語り方」とは独立した「実在性」があることを前提としている。まさに「知の考古学」が批判しようとした伝統的な「科学観」に回帰しているのです。

しかしながら、私はこの点においては確信犯です。すでに第一章で触れましたが、最近の生命科学、特に脳科学の進歩は、「人間科学」に固有の領域と考えられてきた人間の社会的行動の少なくとも一部に、「生物学的」な基礎を与えつつあります。そして、少なくとも一部の生命科学者は、このような人間の社会的行動の「生物学化」は、「人間科学」からいつの日かその「科学」としての存在理由を奪い取ってしまうだろうと考えています。そのとき「人間科学」の分野に残されるのは、良く言えば、哲学的考察や倫理的判断、悪く言えば、文学的な言説の戯れや政治的なイデオロギーの表出だけだろうとさえ予言しています。近年の生物学の急速な進歩がもたらすこのような知の地殻変動の前では、「知の考古学」は無力です。いや、無力どころではありません。結果的には、共犯関係にあります。

一方で、分析の対象自体はカッコにくくって、その対象に関する「語り方」の共通性として「人間科学」を規定する「知の考古学」と、他方で、「人間科学」の「科学的」な部分はすべて生命科学に吸収し、「科学」の枠に収まりきらない周縁部分にその活動を限定してしまおうとする「生命科学」の帝国主義的拡大とは、「人間科学」を無化する試みという点においては同罪であるのです。

私は、「経済学史」の講義ノートを作成しながら、以上のようなことを考え始めていました。その後、「経済学史」の講義をするかたわら、「言語」や「法」や「貨幣」などの社会的実在を共通の分析対象とする第三の科学としての「人間科学」の可能性について、本当にノンビリとですが、検討し始めました。そして、二〇〇六年、当時会員であった日本学術会議の機関誌『学術の動向』に「学術からの発信」という記事を書くよう要請されたとき、以上のような考えを「なぜ人文科学も〈科学〉であるのか？」と題した文章に短くまとめてみました。[*27]

掲載後、何人かの会員に面白かったと言われましたが、一人、自然科学の分野の会員から、社会科学はやはり単なるイデオロギーにすぎないという厳しい批判のメールをもらいました。もらったときは不愉快でしたが、人文社会科学は単なるイデオロギーにすぎないという認識がいかに強く自然科学者の間に広まっているかを示してくれたそのメールは、逆に励ましになりました。その反発の激しさによって、かえって自分の考えていることは必ずしも的外れではないという確信を深めるきっかけになったのです（このメールは残念ながら散逸してしまいました）。そして、二〇〇八年に日本経済新聞から「やさしい経済学」への連載を依頼されたのを良い機会に、同じ主題で、もう少し長めの論考を書いてみました。次節にその主要部分を再録してみましょう。[*28]

＊27　日本学術会議『学術の動向』二〇〇六年四月号に掲載されました。
＊28　「言語・法・貨幣──自由と危機」『日本経済新聞』（二〇〇八年五月三十日－六月十一日）

## 言語・法・貨幣論

### ——岩井に「言語・法・貨幣論」について、もう少し詳しく語ってもらおう。

〈社会的な実在と「人間科学」〉

近年、自然科学や生命科学の発展はめざましい。その中で、人間科学は科学ではないという人が増えています。学問として消え去るべきだという人さえいるのです。

しかし、私はそうは思いません。

ある日、私が考え事をしながら歩いていると、道の上の小石につまずき、大きく転んでしまいました。転んだ拍子に、手を擦りむいたようです。傷口から血がにじんでいます。

だが、もし道にあったものが小さな一枚の紙切れであったならば、私は転ばなかったでしょう。それを踏みつけたのも気がつかずに歩き続けたに違いありません。

でも、その紙切れの上に福沢諭吉の肖像画とともに「壱万円」という文字が印刷されていたならば、私はハッと立ち止まったはずです。あたりを見回し、その紙切れをそっとポケットに入れようとしたかもしれません。

そのとき運悪く強い風が吹いて、その紙切れが近くの大きな家の庭の中に飛んでいってしまったとしましょう。庭の周りには、簡単に越えられる柵しかない。それでも、私は庭の中に入るのをためらうはずです。

だが、つい出来心から庭に忍び込んでしまったとしましょう。さらに運悪く、その家の人が庭にいる私の姿を見とがめて、「ドロボー」と叫んだとしましょう。その声に驚いて私は一目散で逃げ出すでしょう。あまりに慌てふためいて転んでしまうかもしれない。転んだ拍子に、手を擦りむいてしまうかもしれない。

この話は、いったい何を私たちに教えてくれるのでしょうか。

私がつまずいた硬くて重い小石は、「物理的実在」です。転んだ私の身体や擦り傷からにじむ血液は、いずれも生命現象に関与しているという意味で、「生物的実在」あるいは「生命物質」と呼ぶことができます。だが、この世には、物理的実在とも生物的実在とも異なる第三の「実在」――「社会的実在」――が存在しているのです。すなわち、「貨幣」と「法」と「言語」です。

福沢諭吉の肖像が印刷された紙切れは、物理的には吹けば飛ぶような実在です。だが、それは一万円の価値を持つ貨幣であることによって、確実に私の歩みを止めさせます。一万円札が飛んでいった家の庭の柵は、物理的には何の障害にもなりません。だが、それは法律上の所有権の範囲を示すことによって、確実に私の侵入を防ぎます。家の人が発した大声は、物理的には空気の振動にすぎません。だが、それは「泥棒」を意味する言葉であることによって、確実に私を庭から追い出します。

貨幣と法と言語――それは、価値を持ち、権利を与え、意味となる。だからこそ、小石につまずくよりも大きな反応を私から引き出す「実在性」を持っている。私は一万円札を見て腰をかがめ、柵を前にして立ち止まり、「ドロボー」という声を聞いて走り出す。

もちろん、貨幣である紙切れ、法律上の境界線を示す柵、言語としての音声の物理的な性質をいくら調べてみても、なぜ私がこのような反応をするのかを明らかにすることはできません。価値も権利も意味も、物理科学の対象にはならないのです。

ここで生命科学者から異議が出るかもしれません。貨幣や法や言語の物理的な性質からは、なぜそれが価値を持ち権利を与え意味であるのかが分からないのならば、逆にそれに反応する生命物質としての私の身体、特にその中の脳細胞を調べればよいのではないか、と。

〈生命科学と「人間の本性」〉

近年の遺伝研究の進展は驚異的です。それは周知のように、親から子に伝わる遺伝子が、人間の能力や性格や行動に決定的な影響を与えることを明らかにしています。一卵性双生児の研究は、攻撃性や道徳心や知能水準などの八割近くが、遺伝子によって説明できると報告しています。養子に関する研究の中には、育ての親の教育投資や文化環境は、子供の人格形成に長期的には大きな効果を持たないという報告すらあります。好奇心やアルコールへの依存性などを左右する遺伝子さえ特定化され始めているというのです。

事実、今、人間に関する知識はすべて遺伝学、さらには分子生物学に還元されるべきだと主張する社会生物学や進化心理学が、大きな影響力を持ち始めているのです。人間とは社会的生物です。長い進化の過程の中で、互いに協力して生活するのに有用な遺伝子をＤＮＡの中に多数蓄積してきました。その遺伝子によって脳の中に書き込まれた能力や性格や行動の総体こそ、「人間の本性」にほかならないというのです。

人間の本性をめぐっては、長らく環境決定説と遺伝決定説との間で激しい論争がありました。遺伝説には人種偏見や性差別などの正当化に悪用されてきた忌まわしい過去があり、いまだに多くの人、とりわけ人文学者や社会科学者が拒否反応を示しています。

もちろん、遺伝研究の結果の多くはまだ仮説にすぎず、また環境要因がすべて否定されたわけではありません。だが今、学問に誠実であろうとすれば、遺伝要因の重要性を指摘する生命科学の成果を無視して「人間」を論ずることは、もはや許されなくなったのです。

それでは、人間の本性はすべて遺伝子情報に還元されてしまうのでしょうか。人間科学は生命科学に吸収され、その存在意義を失ってしまうのでしょうか。

答えは否です。いや、人間の本性をすべて遺伝子に還元しようとする試み自体が、何が遺伝子に還元しえないかを明らかにするのです。

——脳科学や遺伝子研究の発展に対し、経済学界は正反対の二つの対応に分かれている。一つは、脳科学などの研究成果を積極的に取り入れ、融合しようとする動きだ。人間には合理的な部分と本能的な部分があり、その両面からとらえ直すことで経済行動を分析し直す試みで、「行動経済学」などの研究が日本でも活発になっている。もう一つは、ポール・サムエルソンが唱えた「顕示選好」の考え方で、「人間は効用（満足度）を最大化するように行動する存在」として規定すれば経済学は成立すると主張し、「非合理性」の分析に背を向ける。

岩井は、行動経済学や神経経済学などの試みを「人間を一元的にみるよりはるかに面白い」と一定の評価をするが、制度設計の議論をする際には「人間が利己的に行動したとしても成立する頑強な制度を考える必要がある」と注文をつける。それでは、岩井自身はどんなアプローチを考えているのだろうか。

〈脳の中と「社会」の中〉

まさにここに、言語、法、貨幣が再び登場するのです。なぜならば、人間の遺伝子をいくら詳しく調べてみても、その中に言語や法や貨幣を見いだすことはできないはずだからです。

確かに、人間のDNAには、言語を操り、法に従い、貨幣を使う「能力」を生み出す遺伝子が蓄積されています。例えば十数年前に、人間の発話能力に関連するFOXP2という遺伝子が特定されています。また、人間が道徳意識を遺伝的に持っていることを示す実験結果も数多くあります。さらに第一章でも触れましたが、他人の心の働きを自分の心の働きと同様に感じ取るミラー・ニューロンの発見は、人間は他人と互恵的な関係に入る性向を生得的に持っていることを示唆しています。私たち人間は、まさに社会的本能として、様々な驚くべき能力をあらかじめ脳の中に書き込まれてこの世に生まれてきているのです。

だが、ここで重要なことは、言語や法や貨幣「それ自体」と、それらを駆使しうる「能力」とを区別することです。現実にどのような音声や図形の連鎖が言語となるのか、どのような規則や命令が法となるのか、どのような金属片や紙切れが貨幣となるのかは、遺伝子の中に書き込まれているわけではありません。

言語それ自体、法それ自体、貨幣それ自体は、生まれたばかりの人間にとっては、社会の中の他の人間によって与えられる「外部」の存在なのです。それは、遠い歴史の彼方(かなた)で誕生し、日常生活における実践を通して、親から子へと生物的に伝達される遺伝子とは別途に人間から人間へと継承され、社会の中に蓄積されて今日にいたっているのです。

言語・法・貨幣――それは人間の脳の中に存在しているのではない。人間の脳と脳の「間」、すなわち「社会」の中に存在しているのです。

〈自己循環論法〉

なぜ、私は単なる空気の振動でしかない「ドロボー」という声が泥棒という意味であると思い、低い柵でしか囲われていない庭の使用はその所有者だけの権利だと思い、一枚の紙切れにすぎない一万円札に一万円の価値があると思っているのでしょうか。

それは、他のすべての人間が、その声が泥棒を意味すると思っており、その庭の使用は所有者だけの権利だと思っており、その紙に一万円の価値があると思っているからです。それだけではありません。他のすべての人間がそう思っているのも、それぞれ他のすべての人間が、その声が泥棒を意味すると思っていると思っており、その庭の使用は所有者だけの権利だと思っていると思っており、その紙に一万円の価値があると思っていると思っているからなのです。

ここにあるのは「自己循環論法」にほかなりません。言語とは、すべての人間が言語として使うから言語なのです。法とは、すべての人間が法として従うから法なのです。そして、貨幣とは、もちろんすべての人間が貨幣として受け取るから貨幣なのです。

言語も法も貨幣も、まさにこのような自己循環論法の産物であるからこそ、物理的性質にも遺伝子情報にも還元しえない意味や権利や価値を持ちうるのです。

もちろん、多くの言語は、それが指し示すモノの性質やコトの構造と対応した音の響きや文字の形や言葉の配列を持っています。多くの法律は、人間が本能的に従う道徳義務や社会規範にもとづいています。また、多くの貨幣は、金銀など商品としても価値がある素材を用いています。だが、これらの自然的な要因だけでは、言語と法と貨幣とが歴史的に多様な発達をとげ、社会ごとに大きく異なっていることを説明することはできません。事実、言語学も法学も貨幣論も、その学問としての出発点は、まさに言語、法、貨幣の「恣意性」の認識であったのです。

〈社会的であること（一）〉

ところで、私は、言語や法や貨幣のことを「社会的実在」と呼びました。それは人間から大きな反応を引き出すという意味で「実在的」です。しかも重要なのは、私自身は単なる空気振動や境界線や紙切れでしかないと思っていても、他の多くの人間が意味を持ち権利を与え価値を担っていると思っている限り、その「実在性」には私の主観とは独立した「客観性」があるということです。

では、言語と法と貨幣とは、どういう意味で「社会的」であるのでしょうか。これには二重の意味があります。

第一に、言語も法も貨幣も、それを言語や法や貨幣として用いている社会から切り離されてしまえば、言語でも法でも貨幣でもなくなってしまうことを意味するからです。日本語と異なった言語を話す集団では、ドロボーと叫んでも誰も振り向いてくれないでしょう。日本の法律が及ばない領域では、高い柵をめぐらせても誰かまわず庭を行き来するでしょう。日本経済と取引関係のない人には、一万円札は単なる紙切れにすぎないでしょう。言語も法も貨幣もそれぞれ、それを言語として使う社会、法として従う社会、貨幣として受け取る社会の中でのみ、意味を持ち権利を与え価値となるという意味で、「社会的」なのです。

そして、「社会的」であるということには、さらに深い第二の意味があります。

〈閉じられた小集団〉

人類は六百万年ほど前に類人猿から分かれたといわれています。もともと類人猿は、体重で比べると他の動物よりはるかに大きな脳を持っていましたが、人類の脳は二百万年前からさらにその大きさを加速度的に膨張させています。それは、人類の共同生活が他の動物よりはるかに複雑になり、お互いの意図や感情を常に読み合う必要があったことと強く関連しているということが、近年の人類学や考古学の研究で明らかになってきました（例えば、人類の眼には、類人猿と違って、白目があります。それは黒目の動きを際立たせることによって自分の意図や感情を伝えやすくする働きを担っているといわれています）。

二十万年前、アフリカに登場した現生人類（ホモ・サピエンス）は、すでに高度に社会化された生物であったのです。彼らは、脳に蓄えられた社会的本能に加えて、様々な慣習や規範やルールを後天的に作っています。意思の伝達は、顔の表情や身振り手振り、さらには吠え声や叫び声などによって行われていたはずです。争いの決着は、直接的な力の対決や集団内のボスによる仲裁などで果たされていたはずです。食物などの交換は、まず相手に与え、お返しをしてくれた相手には与え続け、お返しを拒否した相手には与えないという互恵性原理にもとづいていたはずです。

重要なのは、これが「閉じた」集団であったということです。なぜなら、このように直接的な形で意思の伝達や争いの決着や食物の交換を行うためには、表情の変化、身体や手足の動き、声の調子等から相手の意図を読み取っていかなければなりません。相手が自分より腕力が強いか弱いか、あるいは集団内のランクが高いか低いかを見極めなければなりません。相手に過去にモノをあげたかどうか、相手が過去にそのお返しをしてくれたかどうかを覚えていなければなりません。そのためには、共に生活し、お互いをよく知り合っていることが不可欠です（それだから、人間の脳は巨大化したのです）。

すなわち、人間は、血縁や地縁で結ばれ、いわばお互いの顔が見える小さな集団の中でしか生きられない社会的生物として生きてきたのです。

〈社会的であること（二）〉

そこに、「言語」が生まれました。それが、五万年前なのか十万年前なのか、言語遺伝子の出現という不連続な変異によるものなのか、一般的な知的能力の拡大に伴う連続的な進化によるものなのかは、まだ決着がついていません（私自身は、十年前まではノーム・チョムスキーの普遍文法言語論の強い影響から、遺伝子変異説を信じていました。だが、近年、脳科学的な研究のフロンティアを追っていくうちに、普遍文法なるものに特化した遺伝子の存在に疑問を持つようになりました。人間の脳の中の大脳皮質の拡大がある閾値を超え、自己循環論法を扱えるだけの一般的知的能力を備えたことによって、多少比喩的な言い方になりますが、言語それ自体が人間の脳に宿ることが可能になったと考えるようになっているのです）。ただ、いずれにせよ確かなことは、言語の成立によって、閉じた社会が少なくとも潜在的に「開かれた」ということです。

言語さえ共有していれば、相手の顔が見えなくても、声を通して意思を伝えられます。いや、声の届かない遠方や未来にも、人から人へと伝わる文字を介して意思を伝えることができる。言語はまさに「意味」そのものであることによって、それまで会ったこともない話し手と聞き手の間でも、これからも会うことがない書き手と読み手の間でも、意思の伝達を可能にするのです。そして、ひとたび同じ言葉を話し、同じ文字を書きさえすれば、人間と人間は同じ「人間」として意思を通じ合えることになるのです。

すなわち、言語の媒介は、血縁や地縁で結ばれた小さな集団を超えて、人間と人間とがまさに同じ「人間」として関係し合える「人間社会」を生み出すことになったのです。

ところで、法も貨幣も、どちらが先かは不明ですが、言語よりも遅く誕生したことは確かです（ただし、書き言葉の誕生とは時期的にそれほど離れていません）。

ひとたび法が成立すると、小さな集団の中のむき出しの力関係は、抽象的な権利と義務の関係に置き換わります。他人が私に危害を加えないのは、私の方が力が強いからではなく、私の人権を侵害しない義務を負っているからです。私が他人から不当な損害を受けても直接仕返しをしないのは、司法を通して賠償の義務を負わせる権利を持っているからです。

ひとたび貨幣が流通すると、小さな集団の中の緊密な互恵的関係が、抽象的な価値の交換関係に置き換わります。貨幣とは、すべてのモノと交換することができる一般的な交換価値の別名です。それまで一度もモノをあげたことのない人からでも、その人が貨幣を受け取ってくれさえすれば、欲しいモノをもらうことができます。それまで一度もモノをもらったことがない人にでも、その人が貨幣を手渡してくれさえすれば、余ったモノを与えることができます。

すなわち、言語の媒介に続いて、法と貨幣の媒介は、人間と人間をそれぞれ同じ権利義務の主体、同じ交換価値の所有者として関係させることによって、人間と人間が同じ「人間」として関係し合う「人間社会」をさらに一層拡大していくことになるのです。

人間とは、ミツバチやツルのような単なる社会的生物ではありません。言語、そして法と貨幣の媒介によって、人種や性別や顔かたち、さらには所属する集団や集団内の地位や過去からの来歴からも切り離された普遍的な「人間」として、他者とともに生きていく社会的生物であるのです。言語と法と貨幣とは、したがって、まさに「人間社会」それ自体を成立させる媒介であるという、本質的な意味で「社会的」であるのです。いや、人間社会に支えられながら、同時に人間社会を支える実在という二重の意味で、社会的な実在であるのです。

〈個人の自由〉

言語と法と貨幣の媒介——それは、個々の人間にとっては、「自由」の条件です。

言語も法も貨幣も、まさに自己循環論法の産物であることによって、物理的性質にも遺伝子情報にも血縁地縁にも還元されない意味や権利や価値として、歴史の中で人から人へと受け渡され、社会の中に蓄積されてきました。

そして、ひとたび人間が言語を使う社会の中に生まれ、社会の中の他の人間と言語を媒介として意思を伝達し合うと、その言語を内面化するようになります。言語によって思考し、言語によって判断し、言語によって意思決定するようになるのです。それは、それぞれの人間がみずからの脳の中に自律性を持った意味の宇宙を作り上げることを可能にし、物理的世界の構造からも生得的本能の命令からも小集団内の秩序からも制約されずに、思考し判断し意思決定する自由を個人個人に与えることになるのです。

ひとたび人間が法の支配の下に入ると、人間同士の利害関係は法を媒介とした権利・義務関係になります。それは、それぞれの人間が他人の介入から守られる権利の領域を確保することを可能にし、他人と共存しながら自己の目的を追求していく自由を個人個人に与えることになるのです。

ひとたび人間が貨幣を受け入れると、人間同士の交換関係は貨幣を媒介とした売買関係になります。それは、それぞれの人間が貨幣という形で交換価値それ自体を持ち運ぶことを可能にし、好きな時間に好きな場所で好きな相手と交換できる自由を個人個人に与えることになるのです。

もちろん、「自由」こそ人間の本性です。その意味で、言語と法と貨幣はまさに「人間の本性」そのものを形作っているのです。

〈社会の危機〉

だが、個人にとっての「自由」の条件は、同時に、人間社会にとっては「危機」の条件でもあるのです。

なぜならば、言語や法や貨幣を支える自己循環論法は、まさに物理的性質にも遺伝子情報にも血縁地縁にも根拠を持っていないことによって、しばしば自己目的化したり、自己崩壊したりするからです。事実、人間の歴史とは、様々な形で次から次へと噴出してくる言語や法や貨幣に関する危機の歴史にほかなりません。

実際、ファシズムとは、指導者の言葉に大衆が熱狂することであり、ポピュリズムとは、指導者が大衆の言葉しか語らなくなってしまうことです。官僚主義とは、法それ自体が物神化されてしまう事態であり、全体主義とは、法を単なるイデオロギーの手段にすることです。そして、恐慌とは、人々がモノより貨幣を欲すると発生し、ハイパーインフレーションとは、人々が貨幣から遁走してしまうことなのです。

人間科学が、物理的実在を扱う物理科学や生命的実在を扱う生命科学と同じ「科学」としての資格を備えているとしたら、それは言語と法と貨幣という社会的な「実在」を対象としているからです。そして、「人間」に関する科学という名にふさわしい科学であるとしたら、それは物理的実在としての人間でも生物的実在としての人間でもなく、言語や法や貨幣によって個人における自由の可能性と社会における危機の可能性を同時に与えられた、真の意味での「人間性」を持つ人間を扱う科学であるからなのです。

〈自由と危機〉

二十一世紀——言語と法と貨幣が生み出す社会の「危機」は、さらに激しさを増すはずです。インターネット上のコミュニケーションはポピュリズムを強め、互いに矛盾する多様な権利の主張は法の合理性を揺るがし、金融市場のグローバル化はリーマン・ショックのような経済危機を繰り返すでしょう。

おそらく人間は、言語や法や貨幣といった異物の介入を嫌悪し、知り合ったもの同士が身を寄せ合っていた、小さく安定していた共同体的な集団に回帰したい願望を、本能的に持っているはずです。だが、いくら開かれた「人間社会」には危機が満ちあふれているといっても、もはや閉じた小さな社会への後戻りは不可能です。すでに人間は「自由」なるものを知ってしまったからです。

自由への欲望は無限です。人間が自由を求める限り、言語と法と貨幣の媒介が必要となります。自由を知った社会的生物としての人間は、いくら母胎回帰の願望が強くても、見知らぬもの同士が同じ人間として関係し合える「人間社会」の中で生きていかざるをえません。そして、それが、必然的に生み出していく人間社会の「危機」を、その場その場で一つ一つ解決していくよりほかないのです。そのためにも、「言語・法・貨幣」に関する「科学」としての「人間科学」を新たに再構築していかなければならないのです。

## 人間科学と市民社会論の追究

——岩井は、『不均衡動学』で日経・経済図書文化賞特賞（一九八二年）、『貨幣

論』でサントリー学芸賞（一九九三年）、『会社はこれからどうなるか』で小林秀雄賞（二〇〇三年）、『M&A国富論』でM&Aフォーラム賞正賞（二〇〇九年）を受賞し、また二〇〇七年には紫綬褒章を受けるなど、日本社会の中で評価を得てきた。経済学者の枠を超えた思想家・言論人としての岩井にあこがれるファンも多い。近年は海外での活動も復活している岩井に、社会での評価やこれからの研究テーマについて聞いた。

日本における社会的な評価は、本当にありがたく思っています。ただ、私は好きな研究に（そして、読書や映画や観劇や交友に）なるべく時間を割くために、学会活動をせず、政府の審議会にも入らず、講演もできるだけ断り、メディアに出るのも最小限にとどめてきました。ですから、そのような評価に対して、多少の後ろめたさも感じているのです。

確かに、近年ではわずかですが、海外においても講演や研究プロジェクトの依頼が増えてはいます。だが、その多くは、世界の学界の主流から離れたところからです。もちろん、私だって、自分がこれまでやってきた研究が、もっと国際的に認められたらよいと思っています。学術研究とは、究極的な公共財です。どのように重要な研究をしても、それが自己満足のための自己消費に終わってしまったら、無意味です。それだからこそ、私は迷いながらもいくつかの研究は英語にして発表してきているのです。

ただ私は、希望的観測に支配されがちな無意識のレベルでは分かりませんが、少なくとも意識のレベルでは、学問の世界における予定調和を信じてはいません。これまでの学問の歴史の中で、認められずに消えてしまった研究は数限りなくあるはずです。どんなに自分では価値のある研究だと信じていても、学界から無視されたままで終わる確率はかなり高いだろうと思っているのです。

だが、それと同時に、どんな形でもよいから自分の研究を発表しておかなければ、その学問の世界に対して影響力を持つ確率はゼロです。とりわけ、この英語の世紀においては、自分の研究を英語で発表しなければ、その確率はやはりゼロに近くなってしまう。それだからこそ、これからも、自分が学者活動の中で考えてきたことを根気よく論文や書物やエッセイの形で書き続けていくほかはありません。そして、小さいけれどゼロではない確率に賭けるために、そのような論文や書物やエッセイの一部を、さらに根気よく英語にして発表していくよりほかはないと思っているのです。

現在、具体的に取り組んでいるプロジェクトは、先ほどその素描をした「言語・法・貨幣論」です。この研究をもっと先に進めて、物理科学にも生命科学にも還元できない第三の科学としての「人間科学」を基礎づけたいと思っています。

第七章で簡単に触れましたが、社会学において、エミール・デュルケームに代表される方法論的全体主義（社会実在論）とゲオルク・ジンメルやマックス・ウェーバーに代表される方法論的個人主義（社会名目論）との対立があります。前者は社会的な事象を一つの不可分な全体として扱い、後者は社会的な事象を個々のメンバーのふるまいの相互作用と見なしています。私は、「言語・法・貨幣論」によって、この方法論的な対立を超越できるのではないかと考えているのです。

さらに研究を進めたいのは、第七章で論じた信任論。人間行動を内面から義務づける倫理と外面から規制する法とが重なり合う領域です。最終的には、この信任論を足掛かりにして、「市民社会論」を打ち出すのが目標です。だが、いずれも勉強をすればするほど、私の手には余る大きなプロジェクトだということが分かってきます。まだ、十分な結果が出ていません。私はすでに六十八歳になっています。残された年月との競争です。

――岩井の言う「市民社会」とは、法が支配する国家にも、貨幣が支配する資本主義にも繰り込まれていない、第三の領域を指す。だが、それはまだ来ぬ「理想社会」ではない。人間社会は、究極的には国家と資本主義という二つの領域に繰り込まれていくからである。だが、法も貨幣も言語を前提としており、その言語は事実命題でなく規範命題を可能にする。人間は言語によって、他人を思いやり、自由を求め、さらに広く言えば倫理性を追求することができる。岩井が構想する「市民社会」とは、この意味での「言語の領域」に対応し、今のところ、国家を通じても資本主義を通じても現実化されていない活動のことである。その活動が軌道に乗ると、あるいは法の下で保護される権利という形で国家に吸収され、あるいは貨幣価値によって評価される営利企業という形で資本主義に吸収されていく。だが、それでその活動が消えていくわけではなく、そのように範囲を拡大した国家にも資本主義にも繰り込まれていない、さらに高度の博愛や自由、さらには倫理性を求めていくような、そういう活動を人間が行う場であるという。それは、国家と資本主義との狭間において新たな権利、新たな価値の可能性を実験し続けることによって、国家と資本主義を永続的に補完していく領域なのである。この壮大な構想をいかに理論づけ、社会に働きかけていくのか。これから「岩井克人の思想史」は佳境に入る。

補遺

# 『不均衡動学』の現代版に挑む

## きっかけはシムズ論文

――『経済学の宇宙』の最終章で、「言語・法・貨幣論」の研究をもっと先に進め、物理科学にも生命科学にも還元できない第三の科学としての「人間科学」を基礎づけたいと語った岩井。人間の行動を内面から義務づける倫理と、外面から規制する法とが重なり合う領域である「信任論」を足掛かりに「市民社会論」を展開する構想を描いていたが、予期しなかった研究テーマが飛び込んできた。

きっかけは米エール大学の浜田宏一先生（当時は内閣官房参与）からのメールです。二〇一六年一〇月の終わりです。その年の八月に米プリンストン大学のクリストファー・シムズが発表した「物価水準の財政理論」に関する論文を読んで、大いにショックを受けたという内容のメールを頂いたのです。

物価水準の財政理論（FTPL＝Fiscal Theory of the Price Level）とは、一九九〇年代にシムズ自身や米コロンビア大学（当時）のマイケル・ウッドフォードなどが定式化したマクロ経済理論です。[*1]

従来の新古典派経済学は、物価水準は中央銀行が制御する貨幣供給量のみによって決定されると主張してきました。「インフレーションとは常にそしてどこでも金融的な現象である」というミルトン・フリードマンの有名な言葉は、まさにこの主張の挑発的な表現です（物価水準は貨幣的要因と実体的要因との相互作用によって決定されると主張するケインズ経済学に対する挑戦です）。これに対して、FTPLとは、同じ新古典派経済学の枠組みを用いながらも、読んで字のごとく、物価水準は金融的な現象ではなく、財政的な現象であると主張する理論です（その解説は注に回しておきます）。[*2] もし

＊1　Sims, C. A. "A Simple Model for Study of the Determination of the Price Level and the Interaction of Monetary and Fiscal Policy," Economic Theory, 4,1994; Woodford, M. "Price Level Determinacy Without Control of a Monetary Aggregate," Carnegie-Rochester Conference Series on Public Policy, 43, 1995.

＊2　国債と貨幣の名目残高を$B^t$と$M^t$、政府支出と租税収入の名目額を$G^t$と$T^t$、名目利子率を$i^t$で表してみましょう。下付きのｔは時間を示しています。そうすると、財政当局と中央銀行を統合した政府の予算制約式は$M_{t+1}+B_{t+1}+T_{t+1}=G_{t+1}+M_t+(1+i_t)B_t$と書けます。ここで金融政策に関する議論を省略するために、統合政府全体の債務を$D_t\equiv B_t+M_t$、貨幣発行益を含んだ統合政府の余剰を$S_t\equiv T_t-G_t+i_{t-1}M_{t-1}$で表し、すべてを実質額化すると、$D_{t+1}/P_{t+1}=(1+r_t)(D_t/P_t)-(S_{t+1}/P_{t+1})$となります。ただし$r^t$は$1+r_t\equiv(1+i_t)P_t/P_{t+1}$で定義される実質利子率です（完全予見を仮定しておきます）。この式を繰り返し代入していくと$D_0/P_0=\Sigma_{t=1}^{t=n}((S_t/P_t)/\Delta_{t-1}+(Dn/Pn)/\Delta_n)$となります。ただし、$\Delta_t\equiv(1+r_0)\ldots(1+r_t)$です。さらに統合政府が債務の現在価値を永遠にプラスに維持し続けることを禁じる条件$\lim_{n\to\infty}(D_n/P_t)/\Delta_n=0$を課すと、$D_0/P_0=\Sigma_{t=1}^{t=\infty}((S_t/P_t)/\Delta_{t-1})$が導かれます。これがFTPLの基本式です。なぜならば、初期の政府債務$D_0$は過去によって決まっていますから、この式は第〇期の物価水準$P_0$は現在から無限の未来にいたるまでの統合政府の実質余剰$(S_1/P_1)$, $(S_2/P_2)$,…, $(S_t/P_t)$,…の現在価値によって決定されると読むことができるからです。すなわち、物価水準の財政理論です。

この理論が正しければ、政府による財政赤字の拡大や増税計画の放棄は、金融緩和を伴わなくても直接にインフレーションを招き、それによって国債の実質負担を減らしてくれることになります。したがって、少なくとも短期的には、緊縮財政とは逆に、放漫財政のほうが財政再建を進めてくれることになるというわけです。日銀によるゼロ金利下での量的緩和政策の効果に限界が見えてきた日本経済にとって、たいへんに魅力的に見える理論です。

私はすぐにシムズの論文をダウンロードし、読んでみました。そして読み終わってから、論文が提示していたモデルを自分なりにいろいろ拡張してみました。すると、論文の主張が必ずしも成立しないケースが次から次へと出てきます。その理由を探るために、主要な論文を集めて、本格的にFTPLの再検討を始めてみました。

大学院のマクロ経済学の講義を教えなくなってから脳の片隅に追いやっていた数理経済学的な知識の錆を落としながら読み進めるうちに、この理論の主要命題は誤りだと思うようになりました（その理由も注に回しておきます[*3]）。

## 我が『不均衡動学』への自問自答

そこで、急いで批判論文を書き始めたのですが、その過程で、一つの理論的な発見をしたのです。

本書の第三章で話したように、不均衡動学の出発点は、貨幣経済における「セー法則」の否定です。セー法則とは、モノに対する需要の経済全体の総価値（総需要）と供給の経済全体の総価値（総供給）は常に等しいと主張する法則です。物々交換経済では必然的に成立する法則ですが、貨幣経済では成立しないはずです。なぜならば、一般的な交換手段としての貨幣が存在すれば、何かモノを売っても、同時に別のモノを買う必要はありません。代金として受け取った貨幣を持ち続けることができます。何かモノを

＊3　FTPLの基本命題は、政府債務の現在価値がプラスであり続けることを禁ずる条件$\lim_{n\to\infty}(D_n/P_n)/\Delta_n=0$に依存しています。ところが、注2で導いた政府の予算制約式は、政府余剰の現在価値$\Sigma_{t=1}^{t=\infty}((S_t/P_t)/\Delta_{t-1})$が有限であるかぎり収束し、$\bar{d}=D_0/P_0-\Sigma_{t=1}^{t=\infty}((S_t/P_t)/\Delta_{t-1})$と書くことができます。ただし、$\bar{d}$は$\bar{d}\equiv\lim_{n\to\infty}(D_n/P_n)/\Delta_n$によって定義される政府債務の現在価値の極限値で、ゼロ以外の値も取りえます。次に、詳細は省きますが、無限に生きる家計を想定して、その無限期間の予算制約式を計算してみます。完全予見の仮定の下で、この家計の予算制約式から政府の予算制約式を引き去ると、$\Sigma_{t=1}^{t=\infty}(y_t/\Delta_{t-1})=\Sigma_{t=1}^{t=\infty}(\bar{y}_t/\Delta_{t-1})$が成立します。$y_t$は家計の実質支出、$\bar{y}_t$はその実質所得です。これは、$\bar{d}$の値がゼロでなくても、政府債務も財政政策も家計支出に影響を及ぼさないことを主張するリカードの中立命題が成立することを意味しています。そこで、政府の無限期間の予算制約式$\bar{d}=D_0/P_0-\Sigma_{t=1}^{t=\infty}((S_t/P_t)/\Delta_{t-1})$をもう一度ながめると、どのような$D_0/P_0$から出発しても成立しています。したがって、$D_t/P_t$の非負条件さえ確保されれば、第〇期の物価水準$P_0$はどのような値も取りうることになります。すなわち、FTPLの主張とは逆に、政府の財政政策は物価水準$P_0$を決定できないということなのです。もちろん、これは完全予見を仮定した超新古典派的な世界の中のお伽話にすぎません（以上の議論の基本的アイデアは新後閑禎君に負っています）。

買うために、同時に別のモノを売る必要もありません。手元の貨幣を取り崩せばよいのです。供給は必ずしも需要を生みださず、需要は必ずしも供給を生みださない。貨幣経済においては、総需要と総供給とは乖離してしまう可能性があるのです。

不均衡動学では、総需要と総供給とが実際に乖離すると、個々の企業が分権的に価格を決める資本主義経済においては、「実現された平均価格」は「予想された平均価格」から必然的に乖離してしまうという命題を証明しました。「合理的予想形成の不可能性命題」です。その命題を踏み台にして、ヴィクセル的な不均衡累積過程の理論を展開し、貨幣経済が本質的に不安定的であることを示したのです。

だが、『不均衡動学』を一九八一年に出版してからしばらくした後、私は、この命題に対して次のような反論がありうると考えるようになりました（煩瑣な議論ですので、この節の最後から二番目のパラグラフまで飛ばして読んでいただいても構いません）。

右で述べた命題は逆に、もし総需要と総供給とが等しければ実現された平均価格と予想された平均価格が一致することを意味している。ここで、すべての企業が総需要と総供給を均衡させる平均価格を計算できる能力を持っていると想定しよう（簡単化のために、総需要と総供給を均衡させるために各企業がそれぞれ設定しなければならない価格は等しく、したがって平均価格と一致すると想定する）。もしすべての企業が他のすべての企業もその平均価格を計算できると確信しており、さらに他のすべての企業も自分と同様の合理的な推論をすると確信しているならば、すべての企業は総需要と総供給とを均衡させる平均価格を頭の中で計算し、その平均価格に等しい価格をみずからも設定するはずである。そうすると、貨幣経済であるにもかかわらず総需要と総供給が実際に等しくなる（つまり「セー法則」が成立してしまう）。その結果、まったく分権的な経済であると想定しても、実現された平均価格と予想された平均価格は一致し、合理的予想形成が可能になってしまう。それゆえ、ヴィクセル的な不均衡累積過程は起こらず、不均衡動学は無意味になってしまうはずだ。そういう反論です。

もちろん、この反論は、すべての企業が「超」合理的であるだけでなく他のすべての企業も「超」合理的に振る舞うことを確信しており、各企業がそれぞれ独立に行う頭の中の計算だけで経済全体の均衡を実現させることができてしまうという荒唐無稽な想定をしています。事実、どの企業であれ、他の企業の「超」合理性を少しでも疑い始めたら、この均衡状態はその瞬間にトランプカードのお城のように崩壊してしまいます。

ただ、いくら荒唐無稽な想定であるとしても、総需要と総供給の均衡が成立する可能性が理論的に存在するのであれば（つまりその想定が無矛盾であれば）、合理的予想形成理論の信奉者はその可能性に飛びつくはずです。そのような人たちに「合理的予想形成の不可能性命題」を提示しても、拒否反応が返ってくるだけでしょう。

もちろん、このような反論を招きよせるほどには、『不均衡動学』は読まれていません。おそらく世界で私一人しか考えたことがない煩瑣きわまりない反論だと思います。それでも、私はこの反論の可能性を、すくなくとも無意識の中ではずっと気にかけていたのです。

## 自分の「反論」を自分で解決

ところが、浜田先生のメールを受け取ったのをきっかけとしてＦＴＰＬの批判論文を書いているうちに、不均衡動学に対する自分の反論をいつのまにか自分自身で「解決」していたことに気がついたのです。ＦＴＰＬは、無限期間にわたる合理的予想を仮定した動学的一般均衡貨幣経済モデル（舌を嚙みそうな名前で申し訳ありません）という超新古典派的な理論に基づいています。私はそれを内側から批判するために、そのようなモデルを数学的に組み立ててみました。そして、その均衡経路の性質をくわしく調べてみたのです。

そのようなモデルにおいて、もし中央銀行が名目利子率を固定する政策を採用すると均衡経路の数は無限に（しかも連続的な無限に）存在してしまうことは、一九七〇年代から知られていました。だが、中央銀行が利子率ではなく貨幣供給量を制御するならば、多くの場合、均衡経路は一義的に存在すると考えられてきました。

ところが、私があらためて均衡経路の動学的な振る舞いを大局的に分析しなおしてみると、たとえ中央銀行が貨幣供給の成長率を一定に維持する政策をとったとしても、インフレ率が貨幣供給成長率と等しくなる貨幣数量説的な定常状態だけでなく、インフレ率が加速度的に上昇し続けるハイパーインフレ的な経路も、さらに（貨幣需要にかんする一定の条件の下では）インフレ率が加速度的に下落し続けるハイパーデフレ的な経路も、均衡経路となりうる。そういう事実を数学的に証明することができました。それが、先ほど述べた「理論的な発見」です。[*4]

すなわち、すべての市場の需給を無限期間にわたって等しくする均衡経路は、たとえ存在するとしても一つではなく、多くの場合無限に（しかも連続的な無限に）存在してしまうのです。

ということは、仮にすべての企業が超合理的であると想定したとしても、総需要と総供給とを等しくさせる均衡価格は無限に存在しており、各企業はそれぞれの頭の中で無限に存在する均衡価格の中から一つの価格を選ばなければならないことになります。もちろん、無限に存在する均衡価格の中からすべての企業が同時に同じ価格を選びとるのは奇跡に等しく、その確率はほとんどゼロであるはずです。各企業をとりまく経済環境

＊4　しかも、前の注で示したように、この非決定性命題は財政政策を導入したＦＴＰＬの枠組みの中でも成立するのです。

に不確実性や非定常性や非対称性がある場合はなおさらです。

つまり、いくら企業が超合理的であると想定しても、その超合理性によって総需要と総供給が等しくなってしまう可能性は無視できるということになります。

## 「合理的予想形成の不可能性命題」は無傷

もちろん、以上は、動学的一般均衡貨幣経済モデルという超新古典派的な枠組みの中での議論でしかありません。だが、それは合理的予想形成理論の信奉者の多くが使っている貨幣経済の標準的なモデルです。そして、そのような超新古典派的な貨幣経済のモデルの中においてすら総需要と総供給が一致する可能性を無視できるのであれば、わずかでもそれより現実性をもつ貨幣経済のモデルにおいても当然無視できるはずです。現実の貨幣経済については、言うまでもありません。

貨幣に基礎を置く資本主義経済においては、やはりセー法則は成り立ちえないのです。したがって、セー法則の破綻が導く「合理的予想形成の不可能性命題」は無傷のままであることになります。

このようにして、私が長年いだいていた懸念——おそらく私だけにしか意味をもっていなかったであろう理論上の懸念——がようやく払拭されたのです。心から安堵しました。それと同時に、せっかく不可能性命題を頑強にするこのような結果を手に入れたのだから、この結果を明示的に組み入れた『不均衡動学』を、少なくとも自分のために、新たに書いておくべきだと思うようになりました。私はFTPL批判論文を中断して、『不均衡動学』の現代版を書き始めたのです。

## 「DSGE帝国」の黄昏

――岩井が『不均衡動学』の現代版を書こうと思い立った背景として、過去四十年間のマクロ経済学の有り様を解説してもらおう。

過去四十年間にわたってマクロ経済学に君臨してきたのは、DSGEと略称される「動学的確率的一般均衡（dynamic stochastic general equilibrium）」モデルです。それは、資本主義経済においてはすべての市場における需給がつねに一致する一般均衡状態が無限期間にわたって実現し続けていくと主張する、「超」新古典派的な理論です。したがって、ありとあらゆるマクロ的な景気変動は、経済の外から襲ってくる攪乱要因によってのみ引き起こされる一般均衡経路の動学的で確率的な変動として描かれることになるわけです。

その最初期のモデルは、一九八二年に出版されたフィン・キドランドとエドワード・プレスコットの「実物的景気循環（real business cycle）モデル」です。[*5] 略してRBCモデルと呼ばれています。それは、マクロ経済学の新古典派経済学化を、ルーカスやサージェントらの「新しい古典派経済学」よりもさらに極限まで推し進めたものです。

すなわち、情報の非対称性も交換手段としての貨幣も含め、価格の需給調整機構——「見えざる手」——を阻害しそうな「市場の歪み」をすべて捨て去ってしまった純粋な一般均衡モデルを用いて、資本主義経済の景気変動を再現してしまおうという過激な試みです。より具体的には、経済にとって外生的な技術変化がもたらす生産性の確率的な変化によって、GDPをはじめとする実物的なマクロ変数の変動をすべて説明しようとしたのです。

しかも市場の歪みはすべて排除されていますから、現実の経済が大恐慌に突入しようが熱狂的なバブルで過熱しようが、それは（パレートの意味で）最適な状態であり、（所得分配の改善や外部不経済の是正以外には）どのような政策的な介入も正当化されえないことを意味することになります。

驚くべきことに、新古典派経済学に対する信奉から生まれたこの理論を真剣に受け取るマクロ経済学者が多数いただけではありません。この理論を提唱したキドランドとプレスコットの論文は、またたくまにマクロ経済学においてもっとも引用される論文の一つとなったのです。

ただ、その理論的な成功とは裏腹に、RBC（実物的景気循環）モデルの実証面での成績は惨憺たるものでした。ＧＤＰなどの実物変数の変動には（それが切り捨てた）貨幣的要因が影響していることを示す実証結果が次々と現れましたし、生産性の変化と景気変動との因果関係は存在するとしても弱く、場合によっては逆方向であることを示す実証研究もいくつか現れました。

## のたうち回る「新ケインズ派経済学」

そこで登場したのが、「新ケインズ派経済学（New Keynesian Economics）」と呼ばれる、ＤＳＧＥ（動学的確率的一般均衡）の「第二世代」モデルです。新ケインズ派経済学には一応「ケインズ」という形容詞がついています。ところが、その理論的な基盤は、ＲＢＣモデルと同様に、市場における価格の需給調整機構――「見えざる手」――に全面的な信頼を置く新古典派経済学にほかなりません。

ＲＢＣモデルの実証的な失敗を認めたうえで、それでもなお現実の経済変動を一般均衡経路の動学的で確率的な変動とみなす超新古典派の枠組みを守り続けるならば、とりうる方法はただ一つしかない。それはＲＢＣモデルに、それが切り捨ててしまった「市場の歪み」を付け加えることです。事実、新ケインズ派経済学の標準的な教科書自体

---

＊5　Kydland, F. and E. Prescott. "Time to build and aggregate fluctuations." *Econometrica* (1982).

が、新ケインズ派経済学とは「RBCモデル」を「中核的な構造」とし、「その上にいくつかの『ケインズ的特徴』を重ね合わせた」理論的枠組みであると宣言しています。[*6] ここで「ケインズ的特徴」と呼ばれたのは、「独占的競争」「価格と賃金の硬直性」、そして「非中立的な金融政策」という三つの仮定のことです。いずれも、価格の需給調整機構の自由な働きを弱めたり妨げたり乱したりするという意味で、市場の歪みとみなされているのです(実際、この教科書の中に「歪み(distortions)」という言葉が頻出しています)。

新ケインズ派経済学は、一九九〇年代の半ばにはマクロ経済学の標準的な理論という地位を占めるようになりました。だが、二〇〇八年に世界経済は「百年に一度の危機」と言われたリーマン・ショックに突如襲われました。そして、リーマン・ショックとそれに続く大不況は、新ケインズ派経済学自体にも危機をもたらすことになりました。この経済危機の予測に失敗しただけではありません。大不況に陥ったマクロ経済を正常化していくために有効な政策的ガイダンスを提供することにも失敗したのです(各国政府は時代遅れと見なされていた伝統的な財政金融政策に頼ることになりました)。

そこで、新ケインズ派経済学は、みずからが陥ってしまった危機から脱出するために、さらに多くの数の市場の歪みを理論のなかに導入しはじめました。独占的競争と価格・賃金の硬直性と非中立的金融政策という三つの歪みだけでは理論と実証とのギャップを埋められないのならば、そしてRBCモデルを理論的な中核構造として維持し続けていくのならば、付け加える歪みの数を増やしていくより他に道はありません。事実、現在時点における最新鋭の新ケインズ派経済学のモデルには、なんと七つの歪みが組み込まれています。[*7] 将来には、もっと多くの数の歪みが組み込まれていくに違いありません。

## 『不均衡動学』現代版へ

まさに、プトレマイオスの天体論のようです。地球を宇宙の不動の中心とみなす天動説の枠組みの中で、地球を中心とする円軌道から大きくはずれて彷徨っているように見える五つの惑星（天王星の発見は一七八一年です）の当惑すべき振る舞いを説明するために、最初の円軌道の上に周転円という小さな円軌道を付け加えていかなければならなかった古代ギリシャの天体論のことです。

いまマクロ経済学に必要なのは、見えざる手を資本主義宇宙の不動の中心とみなして

---

＊6　Galí, Jordi. *Monetary Policy, Inflation, and the Business Cycle: An Introduction to the New Keynesian Framework and Its Applications*, 2nd ed. Princeton Univ. Press, 2015. Chap.1: Introduction.

＊7　Lindé, J., F. Smets, and R. Wouters. "Challenges for Central Banks' macro models," in *Handbook of Macroeconomics*, vol. 2, pp. 2185-2262. Elsevier, 2016.

それに歪みを付け加えていくことではない。見えざる手を資本主義宇宙の中心からはずしていくことなのだ。そう新たに思ったのです。

ここで、「新たに」と言ったのは、半世紀近く前にもそう思ったことがあったからです。そして、その思いから、七年もかけて『不均衡動学』という本を書いたのです。だが、第三章で述べたように、一九八一年に出版された『不均衡動学』は、経済学の宇宙には何の波紋も引き起こしませんでした。第八章で述べたように、私は学問の世界における予定調和をかならずしも信じていません。今回、同じ思いに導かれてその現代版を作っても、何の波紋も引き起こすことなく終わってしまう確率は一に近いと思っています。それでも、何もしなければ波紋が起きる確率はゼロです。ゼロの近似とゼロとの距離は無限です。そう腹を決めて、『不均衡動学』の現代版の作成作業に取りかかりました。

## 資本主義の本質を捉えた三つの仮定

――岩井は、市場は均衡に向かうと唱える新古典派のモデルを批判してきた。ところが、『不均衡動学』の現代版にはもっとも先鋭的な新古典派モデルが使われている。その意図は？

ところで、『不均衡動学』を「現代化」するための経済モデルを作る際に、私が「下敷き（template）」にしたのは、ほかでもない「新ケインズ派経済学」のモデルでした。新ケインズ派経済学に関してこれだけ批判的なことを言いながら、それを下敷きに使うことにしたのには理由があります。

第一に、それが現在のマクロ経済学の標準理論であるからです。たしかにそれは、DSGEモデルという高度に数学的な枠組みを使っているので、経済学を専門にしていない人にはひどく敷居の高いモデルです。だが、経済学、とくにマクロ経済学を専門にしている人にとっては、逆にもっとも接しやすいモデルであるはずだと考えたからです。

第二の理由は、もっと本質的です。先ほど、新ケインズ派経済学とは、RBCモデルを中核的な構造とし、その上に独占的競争、価格・賃金の硬直性、そして非中立的な金融政策という三つの仮定を「市場の歪み」の表現として付け加えたモデルであると述べました。このうちの三番目の「歪み」は、当然、貨幣の存在を前提にしていますから、より根源的には「貨幣経済」という仮定と言い換えることができます。そして、三つの仮定の順番を入れ替えて並べ直してみると、貨幣経済、独占的競争、価格・賃金の硬直性となります。

こう並べるとはっきりしますが、新ケインズ派経済学が「市場の歪み」として導入したこの三つの仮定は、不均衡動学においては、資本主義経済を本質的に特徴づける最も重要な三つの仮定として導入されています。

第一に、資本主義経済とは「貨幣」の存在を前提とする経済です。

したがって、総需要と総供給の一致を主張する「セー法則」を（暗黙に）仮定している一般均衡モデルは、資本主義の理論ではありえません。それに対し、不均衡動学は、総需要と総供給との乖離の可能性をその出発点にしています。

第二に、資本主義は「分権的」な経済です。

新古典派経済学は、各人が分権的に自己利益を追求しても、需給の乖離に応じて価格さえ自由に上下すれば、自動的に需給の均衡状態が実現すると主張してきました。だが、価格それ自体は誰の自己利益追求の結果として分権的に決定されるのか、という問いを抑圧してきました。「見えざる手」そのものを「見る」ことを拒否してきたのです。

これに対し、不均衡動学では、各企業が自分の製品の価格および自分の従業員の賃金を自分で決定すると仮定することによって、「見えざる手」を「見える」化しました。ただし簡単化のため、他の企業の価格と賃金には影響力を持たないと仮定しています。すなわち、真の意味での「分権」的な価格決定のモデルとして、独占的競争という仮定が導入されています。

第三に、すでに述べたように、第一の仮定と第二の仮定——すなわち、「セー法則」

の否定と分権的な価格決定――が組み合わさると、貨幣経済が本質的に不安定であることを示すヴィクセル的な不均衡累積過程の理論が導かれます。

ところが、ケインズが『一般理論』で描いたように、現実の資本主義経済は恐慌やハイパーインフレーションのように極端に不安定的な状態に陥ることは稀です。「絶望する理由も満足する理由もないような中途半端な状態」こそが「われわれの経済に割り当てられた通常の運命」であるのです。

実際、ケインズは、総需要の不足によって一部の労働者が「非自発的」に失業してしまう不完全雇用状態を、企業と家計の完全予見（合理的予想）と両立する安定的な均衡状態として描いています。

不均衡動学においては、価格・賃金の硬直性という第三の仮定は、不均衡累積過程が支配する不安定的なヴィクセル的世界を、非自発的失業を抱えながらも一定程度の安定性を保つケインズ的な世界へと「位相転換」させるという、本質的な役割を担わされています。

## 同じ仮定から異なる性質が導き出されることを定式化

いずれにせよ、新ケインズ派経済学と不均衡動学とは、貨幣経済、独占的競争、価格・賃金の硬直性という三つの仮定を共有しているにもかかわらず、それぞれが描く資本主義経済の動学的な性質は大いに異なっています。その違いはどこから生まれてくるのか？　それを誰にも分かる形で示すためには、『不均衡動学』を可能なかぎり新ケインズ派経済学と比較可能な形で定式化する必要がある。そう、私は考えたのです。それが、不均衡動学の現代版を新ケインズ派経済学の数学的モデルを下敷きにして書くことにした最大の理由です。

不均衡動学の現代版の内容にかんして、これ以上深入りするのはやめておきます。それは基本的には、第三章で解説した『不均衡動学』の内容を現代的に再現した論文であるからです（ただし、中央銀行はインフレ率とGDPに目標値を設定した固定的なルールに従って政策金利を管理することを主張するいわゆる「テイラー・ルール」の批判など、いくつかの新しい結果も導いてはいます）。いずれにせよ、新ケインズ派経済学を下敷きにしたことからも明らかなように、かなり数学的な論文です。もしその内容に興味のある人がいましたら、インターネット上の国際研究論文データベースである社会科学研究ネットワーク（SSRN）にディスカッションペーパーの形で公開してありますので、それを参照して下さい。自由にダウンロード可能です。[*8]

## 視力と集中力が制約要因

——岩井は『不均衡動学』の現代版を作成する過程で、若い世代の研究者に助けられた。

『不均衡動学』の現代版を書き始めたのは、二〇一七年一月。最初は、数カ月もすればメドがつくと思っていました。ところが、半年経っても終わらない。一年経っても、二年経っても終わらない。結局、新型コロナウイルスの爆発的な流行によって大学での講義が遠隔化され、その準備に忙殺され始める二〇二〇年四月まで、ずっと書き続けることになりました。

とくに、最初の二年間は、それこそ「寝ても覚めても」という言葉がたんなる比喩ではないほど、数式計算をし続けました。夜中に眠っていながらも頭の中では多数の数式が渦巻いており、その数式をいろいろ展開しているのです。前の日に行った計算が間違えていたことに気がつき、夜中に冷や汗をかきながら目覚めたりしたことは何度もありました。うまく証明できなくて苦しんでいた命題を証明する道筋が夢うつつの中で突然見えてきて、朝起きたとたんにパソコンに向かったことも何度もありました。ただ、実

*8　Iwai, Katsuhito. "Disequilibrium Dynamics of the Monetary Economy: A Micro-Founded Synthesis of the Wicksellian Theory of Cumulative Process and the Keynesian Theory of Effective Demand." (2019). Available at *SSRN*: https://papers.ssrn.com/sol3/papers.cfm?abstract_id=3178105

際に計算してみると、思ったようには行かない場合がほとんどでしたが。

すでにお話ししていますが、私の左目は中心の視力を失ってしまったので、どうしても良い方の右目を酷使してしまいます。そのため、本や論文はできるだけPDFファイルに直して、コンピューターの大きなスクリーンで読むことにしていますし、文字や数式を書くときは、できるだけフォントのサイズを大きくして書くようにしています。だが、それでも、スクリーン上に映っている多数の記号を識別するときや長くて複雑な数式を操作するときには、どうしても中心が見える右目のみを使ってしまいます。おかげで、悪い視力がさらに悪くなってしまいました。

私は長年、日経・経済図書文化賞とサントリー学芸賞の審査委員をしていたのですが、そのためには毎年大量の本を読まなければなりません。二〇一七年夏になると、本がほとんど読めない状態になってしまい、どちらの審査委員も辞退せざるをえなくなりました。突然の辞退だったので、それぞれの賞の担当者には大きな迷惑をかけてしまいました。それからしばらくの間は、目を休めるために、紙の本を読むのは諦めました。おかげで、視力はある程度回復しましたが、まだ不安定です。

なぜこんなにも論文に集中したのかというと、一つには年齢的な焦りがあったと思います。私は二〇一七年二月に七十歳になりました。まだ数学的な思考が可能なうちに、数学的な研究をやっておきたいという気持ちがあったのです。

実際、若いころより、マイナスの符号や括弧の存在を見落とすというような細かい間違いが多くなりました。ただ、そのような間違いについては、以前よりも時間をかけて計算すればなんとか対処できます。それよりも数学的な研究に必要なのは集中力です。設定した条件と両立するすべての可能性を漏れなく検討したり、絶望的に複雑な数式をなんとか理解しうる形に簡略化するための計算をし続けたりしなければなりません。そのための集中力、いや体力がまだ残っているうちに、この研究を片付けておきたかったのです。

## 若い人々の助けに感謝

だが、やはり不安はありました。自分が計算間違いを犯しているのではないか、さらには論理展開において思い違いをしているのではないか、と。そこで、それまでの結果を論文の形でまとめはじめた二〇一七年一〇月末に、思い切って東大の経済学研究科の掲示板に広告を出し、それまでの私の計算や証明をチェックしてくれる短期の研究助手を募集してみました。すると青柳潤君と野吾尚紀君という二人の大学院生が応募してくれました。二人とも勿体ないほど優秀で、私の間違いを次々と見つけてくれました。ただ、いずれも致命的ではなく、なんとか修復可能なものだったので、二人の仕事に大いに感謝しつつ、ほっと胸をなで下ろすことができました。

また、私のこれまでの研究は、シエナ大学でウーゴ・パガーノさんらと共同研究をした時を除いては、最初から最後まで一人で行ってきました。だが、今回は若い人々が（といっても、私よりも年下という意味ですが）助けの手を差し伸べてくれました。当時は東京大学の講師をしており現在はロンドン大学で教えている平野智裕君はこの論文に関して数え切れないほどの有益なコメントをしてくれただけでなく、ありがたいことに、時には弱気になっていた私を励ましてさえくれました。神奈川大学の清水俊裕君は論文の細部に至るまで検討してくれ、致命的になりかねない間違いを指摘してくれました。専修大学の石原秀彦君はこの論文のためのセミナーでのコメンテーターを引き受けてくれ、改善のための示唆を与えてくれました。そして、京都大学の新後閑禎君とは、不均衡動学の数学的証明の細部にかんする議論だけでなく、その解釈をめぐる哲学的な議論も数年にわたって続けることができました。しかも、この論文のきっかけとなった超新古典派的貨幣経済モデルにおける均衡の非決定性という命題に関して、私自身が導いた結果よりもさらに一般的な結果を導いてくれました（清水君、石原君、新後閑君は私のゼミの出身者です）。このように若い世代の人々と知的な交流を続けることができたのは、本当に嬉しい経験でした。そして、その助けを借りて、私は不均衡動学を現代化する論文を、ほぼ書き上げることができました。「ほぼ」という言葉を付け加えたのは、まだ自分でも不満な箇所がたくさん残っており、諦めが悪く、これからも改訂を続けたいと思っているからです（事実、このインタビュー原稿を直している間にも、新ケインズ派経済学がかかえる理論的矛盾を以前より厳密な形で示せるようになりました。近いうちに論文の中で新ケインズ派経済学を論じている部分を改訂しなければならないと思っています。また、ＦＴＰＬに関する論文にもいつか戻りたいと考えはじめていま す）。

### 理論に導かれて

さらに加えれば――そして、これは他の人には誇大妄想狂的に聞こえるかもしれませんが――私が「寝ても覚めても」論文の作成に集中せざるをえなかったのには、年齢以外に、もっと根源的な理由があるのではないかと思うことがあります。たしかに、「不均衡動学」は私が構築した理論です。だが私自身は、自分で作ったという実感を持つことができないのです。

その理論をヴィクセル、ケインズ、フィッシャー、さらにはクープマンス、アロー、トービンなどの巨人の肩の上に乗って作ったという意味だけではありません。「不均衡動学」という理論の世界が、私という個人を超えたところに「実在」しており、私はたまたまその世界を「発見」しただけなのだ。私は理論を構築したのではなく、ある種の抽象的な構造としてすでに実在している理論をたんに発掘しているにすぎない。いや、理論それ自体がどこをどう発掘せよと私を導いている。

不均衡動学を研究していくうちに、そういう感覚をもつようになったのです。そして、そのような発掘作業に従事している人間として、発掘した内容をできるだけ忠実に他の人に報告する義務を負っていると思うようになりました。

その義務感に駆られて、私はまさに追われるようにして不均衡動学の現代版を書き続けることになったのです。この作業は私に時間が残されているかぎり続くことになるでしょう。

# あとがき

本書の成り立ちは、「まえがき」で前田裕之君が説明している通りです。そのきっかけになったインタビューを最初に申し込まれたときは、断りました。学者として成功したといえない人生について語っても意味がないと思っていたからです。だが、二度目に申し込まれたときには、ためらいながらも引き受けました。その理由の一つは、前田君が私のゼミナールの学生であったということです。二年間にわたって毎週、私のおしゃべりを眠気と戦いながら聞いてくれたことに対する負い目を、これで少しは償えるかなという気になったからです。

ただ、最大の理由は、インタビューの主題は私の人生ではなく、私の学問であるという前田君の言葉でした。私がどのような人生を歩んだかではなく、私が学問の世界で何をどのように考えてきたのかを聞き出したいというのです。そのとき私は六十六歳になっていました。そういう企画ならば、自分のこれまでの学問のあり方を俯瞰し、残された学者人生の中でさらにどう学問していくかを考え直す良い機会になるのではないかと思ったのです。

こうして本書ができあがってみると、二度目の申し出を断らなくて本当に良かったと思います。学問をする人間としては幸せであったことを、再確認できたからです。私の学者としての人生は、アメリカの大学院に入ってすぐ「頂点」を極め、その後直ちに「没落」してしまいました。当然この「没落」は、私に精神的な苦痛を与えました。だが、三つのことが、それから私を救ってくれました。

一つは、私自身の性格です。私は陽気に生まれ、打たれ強い。

二つ目は、伴侶の水村美苗です。食べられればいいのよ、引き受けたくない仕事なら引き受けなければいいのよ、好きなことができていれば永遠に認められなくてもいいのよと、常に笑いながら言ってくれていました。

そして、三つ目は、「没落」自体です。学界の中で活躍する場を失ったことは、逆に、自分にとって重要だと思う研究テーマに取り組む自由、そして何よりも時間を与えてくれたのです。私は、経済学の主流から離れた不均衡動学や貨幣論や資本主義論といった研究をすることができました。それだけでなく、経済学そのものからも離れた法人論や信任論や言語・法・貨幣論といった分野にまでも研究を広げることができました。それによって、学問することの苦労も増えましたが、それ以上に楽しさが増えたのです。

もちろん、私の学問上の仕事が、客観的に見て意味あるものであったかどうかは、読者に判断してもらうよりほかはありません。私としては、このような形で、自分の学問のあり方を俯瞰する機会を与えられたことを、ただ感謝するのみです。
本書のもととなるインタビュー原稿を前田君から一章ずつ渡されたのは、二〇一四年二月から四月。当初は、私の記憶違いを正したり、言い足りなかったことを多少付け加えたりするだけでよいと考えていました。だが、修正し加筆していくうちに、書くことの自動運動が始まってしまい、加筆修正という言葉ではおさまりきらないほどに原稿は膨らんでいきました。結局、原稿を返却するのに一年もかかってしまいました。その間、前田君には、忍耐強く待ってくれただけでなく、励ましの言葉までもらいました。本当にありがたいことです。また、このように原稿が大幅に遅れ、本書の出版企画の担当をした日本経済新聞出版社の堀口祐介氏には、大変ご迷惑をおかけしました。堀口氏の寛容さにもお礼を申し上げたいと思います。

二〇一五年三月二日

岩井　克人

〔マ行〕



〔ヤ行〕



〔ラ行〕

〔ハ行〕

〔タ行〕



〔ナ行〕

〔サ行〕

# 事項索引

〔ヤ行〕



〔ラ行〕



〔ワ行〕

〔マ行〕

〔タ行〕



〔ナ行〕



〔ハ行〕

〔サ行〕

# 人名索引

本書は、二〇一五年四月に日本経済新聞出版社から発行した『経済学の宇宙』を加筆のうえ文庫化したものです。

nbb
日経ビジネス人文庫

けいざいがく　うちゅう
経済学の宇宙

2021年8月2日　第1刷発行

著者
岩井克人
いわい・かつひと

聞き手
前田裕之
まえだ・ひろゆき

発行者
白石 賢

発行
日経BP
日本経済新聞出版本部

発売
日経BPマーケティング
〒105-8308 東京都港区虎ノ門4-3-12

ブックデザイン
鈴木成一デザイン室

本文DTP
マーリンクレイン

印刷・製本
中央精版印刷


Printed in Japan　ISBN978-4-532-24004-2

nbb 好評既刊

## 渋沢栄一 愛と勇気と資本主義
渋澤 健

渋沢家5代目がビジネス経験と家訓から考える、理想の資本主義とは。『渋沢栄一とヘッジファンドにリスクマネジメントを学ぶ』を改訂文庫化。

## 渋沢栄一 100の金言
渋澤 健

「誰にも得意技や能力がある」「目前の成敗は人生の泡にすぎない」――日本資本主義の父が遺した、豊かな人生を送るためのメッセージ。

## 人生100年時代のらくちん投資
渋澤 健・中野晴啓・藤野英人

少額でコツコツ、ゆったり、争わない、ハラハラしない。でも、しっかり資産形成できる草食投資とは？ 独立系投信の三傑が指南！

## 経済の本質
ジェイン・ジェイコブズ
香西 泰・植木直子＝訳

経済と自然には共通の法則がある――。自然科学の知見で経済現象を読み解く著者独自の視点から、新たな経済を見る目が培われる一冊。

## リーダーは最後に食べなさい！
サイモン・シネック
栗木さつき＝訳

TEDで視聴回数3位、全世界で3700万回以上再生された人気著者が、部下から信頼されるリーダーになるための極意を伝授。